Église du
Sacré-Coeur

MONTMARTRE

BOULEVARD CLICHY

Gare du Nord

RUE   DE   LA   FAYETTE

BOULEVARD DE MAGENTA

Gare de l'Est

BOULEVARD   HAUSSMAN

Opéra

RUE DE RICHELIEU

RUE MONTMARTRE

BOULEVARD DE SÉBASTAPOL

RUE DE TURBIGO

Place de la
République

BOULEVARD BEAUMARCHAIS

Place
Vendôme

AV. DE L'OPÉRA

Palais Royal

Comédie Française

Tuileries

Louvre

Q. DU LOUVRE

BOULEVARD DE

RUE DE RIVOLI

Place des
Vosges

Place de la
Bastille

École des
Beaux Arts

PONT NEUF

Palais de
Justice

Eglise St. Germain
des Prés

BOULEVARD   ST- GERMAIN

Cathédrale de
Notre Dame

BOULEVARD ST-MICHEL

Sorbonne

QUARTIER
LATIN

RUE MONGE

Gare de
Lyon

VAUGIRARD

RASPAIL

Sénat
Jardin du
Luxembourg

Panthéon

Jardin des
Plantes

Gare d'Orléans-
Austerlitz

U MONTPARNASSE

SANDERSON

Paris et sa banlieue

Oise

Seine

Aéroport
Charles de Gaulle

Aéroport le Bourget

Nanterre

Vincennes

Marne

Versailles

Bois de Vincennes

Aéroport Orly

Aujourd'hui

Aujourd'hui

Third Edition

Maresa Fanelli

With the assistance of
Michel Guggenheim
Bryn Mawr College

D.C. HEATH AND COMPANY
Lexington, Massachusetts
Toronto

For Paul and Molly Fanelli
my parents
who taught me all that is truly important

and with special remembrance of
Doctor Melvin H. Evans
a lifelong student
who loved people and language

ILLUSTRATION CREDITS

Cover Illustration: Ed Porzio

Mark Antman/The Image Works, pp. 127, 276.
Barbara Alper/Stock, Boston, p. 135
AP/Wide World Photos, pp. 25, 101, 109 (#2, 4), 456, 475.
Jerry Bauer/Éditions Gallimard, p. 426
Bettmann Archive, p. 110 (#16, 17).
Fredrik Bodin/Stock, Boston, p. 449.
Chaval, pp. 297, 298.
Stuart Cohen, pp. 125, 313, 462.
Bettina Cirone/Photo Researchers, p. 104.
Culver Pictures, pp. 109 (#1, 3), 110 (#15).
L'Express, p. 282.
Owen Franken/Stock, Boston, pp. 78, 87 (#9).
French Cultural Services Division, pp. 80 (both photos), 85 (#3), 86 (#5, 6), 88 (#12, 13), 98, 109 (#5, 7, 8, 9, 10), 110 (#11, 12, 13, 14, 18, 19, 20).
French Embassy Press and Information Division, pp. 88 (#11), 109 (#6), 121, 272, 284.
French Government Tourist Office, pp. 77 (both photos), 79 (top), 87 (#8, 10).
George Gerster, Rapho/Photo Researchers, p. 76.
Éditions Jacques Glénat, p. 35.
René Jacques Grasset, p. 412.
Maurice Henry, pp. 171, 215.
Karquel/French Government Tourist Office, p. 81 (bottom).
Helena Kolda/Photo Researchers, p. 140.
The Louvre, *The Coronation of Napoleon* by David, p. 219.
Mahoney/Monkmeyer Press Photo Service, p. 124.
Mazonowicz/Monkmeyer Press Photo Service, p. 75.
Peter Menzel, pp. 7, 12, 19, 21, 22, 46, 57, 79 (bottom), 82 (both photos), 85 (#1, 2), 86 (#7), 117, 158, 185, 236, 244, 323, 327, 339, 372, 373, 391, 401, 407.
Peter Menzel/Stock, Boston, p. 342.
Steve Murez, p. 81 (top).
Museum of Modern Art, New York, Gift of D. and J. de Menil/René Magritte, p. 492.
Janine Niepce/Photo Researchers, Inc., p. 396.
Présence Africaine, p. 224.
Dorka Raynor, Rapho/Photo Researchers, p. 60.
Rogers/Monkmeyer Press Photo Service, p. 55.
Schultz/United Feature Syndicate, Inc., pp. 66, 167, 217, 291, 352, 379.
Sempé/Christiane Charillon, pp. 69, 195, 196, 197, 198, 199; Faizant, pp. 211, 255, 349.
Sine/*The French Cat*, © 1985/Simon and Schuster, pp. 168, 188, 253, 322, 395.
Frank Siteman/The Picture Cube, p. 303.
Sophie Talamon/Fotogram, p. 427.
Peter Turnley/Kay Reese and Associates, pp. 124, 156.
Roger Viollet, p. 226.
Arthur Wang/Hill and Wang, p. 338.
Richard Wood/The Picture Cube, p. 85 (#4).

TEXT ACKNOWLEDGMENTS

"Une Présentation de la France" adopted from Roger Girod and Francis Grand-Clément, *Comment vivent les Français*, Sveriges Radio, Stockholm—Hachette, Paris; La Documentation Française, Paris, *Un Aperçu de la France.*
"Deux Heures dans la vie de Catherine Deneuve," February 25, 1983. Reprinted by permission of Georges Borchardt, Inc., New York.
"Les Années Sagan," from *Le Nouvel Observateur*, March 18, 1983. Reprinted by permission of Georges Borchardt, Inc., New York.

Preface

Aujourd'hui, Third Edition, is a complete intermediate program in college French. It could also serve as a sound basis for composition and conversation courses. The components of this program are the student textbook, the laboratory tapes, and the Laboratory Manual and Workbook. (A tapescript is available to the instructor upon request.)

Intermediate college French is one of the most difficult courses to gauge. A typical intermediate class may include freshmen, who have studied French in high school for two or more years; upperclassmen, who have had one year of instruction at the college level; perhaps a few students who have just completed an intensive summer school program; and yet others who had previously achieved an advanced level in French, though many years ago. To meet the needs of such a diverse group, an intermediate course must present a basic review of the structure of the French language; but it must also capture students' attention and nurture their curiosity with interesting readings. Ideally, these readings should not be strictly literary, but should offer variety and incorporate general cultural information. To achieve these separate and seemingly distinct goals—grammar review and motivational reading—many instructors adopt two or more textbooks, a grammar supplemented by at least one reader. Others prefer the simplicity of a basic textbook that includes reading selections. *Aujourd'hui*, Third Edition combines the best features of both these approaches: it offers readings as substantial and varied as those found in readers, as well as a comprehensive review of grammar, developed in a coherent and progressive way. Moreover, all elements—vocabulary, grammar, and readings—are fully integrated.

To achieve a coordinated program, *Aujourd'hui* has developed a strategic format. First, key vocabulary is presented with reinforcement exercises. Grammatical explanations and exercises follow. They incorporate the new vocabulary and introduce situations that the student will encounter in the reading selection. The reading selection thus constitutes the culmination of the lesson, and student enjoyment is heightened by previous mastery of the words and structures involved.

Many years of teaching have shown that students trying to use French are more often stymied by lack of a word than by lack of grammatical knowledge. For this reason, *Aujourd'hui*, Third Edition places great emphasis on vocabulary. The section *Vocabulaire* is the point of departure for each reading lesson and stands on an equal footing with *Structure*. In this revision, in addition to *Lexique de mots-clés* and *Étude de mots*, there appears a new feature: *Enrichissez votre vocabulaire*. This section highlights the etymological relation between French and English words not only to strengthen students' vocabulary in both languages, but primarily in order to increase their lexical awareness. Extensive marginal glosses in the readings are calculated to spare students the frustration of constantly leafing through the end vocabulary or a dictionary. Those students with a more extensive preparation in French may find some of the glosses superfluous. Certain key words may even be repeated in various lessons. This is a deliberate strategy, for in language teaching, it is always better to err in favor of repetition than of omission.

Aujourd'hui, Third Edition, is also distinct from other intermediate French textbooks in the nature and variety of its readings. These are drawn exclusively from contemporary sources, popular and journalistic as well as literary. There are magazine articles, essays, short stories, science fiction, interviews, opinion polls, as well as selections from the comic strip *Astérix,* and a manual of etiquette. The readings emphasize issues that are topical, yet at the same time of universal importance: life styles, body language, physical fitness, social codes, the women's movement, ecology, and technology.

The Third Edition of *Aujourd'hui* represents a major revision. Most of the magazine articles in the previous edition have been replaced by more current ones. The first section, which constitutes a general introduction to France and the French, has been greatly expanded. The final section of the Second Edition, *Le Surnaturel,* has given way to readings on various aspects of modern technological society. The overall length of the text has been reduced by about 10 percent to make it more manageable and more easily completed in one academic year. While the grammatical presentations remain fundamentally unchanged, there has been a certain reordering to accommodate an earlier review of the subjunctive mood.

I wish to express my appreciation to the many users of *Aujourd'hui,* whose loyalty has made this third edition necessary and possible and especially to those who contributed corrections and suggestions. A special thank you to the Modern Language staff at D.C. Heath and Company for its sustained interest in this project and skillful assistance during the preparation of the book.

MARESA FANELLI

Contents

OTHER COMPONENTS
Laboratory Manual—Workbook
Tapes

Number of cassettes:	8 dual track
Speed:	3¾ ips
Running time:	10 hours (approximate)

Introduction

General Organization

Aujourd'hui, Third Edition, contains thirty units divided into six thematic parts: *La France et les Français, La Jeunesse, Moeurs, La Société, La Femme,* and *La Technique et le monde.* These units fall into three categories.

1. Feature Units, which contain a vocabulary section, a structure section and the reading selection, are based on topical and provocative magazine articles, or on selections from other popular sources.

2. Literary Units, which present literary selections from a variety of modern writers representing various genres.

3. Verbs Units, which present the forms and uses of moods and tenses of French verbs.

The features of these units are detailed below:

FEATURE UNITS

Vocabulaire

Lexique de mots-clés: Key words and expressions from the reading are grouped and defined. These words are usually associated by the unit theme. They constitute the core vocabulary of a particular aspect of daily experience: family life, the house, social change, health, travel, and so forth. The words are to be assimilated as active vocabulary.

Exercices: A variety of exercises based on synonyms, definitions, fill-ins, and sentence completions reinforce the students' familiarity with the basic vocabulary of the reading.

Enrichissez votre vocabulaire: This section features French and English words that are etymologically related. It may also include French words or expressions that have been incorporated directly into English, sometimes with a figurative value. It draws on vocabulary from the *Mots-clés* as well as on words that occur in the *Lecture. Enrichissez votre vocabulaire* has a threefold purpose: 1) to help the student retain French vocabulary through association with an English cognate; 2) to expand the student's English vocabulary; and 3) to heighten the student's lexical awareness by focusing on the derivation of meanings.

Étude de mots explains and illustrates idiomatic expressions, words that demonstrate a linguistic pattern, principles of word recognition and vocabulary building, words requiring special attention, and other lexical items.

Structure

This section covers in progressive sequence all the major points of French grammar. Explanations are in English to avoid compounding the difficulty that the study of grammar poses for so many of today's students, even at the intermediate level. The teacher who prefers an entirely French approach may, of course, use the target language for the classroom presentation. The French grammatical terminology appearing in the structure headings and directions of the exercises will facilitate this approach.

In general, grammatical structures are presented as a coherent whole, rather than in a fragmented or piecemeal fashion. For example, the various aspects of interrogatives—word order, interrogative adverbs, adjectives, and pronouns—are studied in the same unit. This provides students with an integrated picture of related problems.

For each important grammatical point, there are corresponding exercises. Both exercises and model sentences proceed from the context of the reading. They are designed to reinforce the basic vocabulary learned in the previous section and to resolve anticipated difficulties in the reading selection that follows. These exercises attempt to reproduce authentic linguistic situations and call for a real understanding of the point involved. Repetitive, mechanical drills, and contrived sentences are avoided.

In the beginning lessons, the structure sections are more extensive than those in later units, so that most of the essential points of grammar are covered early in the book. There is a gradual phasing out of grammatical explanations and exercises and an increasing emphasis on conversation and composition

Lecture

The readings constitute the core of the lesson. Drawn from popular and respected French periodicals such as *L'Express*, *Le Point*, and *Le Nouvel Observateur*, all were selected for their high degree of interest to today's college students. Composed in a lively, modern idiom by some of France's leading journalists, they have been edited only for length. These selections reflect significant aspects of modern French culture and of today's society in general. Their broad base of appeal reflects the diverse interests of the students from varied disciplines who study intermediate French.

These readings are more substantial than those appearing in many basic textbooks at this level. They should, however, pose no problem to students, since all inherent difficulties have been anticipated and smoothed away within the very organization of each unit. It is crucial, at this level, to develop reading competence, and this can best be done through motivating material of reasonable length. For maximum flexibility, some texts have been divided into two or more parts. The instructor thus has the option of assigning the entire reading at one time, or breaking it into smaller portions, according to the level of the class.

Words not appearing in the vocabulary section that might be unfamiliar to the average student are glossed in the margin. Students may refer to the end glossary for other words. When necessary, footnotes explain various unfamiliar aspects of French culture that appear in the readings.

Compréhension: Each part of the reading selection is followed by questions of a factual nature, based directly on the text. The questions are designed to prevent students from lifting answers verbatim from the text. Students must answer these questions by assimilating the important information in the reading and personalizing their responses.

Discussion: By this time, students have encountered and formally practiced new vocabulary and structures and have acquired a deeper familiarity with them through reading and comprehension questions. Now the students are ready to use these in an unstructured situation. Because the reading selections have significant contemporary appeal, the discussion questions can be expected to lead to lively classroom exchanges. they may also serve as subjects for written composition.

Composition dirigée: The directed composition has several advantages. First, it guides students along familiar linguistic paths, and generally helps them to avoid the pitfalls of using structures they have not yet studied. Secondly, the directed composition gives students a framework upon which to build their own ideas. A variety of methods has been used to stimulate composition: outlines, incomplete sentences, key words, and so forth. Many of the directed compositions are in the form of a dialogue, allowing students to practice in writing the conversational level of the French language.

Capsules

These short, framed inserts are a special feature of the text. Like the boxed items that often accompany magazine articles, they present lively new material related to the subject at hand but are entirely independent and optional.

LITERARY UNITS

There are about half as many units based on literary selections as on feature items. The literary readings represent a wide variety of genres, such as essay, short story, and science fiction, and constitute an initiation to literature. They have been selected for their appropriateness to the general theme, their qualities as literature, and their general interest and appeal to today's students.

Units based on literature are not preceded by *Vocabulaire* and *Structure*, although they offer all the features associated with the *Lectures*. There are several reasons for this. First, the author wished to avoid the monotony of having more than twenty identically structured lessons in close succession. Secondly, these readings do not introduce any radically different vocabulary or new structures. Finally, because of the reduced preparation involved, students may read these selections primarily for the enjoyment of their literary value.

VERB UNITS

Special attention has been accorded to the verb, for it is the heart of the sentence and backbone of the language. Verb moods and tenses are thrown into relief because they are treated in units separate from those containing readings. Students are thus more likely to retain them. Each verb unit contains one or more illustrative cartoons, usually borrowed from a French humorist, that further help to establish the verb tenses. Irregular verbs are studied collectively in association with the various verb tenses so that patterns may be observed and more readily learned.

Although verb units are autonomous, the exercises accompanying them are contextually related to adjacent lessons. Moreover, verb units usually introduce a tense that is to appear in the following reading units.

THE APPENDIX

Aujourd'hui includes a thorough appendix. It is recommended that students become familiar with it from the outset in order to use it to full advantage. This section includes appendices for the following:

1. Model regular verbs
2. Stem-changing verbs
3. Irregular verbs
4. Verbs followed by a complementary infinitive; use or omission of a preposition
5. Basic word order
6. French-English vocabulary

Lesson Planning

To facilitate lesson planning, we suggest the following division of units.

For the semester system:

Fall Semester:	Units 1–12
Spring Semester:	Units 13–30

For the quarter system:

First Quarter:	Units 1–7
Second Quarter:	Units 8–18
Third Quarter:	Units 19–30

While there are certain advantages to following the units in succession, the design of *Aujourd'hui* is flexible enough to allow instructors to assign units out of order according to the special needs of their students and the progress of each class during the semester or quarter. Moreover, there is ample material for selection and elimination.

Supplements

Aujourd'hui is accompanied by an Audio Program and the *Cahier d'exercices supplémentaires/Manuel de laboratoire.* The Audio Program is designed to offer students extensive practice in three primary language skills: listening, speaking, and writing. It includes a comprehensive review of the principles of French pronunciation, a variety of grammatical exercises, *dictées,* and listening comprehension passages. The *Manuel de laboratoire* is correlated to the Audio Program.

The *Cahier d'exercices supplémentaires* provides supplementary written exercises corresponding to each unit in the text. It is entirely independent of the Audio Program. The entire manual is printed on perforated pages so that workbook and laboratory exercises may be detached and handed in for correction.

PREMIÈRE PARTIE

La France et les Français

This introductory section begins with an overview of the French nation and the basic facts concerning its geography, climate, population, economy, and political system.

After this brief survey of the country and its vital statistics, we capture a glimpse of the people in "Un Jour dans la vie...," sketches of French people in various walks of life. Interviews with the actress Catherine Deneuve and the novelist Françoise Sagan reveal something of the origins of their fame and their life as celebrities in the arts.

In the last lesson of this section, an analysis of the results of the most recent census (1982) gives an idea of current demographic trends in France.

1

La France:
Un Aperçu

A relatively small country, only four-fifths the size of Texas, with a population one-fifth that of the United States, France ranks nevertheless among the world's major political, cultural, and industrial powers. The language of France is spoken in nearly forty different countries and by more than three hundred million people in all parts of the world.

In this first lesson, we present an overview (**un aperçu**) of the French nation.

- VOCABULAIRE
  Lexique de mots-clés
  Enrichissez votre vocabulaire
  Étude de mots

- STRUCTURE
  Numbers
  Dates

- LECTURE: **Une Présentation de la France**

VOCABULAIRE

Lexique de mots-clés

LES NOMS

la banlieue	suburbs
la côte	coast
la frontière	border
le parti	political party
la partie	portion, part (of a whole)
la politique	politics, policy
la puissance	power
le rang	rank, row
la taille	size
le taux	rate
le taux de natalité	birthrate

LES VERBES

il s'agit de[1]	it is a matter of, it is about
appartenir (à)[†2]	to belong (to)
augmenter	to increase
diminuer	to decrease
élire[†] **(élu)**	to elect (elected)
s'étendre	to extend, stretch out
tenir[†]	to hold, occupy

LES ADJECTIFS

actuel, actuelle	current
actuellement	currently
élevé	high
moyen, moyenne	average
en moyenne	on the average

DIVERS

environ	approximately, around
parmi	among

EXERCICE   Complétez les phrases suivantes par la forme convenable d'un mot tiré du Lexique de mots-clés.

1. En dépit de sa petite _____, la France est une grande _____ industrielle.

---

[1] Used only with impersonal **il** (*it*) as subject.

[2]† This symbol is used to indicate an irregular verb. All forms may be found in the Appendix.

2. La plupart des ＿＿ françaises sont naturelles: l'océan Atlantique, la Manche, le Rhin, la mer Méditerranée, les Pyrénées.

3. On ne connaît pas précisément la population ＿＿ de la France, mais elle doit être d' ＿＿ 55 millions d'habitants.

4. Pendant très longtemps, le ＿＿ de natalité en France n'était pas très ＿＿; le gouvernement a donc adopté certaines ＿＿ pour encourager les familles nombreuses.

5. La ＿＿ d'Azur ＿＿ entre Toulon et Menton.

6. En France, le pouvoir législatif ＿＿ au Parlement, composé de l'Assemblée nationale et du Sénat, dont les membres sont ＿＿ respectivement pour cinq ans et neuf ans.

7. Dans cette leçon, ＿＿ la géographie et du climat de la France.

8. La France tient le premier ＿＿ parmi les pays du monde pour la production du vin.

9. Les ouvriers constituent la plus grande ＿＿ du ＿＿ communiste en France.

10. Les statistiques indiquent qu'au cours des vingt dernières années, quatre millions de Français ont quitté la campagne. Ainsi la population des grandes villes et de leur ＿＿ a beaucoup ＿＿, tandis que la population rurale a ＿＿.

11. Paris est ＿＿ les villes les plus peuplées du monde; la densité de la population est, ＿＿, de 19.500 habitants par kilomètre carré.

1066? The Battle of Hastings?

*This event, as all French school children learn, marks the date of the invasion and conquest of England by William the Conqueror of Normandy. What possible significance could such a remote event have for you? The fact is that the language you speak, English, was largely determined by the consequences of the Norman invasion. For hundreds of years, **French** was the official language of the British royal court and parliament. French was still being used in British courts of law up to the beginning of the eighteenth century. As a result of this protracted intermingling of cultures and languages, there is a marked similarity between the vocabulary of French and English, although French is a Romance language (derived from Latin), and English is an Anglo-Saxon tongue (of Germanic origin). Many, perhaps even most, French words have English cognates, that is, words evolved from the same root and are similar in sound and meaning.*

*This section, **Enrichissez votre vocabulaire**, features French and English words that are etymologically related. It may also include French words or expressions that have been incorporated directly into English, sometimes with a figurative value. It uses vocabulary from the **Mots-clés**, and also words that appear in the reading. **Enrichissez votre vocabulaire** has a three-fold purpose:*

1. to help you remember French vocabulary through association with an English cognate
2. to expand your English word power, and
3. to sharpen your lexical awareness; to cause you to be more "word-conscious."

Enrichissez votre vocabulaire

Study the following. Define the English word in boldface and explain, if possible, its relation to the French cognate.

1. **appartenir (à)**[†]   to belong (to)
   According to this policy, the house and all its **appurtenances** are fully insured.

2. **augmenter**   to increase
   To **augment** his prestige, Lewis decided to join the country club.

3. **diminuer**   to lessen, diminish
   The word "duckling" is a **diminutive** of "duck."

4. **gauche**   left
   The president made a **gauche** remark, realized it immediately, and turned crimson.
   In English as in French, according to old beliefs, lefthandedness is associated with clumsiness ("What a **gauche** remark!") or even evil. The English word "sinister," for example, derives from Latin "sinistra," meaning "left." On the other hand (pun intended), words derived from "dexter," Latin for "right," denote skillfulness (**dexterous, adroit**) or justness (**le droit**).

5. **le goût**   taste
   We consumed the soufflé with **gusto.** It was a **gustatory** delight.

6. **le mélange**   mixture
   The guests at the dinner party included a curious **mélange** of liberals and conservatives.

7. **la natalité**   birthrate
   Pierre is a **native** of France, but he was educated in England.

8. **parler**   to speak
   The French **Parliament** consists of a Senate and a Chamber of Deputies.

9. **la taille**   size   (**tailler** to cut)
   This suit needs to be altered; let's take it to the **tailor.**

10. **tenir**[†]   to hold, grip, occupy
    These burrs are very **tenacious;** I can't brush them off.

11. **le voisin**   neighbor
    The escaped convict is said to be in the **vicinity** of the train station.

Étude de mots

A.   Comment éviter le dictionnaire

Pour beaucoup d'étudiants de français, la connaissance du vocabulaire pose un certain problème. Dans une grande mesure, ce problème est minimisé dans *Aujourd'hui*, parce que vous aurez appris les mots les plus importants avant de commencer la lecture et la plupart des autres sont

Les Français: un mélange de plusieurs ethnies différentes.

traduits en marge (*in the margin*). Il y aura néanmoins (*nevertheless*) certains mots que vous ne comprendrez pas et vous aurez la tentation de les chercher tout de suite dans le glossaire à la fin du livre. Mais il y a certaines techniques par lesquelles on peut deviner (*to guess*) le sens d'un mot sans perdre du temps à regarder dans un dictionnaire.

1. **Apprenez à reconnaître les mots apparentés (*cognates*).** Ce sont les mots qui ont la même racine (*root*) en français et en anglais et qui se ressemblent. Heureusement, la majorité des mots français ressemblent à leurs équivalents anglais. En voici quelques exemples, tirés du texte de lecture de cette leçon:

l'habitant	inhabitant	**le passé**	past
majeur	major	**le préfet**	prefect
l'autorité	authority	**économique**	economic

2. **Apprenez à identifier les mots de la même famille.** Par exemple, si vous savez que le verbe **aboutir** veut dire *to end at, to converge on*, vous pourriez deviner que l'expression **point d'aboutissement** signifie *end*

point. Vous allez tomber souvent sur des mots que vous ne reconnaissez pas tout de suite mais qui contiennent un mot que vous connaissez déjà. Ce sont des mots composés, comme le verbe **aboutir** ou le nom **aboutissement** qui sont formés à partir du nom **bout** (*end*). Si vous savez que **froid** signifie *cold,* vous pouvez deviner que le verbe **se refroidir** signifie *to become cold.*

3. **Un des indices les plus utiles pour découvrir le sens d'un mot est le contexte dans lequel il se trouve.** Considérons cette phrase par exemple:

> Selon le recensement officiel de 1982 la France a une population de 54.310.000 habitants.

Évidemment, le mot **recensement** signifie *census.* Pareillement, si vous lisez:

> La superficie de la France est de 550.000 kilomètres carrés.

vous pourriez sans doute déduire que **superficie** signifie *area* et **carré** signifie *square.*

Ne recourez donc pas tout de suite à votre dictionnaire. Jouez au détective et essayez de résoudre par vous-même le mystère des mots étrangers.

En employant les techniques suggérées ci-dessus, traduisez les mots en italique, et expliquez comment vous avez découvert leur sens.

> En 1958, un référendum a approuvé une nouvelle constitution préparée par le gouvernement du général de Gaulle et qui a créé une Communauté *fondée* sur *l'égalité* et la solidarité des peuples qui la composent. Le président de la République est élu pour sept ans au suffrage universel direct. Ses *pouvoirs* sont plus *étendus* que dans la précédente constitution. Il *nomme* le premier ministre et préside le *conseil* des ministres. Il est le *chef* des armées. Il a le *droit de grâce.*[1]

B. Les Points cardinaux

le nord	(septentrional)	*North*	(*northern*)
le sud	(méridional)	*South*	(*southern*)
l'est	(oriental)	*East*	(*eastern*)
l'ouest	(occidental)	*West*	(*western*)

C. Les Conjonctions utiles

Les conjonctions sont parmi les mots les plus difficiles à apprendre dans

---

[1] **le droit de grâce:** the right to grant pardon

une langue étrangère, mais elles sont aussi parmi les plus utiles. Apprenez donc bien les conjonctions suivantes:

parce que   because
Je ne sortirai pas, **parce que** je n'ai pas le temps. (Notez: because of = **à cause de**)

car   for
Fermez la fenêtre, **car** il fait froid.

puisque   since
Allons faire du ski, **puisque** la neige est bonne.

cependant, pourtant   yet, however
La France est relativement petite. Elle est **cependant / pourtant** l'une des premières puissances mondiales.

toutefois, néanmoins   yet, still, nevertheless
Le taux de naissance a baissé. **Toutefois / Néanmoins,** la population a augmenté.

bien que, quoique[1]   although
Jacques n'est pas venu, **bien que / quoique** nous l'ayons invité.

tandis que   whereas
Les Français aiment beaucoup le vin, **tandis que** les Allemands préfèrent la bière.

STRUCTURE

Numbers (*Les Nombres*)

Cardinal Numbers

Cardinal numbers indicate a quantity.

0	zéro	**13**	treize
1	un (une)	**14**	quatorze
2	deux	**15**	quinze
3	trois	**16**	seize
4	quatre	**17**	dix-sept
5	cinq	**18**	dix-huit
6	six	**19**	dix-neuf
7	sept	**20**	vingt
8	huit	**21**	vingt et un (une)
9	neuf	**22**	vingt-deux…
10	dix	**30**	trente
11	onze	**31**	trente et un (une)
12	douze	**32**	trente-deux…

---

[1] **Bien que, quoique** take the subjunctive.

40	quarante	92	quatre-vingt-douze...

40 quarante
41 quarante et un (une)
42 quarante-deux...

50 cinquante
51 cinquante et un (une)
52 cinquante-deux...

60 soixante
61 soixante et un (une)
62 soixante-deux...

70 soixante-dix
71 soixante et onze
72 soixante-douze...

80 quatre-vingts
81 quatre-vingt-un (une)
82 quatre-vingt-deux...

90 quatre-vingt-dix
91 quatre-vingt-onze

92 quatre-vingt-douze...

100 cent
101 cent un
102 cent deux...

200 deux cents
201 deux cent un
202 deux cent deux...

1000 mille
1001 mille un
1100 mille cent, onze cents
1200 mille deux cents, douze cents
1300 mille trois cents, treize cents

2000 deux mille
2100 deux mille cent

1.000.000[1] un million (de)
2.000.000 deux millions (de)
1.000.000.000 un milliard (de)

Ordinal Numbers

Ordinal numbers indicate position or order. To form an ordinal number, add the ending **-ième** to the cardinal number. If the cardinal number ends in a mute **e,** drop this letter:

deux → deux**ième** (sometimes **second, seconde**)
treiz̸ → treiz**ième**
vingt et un → vingt et un**ième**

    EXCEPTIONS: un → **premier (première)**
                   cinq → cin**qu**ième
                   neuf → neu**v**ième

Collective Numbers

Collective numbers indicate approximate quantities. They are formed by adding the ending **-aine** to the cardinal number. If the cardinal number ends in mute **e,** this letter is dropped:

douz̸ → une douz**aine**[2]
quinz̸ → une quinz**aine**
cent → une cent**aine**

    EXCEPTIONS: dix → une di**z**aine
                   mille → un mill**ier**

---

[1] In French, periods are used where a comma is used in English in 10.000 and above. On the other hand, a comma is used in French where a period is used in English to indicate decimals, example: 13,65.

[2] **Une douzaine** means exactly twelve (a dozen). Also, in some cases, when used with the definite article, collective numbers may indicate exact quantities, for example: **Les crayons coûtent 25 francs la centaine.**

The collective numbers require **de** before a noun:

une vingtaine de préfets   *about twenty prefects*
une centaine de maires   *about a hundred mayors*

Fractions

1/2	un demi	**2/5**	deux cinquièmes	**1/4**	un quart
1/3	un tiers	**6/7**	six septièmes	**3/4**	trois quarts

REMARQUER:

La moitié is the noun for *half:*

Le climat océanique domine dans **la moitié** ouest de la France.

À moitié is an adverb meaning *half:*

La construction est **à moitié** terminée.

EXERCICES

A. Complétez les séries suivantes.

1. dix, vingt, trente, ____, ____, ____, ____, ____, ____, ____.
2. onze, vingt et un, trente et un, ____, ____, ____, ____, ____, ____, ____.
3. deux, quatre, six, ____, ____, ____, ____, ____, ____, ____, ____.
4. un, trois, cinq, ____, ____, ____, ____, ____, ____.
5. cent, deux cents, ____, ____, ____.
6. mille, deux mille, ____, ____, ____.
7. un million, deux millions, ____, ____, ____.
8. deux cents, deux cent vingt, deux cent quarante, ____, ____, ____.

B. Lisez à haute voix et écrivez en toutes lettres (*write out in full*) les chiffres suivants.

1. 2	12	20	3. 6	16	60	5. 3	13	33	7. 8	18	88
2. 4	14	44	4. 5	15	50	6. 7	17	70	8. 9	19	90

C. Écrivez en toutes lettres les chiffres entre parenthèses et lisez les phrases à haute voix.

1. La France métropolitaine est divisée en (95) départements.
2. Les départements sont subdivisés en (3.075) cantons et en (37.679) communes.
3. Selon le dernier recensement officiel, la France a une population de (54.334.871) habitants.
4. Paris, la plus grande ville, a (2.050.000) habitants.
5. Le gouvernement français actuel s'appelle la (5e) République.
6. Un kilomètre est l'équivalent d'environ (5/8) d'un mille.
7. L'altitude du Mont-Blanc, la montagne la plus élevée d'Europe occidentale, est de (4.807) mètres.

8. La France a une superficie de (551.695) kilomètres carrés.
9. Paris est divisé en (20) arrondissements (*boroughs*). Le (16ᵉ) est le plus élégant.
10. La superficie de la France représente environ (4/5) de la superficie du Texas.
11. La France est la (5ᵉ) puissance industrielle du monde.
12. La (9ᵉ) symphonie de Beethoven est peut-être la mieux connue.
13. La France se trouve entre le (42ᵉ) degré et le (51ᵉ) degré de latitude Nord.
14. Avec la collaboration de la Grande-Bretagne, la France a produit le (1ᵉʳ) appareil supersonique européen, le Concorde.
15. Les jeunes de moins de (20) ans représentent (29,6%) de la population française.
16. En France, comme partout en Europe, on emploie un système thermométrique centésimal: 0° centésimal correspond à 32° Fahrenheit, et 100°C à 212°F.

Vue aérienne de Paris: centre industriel, culturel et administratif.

Dates (*Les Dates*)

A. Names of the days and months are not capitalized in French:

lundi	vendredi	janvier	mai	septembre
mardi	samedi	février	juin	octobre
mercredi	dimanche	mars	juillet	novembre
jeudi		avril	août	décembre

B. The year is expressed in two ways:

1968: dix-neuf cent soixante-huit *or* **mil neuf cent soixante-huit**

REMARQUER:
1000 (mille) may appear as **mil** in dates.

C. Cardinal numbers are used for the days of the month, except for the first day: **le premier.** Also notice that the French put the day before the month: 13/1 = **le 13 janvier:**

day	*month*	*year*
le 1er	juin	1980
le 7	avril	1985

D. If the weekday is stated, there are three possibilities:

mardi 2 juin   mardi le 2 juin   le mardi 2 juin

E. Centuries can be spelled out or presented in roman nunmbers:

le seizième siècle	le XVIe siècle
le dix-neuvième siècle	le XIXe siècle

F. The prepositions *in* or *on* with dates:
   1. Day:

   mardi   on Tuesday (a particular Tuesday)
   Les élections auront lieu **mardi.**

   le mardi   on Tuesdays (regularly)
   Aux États-Unis les élections ont toujours lieu **le mardi.**

   le 22 mars   on March 22
   Le président nommera un nouveau premier ministre **le 22 mars.**

   2. Month:

   en janvier, au mois de janvier   in January
   Il fait froid au nord du pays **en janvier.**

   3. Seasons:

   en été   **en hiver**   **en automne**   **au printemps**
   Dans le nord, il pleut souvent **en automne.**

4. Centuries:

au vingtième siècle   au dix-huitième siècle
La France a connu sept régimes différents **au dix-neuvième siècle.**

EXERCICES

A. Lisez à haute voix les phrases suivantes.

En classe: Pendant qu'un(e) étudiant(e) lira à haute voix les phrases suivantes, un(e) autre écrira les dates au tableau noir.

1. En 154 avant Jésus-Christ (*B.C.*), les Romains font les premières incursions en Gaule.   2. En l'an 56, Jules César mène une expédition en Gaule.
3. En 486 les Francs s'établissent en Gaule.   4. En 751, Pépin le Bref est
couronné roi; c'est le début de la dynastie des Carolingiens.   5. Charlemagne règne de 771 jusqu'à 814.   6. C'est 1337 qui marque le début de la
guerre de Cent Ans.   7. En 1431 Jeanne d'Arc est condamnée et brûlée à
Rouen.   8. En 1598 l'Édit de Nantes reconnaît certains droits aux protestants.   9. Le début du règne personnel de Louis XIV[1] date de 1661.   10. Le
14 juillet 1789, les citoyens de Paris attaquent la Bastille, vieille prison
d'état.   11. Napoléon se déclare Empereur en 1804, mais il est exilé à
Sainte-Hélène après sa défaite à la bataille de Waterloo le 18 juin 1815.
12. Le 11 novembre 1918, on signe l'armistice qui termine la Première
Guerre mondiale.   13. Le 6 juin 1944 les alliés débarquent en Normandie.
14. Entre 1954 et 1962, la guerre d'Algérie déchire la France.   15. En 1958
De Gaulle accède au pouvoir; c'est le début de la Ve République. En 1969 les
Français élisent Georges Pompidou président.   16. Pompidou meurt en
1974 et Valéry Giscard d'Estaing lui succède.   17. En 1981, l'élection du
socialiste François Mitterrand comme président marque la première fois
depuis 1958 que les forces de gauche sont au pouvoir.

B. Répondez aux questions suivantes.

1. Quelle est la date aujourd'hui?   2. Quel jour sommes-nous?   3. Quelle
est la date de votre anniversaire?   4. En quelle année êtes-vous né(e)?
5. Quelle est la date de la fête nationale américaine? 6. Quelle est la date de
Noël?   7. Quel jour de la semaine célèbre-t-on traditionnellement le
Thanksgiving? 8. Quels jours avez-vous une classe de français? 9. Quelle
est la date de la fête nationale française? 10. En quel siècle sommes-nous?
11. En quelle saison sommes-nous?   12. En quelle saison fait-on du ski?
Du ski nautique?   13. En quelle saison tombent les vacances de Pâques?

C. Substituez les mots indiqués. Faites tous les changements nécessaires.

1. Charles de Gaulle est né *à midi.*
novembre / 1890 / dix-neuvième siècle / automne / 22 novembre

---

[1] French uses cardinal numbers for kings, except for the first, thus: **François 1er** (*Francis the First*)
but **François II** (*Francis the Second*).

2. On a adopté la nouvelle constitution *à la suite d'un référendum.*
1958 / septembre / été / vingtième siècle / 15 septembre

3. Il y a eu une crise en France *à la fin des années soixante.*
1968 / mai / printemps / 11 mai

LECTURE   Une Présentation de la France

1

la donnée fact, datum

La France a une superficie de 551.695 kilomètres carrés et une population d'environ cinquante-cinq millions d'habitants. Elle est un peu moins grande que l'État du Texas, dix-neuf fois plus petite que les États-Unis, et quarante-cinq fois plus petite que l'U.R.S.S. (l'Union des républiques socialistes soviétiques). Bien que ces données° la classent au 39e rang pour la superficie et au 13e rang pour la population, parmi les états du globe, la France n'en demeure pas moins° l'une des premières puissances mondiales. Ceci s'explique par son passé glorieux, par son importance économique et surtout par une situation géographique privilégiée.

n'en…moins stands nevertheless as

Géographie

à mi-chemin halfway

La France s'étend entre le 42e et le 51e degré de latitude nord, c'est-à-dire à mi-chemin° entre le pôle et l'équateur, dans la zone tempérée où se trouvent les pays économiquement les plus développés.[1] Le terme d'hexagone est souvent employé pour désigner la France métropolitaine en raison de la forme quasi° hexagonale de son

quasi = presque

Source: Adopté de Roger Girod et Francis Grand-Clément, *Comment vivent les Français,* Sveriges Radio, Stockholm — Hachette, Paris; La Documentation Française, Paris, *Un Aperçu de la France;* French Embassy Press and Information Service: *France.*

[1] **où se trouvent les pays…développés:** Notice the inversion of subject and verb in this clause. This is a common stylistic procedure in French. You will encounter it frequently in this reading and in those that follow. Learn to recognize it to avoid confusion:

Le bifteck qu'a mangé mon père était bon.

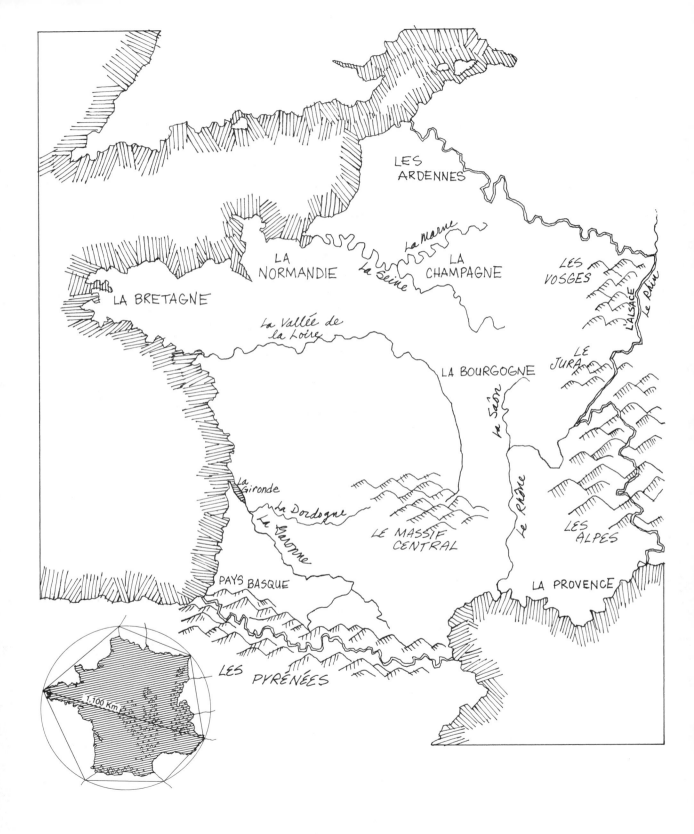

LES ARDENNES

LA NORMANDIE

LA CHAMPAGNE

La Marne

La Seine

LES VOSGES

L'ALSACE

Le Rhin

LA BRETAGNE

La Vallée de la Loire

LA BOURGOGNE

LE JURA

Le Saône

La Gironde

La Dordogne

La Garonne

LE MASSIF CENTRAL

Le Rhône

LES ALPES

PAYS BASQUE

LA PROVENCE

LES PYRÉNÉES

1,100 Km

un **équilibre** balance
un **agencement** arrangement, disposition
le bassin fluvial river basin

la Manche English Channel

rhénan of the Rhine river
le paysage countryside
largement broadly
relier to connect, join
la voie route, way
le sort fate
se jouer to be played out

territoire. L'équilibre° de ses traits géographiques, l'agencement° intérieur des plaines, des montagnes (les Pyrénées, le Massif Central, les Alpes, le Jura et les Vosges) et des six bassins fluviaux° (Seine, Loire, Garonne, Rhône, Saône, Rhin) rend les communications aisées et a facilité la formation de l'unité nationale.

Plus de la moitié des frontières françaises sont maritimes, donnant accès aux quatre grandes mers européennes: l'océan Atlantique, la mer Méditerranée, la Manche° et la mer du Nord. À l'est et au sud, des montagnes élevées, les Alpes et les Pyrénées, ont joué un rôle d'isolement et de protection. Par ses plaines septentrionales, le territoire français communique sans barrière naturelle avec l'Europe du nord. Le Rhin le sépare de l'Allemagne, et les pays rhénans° aboutissent à des paysages° largement° ouverts. Par là pénètrent les routes de commerce qui relient° la France aux États de l'Europe continentale, mais aussi les voies° d'invasion. C'est sur ces frontières que le sort° de la France s'est joué° dans le passé.

Climat

grâce à thanks to
comporter to allow, admit of

à l'étranger abroad
la douceur mildness
jouir de to enjoy

au-dessous de below
geler to freeze

Le climat français présente les mêmes caractères de modération et de diversité que la géographie du pays. Grâce à° la latitude et aux influences océaniques, il ne comporte° pas de caractères extrêmes, mais il présente beaucoup de variétés dues à la proximité plus ou moins grande de la mer, à l'altitude, à l'orientation et à l'influence des vents locaux. On distingue trois types de climats: océanique sur la moitié ouest, continental au nord-est, méditerranéen au sud-est. À l'étranger,° on exagère souvent la douceur° de l'hiver en France; une petite partie seulement de son territoire jouit° d'un climat méditerranéen. En hiver, dans le reste du pays, le thermomètre descend très souvent au-dessous de° zéro. À Paris, par exemple, il gèle° en moyenne soixante-six jours par an. Dans les régions montagneuses (un cinquième du territoire français), il tombe plusieurs mètres de neige. C'est ce qui a rendu possible l'immense

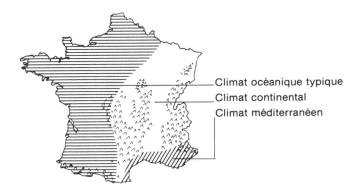

Climat océanique typique
Climat continental
Climat méditerranéen

popularité que les sports d'hiver connaissent aujourd'hui en France. Au sud-est de la France, par contre, règne un climat où la lumière est vive, la pureté atmosphérique généralement remarquable. On appelle le sud de la France «le Midi» et la côte méditerranéenne, «la Côte d'Azur». Les hivers y sont doux et la chaleur de l'été y est parfois accablante.°

accablant overwhelming

2

Population

le millénaire millenium, thousand-year period

le mélange mixture

le chiffre figure
faire illusion to create illusions

y compris including
la diminution decrease, reduction

en outre besides, moreover

la force de l'âge prime of life

mener to lead, conduct

la croissance growth

d'autre part on the other hand

Pendant des millénaires,° la France a été considérée comme la pointe extrême des terres habitées, face à l'immensité de l'océan Atlantique. Cette partie de l'Europe occidentale a donc constitué le point d'aboutissement d'une série de grandes migrations humaines, préhistoriques et historiques, finalement arrêtées par l'obstacle de la mer. C'est pourquoi il n'y a pas de race française, mais un peuple français fait du mélange° de plusieurs ethnies différentes.

Au début de 1968, la population française a atteint cinquante millions d'habitants, mais ce chiffre° ne doit pas faire illusion.° La France est l'un des pays d'Europe qui a la plus petite densité de population: 92 habitants par kilomètre carré (contre 227 au Royaume-Uni, 247 en Allemagne occidentale, et 379 aux Pays-Bas). Pourtant, en 1801, date du premier recensement français, la France était l'État le plus peuplé d'Europe, y compris° la Russie.

La diminution° relative de la population française est due à un déclin rapide du taux de natalité depuis le début du XIXᵉ siècle. En outre,° la Première Guerre mondiale a été pour la France une véritable tragédie: 1.325.000 morts parmi les hommes dans la force de l'âge° et, au total, un déficit d'environ 3.685.000 personnes. Toutefois, entre 1946 et 1970, la population française a augmenté de plus de dix millions. Cela semble être le résultat de la politique de la famille menée° par plusieurs gouvernements depuis plus de trente ans. Avec le système d'allocations de salaire unique, de logement, de primes à la naissance, ainsi que des allocations familiales[1] proportionnelles au nombre d'enfants, le gouvernement encourage les familles nombreuses. Actuellement, le taux de croissance° spontanée de la population en France est analogue à celui des pays voisins.

D'autre part,° depuis de nombreuses années déjà, la France connaît un fort courant d'immigration. C'est pourquoi le nombre d'étrangers

---

[1] **allocation de salaire unique:** supplement paid to households where there is only one income; **allocation de logement:** housing subsidy to lower income people; **prime à la naissance:** bonus paid to all families for the birth of a child; **allocations familiales:** subsidies paid to families periodically on the basis of the number of children.

Le métro aux
heures d'affluence.

un afflux influx
important sizeable
à l'heure actuelle right now

sur le territoire français est assez élevé (environ 8 pour cent de la population). Avant la Deuxième Guerre mondiale, il s'agissait surtout de Polonais et d'Italiens. L'après-guerre a vu un afflux° important° de Nord-Africains (Marocains, Tunisiens et Algériens). À l'heure actuelle,° les immigrants sont essentiellement des Portugais, des Algériens et des Marocains.

Paris et la province

Capitale d'un pays relativement peu peuplé, Paris est pourtant, après Londres, la plus grande ville d'Europe. Paris et sa banlieue comptent près de neuf millions d'habitants, soit en moyenne trois mille habitants au kilomètre carré. On a reproché à Paris d'attirer et d'absorber les forces vives de la France, de transformer le reste du pays en désert. Il est vrai que la capitale est le plus grand centre industriel et culturel ainsi que° le centre administratif. Pour cette raison les Français appellent le reste du pays «la province». La province c'est toute la France moins Paris.

ainsi que as well as

un horaire schedule
gagner to earn
par contre on the other hand
se loger to find housing
la circulatioin traffic

Dans beaucoup de domaines, la vie quotidienne du Parisien moyen est très différente de celle du provincial. Leurs horaires,° leurs salaires et leurs distractions sont différents. Le Parisien gagne° beaucoup plus que le Français de province; par contre,° il a beaucoup plus de difficultés à se loger.° La circulation° pose aux Parisiens des problèmes d'une ampleur inconnue, même dans les plus grandes villes de province. Les Parisiens passent en moyenne une heure et

le métro = le métropolitain,
  subway

propre own

quart par jour dans le métro,° l'autobus, les trains de banlieue ou leur propre° voiture, et ceux qui y passent de deux heures à trois heures ne sont pas rares.

COMPRÉHENSION

1. Comparez la superficie de la France à celle d'autres pays.
2. L'importance de la France est-elle proportionnelle à sa population et à sa superficie? Expliquez.

Géographie

3. Où se trouve la France sur le globe?
4. À quelle forme géométrique compare-t-on la France?
5. Qu'est-ce qui constitue chacun des côtés de cette configuration?
6. Quels sont les montagnes et les fleuves principaux?
7. Lesquelles des frontières françaises ne sont pas naturelles? Quel rôle ont-elles joué dans l'histoire de France?

Climat

8. Quels sont les trois types de climat qu'on peut distinguer et où dominent-ils?
9. L'hiver est-il doux dans toute la France? Expliquez.
10. Pourquoi appelle-t-on le sud de la France «le Midi»?
11. Qu'est-ce que c'est que la Côte d'Azur? Pourquoi l'appelle-t-on ainsi?

Population

12. Qu'est-ce qui explique la complexité raciale des Français?
13. Comparez la densité de la population française à celle des pays voisins.
14. La population française a-t-elle diminué ou augmenté depuis 1800 par rapport aux autres grands pays européens?
15. Quels sont les facteurs qui ont influencé la croissance de la population française?
16. Quelles mesures le gouvernement a-t-il prises pour encourager le taux de croissance?
17. L'immigration constitue-t-elle un facteur important dans la démographie française?
18. De quelles nationalités sont la plupart des immigrés?

Paris et la province

19. Paris est-elle la plus grande ville d'Europe?
20. Qu'est-ce que c'est que «la province»? Pourquoi les Français l'appellent-ils ainsi?
21. Comment la vie quotidienne du Parisien moyen est-elle différente de celle d'un provincial?

Dans une usine française.

3

Économie

héberger to shelter
le poids weight

Avec ses 55 millions d'habitants, la France n'héberge° que 1,5% (*lisez «un virgule cinq pour cent»*) de la population mondiale. Son poids° économique sur la planète est cependant beaucoup plus considérable. Elle contribue presque 5% à la production mondiale globale.

L'État et l'économie: Le gouvernement français joue dans la vie économique un rôle considérable. Les secteurs de base de l'économie française sont nationalisés: les transports (Air France, Société nationale des chemins de fer français, Régie autonome des transports parisiens) et l'énergie (Électricité de France, Gaz de France, Charbonnages). L'État dirige et contrôle aussi les principales banques, les communications, certaines compagnies d'assurances,° la régie° Renault et le pétrole° (Compagnie française de pétroles ELF-ERAP).

la compagnie d'assurances
  insurance company
la régie state-owned works
le pétrole oil

En 1981, le gouvernement nommé par le nouveau président socialiste, François Mitterrand, a nationalisé un nombre de sociétés industrielles et s'est engagé à augmenter les fonds destinés à la recherche et au développement technologique, afin de rendre les produits français plus compétitifs et pour créer des emplois et donner un coup de fouet° à l'économie. Environ un tiers du secteur industriel est aujourd'hui sous contrôle de l'État.

donner un coup de fouet to whip, stir up

L'économie de la France est relativement équilibrée. Elle a une vocation à la fois industrielle et agricole.

Industrie: La France est, après les États-Unis, l'Union Soviétique, le Japon et l'Allemagne fédérale, la cinquième puissance industrielle du monde. L'industrie française est très diversifiée; il n'existe pratiquement aucun produit qui ne puisse être fabriqué° dans les usines° françaises. Parmi les industries de base, la sidérurgie° tient une place de choix. Les industries aéronautiques et électroniques françaises sont parmi les plus avancées du monde. Dans le domaine des automobiles, la France tient une place de premier plan. Les trois

fabriquer to manufacture
l'usine (*f.*) factory
la sidérurgie metallurgy of iron and steel

La haute couture parisienne, synonyme d'élégance et de distinction.

Les porcelaines de luxe: tradition de travail bien fait.

la marque brand, make

le pneu tire

marques° principales sont Citroën, Renault et Peugeot. La moitié de leur production est exportée. La société Michelin est à l'avant-garde de la fabrication de pneus° depuis près d'un siècle. Aujourd'hui, à travers le monde, une voiture sur cinq est équipée de pneus Michelin.

Des traditions de bon goût et de travail bien fait assurent aux produits de luxe français un prestige international. Les noms des grands couturiers et parfumeurs parisiens—Chanel, Dior, Lanvin et Yves Saint-Laurent par exemple—sont synonymes d'élégance et de distinction. La mode féminine, dit-on, est créée à Paris. Les noms de Sèvres et Limoges évoquent des porcelaines de luxe, ceux de Baccarat et Lalique des cristalleries d'un grand raffinement.

une entreprise company, firm

le commerçant merchant

Néanmoins, l'industrialisation souffre d'un véritable retard, dû en particulier à la petite taille des entreprises.° On compte encore en France un travailleur indépendant pour un salarié et demi, ce qui indique l'existence d'un grand nombre d'exploitations agricoles familiales, de petits commerçants° et d'artisans, conséquence du caractère individualiste du Français, de la persistance des traditions et de la faiblesse relative des moyens financiers.

s'accorder to concur, harmonize

boisé wooded

Agriculture: La géographie et le climat s'accordent° traditionnellement pour faire de la France un grand pays agricole. Environ 85% du territoire est occupé par des terres cultivables ou boisées.° La ferme familiale, de taille moyenne, reste la plus typique. Cependant, depuis 25 ans, le nombre des exploitations agricoles diminue, alors que leurs superficies respectives augmentent. Cette évolution est due essentiellement à la politique gouvernementale. La tradition voulait qu'à la mort d'un fermier, ses terres soient divisées entre ses enfants. De ce fait, les lots étaient devenus si petits qu'ils ne s'adaptaient pas aux méthodes de culture modernes. C'est la raison pour laquelle le gouvernement a pris des mesures pour encourager une réforme de l'agriculture: indemnité viagère de départ° pour les fermiers âgés acceptant de prendre leur retraite,° aide à l'emploi urbain pour les jeunes fermiers ne répugnant pas à quitter leurs terres, aide financière aux jeunes couples avec assez de connaissances et de dynamisme pour exploiter de façon moderne des terres remembrées.°

une indemnité viagère de départ yearly allowance as compensation for giving up farming

prendre sa retraite to retire

remembré re-allocated, regrouped

le Marché commun Common Market

le blé wheat

l'orge (*f.*) barley

La France est le premier producteur agricole d'Europe. Elle fournit près de 27% de la production agricole totale du Marché commun.° Elle est le 5e producteur mondiale de blé,° le 4e de viande, le 3e d'orge° et de lait, le premier de vin. Au total, on peut classer la France, pour l'ensemble de sa production, au 6e ou 7e rang dans l'économie mondiale.

Trois événements préparent pour la France de l'avenir un visage très différent de celui d'aujourd'hui: 1) la décision d'ouvrir les frontières et d'adopter une politique commerciale assez libérale; 2) la disparition de l'empire colonial, se traduisant par° un changement appréciable dans les courants commerciaux; 3) enfin, et surtout, la création du Marché commun européen, qui s'est caractérisé jusqu'à

se traduisant par resulting in

l'échange (*m.*) exchange, trade

maintenant par l'abolition progressive des obstacles aux échanges°
entre les pays membres: l'Allemagne fédérale, la Belgique, le
Danemark, la France, la Grande-Bretagne, la Grèce, l'Irlande, l'Italie,
le Luxembourg, et les Pays-Bas. Le Marché commun devra peu à peu
élaborer, pour l'ensemble des pays participants, de véritables politiques économiques communes à substituer aux anciennes° politiques
nationales.

ancien, -ne former

4

Constitution et Administration

autrefois formerly

Organisation: Autrefois,° sous l'Ancien Régime,[1] la France était
divisée en provinces (voir la carte au début du manuel). On a tendance à se référer encore à ces régions-là — la Bourgogne, l'Île de
France, la Normandie et la Bretagne, par exemple — qui ont gardé un
caractère distinct et unique, mais la division administrative actuelle
est le département.

comprendre to include

La France métropolitaine est divisée en 95 départements. La
République française comprend° aussi cinq départements d'outre-
mer: la Guadeloupe, la Guyane, la Martinique, la Réunion et Saint-
Pierre-et-Miquelon. Il existe aussi des territoires d'outre-mer: la
Nouvelle-Calédonie, la Polynésie, Wallis-et-Futuna, le condominium
des Nouvelles-Hébrides, Mayotte et les Terres australes et antarcti-
ques françaises. (Voir la carte au début de la Leçon 27)

Le département: Chaque département a à sa tête un préfet. Le
préfet est assisté d'un Conseil général, dont les membres sont élus
pour six ans au suffrage universel. Le Conseil général vote le budget
départemental et le préfet est chargé d'exécuter ses décisions.

La commune: Les départements sont subdivisés en communes. La
France en compte environ 37.500. L'administration de chaque commune est confiée à un maire° assisté d'un Conseil municipal.

un maire mayor

en vigueur in force

La Constitution: La Constitution actuellement en vigueur° a été
adoptée en septembre 1958, par référendum, à la majorité de 79,5%
des suffrages exprimés. La souveraineté appartient au peuple, c'est-
à-dire au corps électoral composé de tous les Français et Françaises
âgés de dix-huit ans.

Le pouvoir exécutif: Il se compose du président de la République et
du gouvernement dirigé par le premier ministre. Élu pour sept ans au
suffrage universel direct, le président de la République a les pré-
rogatives d'un chef d'État. Il nomme le premier ministre et, sur la

---

[1] **l'Ancien Régime:** the Old Régime, the monarchic system of government in France
before the revolution of 1789.

Le Président de la République, François Mitterand, au cours d'une conférence de presse, quelques mois après son élection de 1981.

le scrutin ballot

proposition du premier ministre, les autres membres du gouvernement. Il préside le Conseil des ministres. Il est le chef des armées. Il a le droit de grâce.

Le premier ministre dirige l'action du gouvernement qui détermine la politique générale de la nation, assure l'exécution des lois et a la responsabilité de la défense nationale.

Le pouvoir législatif: Il appartient au Parlement composé de l'Assemblée nationale, élue pour cinq ans au suffrage universel direct, et du Sénat, élu pour neuf ans au scrutin° indirect. Le Parlement a l'initiative des lois et, par le vote du budget et les motions de censure,[1] il contrôle l'action du Gouvernement.

_____

[1] **la motion de censure:** If the majority of the members of the Assembly adopt a motion of censure, the prime minister is compelled to resign.

Les partis politiques: Il existe en France de nombreux partis politiques. Pourtant, l'évolution récente des forces politiques est caractérisée par une tendance à la bipolarisation entre les forces de gauche d'une part et, de l'autre, les forces de droite et du centre. Dans les forces de gauche les principaux partis ou groupements sont: le Parti socialiste (PS), qui a accédé au pouvoir avec l'élection de François Mitterrand en 1981; le Mouvement des radicaux de gauche (MRG), le Parti socialiste unifié (PSU) et le Parti communiste français (PCF). Les forces de droite et du centre sont représentées par le Rassemblement pour la république (RPR), parti d'origine gaulliste, l'Union pour la démocratie française (UDF) qui a été créée pour appuyer° Valéry Giscard d'Estaing et le Centre des démocrates sociaux (CDS). Il faut mentionner aussi à l'extrême droite, le Front National (FN).

appuyer   to support

COMPRÉHENSION

Économie

1. Quel est le rôle du gouvernement dans les secteurs de base de l'économie française?
2. Citez quelques exemples d'entreprises qui sont nationalisées en France.
3. Quels changements dans le domaine industriel le président socialiste François Mitterrand a-t-il apportés?
4. Quelle est l'importance de l'industrie française dans le monde?
5. Citez quelques-unes des industries françaises et leurs produits.
6. Pour quels produits de luxe la France est-elle renommée?
7. Pourquoi l'industrialisation française souffre-t-elle d'un certain retard?
8. Quels facteurs ont favorisé le développement de l'agriculture en France?
9. La population active employée dans l'agriculture a-t-elle augmenté?
10. Quels sont les produits français les plus importants dans l'économie mondiale?
11. Quels sont les trois événements qui auront de l'influence sur l'économie française de l'avenir?

Constitution et administration

12. Qu'est-ce qu'une province?
13. Qu'est-ce qu'un département?
14. Combien de départements d'outre-mer y a-t-il? Citez-en plusieurs.
15. Quels sont les territoires d'outre-mer?
16. Expliquez de façon générale l'administration des départements et des communes.
17. Depuis quand la Constitution française actuelle est-elle en vigueur?
18. Quels Français ont le droit de voter?
19. À qui appartient le pouvoir exécutif?
20. Quels sont les droits et les responsabilités du président?
21. Quel est le rôle du premier ministre?

22. Décrivez l'organisation du Parlement français. Comment ses membres sont-ils élus?
23. Quelle est la fonction du Parlement?
24. Quels sont les partis politiques qui représentent les forces de gauche? Quels partis constituent les forces de droite et du centre?

DISCUSSION

1. Comparez le système politique français au système américain. Quelles en sont les ressemblances et les différences principales?
2. Il y a une très grande différence dans la densité de la population en France d'une région à l'autre. À Paris, il y a une densité de 19.500 habitants au kilomètre carré, tandis qu'en Limousin, une jolie province champêtre (*rural*), la densité n'est que de 44 habitants par kilomètre carré. Où voudriez-vous vivre de préférence? Pourquoi? En général, préférez-vous la ville ou la campagne?
3. Quels sont, selon vous, les produits français les mieux connus aux États-Unis?
4. En France, beaucoup d'entreprises importantes sont nationalisées: par exemple, les chemins de fer et les communications (y compris la télévision et la radio). Y a-t-il certaines industries qui sont nationalisées aux États-Unis aussi? Le gouvernement devrait-il diriger directement certaines industries, celle du pétrole, par exemple?
5. Que savez-vous du Marché commun?
6. Pouvez-vous citer les noms de plusieurs membres du gouvernement français actuel?

COMPOSITION DIRIGÉE

En suivant le plan suggéré, rédigez une composition sur le sujet suivant:

Mon Idée de la France

I. Introduction
   A. Définissez le sujet.
   B. Expliquez comment vous allez traiter la question.

II. Développement
   A. Par quels moyens connaît-on un pays étranger si l'on n'y est jamais allé? Décrivez vos impressions de la France inspirées par
      1. le cinéma
      2. la télévision
      3. les journaux et les revues
      4. les livres
      5. les Français que vous connaissez personnellement
   B. Quelle idée de la France avez-vous retenue de votre premier cours de français?
   C. À quoi pensez-vous quand vous pensez à la France? (À Paris? À Catherine Deneuve? Aux cathédrales gothiques? Aux châteaux? À la Deuxième Guerre mondiale? etc.)

III. Conclusion
   A. Peut-on se fier aux (*trust*) impressions?
   B. Comment peut-on mieux connaître un pays?

2

Verbes

- STRUCTURE
The Present Tense (*Le Présent*)
Forms
Use of the Present Tense

The Present Tense (*Le Présent*)

FORMS

Regular Verbs

The present indicative forms of regular verbs consist of two parts: the *stem*, which does not change, and the *ending*, which changes to agree with the subject.

Present Indicative of Regular Verbs		
parler	**finir**	**rendre**
je parle	finis	rends
tu parles	finis	rends
il ⎫ elle⎭ parle	finit	rend
nous parlons	finissons	rendons
vous parlez	finissez	rendez
ils ⎫ elles⎭ parlent	finissent	rendent

Stem-changing Verbs (*Verbes à radical variable*)

Many regular **-er** verbs undergo certain changes in spelling **in order to preserve their regular spoken forms.** By understanding certain principles of phonetics, you can usually predict these changes.

Stem-changing Verbs		
Infinitive ending		
-cer	c	becomes **ç** before **a** or **o**
-ger	g	becomes **ge** before **a** or **o**
e *or* **é** + *consonant* + **er**	e *or* é	becomes **è** before mute **e**
-ter (jeter)	t	becomes **tt** before mute **e**
-ler (appeler)	l	becomes **ll** before mute **e**
-yer	y	becomes **i** before mute **e**

1. In verbs with an infinitive ending in **-ger** or **-cer, c** becomes **ç,** and **g** becomes **ge** before **a** or **o** in order to preserve the original soft sound of the consonant: **ge** is soft, as in **général; go** is hard, as in **gouvernment.**

The conjugation of two model verbs follows:

commencer *to begin*	
je commence	nous commençons
tu commences	vous commencez
il ⎫ elle⎭ commence	ils ⎫ elles⎭ commence

manger *to eat*	
je mange	nous mang**e**ons
tu manges	vous mangez
il elle } mange	ils elles } mangent

Other such verbs:

déplacer	to move, displace	**changer**	to change
exercer	to exercise	**exiger**	to demand
menacer	to threaten	**obliger**	to require
renoncer	to give up	**nager**	to swim
remplacer	to replace	**voyager**	to travel
tracer	to trace	**arranger**	to arrange

2. It is a general rule in French that words terminating in **-e** + *consonant* + *mute e* (**e muet**) will have an *accent grave* (`) on the **e** before the consonant: **manière, fidèle, père, espèce, crème, mère.** (There are a few exceptions to this pattern: **rêve, fête, même,** for example.)

A. In keeping with this pattern, most verbs with an infinitive in **e** or **é** + *consonant* + **er** will take an **accent grave** (`) on the **e** before the mute **e.** In the present tense this occurs in all but the **nous** and **vous** forms:

acheter *to buy*		espérer *to hope*	
j'ach**è**te	nous achetons	j'esp**è**re	nous espérons
tu ach**è**tes	vous achetez	tu esp**è**res	vous espérez
il elle } ach**è**te	ils elles } ach**è**tent	il elle } esp**è**re	ils elles } esp**è**rent

Other such verbs:

lever	to raise	**préférer**	to prefer
mener	to lead	**exagérer**	to exaggerate
achever	to finish	**répéter**	to repeat
peser	to weigh	**révéler**	to reveal

B. However, in verbs with an infinitive ending **-eter** or **-eler, t** becomes **tt** and **l** becomes **ll** before a mute ending:

jeter *to throw*		appeler *to call*	
je je**tt**e	nous jetons	j'appe**ll**e	nous appelons
tu je**tt**es	vous jetez	tu appe**ll**es	vous appelez
il elle } je**tt**e	ils elles } je**tt**ent	il elle } appe**ll**e	ils elles } appe**ll**ent

Other such verbs:

épeler	to spell	**renouveler**	to renew
rappeler	to recall	**rejeter**	to reject

3. In verbs with an infinitive ending in **-yer, y** becomes **i** before a mute ending:

envoyer *to send*	
j'envo**i**e	nous envoyons
tu envo**i**es	vous envoyez
il elle} envo**i**e	ils elles} envo**i**ent

Other such verbs:

payer	to pay (for)	**appuyer**	to lean	**aboyer**	to bark
essayer	to try[1]	**essuyer**	to wipe	**employer**	to use

For reference, consult the tables of stem-changing verbs in the Appendix, pages 504–507.

Irregular Verbs

This appears to be a frighteningly long list of verbs, but as you look it over you will realize that you have already studied almost all the basic verbs. That is because, statistically, these are the most frequently used verbs of the French language. It is virtually impossible to say anything without them. Review them now with their compounds and pattern associates.

aller *to go*	
je vais	nous allons
tu vas	vous allez
il elle} va	ils elles} vont

dire *to say, tell*	
je dis	nous disons
tu dis	vous dites
il elle} dit	ils elles} disent

Like **dire: interdire** *to forbid* (except for **vous interdisez**)

avoir *to have*	
j'ai	nous avons
tu as	vous avez
il elle} a	ils elles} ont

[1] With verbs in **-ayer** it is acceptable to keep the **y**, but the other form is preferred: **je paie** or **je paye,** etc.

écrire *to write*	
j'écris	nous écrivons
tu écris	vous écrivez
il ⎫ elle⎭ écrit	ils ⎫ elles⎭ écrivent

Like **écrire: décrire** *to describe;* ***inscrire*** *to inscribe*

connaître *to know, be familiar with*	
je connais	nous connaissons
tu connais	vous connaissez
il ⎫ elle⎭ connaît	ils ⎫ elles⎭ connaissent

Like **connaître: reconnaître** *to recognize;* **paraître,** *to appear;* **disparaître,** *to disappear*

être *to be*	
je suis	nous sommes
tu es	vous êtes
il ⎫ elle⎭ est	ils ⎫ elles⎭ sont

croire *to believe*	
je crois	nous croyons
tu crois	vous croyez
il ⎫ elle⎭ croit	Ils ⎫ elles⎭ croient

faire *to do, make*	
je fais	nous faisons
tu fais	vous faites
il ⎫ elle⎭ fait	ils ⎫ elles⎭ font

Like **faire: satisfaire** *to satisfy*

détruire *to destroy*	
Je détruis	nous détruisons
tu détruis	vous détruisez
il ⎫ elle⎭ détruit	ils ⎫ elles⎭ détruisent

Like **détruire: conduire** *to drive, conduct;* **construire** *to construct;* **instruire** *to instruct;* **produire** *to produce;* **réduire** *to reduce;* **traduire** *to translate*

lire *to read*	
je lis	nous lisons
tu lis	vous lisez
il elle} lit	ils elles} lisent

Like **lire: élire** *to elect*

mettre *to place, put*	
je mets	nous mettons
tu mets	vous mettez
il elle} met	ils elles} mettent

Like **mettre: admettre** *to admit;* **omettre** *to omit;* **promettre** *to promise;* **permettre** *to permit;* **soumettre** *to submit*

savoir *to know*	
je sais	nous savons
tu sais	vous savez
il elle} sait	ils elles} savent

ouvrir *to open*	
j'ouvre	nous ouvrons
tu ouvres	vous ouvrez
il elle} ouvre	ils elles} ouvrent

Like **ouvrir: couvrir** *to cover;* **découvrir** *to discover;* **recouvrir** *to cover up;* **souffrir** *to suffer;* **offrir** *to offer, give*

tenir *to hold*	
je tiens	nous tenons
tu tiens	vous tenez
il elle} tient	ils elles} tiennent

Like **tenir: appartenir** *to belong;* **obtenir** *to obtain;* **maintenir** *to maintain;* **soutenir** *to sustain, support;* **retenir** *to retain*

partir *to leave*	
je pars	nous partons
tu pars	vous partez
il elle} part	ils elles} partent

Like **partir: sortir** *to go out;* **sentir** *to feel, smell;* **servir** *to serve;* **mentir** *to lie*

venir *to come*	
je viens	nous venons
tu viens	vous venez
il elle} vient	ils elles} viennent

Like **venir**: **devenir** *to become;* **revenir** *to come back*

pouvoir *to be able*	
je peux (puis)	nous pouvons
tu peux	vous pouvez
il elle} peut	ils elles} peuvent

voir *to see*	
je vois	nous voyons
tu vois	vous voyez
il elle} voit	ils elles} voient

prendre *to take*	
je prends	nous prenons
tu prends	vous prenez
il elle} prend	ils elles} prennent

Like **prendre**: **apprendre** *to learn;* **comprendre** *to understand;* **surprendre** *to surprise;* **entreprendre** *to undertake*

vouloir *to wish, want*	
je veux	nous voulons
tu veux	vous voulez
il elle} veut	ils elles} veulent

USE OF THE PRESENT TENSE

A. In French, the present tense is used much as it is in English.

1. To express a general truth:

   La plupart des frontières françaises sont naturelles.

2. To express an action occurring at the moment it is told:

   Maintenant nous étudions l'emploi du présent de l'indicatif.

3. To express an action that is currently habitual:

   Richard se promène tous les jours au bois de Boulogne.

4. To express an action that will occur in the immediate future:

Liliane part dans un instant.

REMARQUER:
The French present tense has only one form, whereas the English has three:

Jean **parle** français.
$\left\{\begin{array}{l}\text{John } speaks \text{ French.} \\ \text{John } does\ speak \text{ French.} \\ \text{John } is\ speaking \text{ French.}\end{array}\right.$

B. There are several uses of the present tense in French that do not correspond to English. These deserve special attention.

1. Compare:

Jean-Pierre **travaille** dans cette usine **depuis onze ans.** *Jean-Pierre has been working in this factory for eleven years.*

Jean-Pierre **travaille** dans cette usine **depuis 1970.** *Jean-Pierre has been working in this factory since 1970.*

In French the present tense is used to express *an action begun in the past but continuing in the present.* In the first sentence **depuis** is used to mean *for,* with the amount of time the action has been taking place (**depuis onze ans**). In the second sentence, **depuis** means *since,* with the point in time at which the action began (**depuis 1970**).

In sentences that indicate the amount of time the action has been taking place (*for two days, for a month,* etc.) the following constructions with the present tense are also used:

$\left.\begin{array}{l}\textbf{Voici deux ans que} \\ \textbf{Voilà deux ans que} \\ \textbf{Il y a deux ans que} \\ \textbf{Cela fait deux ans que}\end{array}\right\}$ **ma famille habite ici. =**

My family has been living here for two years.

Examine the interrogative forms of this construction:

Depuis combien de temps votre famille habite-t-elle ici?
Ma famille habite ici **depuis deux ans.**
OR:
Voici (Voilà, Il y a, Cela fait) deux ans que ma famille habite ici.

Depuis quand votre famille habite-t-elle ici?
Ma famille habite ici **depuis 1979.**

2. The present tense is often used to recount events that took place in the past; this makes the narration more lively:

En 1940, un jeune garçon dont le chien était tombé dans un trou **descend** le chercher et **découvre** une caverne couverte de peintures préhistoriques.

3. In sentences that take the form *"If…(then)…,"* there are two parts: a clause stating the condition (the *if* clause) and a clause expressing the result (the result clause). If the result clause is future, the present tense must be used in the *if* clause in French:

> Si je **gagne** 1.000 francs de plus, je pourrai payer mes dettes.
> *If I **earn** (**will earn**) a thousand francs more, I will be able to pay my debts.*

EXERCICES

A. Refaites les phrases suivantes en employant les sujets indiqués. (Tous les verbes sont réguliers.)

1. La France fournit du logiciel (*computer software*) à d'autres pays.
   (Les États-Unis / Nous)

2. Les montagnes descendent vers la côte.
   (Le fleuve / Je)

3. Vous étudiez les statistiques.
   (Le gouvernement / Tu)

4. Tu défends les droits des citoyens.
   (Le premier ministre / Les sénateurs)

5. Tu établis le budget.
   (Vous / Je)

6. Voilà un homme que j'admire.
   (Tu / Vous)

B. Complétez les phrases suivantes par le présent des verbes indiqués. (Ce sont des verbes à radical variable.)

1. Le chien (aboyer) quand la journaliste arrive.
2. Christiane (se rappeler) les vacances passées à la mer.
3. Le mari (payer) les traites (*installments*) sur la machine à laver.
4. Nous (exercer) le droit de voter.
5. La famille (espérer) déménager bientôt.
6. Les hommes d'affaires (se lever) de bonne heure.
7. Ils (achever) le travail.
8. Madame Blanchard (préférer) consacrer tout son temps à ses enfants.
9. Cette famille ouvrière (mener) une vie difficile.
10. Des montagnes (protéger) la côte méditerranéenne des vents du nord.
11. Nous (diriger) l'usine.
12. On (appeler) le sud de la France «le Midi».
13. Le président (rejeter) la proposition du Sénat.
14. Le linge (sécher) (*dry*) au soleil.
15. Monsieur Blanchard (ne pas acheter) le journal du militant communiste.

C. Refaites les phrases suivantes en employant la forme correcte des verbes irréguliers, selon le modèle.

MODÈLE: Elle est en train de[1] lire le journal.
          Elle lit le journal.

1. Les petites entreprises sont en train de disparaître.
2. Les professeurs sont en train d'inscrire les résultats des examens au tableau.
3. La nation est en train d'élire une nouvelle Assemblée.
4. La France est en train de devenir une nation très puissante.
5. Nous sommes en train de voir des transformations très importantes.
6. La police est en train de maintenir l'ordre.
7. Toutes les industries sont en train de souffrir d'un manque d'énergie.
8. Les ouvriers sont en train de détruire la vieille usine.
9. Ils sont en train d'aller à la Côte d'Azur.
10. Le président et son premier ministre sont en train de soumettre le traité au Parlement.

D. Donnez l'infinitif du verbe irrégulier indiqué. Ensuite, donnez les formes indiquées.

1. *to be able*
   (nous / ils / je)

2. *to describe*
   (les Français / vous / l'article)

3. *to become*
   (vous / elles / on)

4. *to want, wish*
   (tu / tout le monde / ils)

5. *to make, do*
   (je / vous / les maires)

6. *to disappear*
   (il / nous / ils)

7. *to promise*
   (je / il / ils)

8. *to offer*
   (elles / vous / je)

9. *to say, tell*
   (les hommes politiques / vous / il)

10. *to understand*
    (je / elle / elles)

11. *to produce*
    (on / nous / les événements)

12. *to go*
    (je / ils / tu)

E. Donnez le pluriel des verbes suivants. Lisez-les à haute voix en faisant bien attention à la prononciation.

1. il choisit
2. il rend
3. je commence
4. je mange
5. tu jettes
6. tu appelles
7. j'achète
8. je préfère
9. j'emploie
10. il peut
11. elle veut
12. elle sait
13. il décrit
14. il satisfait
15. je vais
16. elle a
17. elle croit
18. il permet
19. elle appartient
20. il revient
21. il surprend
22. elle élit
23. il traduit
24. je construis

---

[1] **être en train de** + *inf.:* to be in the process of doing something. (This expression is used to emphasize an ongoing action and is comparable to the progressive present form in English: Elle **est en train de lire** le journal. *She **is reading** the newspaper.*)

25. tu mènes   27. il part   29. tu fais
26. tu envoies   28. il reconnaît   30. tu dis

F. Traduisez les phrases suivantes. S'il y a plus d'une façon de les traduire, donnez-les toutes.

> MODELE: Les membres du conseil **élisent** le maire.
> The members of the council *elect* (*do elect, are electing*) the mayor.

1. Le président met ses lunettes pour mieux voir.
2. Cette dame conduit bien la voiture.
3. Le couple est inscrit au Parti communiste depuis un an et demi.
4. Si le gouvernement supprime les allocations familiales, le taux de natalité baissera.
5. Dans cette région, l'industrie des textiles est depuis longtemps la base de l'économie.
6. Si les séparatistes gagnent, la Corse deviendra un pays indépendant de la France.
7. La Martinique, la Guadeloupe, la Guyane et la Réunion sont des départements depuis 1946.
8. Voilà deux heures que je fais ces exercices et maintenant, j'en ai assez!

G. Répondez aux questions suivantes. Pour les questions 1 et 2, répondez de quatre façons diverses.

1. Depuis combien de temps êtes-vous à l'université?
2. Depuis combien de temps étudiez-vous le français?
3. Depuis quand étudiez-vous le français?
4. Depuis quand habitez-vous cette ville?
5. Depuis quand la Cinquième République existe-t-elle?
6. Si les Dubois fêtent leur dixième anniversaire de mariage aujourd'hui, depuis quand sont-ils mariés? Depuis combien de temps sont-ils mariés?

3

Un Jour dans la vie...: Quelques Français et leur travail

No single person or family can be said to be truly typical, but the following sketches are meant to portray a sampling of French people in different walks of life: factory workers, civil service employees, small business people and a professional.

- VOCABULAIRE
  Lexique de mots-clés
  Enrichissez votre vocabulaire
  Étude de mots

- STRUCTURE
  Time
  The Present Participle

- LECTURE: **Un Jour dans la vie... Quelques Français et leur travail**

VOCABULAIRE

Lexique de mots-clés

LES NOMS

un(e) aîné(e)	elder, eldest (brother or sister)
le commerce	business, trade
un impôt	tax
le logement	living quarters, lodging
le loyer	rent
louer	to rent
la réunion	meeting
se réunir	to meet
le salaire	wages, salary
une usine	factory

LES VERBES

comprendre†	to include
y compris	including
comprenant	including
remplir	to fill
soupirer	to sigh
pousser un soupir	to heave a sigh
toucher	to receive (a salary), to be paid

LES MÉTIERS (*professions, occupations*)

un acteur, une actrice	actor, actress
un(e) avocat(e)	lawyer
la bonne, la femme de ménage	maid, female domestic
un(e) commerçant(e)	small business person, merchant
le commis	clerk
un(e) employé(e)	salaried person working in a store or office
le / la fonctionnaire	civil service employee
un homme (une femme) d'affaires	business person
un ouvrier, une ouvrière	worker in a factory or in industry
le patron, la patronne	boss, owner
le / la secrétaire	secretary
le vendeur, la vendeuse	salesclerk

EXERCICES

A. Quel est le mot, tiré du Lexique de mots-clés, qui a un sens contraire aux termes suivants?

1. exclure
2. payer
3. rire
4. le cadet (le plus jeune)
5. un revenu
6. vider

B. Quel est le mot, tiré du Lexique de mots-clés, qui a un sens semblable?

1. les affaires
2. une demeure
3. inclure
4. un rassemblement
5. retenir en payant
6. le plus âgé
7. recevoir

C. Expliquez en français les mots suivants.

MODÈLE: un ouvrier

Un ouvrier est un homme qui travaille dans une usine ou dans l'industrie.

1. une commerçante
2. une usine
3. un vendeur
4. un commis
5. une bonne
6. les impôts
7. une avocate
8. un fonctionnaire
9. une employée
10. le loyer

LA MAISON

un appartement	suite or flat of rooms
le bureau	office, desk
le chauffage	heating
un étage	floor, story
un hôtel particulier	town house
un immeuble	apartment building
les meubles (*m.*)	furniture
la pièce	room
la sonnette (de la porte)	doorbell
la chambre à coucher	bedroom
une armoire	wardrobe chest
la commode	chest of drawers
le lit	bed
la cuisine	kitchen
le lave-vaisselle	dishwasher
la machine à laver	washing machine (for clothes)
le placard	cupboard
le réfrigérateur	refrigerator
la vaisselle	dishware
la salle à manger	dining room
le buffet	sideboard
le lustre	chandelier
la salle de bains (*also*, **la salle d'eau**)	bathroom
les W.C.	water closet, toilet
la salle de séjour	living room
le téléviseur	television set
le salon	formal living room

IDIOTISMES DU VERBE «FAIRE»

faire un achat	to make a purchase
faire la caisse	to count cash register receipts
faire ses devoirs	to do one's homework
faire faillite	to go bankrupt
faire le marché	to go grocery shopping
faire le ménage	to do the housework
faire sa toilette	to wash up, get dressed, tend to one's appearance
faire la vaisselle	to do the dishes

EXERCICE

1. Décrivez comment vous faites votre toilette chaque matin. D'habitude, combien de temps mettez-vous à faire votre toilette?
2. Qui est-ce qui fait le ménage chez vous? Votre père? Votre mère? Les enfants? Une femme de ménage?
3. Après le dîner, faites-vous souvent la vaisselle pour votre famille?
4. Expliquez comment il peut arriver à un commerçant de faire faillite.
5. Aimez-vous faire le marché? Pourquoi, ou pourquoi pas?
6. Avez-vous fait un achat récemment? Qu'avez-vous acheté?
7. Votre famille habite-t-elle un appartement ou une maison? Combien de pièces y a-t-il? Précisez quelles sont les pièces. Citez quelques-uns des meubles qui se trouvent dans chaque pièce.
8. Que faites-vous si vous entendez la sonnette?
9. Où faites-vous vos devoirs? Écoutez-vous de la musique en faisant vos devoirs?

Enrichissez votre vocabulaire

1. **un(e) avocat(e)** lawyer
   Voltaire **advocated** an enlightened monarchy.
2. **la caisse** box, cash register
   We ordered two **cases** of beer and paid **cash.**
3. **chasser** to hunt
   The dog **chased** the squirrel but did not catch it.
4. **comprendre**† to include, **y compris** including
   Martinique, Guadeloupe, and several smaller islands **comprise** the French West Indies.
5. **convenir**† to be appropriate to
   Convention dictates what we must wear, do, and say.
6. **un ensemble** grouping, **ensemble** together
   That's a nice **ensemble** you're wearing today!
7. **garer** to park
   We have a two-car **garage.**
8. **le grenier** attic

Originally, the "grenier" was the part of a rural residence under the roof where **grain** was stored.

9. **un(e) habitué(e)**   a "regular," one who frequents the same place
The police interviewed all the **habitués** of the bar where the hold-up occurred.

10. **remplir**   to fill
The candidate's speech was **replete** with boasts and promises.

11. **siéger**   to hold a seat
The English laid **siege** to Calais for six months.

12. **supplier**   to beg
At Lourdes, the **supplicants** march in solemn procession bearing candles.

13. **tenir**[†]   to hold,   **le lieu**   place
tenir lieu de   to take the place of
In **lieu** of bail, the suspect was held prisoner.
In traditional military hierarchy, a **lieutenant** is an officer empowered to enact the orders of higher ranking officers and to act in their place if needed.

14. **la vaisselle**   dishware
In the tomb, archeologists found **vessels** containing oil and wine.

Étude de mots

A.   "Cycles"

quotidien(ne)	daily
hebdomadaire	weekly
mensuel(le)	monthly
annuel(le)	annual

B.   "Room"

1. **la pièce** = room (*general term*):

   Combien de pièces a cette maison?

2. **la chambre** = room, generally bedroom:

   Dans ce foyer d'étudiants, chacun a sa propre chambre.

3. **la salle** = large room:

   nous allons faire de cette salle une garderie (*day-nursery*) **pour les enfants.**

4. **la place** = room, space:

   Il n'y a pas assez de place dans le salon pour mon piano à queue (*concert grand*)

EXERCICE

Complétez les phrases suivantes en choisissant entre **pièce, chambre, salle** et **place.**

1. La _____ à manger du château était très élégante.
2. Mademoiselle, cherchez-vous un studio à louer ou bien un appartement à deux _____?
3. Dans ma _____ à l'université, il n'y a pas beaucoup de _____.
4. En achetant une maison, il faut bien examiner la cuisine, parce que c'est une _____ très importante.

C.   "Time": **le temps, l'heure, la fois, le moment, l'époque, s'amuser**

1. *Duration, continuum:*

   Avez-vous **le temps** de m'aider?
   Le temps passe vite.

REMARQUER:
Le temps signifie aussi *weather:*
   — **Quel temps** fait-il?
   — Il pleut.

2. *Clock time:*

   Quelle **heure** est-il? Est-il déjà midi?
   Ne venez pas à huit **heures. À cette heure-là,** je suis occupé.

3. *Occasion, instance:*

   Mon cousin a vu *La Guerre des étoiles* neuf **fois!**
   Cette fois-ci, c'est moi qui vous invite.

4. *The wrong time, the right time, the proper time:*

   C'est le mauvais **moment** de faire cela.

   On dit aussi **en ce moment** (*now, at this time*), **en ce moment-là** (*at that time*):

   En ce moment, Liliane travaille chez Renault.

5. *Period of time, era:*

   À **l'époque** de Louis XIV, les hommes portaient des perruques (*wigs*).
   À **cette époque,** je n'étais pas encore marié.

6. *To have a good time:* (Please note: This is an *idiomatic* use of the word "time.")

   Je m'amuse bien pendant le weekend.
   Amusez-vous bien! (Have a good time!)

EXERCICE

Complétez les phrases suivantes en choisissant entre **temps, heure, fois, moment** et **époque.** Pour accompagner le nom, employez les mots convenables donnés entre parenthèses.

1. Christiane a rencontré son mari en 1956. À (ce / cette) _____, elle travaillait dans une usine.
2. Combien de _____ êtes-vous allé à Paris?
3. À (quel / quelle) _____ commence le spectacle?
4. Combien de _____ avez-vous passé à préparer cette leçon?
5. Il me semble que ce n'est pas (le bon / la bonne) _____ pour partir en voyage.
6. Bonjour, Maurice! Il y a longtemps que je ne t'ai pas vu; que fais-tu en (ce / cette) _____?
7. J'aurais bien aimé vivre (au / à la / à l') _____ de Napoléon.
8. (Le dernier / La dernière) _____ que j'ai vu Monsieur Clouzot, c'était en 1978.
9. L'homme voudrait conquérir (le / la / l') _____ et l'espace, ces deux infinis.
10. Quand on est étudiant, il faut bien organiser (son / sa) _____.

STRUCTURE

Time (*L'Heure*)

Official Time

A twenty-four hour clock is used in France for all official schedules and time-tables:

10 h = *10 A.M.*
14 h 15 = *2:15 P.M.*
0 h 30 = *12:30 midnight*

Informal Time

Quelle heure est-il?

Il est cinq heures du matin. *5 A.M.*
Il est onze heures dix du matin. *11:10 A.M.*
Il est midi. *12 P.M.*
Il est une heure et demie de l'après-midi. *1:30 P.M.*
Il est sept heures moins le quart du soir. *6:45 P.M.*
Il est dix heures moins cinq du soir. *9:55 P.M.*
Il est trois heures. *3 o'clock.*
Il est huit heures et quart. *8:15.*
Il est minuit. *12. A.M.*

Il est environ minuit. *It is around midnight.*
Il est environ une heure. *It is about one.*
Jacques est venu me voir vers une heure. *Jacques came to see me around one.*
Il est deux heures pile (juste). *It is two o'clock sharp.*

EXERCICES

A. Lisez à haute voix les heures suivantes et écrivez-les selon le modéle.

MODÈLE: 13 h 30
Il est une heure et demie de l'après-midi.

1. 2 h 6   4. 14 h 15   7. 15 h 45
2. 12 h   5. 19 h 45   8. 17 h 30
3. 6 h 30   6. 0 h 20

B. Lisez à haute voix les phrases suivantes.

1. En France il y a beaucoup de magasins qui ferment pour le déjeuner 12 h à 14 h.
2. La plupart des banques françaises sont ouvertes de 9 h jusqu'à 16 h 30.
3. Les Français dînent d'habitude vers 20 h.
4. Ma classe de français se réunit le lundi, le mercredi et le vendredi à 10 h.
5. On peut voir le journal télévisé à 13 h sur la deuxième chaîne.
6. Dans·le bureau où je travaille, on prend chaque jour une pause-café à 15 h 15.
7. Cet avion décolle à 4 h 07.
8. Le train arrive à 24 h.
9. Il y a deux séances pour ce film: la première est à 19 h 20 et la deuxième à 21 h 40.
10. Mon rendez-vous avec le directeur est à 17 h 45.

C. Répondez aux questions suivantes.

Un ouvrier à l'usine.

1. À quelle heure vous levez-vous d'habitude?
2. À quelle heure se réunit votre classe de français?
3. À quelle heure prenez-vous votre déjeuner? Et votre dîner?
4. Pendant le week-end, vous couchez-vous de bonne heure ou assez tard?
5. À quelle heure arrivez-vous à votre classe de français d'habitude? Êtes-vous toujours à l'heure, ou arrivez-vous quelquefois en retard?

The Present Participle (*Le Participe présent*)

FORMATION

Stem: the **nous** form of the present tense minus **ons: parløn$, finissøn$, rendøn$, faisøn$, alløn$,** etc.
Ending: **-ant**

parlant	speaking	**faisant**	doing
finissant	finishing	**allant**	going
vendant	selling	**voyant**	seeing

REMARQUER:

The formation of the present participle is the same for all verbs, both regular and irregular. There are only three exceptions: **avoir ayant** (*having*), **être étant** (*being*), **savoir sachant** (*knowing*).

USE

1. The present participle may be used to indicate an action simultaneous to the principal verb; it sometimes has an explanatory value:

   Étant fatigué, il s'est couché. ***Being*** *tired, he went to bed.*
   Voyant le changement en sa fille, la mère s'inquiétait. ***Seeing*** *the change in her daughter, the mother worried.*

2. *The present participle is often used after* **en** *to explain how something is done:*

   On réussit **en travaillant.** *You succeed* ***by working.***
   J'ai complété ces phrases **en employant** le verbe indiqué. *I completed these sentences* ***by using*** *the verb indicated.*

   It may also be used after **en** to tell when another action occurs:

   Christiane a rencontré Jean-Jacques **en allant** en ville. *Christiane met Jean-Jacques* ***while going*** *downtown.*
   En apprenant qu'elle avait gagné à la loterie nationale, Janine a téléphoné à tous ses amis. ***Upon learning*** *that she had won the national lottery, Janine phoned all her friends.*

3. Introduced by **tout en,** the present participle indicates simultaneity with a nuance of opposition or contrast:

Tout en ayant faim, le prisonnier a refusé de manger. ***Although he was hungry,*** *the prisoner refused to eat.*
Tout en lisant le journal, il mangeait. *He was eating **while reading the newspaper.***

REMARQUER:

1. Do not confuse the progressive tense of a verb with the present participle:

I am speaking. **Je parle.**   *I was speaking.* **Je parlais.**

2. Although the present participle is frequently used after prepositions in English, ***the infinitive is the only verb form that may follow a preposition other than "en" in French.***

Le petit-fils part **sans dire** un mot. *The grandson leaves **without saying** a word.*
Je suis fatigué **de courir.** *I am tired **of running.***

***En* is the only preposition that can introduce the present participle in French.**

EXERCICES

A. Donnez le participe présent des verbes suivants.

1. gagner	5. faire	9. manger
2. choisir	6. savoir	10. commencer
3. rendre	7. être	11. pouvoir
4. avoir	8. grossir	12. voir

B. Refaites les phrases suivantes en employant un participe présent comme dans les modèles.

MODÈLE: Il était fatigué et il s'est couché.
          Étant fatigué, il s'est couché.

1. Il était malade et il a consulté un médecin.
2. Il avait soif et il a commandé une bière.
3. Elle savait qu'elle ne pouvait pas payer ses dettes et elle a vendu la maison.

MODÈLE: On réussit à force de (*by dint of*) travailler.
          On réussit en travaillant.

4. On apprend à force d'étudier.
5. On acquiert un bon vocabulaire à force de lire.
6. Le cycliste est arrivé au sommet à force de faire un effort énorme.

MODÈLE: J'ai rencontré Jean-Pierre quand j'allais en ville.
          J'ai rencontré Jean-Pierre en allant en ville.

7. Elle a pleuré quand elle a appris la nouvelle.
8. Les gosses sourient quand ils regardent la télévision.
9. «Où étais-tu?» a-t-elle demandé quand elle a vu sa fille.

MODÈLE: Paul avait faim, mais il a refusé de manger.
Tout en ayant faim, Paul a refusé de manger.

10. Mon beau-frère est riche, mais il ne fait jamais de voyages.
11. Les Lefèbvre aiment le cinéma, mais ils y vont rarement.
12. Christiane était enceinte, mais elle s'est mariée en robe blanche.

C.   Complétez les phrases suivantes par la forme correcte du verbe donné entre parenthèses. Ensuite traduisez la phrase.

1. Monsieur Lefèbvre chante en (faire) _____ la vaisselle.
2. Monsieur Lessieur (gagner) _____ environ 5.000 francs par mois.
3. Il regardait souvent la télé et il a fini par (rater) _____ son examen.
4. Beaucoup d'ouvriers votent à gauche en (penser) _____ que leur vie s'améliorera.
5. Mon frère aîné (louer) _____ une villa pour l'été.
6. Nous sommes fatigués de (faire) _____ ces exercices.

LECTURE Un Jour dans la vie...: Quelques Français et leur travail

1

Les B., ouvriers

Monsieur B. a 45 ans; il est ouvrier qualifié P2[1] dans une usine de constructions mécaniques située à quelques kilomètres de Bordeaux. Il gagne 4.950 F par mois. Il est marié et père de deux enfants, deux garçons de 10 et 14 ans, pour lesquels il touche 425 F par mois d'allocations familiales.[2]

Avec le salaire de Madame B. (4.200 F par mois), qui est ouvrière spécialisée et travaille dans une usine de conserves,° le revenu total de la famille s'élève à 9.575 F par mois. Les impôts ne dépassant° pas 450 F par mois, le revenu mensuel net de la famille B. est donc de 9.125 F.

Monsieur et Madame B. habitent un appartement dans une cité° neuve à 4 kilomètres du centre de Bordeaux. Construite en 1957, cette cité est constituée par un ensemble d'immeubles de quatre étages comprenant chacun 24 logements. L'appartement de Monsieur B. est composé de 3 pièces — deux chambres à coucher et une grande salle à manger tenant lieu de salle de séjour —, d'une cuisine de dimensions réduites et d'une salle d'eau. Compte tenu° de l'allocation-logement à laquelle il a droit,° Monsieur B. paie un loyer de 825 F par mois, chauffage compris.

une usine de conserves canning factory
dépasser to exceed

une cité housing project

compte tenu taking into account, in view of
avoir droit à to be entitled to

---

[1] The superscripts refer to the *Commentaire* at the end of each section.

verni varnished

La première chambre est occupée par les parents. Les meubles en sont très simples: un grand lit en bois verni,° une grosse armoire paysanne héritée d'une tante de Monsieur B. et deux chaises. Dans la chambre des enfants, il y a deux lits, une vieille commode qui vient de chez la mère de Monsieur B. et une table de travail pour l'aîné. Le plus jeune fait ses devoirs dans la salle à manger sur une immense et lourde table qui paraît remplir la moitié de la pièce. Celle-ci est éclairée° par un lustre à cinq branches, cadeau de mariage des camarades d'atelier° de Monsieur B. Tous les meubles de la salle à manger sont de style Henri II: la table, les six chaises, le buffet où l'on range° la vaisselle des jours de fête. La vaisselle ordinaire se met dans les placards de la cuisine, où la famille prend ses repas.° Le téléviseur se trouve dans la salle à manger.

éclairer to illuminate
un atelier workshop

ranger to put away

le repas meal

comment faire? how to manage?

Madame B. trouve sa cuisine un peu petite depuis qu'elle a acheté un réfrigérateur et une machine à laver. Et comment faire° si les B. achètent un lave-vaisselle l'année prochaine?

Le travail de Monsieur B. à l'usine commence à sept heures et demie. Il se lève à six heures et demie, prend avec sa femme un bol de café au lait avec du pain et du beurre[3] et part pour son travail vers sept heures et quart, à vélomoteur.°[4] (Les B. possèdent une Renault R-5 mais ils ne s'en servent que le dimanche et pendant les vacances.)

le vélomoteur motorbike

Il travaille jusqu'à midi et rentre chez lui pour déjeuner.[5] Il est content de retrouver sa femme et ses deux fils revenus eux aussi déjeuner à la maison. Tous prennent ensemble un repas simple mais complet: hors-d'œuvre, viande grillée, plat de légumes, fromage et fruits. Les enfants repartent pour l'école vers une heure et demie et lui-même se remet en route vers deux heures moins le quart. Quand il a un coup de fil° à donner, Monsieur B. part un peu plus tôt et s'arrête au «Café de la Poste», dont il connaît le patron et les habitués. Il prend un café noir et passe son «coup de fil». Monsieur B. n'a jamais eu l'idée de faire installer le téléphone chez lui.[6] Il est vrai qu'il ne téléphone pas souvent; seulement à des camarades du syndicat,° ou encore au médecin quand un des enfants est malade.

un coup de fil phone call

le syndicat labor union

le Comité d'entreprise joint
  production committee
siéger to have a seat, place (on a
  committee, etc.)

Ce soir, Monsieur B. ne rentrera pas directement car il y a réunion du Comité d'entreprise.° Monsieur B. y a été élu il y a deux ans comme candidat à la C.G.T.[7] Il siège° au Comité avec des camarades de la C.F.D.T. Le Comité d'entreprise se réunit pendant les heures de travail mais le plus souvent les discussions continuent après six heures. Ce soir, Monsieur B. ne rentrera probablement pas chez lui avant huit heures ou huit heures et demie. Mais, en général, la famille B. dîne vers sept heures en regardant le journal télévisé.° Après le dîner et la vaisselle, qui est faite par Madame B. et les enfants, Monsieur B. bricole° à la cuisine. En ce moment il fabrique un nouveau placard. Ou bien toute la famille regarde la télévision.

le journal télévisé T.V. news
bricoler to tinker, potter about
  the house

Quand ils étaient fiancés, Monsieur et Madame B. allaient souvent au cinéma le soir; maintenant ils n'y vont qu'une fois ou deux par an, notamment le soir de Noël, avant d'aller à la messe de minuit, où

tenir à + *inf.* to be anxious to (do something), attach importance to

Monsieur B. accompagne toujours sa femme, qui a reçu une éducation religieuse et qui tient beaucoup à° y assister.

Commentaire

l'échelle (*f.*) ladder, scale
le manoeuvre manual laborer

1. Les ouvriers français sont classés en trois grandes catégories. En bas de l'échelle,° il y a les manoeuvres° (dont la plupart sont des immigrés). Viennent ensuite les ouvriers spécialisés (O.S.) et enfin, en haut de l'échelle, les ouvriers qualifiés, classés en P1, P2, P3 selon leur formation professionnelle.
2. Comme tous les Français qui ont des enfants, Monsieur et Madame B. reçoivent des allocations familiales. Comme ils ont un revenu relativement réduit, ils ont droit aussi à l'allocation-logement. L'État français se préoccupe du citoyen dans la plupart des circonstances de sa vie.
3. Le petit déjeuner de Monsieur B. est assez typique. Les Français mangent peu le matin, mais ils prennent souvent un repas copieux à midi.
4. Le vélomoteur est une forme de transport très populaire en France, même à Paris, où la circulation est très dense. Le vélomoteur est pratique car il consomme très peu d'essence (qui coûte deux ou trois fois plus cher en France qu'aux États-Unis) et il est facile à garer.
5. La journée de la plupart des Français est coupée en deux par l'arrêt de travail du déjeuner, mais c'est une coutume qui commence à disparaître, surtout à Paris. De plus en plus d'entreprises pratiquent la journée continue, comme aux États-Unis.
6. Selon le recensement de 1982, 25% des ménages français n'ont pas le téléphone. Si l'on a besoin de «passer un coup de fil», on va dans un café ou au bureau de poste, où il y a des téléphones publics.
7. Les ouvriers français peuvent choisir entre trois centrales syndicales:
la C.G.T. (Confédération générale du travail), dont la majorité des dirigeants est constituée de militants du Parti communiste;
la C.G.T.–F.O. (Confédération générale du travail–Force ouvrière): ses dirigeants sont souvent des membres ou des sympathisants du Parti socialiste;
la C.F.D.T. (Confédération française démocratique du travail), peut-être le syndicat le plus combatif, qui attire beaucoup de jeunes ouvriers.

COMPRÉHENSION

1. Quel travail Monsieur et Madame B. font-ils? Combien gagnent-ils?
2. Décrivez la cité où habitent les B.
3. De quelles allocations payées par le gouvernement bénéficient-ils?

4. Décrivez l'appartement et les meubles de la famille.
5. Qu'est-ce que Monsieur B. prend comme petit déjeuner?
6. Comment se rend-il au travail? À quelle heure doit-il arriver à l'usine?
7. Que se passe-t-il à midi?
8. Les B. ont-ils le téléphone? Que font-ils quand il leur est nécessaire de passer un coup de fil?
9. Pourquoi Monsieur B. ne rentrera-t-il pas directement chez lui ce soir?
10. Que fait la famille le soir après le dîner?
11. Monsieur et Madame B. sortent-ils souvent?

2

Les F., fonctionnaires

tous deux both
la préfecture roughly equivalent to county seat

emprunter to borrow
la Mutuelle credit union
comptant in cash

les restes (*m.*) leftovers
la veille the night before
le bouilli boiled beef
le dé dice, cube
ajouter to add

puni punished

menacé threatened
aménager to fix up
le grenier attic

les économies (*f.*) savings

Les F. sont tous deux° fonctionnaires. Monsieur F. travaille à la poste et Madame F. est secrétaire à la préfecture.°1 Ils sont mariés depuis dix ans et ils ont deux enfants, l'un de sept ans et l'autre de trois ans. Les F. vivent dans un appartement de trois pièces qu'ils ont acheté il y a deux ans,2 en empruntant° à la Caisse des Allocations familiales et à la Mutuelle° des fonctionnaires la plus grande partie de la somme qu'il fallait payer comptant.°

Aujourd'hui, c'est une journée typique: Madame F. se lève à six heures et demie; elle prépare les petits déjeuners; elle accompagne les enfants à l'école, puis elle va au bureau, qu'elle quitte à midi. Elle fait son marché; elle achète des biftecks, du fromage et des fruits. Son mari arrive à la maison vers midi et demi avec les enfants, qu'il avait cherchés à l'école. L'aîné met la table. Comme hors-d'œuvre, Madame F. sert les restes° du dîner de la veille;° hier soir, il y avait du bouilli.° Madame F. coupe la viande et les légumes en petits dés° et y ajoute° de l'huile et du vinaigre.

Aujourd'hui elle n'a pas besoin de faire la vaisselle. Juliette, la femme de ménage, vient travailler trois heures, comme tous les mardis et tous les vendredis.

Elle peut donc boire tranquillement son café avant de repartir pour le bureau. Elle essaie de convaincre son mari de prendre une bonne l'année prochaine.

— Maria, tu sais, celle qui faisait le ménage dans la maisonnette que nous avons louée sur la Costa Brava l'été dernier, elle m'a écrit…

— Me voilà puni,° dit Monsieur F. en riant, de mon infidélité à la Bretagne; si nous étions allés au Croisic, comme d'habitude, je ne serais pas menacé° d'une bonne espagnole! Et où la logeras-tu?

— On pourrait aménager° la petite pièce du grenier?°3 Elle n'est pas difficile, Maria. Tout ce qu'elle demande, c'est de passer deux ou trois ans en France, et quand elle aura des économies,° elle pourra rentrer en Espagne et se marier avec son Antonio… Bientôt Pierre pourra aller à l'école tout seul, et Maria garderait Jacques.

Un facteur, Monsieur F., en tournée.

s'abriter to take shelter
feuilleter to leaf through

supplier to beg

Comme Monsieur F., après une vague réponse, s'est prudemment abrité° derrière *L'Équipe,* Madame F. soupire et feuillette° *Elle.*[4] Elle trouve un article sur la femme américaine.

«Comme elles ont de la chance de pratiquer la journée continue, ces Américaines! Elles travaillent de huit heures et demie ou neuf heures à cinq heures, elles n'ont pas de déjeuner à préparer puisque les enfants mangent à l'école. Elles ont toutes leurs soirées libres, tandis qu'ici la vaisselle du soir n'est souvent pas finie avant huit heures et demie ou neuf heures. Ah! si ça pouvait être comme ça en France, je ne serais pas obligée de supplier° mon mari, pour avoir mon Espagnole!»[5]

Madame F. referme l'hebdomadaire, pousse un soupir et regarde l'heure. Il est deux heures moins le quart. Elle se lève et part pour son bureau.

Commentaire

1. Selon le recensement de 1982, les fonctionnaires constituent à peu près 15% de la population active.
2. Beaucoup de Français sont propriétaires de l'appartement qu'ils habitent. C'est une idée qui commence à se répandre aux États-Unis (sous la forme de «co-ops» et de «condominiums»). Or, depuis lontemps en France, une grande partie des appartements s'achètent. Selon le recensement de 1982, 52% des Français sont propriétaires de leur logement.
3. La pièce du grenier, où il est question de loger Maria, est la chambre de bonne traditionnelle qu'on trouve dans les vieux immeubles. Elle est accessible uniquement par un escalier de service qui passe devant la porte de la cuisine des grands appartements. Aujourd'hui, comme peu de gens ont des domestiques permanents, ces chambres de bonne se louent souvent à des étudiants.
4. *Elle* est une revue féminine très populaire, tandis que *L'Équipe* se consacre au sport.
5. Comme on quitte le travail assez tard, et que souvent on fait des courses le soir avant de rentrer chez soi, on dîne assez tard. Une journée de travail laisse donc peu de temps libre.

COMPRÉHENSION

1. Quel travail les F. font-ils?
2. Décrivez leur famille.
3. Où habitent-ils? Comment ont-ils pu acheter leur logement?
4. Décrivez la journée typique de Madame F.
5. Pourquoi Madame F. ne fait-elle pas la vaisselle aujourd'hui?
6. Que demande-t-elle à son mari?
7. Quelle est la réponse de Monsieur F.?
8. Pourquoi Madame F. envie-t-elle les femmes américaines?

3
Les D., commerçants

le sous-officier non-commissioned officer
la retraite retirement

un magasin de couleurs paint store

dans ses prix within his means

Monsieur D. a 35 ans. Il a été sous-officier° pendant 15 ans. On lui a accordé sa retraite° anticipée. Il touche ainsi chaque mois 1.800 F. Plusieurs entreprises lui offrent une place. Il refuse, il emprunte de l'argent à des amis et cherche un commerce qui soit à vendre. Après quelque temps, il trouve un «magasin de couleurs»° qui est dans ses prix.°

Il ne connaît rien à cette branche; il demande à travailler 6 mois dans la boutique comme commis. Celui qui vend le magasin accepte.

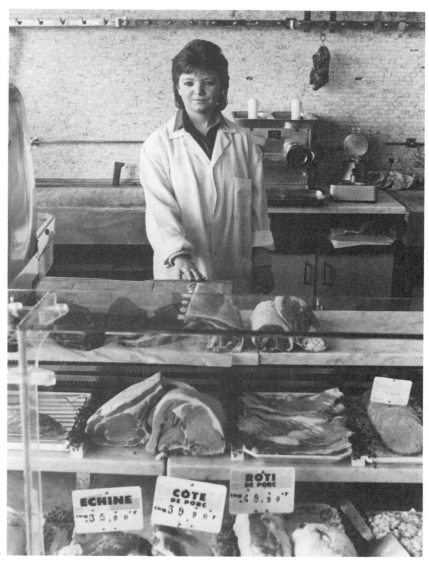

Une commerçante: la bouchère.

être au courant   to be "in the know"
le fonds de commerce   business and stock
le grand magasin   department store
le quartier   neighborhood
le papier peint   wallpaper
le produit d'entretien   household cleaning product
l'entresol (*m.*)   mezzanine

Six mois après, Monsieur D. est au courant° et il achète le fonds de commerce.°1

Le grand magasin° du quartier° vend moins cher que lui la peinture, les papiers peints° et les produits d'entretien.° Monsieur D. va-t-il faire faillite? — Non. Après 5 ans, il peut revendre sa boutique deux fois plus cher qu'il ne l'a payée, acheter un magasin plus vaste, engager un employé. Que s'est-il donc passé pendant ces cinq années? — Monsieur D. et sa femme ont travaillé 16 heures par jour.

Ils habitent à l'entresol,° dans un petit logement de deux pièces qu'ils ont obtenu en même temps que le fonds de commerce.2 Ce

relié joined

logement est relié° au magasin par un escalier intérieur. Le matin, à sept heures et demie, Madame D. a déjà fait sa toilette. Elle met la cafetière sur le feu; et en attendant que le café soit prêt, elle descend pour ouvrir la boutique, puis remonte. Si un client a besoin de quelque chose, il entrera, on entendra la sonnette de la porte, et on descendra le servir.

En général le premier client ne vient que vers huit heures, huit heures et quart. Les clients habitent presque tous la même rue ou les rues voisines. Ils connaissent les D. et leur demandent presque tous

le conseil advice

des conseils:° «Monsieur D., qu'est-ce que vous me conseillez pour les murs de ma salle à manger? Avec quoi est-ce que je peux faire partir

faire partir une tache remove a stain
de son mieux to the best of his ability

cette tache?»°... Et Monsieur D. répond de son mieux.° Il dit même parfois: «Eh bien, je viendrai chez vous, ce soir, après dîner, si vous voulez, et je vous montrerai comment il faut la passer, cette peinture.» Ou bien Madame D. dit: «Allez, donnez-moi votre veste, je vais

enlever to take away

vous l'enlever° tout de suite, cette tache. Regardez comment je fais!» Les clients ont moins le sentiment de faire un achat que d'aller dire bonjour à des amis.[3] Quelle différence avec le grand magasin où,

convenir to be appropriate

lorsqu'ils demandent quelle est la peinture qui convient° le mieux pour leur salle à manger, une jeune vendeuse leur répond avec un sourire impersonnel: «Voilà celle que nous vendons le plus!» ou encore: «Elles sont toutes très bonnes, madame!».

Le magasin ferme le soir vers huit heures. Mais pour les D. la journée n'est pas finie. Avant, il faut faire la caisse, noter les com-

passer une commande to place an order

mandes à passer° et cela n'est guère terminé avant neuf heures.

Commentaire

le commerce de détail retail business
l'alimentation (f.) food

1. Pour 1.000 habitants, il y a en France 11 commerces de détail.° Presque la moitié sont des commerces d'alimentation.° Pourquoi tant de Français choisissent-ils une branche d'activité où règne

une concurrence competition

une si grande concurrence?° Beaucoup de Français ont le goût de l'indépendance; ils préfèrent disposer d'un revenu moins élevé, mais être leur propre patron.
2. Beaucoup de commerçants ont leur logement relié au magasin où ils travaillent.
3. Dans les petits magasins en France, les clients ne se servent pas; c'est-à-dire, on ne doit pas toucher aux marchandises qui sont

le rayon shelf

rangées sur les rayons.° On doit les demander au commerçant.

COMPRÉHENSION

1. Comment Monsieur D. a-t-il trouvé les moyens d'acheter un magasin?
2. Comment Monsieur D. a-t-il appris à gérer un «magasin de couleurs»? (Employez *en* + le participe présent dans votre réponse.)
3. Monsieur D. a-t-il du succès avec son premier magasin? Expliquez votre réponse.

4. Où habitent Monsieur et Madame D.? Pourquoi est-ce commode?
5. D'où viennent leurs clients?
6. Pourquoi ces clients préfèrent-ils faire leurs achats chez les D., au lieu d'aller dans un grand magasin où les prix sont moins élevés?
7. À quelle heure le magasin ferme-t-il? Pourquoi les D. terminent-ils leur travail si tard?

4

Monsieur L., avocat

Monsieur L. a 40 ans. Il est un des 2.800 avocats parisiens.[1] Il a acheté l'appartement qu'il occupait dans un ancien hôtel particulier situé tout près du parc Monceau. Il dispose de 8 pièces. Il a fait son bureau d'une des pièces et d'une autre le bureau de sa secrétaire. Dans la journée, son salon sert de° salle d'attente.

servir de to serve as

Aujourd'hui, Maître L. est parti pour le Palais.[2] En ville, il ne se sert pas de sa Citroën (une CX Prestige, bien sûr!). Où la garerait-il° d'ailleurs° dans l'île de la Cité? Et les taxis sont relativement bon marché à Paris.

garer to park
d'ailleurs besides, moreover

En arrivant au Palais de justice, il met sa robe noire et entre dans la salle du tribunal, que le public remplit presque entièrement. Il va plaider pour° un acteur célèbre qui s'est battu avec un automobiliste qui avait bloqué sa voiture et l'avait empêché° d'arriver à l'heure aux studios.

plaider pour to plead the case of
empêcher to hinder, prevent

Vers midi, il va déjeuner dans un restaurant de la place Dauphine, où il retrouve beaucoup de ses confrères.°

le confrère colleague

Ses clients viennent le voir chez lui, le plus souvent en fin d'après-midi quand ils sortent du bureau. Maître L. est un spécialiste du droit des sociétés° et il a beaucoup d'hommes d'affaires comme clients.

le droit des sociétés corporate law

Maître L. ne dîne jamais avant 9 heures du soir. On comprend que, le samedi, il part à la première heure pour la ferme qu'il vient d'acheter en Sologne.[3] Pendant deux jours il chasse° ou pêche° dans cette région qui est si proche de Paris et pourtant si sauvage.°

chasser to hunt
pêcher to fish
sauvage wild, undeveloped

Commentaire

1. On compte environ 10.000 avocats en France dont le quart à peu près sont des femmes.
2. Il s'agit du Palais de justice, qui se trouve sur l'île de la Cité, à quelques pas de la cathédrale de Notre-Dame, au coeur même de Paris. On trouve dans le même ensemble de bâtiments la préfecture de Police et la Sainte-Chapelle.
3. Beaucoup de Français, même ceux qui sont bien moins aisés que Maître L., possède une résidence secondaire. Selon le recensement de 1982, près de 25% des Français possèdent une résidence secondaire.

Une avocate monte les
marches du Palais de Justice.

COMPRÉHENSION

1. Décrivez le logement de Monsieur L.
2. Quelle sorte de voiture a-t-il?
3. Où se trouve son lieu de travail? Comment s'y rend-il? Pourquoi Monsieur L. ne se sert-il pas de sa voiture pour aller au travail?
4. Pour qui Monsieur L. plaide-t-il aujourd'hui? Expliquez le cas.
5. Où déjeune-t-il?
6. De quoi Maître L. est-il spécialiste? Où ses clients le consultent-ils?
7. Pourquoi Maître L. dîne-t-il si tard?
8. Que fait-il pendant les week-ends?

DISCUSSION

1. Quelles sont les plus grandes différences entre ces Français et leurs équivalents américains en ce qui concerne leur routine quotidienne et leur mode le vie?

2. En quoi Monsieur et Madame B. ressemblent-ils à des ouvriers américains? En quoi les D. sont-ils semblables à des commerçants américains?

3. Il y a en France un débat continu entre les gens qui veulent la journée continue «à l'américaine» et ceux qui préfèrent le système traditionnel de l'interruption de travail à midi. Quels sont les avantages et les inconvénients de chaque système? Lequel préférez-vous?

4. S'il fallait changer de place avec un(e) des Français(es) présentés dans ces textes, avec qui voudriez-vous changer de place, et pourquoi?

5. Préférez-vous personnellement faire vos achats dans un petit magasin dont vous connaissez le propriétaire ou dans un grand magasin où l'on paie moins cher?

6. Quel métier avez-vous l'intention de faire? Pourquoi avez-vous choisi ce métier?

COMPOSITION
DIRIGÉE

Un Couple américain typique

I. Introduction

Donnez des renseignements généraux sur le couple:

A. Habite-t-il en ville, à la campagne ou en banlieue?

B. Ont-ils un appartement ou une maison? Décrivez leur logement.

C. Quel âge ont-ils? Combien d'enfants ont-ils et quel est l'âge de leurs enfants?

II. Leur travail

Décrivez leur formation professionnelle et le métier qu'ils font. Combien gagnent-ils?

III. Racontez une journée typique:

A. À quelle heure se lèvent-ils? Que prennent-ils comme petit déjeuner?

B. Comment se rendent-ils à leur travail? Quelles sont leurs heures de travail?

C. À quelle heure dîne-t-on? Qui est-ce qui prépare le dîner? Qui est-ce qui fait la vaisselle?

D. Décrivez les activités de la famille après le dîner.

4

Verbes

- STRUCTURE
  The Imperative (*L'Impératif*)
  The Future (*Le Futur*)

The Imperative (*L'Impératif*)

FORMS

Basic Forms

In French, each verb has three imperative forms corresponding respectively to the **tu, vous** and **nous** forms of the present indicative:

1. Familiar

> **Mange** ta salade! *Eat your salad!*
> **Fais** la vaisselle! *Do the dishes!*

2. Polite or plural

> **Parlez** plus fort! *Speak louder!*
> **Écrivez** les exercices! *Write the exercises.*

3. Collective

> **Partons** tout de suite! *Let's leave right away!*
> **Commençons** le travail! *Let's begin work!*

Irregular Forms

A. If the **tu** form of the present indicative ends in **-es** or **-as**, the **s** is dropped in the imperative.[1] This occurs in all regular **-er** verbs and certain irregular verbs:

> **Parle!** *Speak!*
> **Va** au diable! *Go to the devil!*

B. A few irregular verbs have an irregular imperative:

avoir
> **Aie** pitié de lui! ⎫
> **Ayez** pitié de lui! ⎰ *Have pity on him.*
> **Ayons** pitié de lui! *Let's have pity on him.*

être
> **Sois** sage! ⎫
> **Soyez** sage(s)! ⎰ *Be good!*
> **Soyons** sages! *Let's be good!*

---

[1] The **s** is retained if the verb is followed by the pronouns **en** or **y**:

> **Penses-y!** *Think about it!*
> **Vas-y** *Go there!*

but:

> **Va-t-en!** *Go away!*

savoir
    Sachez la vérité! *Know the truth!*

vouloir
    Veuillez m'aider. *Please help me.*

Note that **vouloir** has a special meaning in the imperative. The other imperative forms of **vouloir** and **savoir** are rarely used.

The Negative Imperative

The negative imperative is formed by placing **ne** before the verb and **pas** after:

    Ne mange pas ta salade!
    Ne parlez pas trop fort!
    Ne partons pas tout de suite!

USE OF THE IMPERATIVE

The imperative mood is used:

1. To give commands or express prohibitions:

    Attaquez!
    Ne fumez pas!

2. To give instructions:

    Lisez la leçon et **faites** les exercices.
    Regardez comment je fais.

3. To make suggestions:

    Allons au cinéma ce soir.

EXERCICES

A. Refaites les phrases suivantes en employant la forme convenable de l'impératif affirmatif.

MODÈLES: Dites à votre père de louer une voiture.
              Loue une voiture.

              Dites à ce monsieur de louer une voiture.
              Louez une voiture.

              Dites à vos amis de louer une voiture avec vous.
              Louons une voiture.

    1. Dites à la dame de blanchir le linge.
    2. Dites à ces gens de demander les indications à l'agent de police.
    3. Dites à votre ami d'attendre un instant.
    4. Dites à votre sœur de lire ce roman.
    5. Dites au professeur d'ouvrir la fenêtre.
    6. Dites à vos amis d'aller à la bibliothèque avec vous.

7. Dites à votre client de payer l'addition.
8. Dites aux étudiants d'être à l'heure.
9. Dites à vos collègues d'obtenir la permission.
10. Dites à la petite fille de revenir.
11. Dites aux étudiants de détruire les vieux examens.
12. Dites à ce monsieur de sortir vite.
13. Dites à la journaliste de décrire l'appartement.

14. Dites aux gosses de ranger la chambre avec vous.
15. Dites à votre frère de faire le ménage avec vous.

B. Refaites les phrases suivantes en employant la forme convenable de l'impératif négatif:

1. Dites à votre tante de ne pas préparer le dîner tout de suite.
2. Dites au chauffeur de ne pas conduire si vite.
3. Dites à vos belles-sœurs de ne pas rougir.
4. Dites à votre camarade de chambre de ne pas écrire la lettre.
5. Dites aux ouvriers de ne pas demander une augmentation de salaire.
6. Dites au maire de ne pas soutenir le préfet.
7. Dites à votre ami de ne pas venir trop tard.
8. Dites à votre fiancé(e) de ne pas avoir peur.
9. Dites aux ouvriers de ne pas paraître impatients.
10. Dites à votre frère aîné de ne pas être timide.

QUELQUES JEUX

A. Un(e) étudiant(e) dira à l'un(e) de ses camarades de faire quelque chose (ouvrez la porte, allez au tableau, regardez par la fenêtre, etc.) Celui (celle)-ci fera ce qu'on lui demande et ensuite il (elle) donnera un ordre à son tour. Et ainsi de suite à tour de rôle. (*And so on in turn.*) Un(e) étudiant(e) qui ne comprend pas ou qui répète un ordre est éliminé(e).

B. Faites le même jeu en employant l'impératif familier.

The Future (*Le Futur*)

FORMS

Verb forms for the future tense consist of two parts: a stem and an ending.

Future Endings

The future endings are the same for all verbs, regular or irregular. You can see them in heavy type in the conjugation of the verb **voyager:**

voyager	
je voyager**ai**	nous voyager**ons**
tu voyager**as**	vous voyager**ez**
il elle} voyager**a**	ils elles} voyager**ont**

Future Stem

1. The future stem for most verbs ending in **-er** and **-ir** is the infinitive:

ouvrir → j'**ouvrir**ai   **parler** → je **parler**ai
partir → je **partir**ai   **finir** → je **finir**ai
dormir → je **dormir**ai

2. The future stem for all verbs ending in **-re,** with the exception of **être** and **faire,** is the infinitive minus **-e:**

dire	→ je **dir**ai	lire	→ je **lir**ai
écrire	→ j'**écrir**ai	prendre	→ je **prendr**ai

3. The most important irregular verbs whose future stems do not follow the usual pattern are listed below. The future endings, however, are regular.

aller	**ir-**	faire	**fer-**	savoir	**saur-**
avoir	**aur-**	falloir	**faudr-**	tenir	**tiendr-**
courir	**courr-**	mourir	**mourr-**	venir	**viendr-**
envoyer	**enverr-**	pouvoir	**pourr-**	voir	**verr-**
être	**ser-**	recevoir	**recevr-**	vouloir	**voudr-**

REMARQUER:
The future stem always ends in **-r.**

USE OF THE FUTURE TENSE

The future is used in French much as it is in English.

1. To mark an action that is to take place at a future time:

   Nous serons en France l'année prochaine.   *We will be in France next year.*

2. As a strong imperative:

   Tu ne tueras point.   *Thou shalt not kill.*

Here are some uses of the future that differ from English:

1. After **dès que** and **aussitôt que** (*as soon as*), **tant que** (*as long as*), **quand** and **lorsque** (*when*), the future is required if the main verb is future or imperative. English uses the present tense in this case. Compare:

   Quand Henri **arrivera,** nous **pourrons** partir.   **When** Henry arrives we **will be able** to leave.
   Téléphonez-moi / **dès que** vous **arriverez.** **Phone** me / **as soon as you arrive.**

2. The future may be used in French to indicate possibility or probability.

   Il n'est pas venu; **c'est qu'il sera malade.**   *He didn't come; **he must be sick.***
   Quelle belle voiture de sport! **Elle appartiendra** à quelque vedette de cinéma.   *What a beautiful sports car! **It must belong** to some movie star.*

REMARQUER:
The near future is often expressed by the verb **aller** + *infinitive*. The same construction exists in English:

   Je vais partir.   *I am going to leave.*

— Je serai bref...

EXERCICES   A.   Refaites les phrases suivantes en mettant les verbes au futur.

MODÈLE: Je vais partir.
          Je partirai.

1. La grand-mère de Bruno va lui offrir une bicyclette pour son anniversaire.
2. Maria va être contente d'avoir la pièce du grenier.
3. Les deux aînés vont mettre leur manteau du dimanche.
4. Demain il va faire froid et il va y avoir un orage.
5. Bruno et Martin vont faire leur service militaire dans cinq ans.
6. Dimanche les Blanchard vont dîner dans un restaurant.
7. Madame Lefèbvre va planter quelques légumes dans le jardin.
8. Les Lefèbvre vont envoyer la demande demain et ils vont savoir la
   réponse dans un mois.
9. Nous allons voir beaucoup d'endroits historiques en voyageant.
10. La maladie de M. Hulot n'est pas grave; il ne va pas mourir.
11. Monsieur Leroux ne va pas courir le risque de changer d'emploi.

12. Après le dîner, Monsieur Blanchard va vouloir regarder un match de football (*soccer*) à la télé.
13. Un jour Madame Simon va reprendre son travail.
14. Un jour prochain (*one day soon*) il va falloir aller au théâtre.
15. Ce chien va appartenir à la première personne qui le réclame.

B. Transformez les phrases suivantes selon le modèle.

MODÈLE: Si les élections ont lieu, l'ordre sera rétabli. (Dès que)
Dès que les élections auront lieu, l'ordre sera rétabli.

1. Si les gaullistes obtiennent la plupart des voix, les communistes seront déçus. (Quand)
2. Si vous partez en vacances, vous ne pourrez pas payer le loyer. (Lorsque)
3. S'il existe des inégalités sociales, il y aura des révolutions. (Tant que)
4. Si vous voulez poser une question, dites-le au professeur. (Dès que)
5. Si les Lefèbvre peuvent le faire, ils déménageront. (Dès que)
6. Si Jean-Pierre fait des heures supplémentaires (*works overtime*), il gagnera 1.000 francs par mois de plus. (Tant que)
7. Si vous avez le temps, lisez des revues françaises. (Lorsque)
8. Si le gouvernement envoie des représentants aux négotiations, on les recevra cordialement. (Quand)
9. Si je reçois la bourse, je pourrai continuer mes études. (Aussitôt que)
10. Si la famille va à la plage, les enfants s'amuseront. (Aussitôt que)

5

Monuments
de France

In large measure, France's prestige and appeal to travelers is due to the richness and diversity of the monuments that it has preserved as testimony to humankind's experience and achievements. In the following pages, we present a few of these highlights in chronological sequence.

- VOCABULAIRE
  Lexique de mots-clés
  Enrichissez votre vocabulaire

- LECTURE: **Monuments de France**

VOCABULAIRE

Lexique de mots-clés

LES NOMS

un atelier	workshop, studio
la chasse	hunting
le pavillon de chasse	hunting lodge
la cour	courtyard; *also,* court (of prince, king, *etc.*)
une ère	era, long period of time
le fer	iron
le fer forgé	wrought iron
la muraille	heavy wall
le niveau	level
le pont	bridge
le sol	ground, soil
le taureau	bull
le témoignage	testimony, evidence
la tour	tower

LES VERBES

craindre[†]	to fear
se dresser	to stand up, rise
s'écrouler	to crumble, disintegrate
entourer	to surround
peser	to weigh
servir[†] **à**	to be used for
servir[†] **de**	to be used as
se servir de	to make use of

DIVERS

à l'aide de	with the help of
soit...soit...	either...or...
sous forme de	in the form of

EXERCICE

Complétez les phrases suivantes par la forme convenable d'un mot tiré du Lexique de mots-clés.

1. Une loi fondamentale de la physique: l'eau cherche toujours son propre _____.
2. Autrefois, _____ était une des activités principales de l'aristocratie.
3. Dans les contes de fées, une belle princesse est souvent enfermée dans une haute _____.
4. _____ de la vallée de la Loire est très fertile.
5. Ces grosses pierres _____ des dizaines de tonnes et on se demande comment ce peuple ancien a fait pour les poser.

6. On divise les temps modernes en deux _____: celle d'avant Jésus-Christ, et celle d'après.
7. Cette vieille prétend avoir vu le diable _____ d'un chat noir.
8. L'usage de certains métaux comme le bronze et _____ caractérise certaines ères dans l'évolution de l'homme.
9. Nous avons trouvé ce petit village en _____ d'un guide touristique.
10. À _____ de Louis XIV, il régnait un code d'étiquette extrêmement rigide.
11. Ces exercices _____ enrichir le vocabulaire actif des étudiants.
12. Si vous visitez Aix, vous pourrez voir _____ du célèbre artiste, Cézanne.
13. La grande _____, construite autrefois comme obstacle aux invasions, sépare la Chine des pays de l'ouest.
14. Un très beau parc _____ le Palais de Versailles.
15. Quand une bombe atomique éclate, tout _____.
16. En s'approchant de la Cathédrale de Chartres par le train de Paris, on remarque d'abord les deux clochers qui _____ majestueusement au dessus des champs de blé.
17. Depuis l'ère préhistorique, _____ est le symbole de la puissance et de la virilité.
18. Il y a de nombreux _____ de l'occupation romaine en France; on trouve des ruines romaines même en plein Paris.
19. «Nous n'avons rien à _____, sauf la crainte même», dit Winston Churchill pendant la Deuxième Guerre mondiale.
20. Il existe à Avignon un célèbre _____ qui reliait les deux rives du Rhône.
21. Pour l'ascension de la Tour Eiffel, on peut prendre _____ l'escalier _____ l'ascenseur.

Enrichissez votre vocabulaire

1. **la cour** court
   The baron was very **courteous** and showed us great respect.
2. **entourer** to surround
   The king arrived with a large **entourage.**
3. **la façade** front of a building
   Do not be taken in by Marie's sweet, smiling manner; it's only a **façade.**
4. **le fer** iron
   Ferrous oxide is the scientific name for rust.
5. **l'hommage** homage, honor
   The expression "to pay homage" to someone, meaning to pay tribute or show respect, derives from the feudal ceremony of **homage** by which a vassal declared loyalty to the feudal lord, in other words, vowed to become his "man" (**homme**).
6. **un incendie** conflagration, fire
   Although the mayor was furious, he should not have made such **incendiary** remarks.

7. **la muraille**   large wall
   There are beautiful **murals** throughout the palace.

8. **un os**   bone
   The new generation has revolted against many **ossified** institutions of the past.

9. **le pont**   bridge
   Seaplanes have **pontoons** for landing gear.

10. **le taureau**   bull
    They say that people born under the astrological sign of **Taurus** have strong personalities.

Monuments de France

Peintures préhistoriques des grottes de Lascaux

L'homme vit en France depuis la nuit des temps[1] et, de l'*homo erectus* (950.000–650.000 ans avant notre ère) à nos jours, il a laissé sur tout le territoire des témoignages de ses talents artistiques, de ses besoins et de ses intérêts. Les lieux mentionnés dans ce texte illustrent la diversité de ces vestiges.

Préhistoire:

Lascaux

Les peintures et gravures[2] rupestres,[3] datant de quelques 30.000 ans et généralement trouvées dans des caves profondes, sont les plus anciennes expressions artistiques découvertes en France. L'on présume qu'elles servaient à des rites religieux. L'homme y est rarement représenté ou, s'il l'est, généralement sous forme d'esquisse,[4] alors que les animaux (daims,[5] bisons, chevaux, mammouths, rhinocéros) le sont en détail et avec réalisme. Les couleurs (bruns, jaunes, noirs, rouges), faites de minéraux pulvérisés et mélangés à de la graisse animale, étaient soufflées[6] sur les parois[7] à l'aide d'un os creux.[8]

Il existe des vingtaines de ces grottes, particulièrement dans le sud-ouest. Les plus célèbres sont celles de Lascaux, découvertes, en 1940, accidentellement par un jeune garçon dont le chien était tombé dans un trou. En descendant le chercher, le garçonnet découvre une caverne dont[9] murs et plafonds[10] sont couverts de peintures de taureaux, de chevaux, d'ibex, de chats sauvages etc…, les couleurs étant parfaitement préservées. Les caves sont ouvertes au public en 1948, mais doivent être fermées en 1963 car l'humidité de l'air s'infiltrant dans les caves jointe au gaz carbonique rejeté par des dizaines de milliers de visiteurs attaquaient le revêtement[11] naturel qui avait jusque là préservé les peintures. Lascaux II, une reproduction, est ouvert au public en 1983.

[1]**la nuit des temps** "the dawn of time" [2]**la gravure** *here,* drawing incised in stone [3]**rupestre** of rocks [4]**une esquisse** outline, sketching [5]**le daim** buck [6]**souffler** to blow [7]**la paroi** wall of rock [8]**creux** hollow [9]**dont** *here,* of which [10]**le plafond** ceiling [11]**le revêtement** protective coating

Menhirs à Carnac

L'Âge néolithique:

Locmariaquer — Carnac
De cette époque (4.000 à 1.800 ans
avant notre ère) datent les
dolmens et les **menhirs** qui
semblent être des hommages
funéraires.

Les **dolmens,** jadis[12] invisibles
parce que recouverts de terre,
servaient de sépultures[13]
collectives. Par suite de l'érosion,
la plupart émergent aujourd'hui
du sol tels[14] de gigantesques
tables de pierre de 20 à 30 mètres
de long dont les dalles[15] pèsent
entre 60 et 100 tonnes. Il existe
environ 4.500 dolmens en France,
dont près d'un millier sont en
Bretagne. Le plus connu est **La
Table des Marchands à
Locmariaquer** (Bretagne) qui est
formé de trois pierres plates
reposant sur 17 supports en
pointe dont un est décoré d'épis
de blé.[16]

Les **menhirs** sont des pierres
dressées, hautes de 2 à 20 mètres
et pesant entre 2 et 350 tonnes.
Ce sont probablement des stèles

funéraires plus ou moins
associées au culte du soleil. Les
menhirs sont soit isolés, soit
disposés[17] en cercles appelés
«cromlechs», soit alignés en rangs
parallèles. Jusqu'à l'ère
chrétienne, on leur attribuait des
pouvoirs occultes. À elle seule, la
France compte plus de 6.000
menhirs. Les **Alignements de
Kermario à Carnac** s'étirent[18] sur
plus de 6 kilomètres à travers la
lande bretonne. Ils sont formés
de 2.935 menhirs groupés en trois
rangs.

Époque romaine:

*Pont du Gard —
Arènes de Nîmes*
La conquête romaine, qui
remonte[19] au 1er siècle avant notre
ère, provoque immédiatement la
construction de routes, ponts,
forts et villes. De ce fait, les
ruines romaines abondent en
France, particulièrement dans le
sud-est.

---

[12]**jadis** formerly   [13]**une sépulture** tomb   [14]**tels** like   [15]**la dalle** slab of stone   [16]**un épi de blé** blade of wheat
[17]**disposés** arranged, laid out   [18]**s'étirer** to stretch out   [19]**remonter** to go back to

Le Pont du Gard,
aqueduc romain

Les Arènes des Nîmes

Le **Pont du Gard,** remarquable témoignage de l'ingéniosité et de la virtuosité des Romains, fait partie d'un aqueduc de 50 kilomètres qui, pendant dix siècles, apporte l'eau à Nîmes. Pont à trois étages, haut de quelques 40 mètres, il est formé de blocs de pierre non cimentés pesant environ six tonnes. L'aqueduc se trouve au niveau supérieur du pont.

À une vingtaine de kilomètres au sud-ouest se trouve **Nîmes,** ville riche en vestiges romains. Les plus célèbres sont la **Maison Carrée,** temple ceint[20] d'une colonnade, et les **Arènes,** amphithéâtre datant probablement du début du 1er siècle. Ovales et plutôt petites pour des arènes romaines, elles mesurent 133 mètres sur 100 m, ont 35 gradins et peuvent recevoir près de 24.000 spectateurs. Au Ve siècle, elles sont transformées en forteresses par les Wisigoths puis, quelques siècles plus tard, servent d'abri[21] à de pauvres gens. Elles sont restaurées au XIXe siècle. Aujourd'hui l'on y donne des courses de taureau[22] et des festivals.

---

[20]**ceint de** encircled by   [21]**un abri** shelter   [22]**une course de taureaux** bullfight

Moyen Âge:

Carcassonne —
Cathédrale de Reims —
Mont-Saint-Michel

Le Moyen Âge est une période de grands changements. En architecture particulièrement, l'on passe de l'Art Roman (Xe et XIe siècles environ — caractérisé par l'arc en plein cintre[23]) au Gothique (XIIe au dèbut du XVe — utilisation de l'ogive[24]) puis au Gothique flamboyant (fin du XVe siècle — décoration très fouillée[25]). La majorité des édifices moyenâgeux conjuguent[26] deux ou trois de ces styles.

Deux villes fortifiées retiennent particulièrement l'attention: **Aigues-Mortes,** ancien port du delta du Rhône, d'où Louis IX (Saint Louis), roi de France, s'embarque pour les Croisades, et **Carcassonne,** (située aussi dans le sud de la France.) Carcassonne est protégée par une double enceinte[27] flanquée de 52 tours et de 4 portes fortifiées. L'espace entre les deux murailles est si large qu'autrefois, en temps de paix, des joutes[28] et des tournois[29] s'y tenaient.

La **Cathédrale de Reims** se trouve sur l'emplacement[30] de l'église où Clovis, roi des Francs, est baptisé en 496. Par la suite, dans les diverses cathédrales qui se succèdent en cet endroit, les rois de France sont couronnés. L'édifice actuel, construit entre 1211 et 1481, a été à deux reprises[31] presque entièrement détruit par des incendies[32] (en 1481 et en 1914). Il reste inachevé[33] et 4 tours et 7 clochers[34] originellement prévus lui font encore défaut.[35] La cathédrale, essentiellement en gothique flamboyant, est ornée de 2.300 statues dont le fameux **«Ange souriant».**

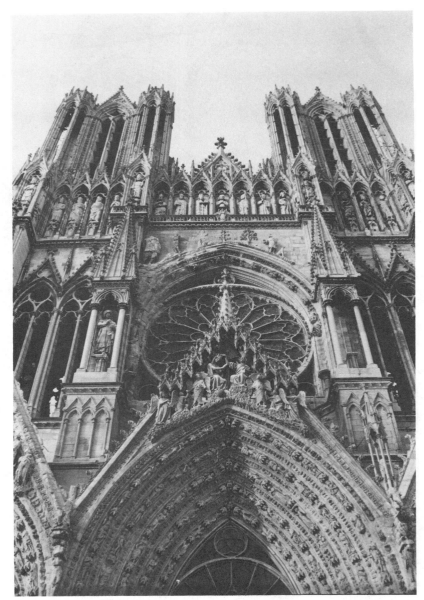

La Cathédrale de Reims

---

[23] **un arc en plein cintre** (*m.*) semi-circular arch combine   [27] **une enceinte** surrounding wall **emplacement** site   [31] **à deux reprises** twice **clocher** belltower, steeple   [35] **faire défaut** to be missing

[24] **une ogive** pointed arch   [25] **fouillé** elaborate   [26] **conjuguer** to [28] **une joute** joust   [29] **un tournoi** tournament   [30] **un** [32] **un incendie** conflagration, fire   [33] **inachevé** incomplete   [34] **un**

Le **Mont-Saint-Michel** est un îlot rocheux dressant ses 80 mètres aux abords de la côte normande. Une petite chapelle y est édifiée au VIIIe siècle. Malgré[36] sables mouvants[37] et marées[38] galopantes, les fidèles[39] y affluent,[40] si bien qu'au XIIIe siècle la chapelle est remplacée par une abbaye entourée de bâtiments[41] à l'usage des moines[42] et des pélerins.[43] Ces édifices, exemples typiques de l'architecture normande, et auxquels l'on accède[44] par une chaussée[45] de 2 kilomètres de long, sont devenus un des hauts-lieux du tourisme international.

La Renaissance:

Chambord

L'Architecture de la Renaissance est essentiellement laïque,[46] comme par exemple le «pavillon de chasse» (un château de 440 pièces) bâti pour François Ier à Chambord dans la vallée de la Loire. Sa construction commence en 1519 et suit un plan féodal (donjon[47] central et cour intérieure) mais ses épaisses[48] murailles sont percées de nombreuses et larges[49] fenêtres. Ses toits présentent une profusion de cheminées (365), de chapiteaux[50] (800), de clochetons,[51] de flèches,[52] etc., sculptés et décorés. Un mur de 32 kilomètres, le plus long de France, entoure le parc.

Le Mont Saint-Michel

Un château de la Renaissance: Chambord

---

[36]**malgré** in spite of   [37]**le sable mouvant** quicksand   [38]**la marée** tide   [39]**les fidèles** the faithful   [40]**affluer** to throng   [41]**un bâtiment** building   [42]**un moine** monk   [43]**un pélerin** pilgrim   [44]**accéder** to reach   [45]**la chaussée** causeway   [46]**laïque** secular (not religious)   [47]**le donjon** turret   [48]**épais, -se** thick   [49]**large** wide   [50]**un chapiteau** capital (of a column)   [51]**un clocheton** pinnacle   [52]**une flèche** *here,* spire

XVIIᵉ et XVIIIᵉ Siècles:

Versailles — Nancy

En 1661, Louis XIV décide la construction du **Palais de Versailles.** En 1682 le palais est prêt et la Cour (20.000 personnes) s'y installe. Il faut cependant 50 ans et 30.000 ouvriers pour compléter l'ensemble, y compris, dans le parc, le **Grand Trianon** (un édifice en marbre blanc et rose), le **Petit Trianon,** et le **Grand Canal.** La Cour demeure à Versailles jusqu'à la Révolution (1789), époque pendant laquelle le château est pillé[53] puis abandonné. Restauré, il devient musée national en 1857. Versailles est le plus bel exemple de l'architecture classique française. Outre[54] les appartements royaux et les salles de réception, il renferme la fameuse **Galerie des Glaces,** longue de 75 mètres, large de 10 mètres, éclairée par 17 fenêtres de grande taille faisant face à 400 miroirs, qui sert encore de nos jours lors de réceptions officielles.

Le Grand Trianon

Le Petit Trianon

---

[53] **pillé** pillaged, plundered   [54] **outre** besides

La Galerie des Glaces du Palais de Versailles

La Place Stanislas à Nancy

En 1736, Stanislas Leczinski, roi déchu[55] de Pologne, reçoit de son gendre[56] Louis XV, roi de France, le duché de Lorraine. Le nouveau duc fit de **Nancy** une ville aussi belle que bien planifiée. La célèbre **Place Stanislas** (124 mètres sur 106) est un chef-d'œuvre[57] d'élégance et d'harmonie avec ses quatre pans coupés[58] agrémentés[59] de grilles en fer forgé rehaussées[60] d'or. Sur trois côtés, la place est entourée de pavillons (7 en tout) symétriques dont les façades sont allégées[61] par des fenêtres cintrées[62] et des balcons en fer forgé. Un magnifique hôtel de ville occupe le quatrième côté.

Les Temps modernes:

La Tour Eiffel — Beaubourg

Conçue par Gustave **Eiffel** pour l'Exposition Universelle qui devait se tenir à Paris en 1889, la **Tour Eiffel** est l'objet de controverses avant même le commencement de sa construction en janvier 1887. Certains craignent qu'elle ne s'écroule, d'autres qu'elle ne défigure la Capitale. Cependant, lorsqu'elle est inaugurée, le 15 Mai 1889, ses critiques les plus acharnés[63] eux-mêmes doivent reconnaître qu'elle est une œuvre remarquable. Haute de 300 mètres, pesant 7.000 tonnes, la Tour est composée de 15.000 panneaux de fer fixés par 2,5 millions de rivets également en fer. Elle repose sur quatre piliers de maçonnerie enfouis[64] à 10 ou 15 mètres sous terre. La Tour a cinq plateformes, les trois premières avec restaurants et boutiques, les deux plus hautes fermées au public. L'ascension se fait soit par ascenseur,[65] soit par escalier (1.710 marches). Un émetteur de télévision y est installé depuis 1957, son antenne

---

[55]**déchu** deposed   [56]**le gendre** son-in-law   [57]**le chef-d'œuvre** masterpiece   [58]**pans coupés** (*m.*) sectioned walls
[59]**agrémenté** embellished   [60]**rehaussé de** enhanced by   [61]**allégé** lightened   [62]**cintré** arched   [63]**acharné** relentless   [64]**enfoui** buried   [65]**un ascenseur** elevator

Le Centre National d'art et de
Culture Georges Pompidou
(Beaubourg)

La "folie" de l'ingénieur Gustave Eiffel

augmentant de quelques 20
mètres la hauteur de la Tour.
Celle-ci attire plus de trois
millions de visiteurs
annuellement.

   Une nouvelle controverse éclate
pendant les années 1970 avec la
construction d'un édifice
résolument moderne, le **Centre
National d'Art et de Culture
Georges Pompidou** (mieux
connu sous le nom du
Beaubourg) dans le cœur de l'un
des plus vieux quartiers de Paris.
Inauguré en 1977, Beaubourg est
un parallélépipède d'acier,[66] dont
l'extérieur est agrémenté de
tuyaux[67] multicolores et
d'escaliers roulants[68] enchâssés[69]
dans des cages de verre. L'on y
trouve un musée d'art moderne,
une vaste bibliothèque publique,
une cinémathèque, une
photothèque, des ateliers pour
enfants, des salles de musique ou
de conférences, etc. Sur l'énorme
parvis[70] qui le précède, des
artistes ambulants offrent aux
passants des spectacles
impromptus.

---

[66] **un acier** steel   [67] **un tuyau** pipe   [68] **un escalier roulant** escalator   [69] **enchâssé** encased   [70] **le parvis** open
square

COMPRÉHENSION

Préhistoire

1. Quelles sont les plus anciennes expressions artistiques découvertes en France? Où se trouvent-elles?
2. Décrivez ces peintures. À quoi servaient-elles probablement?
3. Comment a-t-on découvert les grottes de Lascaux?
4. Pourquoi a-t-on fermé les grottes de Lascaux?

L'Âge néolithique

5. Qu'est-ce qu'un dolmen? Pourquoi étaient-ils jadis invisibles?
6. Décrivez un dolmen typique. Où se trouvent la plupart d'entre eux?
7. Qu'est-ce qu'un menhir?
8. Quelle théorie a-t-on proposé sur l'origine des menhirs?
9. Que trouve-t-on à Carnac, en Bretagne?

Époque romaine

10. Pourquoi y a-t-il beaucoup de ruines romaines en France?
11. Qu'est-ce que le Pont du Gard?
12. Que savez-vous sur les Arènes de Nîmes?

Moyen Âge

13. Qu'est-ce qui caractérise l'architecture gothique?
14. Nommez deux villes fortifiées qui datent du Moyen Âge et qui ont été conservées.
15. Qu'est-ce que le Mont-Saint-Michel? Où se trouve-t-il? Pourquoi son accès était-il dangereux avant la construction d'une chaussée?
16. Quelle est l'importance historique de la Cathédrale de Reims?

La Renaissance

17. Où se trouve le château de Chambord? À quoi servait-il? Combien de pièces a-t-il?
18. Quel est le plus bel exemple de l'architecture classique francaise? Que savez-vous sur ce palais?
19. Quels autres édifices font partie de l'ensemble?
20. Décrivez la Place Stanislas à Nancy.

Les Temps modernes

21. Pourquoi la Tour Eiffel était-elle l'objet de controverses?
22. En quoi est-elle une œuvre remarquable?
23. Quel autre nom donne-t-on au Centre National d'Art et de Culture Georges Pompidou? Pourquoi est-il un objet de controverse?
24. Que trouve-t-on dans ce «musée»?

DISCUSSION
1. S'il était possible de renaître à une autre époque, à quelle époque voudriez-vous vivre? Expliquez votre choix.

2. De tous les monuments qu'on traite dans cette leçon, lequel voudriez-vous le plus visiter? Expliquez pourquoi.

3. Que pensez-vous de Beaubourg? Selon vous, son architecture est-elle belle? laide? Doit-on, à votre avis, construire un édifice moderne au milieu d'un vieux quartier? Quels arguments peut-on proposer pour défendre une telle construction?

4. Voudriez-vous vivre dans un palais tel que Versailles? Expliquez pourquoi, ou pourquoi pas.

5. Auriez-vous aimé mener une vie monastique dans une abbaye médiévale telle que le Mont-Saint-Michel?

CONNAISSEZ-VOUS PARIS?

Un Jeu

Identifiez ces monuments parisiens en écrivant le numéro de chaque photo et la lettre de sa description sur la liste à la page 88. (Les réponses se trouvent à la page 527.)

1

2

3

4

5

6

7

a. Au centre du Quartier latin, ce jardin est fréquenté par les étudiants et les jeunes mamans; le Palais est aujourd'hui le siège du Sénat.

b. Situé sur la Butte Montmartre qui domine la ville de Paris, cet édifice d'un style néo-byzantin un peu voyant se trouve au centre d'un quartier connu pour ses artistes et son ambiance bohème.

c. Autrefois hôpital militaire, il renferme aujourd'hui le tombeau somptueux de Napoléon.

d. La plus vieille église de Paris a prêté son nom à un quartier où écrivains et artistes fréquentent des cafés comme les Deux Magots et le Café de Flore.

e. Ancienne résidence des rois de France, aujourd'hui, un des plus grands musées du monde.

f. Derrière l'ancien palais du Cardinal Richelieu, un paisible jardin a convervé son très beau cadre du 18e siècle.

g. Face à la perspective du Champ-de-Mars, de sa terrasse majestueuse on jouit d'une très belle vue de la Seine, de la Tour Eiffel et de l'École militaire.

h. La plus ancienne place monumentale de Paris, harmonieux ensemble de maisons de brique et de pierre, créée par Henri IV au début du XVIIe siècle; sa restauration est en cours.

i. Dessinée sous Louis XV, bordée au nord de deux palais; au centre un obélisque qui provient des ruines de Louxor fut le don du pacha d'Égypte à Louis-Philippe.

j. Inauguré en 1875, ce monument domine le quartier des affaires.

k. Construit entre 1163 et 1330 sur l'Île de la Cité, au cœur même de Paris, cet édifice est un chef-d'œuvre de l'architecture gothique.

l. Cette place est bordée de magasins élégants et d'un hôtel de grand luxe (Le Ritz). Au centre de la place se dresse une colonne décorée d'une spirale de bronze fondue avec les canons pris par Napoléon à la bataille d'Austerlitz.

m. Construit par Napoléon en l'honneur des armées françaises; douze avenues rayonnent autour de ce monument célèbre situé au bout des Champs-Élysées.

8

9

10

11

12

13

A. _____ les Invalides

B. _____ la place Vendôme

C. _____ le jardin du Luxembourg

D. _____ l'Opéra

E. _____ le jardin du Palais-Royal

F. _____ la place des Vosges

G. _____ la place de la Concorde

H. _____ le musée du Louvre

I. _____ la cathédrale de Notre-Dame

J. _____ la place du Trocadéro

K. _____ la basilique du Sacré-Cœur

L. _____ Saint-Germain-des-Prés

M. _____ l'Arc de Triomphe et la place Charles-de-Gaulle

6

Deux Françaises célèbres: *Le Nouvel Observateur* interroge Catherine Deneuve et Françoise Sagan

Catherine Deneuve and Françoise Sagan are among the best known French women outside of France. Catherine Deneuve found fame as an actress in the unusual French film musical, *Les Parapluies de Cherbourg* (1963). Thereafter, some of the greatest contemporary directors sought her ethereal beauty for their films. Her place in the history of the cinema is assured by her roles in *Belle de jour* and *Tristana* by Luis Buñuel, *Le Dernier métro* by François Truffaut, and *Repulsion* by Roman Polanski.

At the age of nineteen, Françoise Sagan had the unusual experience of being catapulted to fame when her first novel was published and awarded a coveted literary prize (*Bonjour tristesse*, Prix des Critiques, 1954). As she explains in the following interview with *Le Nouvel Observateur*, a major French weekly, this sudden attention at first overwhelmed her; but over the years she has come to terms with notoriety. In addition, she has overcome a problem with alcoholism and has dealt with three broken marriages. She continues to be a prolific writer.

■ VOCABULAIRE
Lexique de mots-clés
Enrichissez votre vocabulaire
Étude de mots

■ STRUCTURE
Determiners

■ LECTURE: **Deux Françaises célèbres**

VOCABULAIRE

Lexique de mots-clés

LES NOMS

le conte de fées	fairy tale
le fait	fact
la mode	fashion
la pilule	pill

LES VERBES

choquer	to shock
conduire[†]	to drive (a car)
ennuyer	to annoy, bore
estimer	to be of the opinion, consider
faire[†] **mal à..**	to hurt (someone, something)
faire[†] **partie de**	to belong to, be a part of
gêner	to bother
gêné	embarrassed, bothered
protéger	to protect
suivre[†]	to follow
poursuivre[†]	to pursue

ADJECTIFS

agréable, désagréable	pleasant, unpleasant
bourgeois	middle class
enceinte	pregnant
hautain	haughty, aloof
méchant	nasty, bad

DIVERS

autrement	otherwise
selon	according to

EXERCICE Complétez les phrases suivantes en vous servant de la forme correcte d'un mot tiré du Lexique dans les mots-clés.

1. On dit que _____ contraceptive a provoqué une révolution dans les mœurs.
2. Depuis que j'ai appris à _____, je n'ai jamais eu d'accident.
3. _____ les bruits (*rumors*) qui courent, Sylvie est _____; elle attend un enfant dans six mois.
4. Jean-Jacques est _____; il dit du mal de tout le monde; il n'est guère _____ de passer du temps avec lui.
5. La fumée de cigarette _____ beaucoup de gens qui ne fument pas. On dit même que la fumée des autres peut _____ à ceux qui ne fument pas.
6. Dans un _____ populaire, on rencontre un beau prince qu'on a transformé en grenouille (*frog*) par sortilège.
7. On dit que cet écrivain boit trop; ce n'est pas vrai. _____ est qu'il a une maladie qui le fait tituber (*stagger*).
8. Madame Xavier _____ que la mini-jupe était une _____ ridicule.
9. Étienne a des airs _____ et aristocratiques, mais il est d'origine _____ comme nous autres.
10. La police doit _____ ce chanteur de rock toutes les fois qu'il sort en public, _____ il serait attaqué par ses admiratrices.
11. Nous _____ de l'équipe de football.
12. Le soleil _____ la pluie comme le jour _____ la nuit.
13. Voilà un conférencier qui ne sait pas parler, il _____ tout le monde.
14. Pauline est blasée; elle prétend que rien ne peut la _____.

Expressions utiles

Voici quelques expressions qu'on emploie souvent dans la conversation:

1. **d'ailleurs** anyway, besides
   Camille n'aime pas les compliments. **D'ailleurs**, elle ne se croit pas belle.

2. **justement** exactly, just so
   — On ne peut pas contrôler tout ce qu'on dit.
   — **Justement,** on a écrit récemment que j'ai une maladie très grave. C'est ridicule!

3. **Dieu merci** thank God
   Je ne suis pas obligé de travailler aujourd'hui. **Dieu merci!**

4. **Quelle horreur!** Horrors!
   Je ne voudrais pas être célèbre et ne pas pouvoir sortir tranquillement en public. **Quelle horreur!**

5. **bref...** in a word...
   Émile est méchant, désagréable, ennuyeux, hautain; **bref,** je ne l'aime point.

6. **si cela ne tenait qu'à moi...** if it were up to only me..
   Si cela ne tenait qu'à moi, il n'y aurait pas d'examens.

7. **moi non plus** nor I
   — Je n'aime pas cette actrice.
   — **Moi non plus.**

8. **n'importe quel(le)(s)** + (*noun*)   no matter what (thing, person), any (thing, one) whatsoever
N'importe quel étudiant est capable de comprendre ce film.
Il veut être célèbre à **n'importe quel** prix.

EXERCICE   Composez des phrases en vous servant de plusieurs des «expressions utiles».

Enrichissez votre vocabulaire

1. **avouer**   to confess
The butler made an **avowal** of his guilt.

2. **bourgeois**   middle class
The word "bourgeois," meaning middle class, derives from "bourg," a word of Germanic origin used in old French to designate a town with a market. In the Middle Ages, it was in such towns that the **bourgeoisie,** neither peasant nor aristocratic, arose. A cognate may be found in the names of some American cities: Pitts**burgh** (city founded by William Pitt), Philips**burg,** etc. In English, it is an insult to say that someone is "petit bourgeois."

3. **le cliché**   stereotype, photographic negative
Madame Lebrun never says anything original; she speaks in platitudes and **clichés.**

4. **conduire**†   to drive
Repetition is **conducive to learning.**

5. **détendu**   relaxed (**détendre**   to slacken)
The President promises to promote **détente** between the United States and the Soviet Union.

6. **ennuyer**   to bore, annoy
Romantics suffer from **ennui** because there is nothing in everyday reality to satisfy their exalted longings.

7. **la folie**   madness
At the time, the purchase of Alaska was known as "Seward's **folly.**"

8. **interdit**   forbidden
In the Catholic church, there is an **interdiction** against divorce.

9. **le malentendu**   misunderstanding
Through some stupid **malentendu,** he arrived at the dinner party dressed for tennis.

10. **une première**   first public performance
The movie **premiere** was attended by a galaxy of Hollywood stars.

11. **un propos**   a statement, subject, matter
à propos...   in this connection..., with relation to this matter...
Jerry's remarks weren't very **apropos,** were they?

12. **protéger**   to protect
The young violinist is said to be the maestro's **protégé.**

13. **saillant**   jutting out, outstanding
This plane is easily identified by its **salient** characteristics.
14. **suivre**[†]   to follow
The princess rejected her most ardent **suitor.**

Étude de mots

A.   «**On**» peut signifier *one, people, they, you, we*

1.   **On** est un pronom qui s'emploie exclusivement comme sujet. Il sert à désigner d'une manière générale une ou plusieurs personnes indéterminées:

Quand **on** me fait des compliments, je rougis.   *When people compliment me, I blush.*
D'habitude, **on** porte un maillot de bain à la plage.   *Usually **one** wears a bathing suit at the beach.   Usually **people (they) (you)** wear a bathing suit at the beach.*

2.   Dans la langue familière, **on** prend parfois la place de **nous:**

Alors, **on** s'en va?   *Well then, shall **we** leave?*
Je riais avec les photographes; d'ailleurs, **on** avait le même âge.   *I used to laugh with the photographers; besides **we** were the same age.*

REMARQUER:
On is sometimes used with the article (*l'on*) for elegance of speech:

Si **l'on** a de la chance, le succès est facile.

B.   "People": **on** vs. **les gens, les personnes, le peuple, du monde**

1.   **Les gens** est généralement interchangeable avec **on** au sens de *"people"*:

D'habitude, **les gens** portent un maillot de bain à la plage.

REMARQUER:
Les gens existe seulement au pluriel; au singulier on dit **une personne.**

2.   On emploie **personnes** s'il s'agit d'un nombre déterminé:

— Combien de **personnes** y a-t-il dans votre classe?
— Il y a huit **personnes** dans la mienne.

3.   **Le peuple** signifie **le prolétariat,** ou bien les citoyens **d'une nation:**

Rousseau n'était pas aristocrate; c'était un homme du **peuple.**
Tous **les peuples** de l'O.N.U.   (Organisation des nations unies) devraient faire la paix.

4.   Notez l'emploi du mot **monde** dans les phrases suivantes:

— Y avait-il **du monde** à la conférence ce soir?
— Non, il n'y a avait pas **beaucoup de monde.**

EXERCICE   Complétez les phrases suivantes en choisissant entre **on, les gens, les personnes, le peuple** et **le monde** et en faisant les changements nécessaires.

1. _____ dit que Marianne est enceinte.
2. Il ne faut pas croire tout ce que disent _____.
3. En France, la souveraineté appartient au _____.
4. Je n'aime pas _____ comme lui, qui ne paient pas leurs dettes.
5. Il y avait une centaine de _____ à la réunion.
6. Au musée du Louvre, il y a toujours beaucoup de _____.

C. **Le photographe** vs. **la photographie**

   le photographe = photographer
   la photographie = photograph, art of photography

STRUCTURE

Determiners (*Les Mots déterminatifs*)

FORMS

In French, the singular and plural of almost all nouns are pronounced in the same way. For example, *actrice, actrices*. But a French noun is usually introduced by a word that helps the listener to determine its number and gender. These words may be called determiners; they appear below:

	Singular Masculine	Feminine	Plural
Definite Article	**le (l')**	**la (l')**	**les**

Le ski, **la** gymnastique et l'athlétisme sont parmi **les** sports préférés des jeunes.

Indefinite Article	**un**	**une**	**des**

Dans le salon de Catherine Deneuve, il y a **un** canapé, **une** table et **des** fauteuils.

Partitive Article	**du (de l')**	**de la (de l')**	—

Avec son argent de poche, M. Brun. a acheté **du** vin, **de la** bière et **de l'**essence pour son vélomoteur.

Demonstrative Adjective	**ce (cet)**	**cette**	**ces**

Cet article dit que les jeunes aiment bien **ce** journal, **cette revue et ces** livres.

Possessive Adjectives	mon	ma (mon)	mes
	ton	ta (ton)	tes
	son	sa (son	ses
	notre		nos
	votre		vos
	leur		leurs

Mon (Ton) (Son) avenir dépend de **ma (ta) (sa)** formation professionnelle, de **mon (ton) (son)** intelligence et de **mes (tes) (ses)** efforts.

Notre (Votre) (Leur) bonheur dépend de **notre (votre) (leur)** famille et de **nos (vos) (leurs)** ami(e)s.

THE MUTE **H**

In the table, the forms in parentheses are used before words beginning with a vowel or a mute **h:**

> not l̸a̸ auto but **l'auto**; not s̸a̸ auto or s̸'auto but **son auto**; not c̸e̸ **homme** but **cet homme.**

What is a mute **h?** If the first letter of a word is an **h,** it may be aspirate or mute. The **h** sound is never pronounced, but it affects the pronunciation of the word preceding it.

An aspirate **h** is treated as a consonant:

> **le héros   ce héros   la haine   sa haine**

A mute **h** is treated as a vowel:

> **l'héroïne   mon héroïne   l'homme   cet homme**

One must learn whether the initial **h** of a word is aspirate or mute when learning the word. In dictionaries, the aspirate **h** is usually indicated by an asterisk. Compare: **les / héros** (aspirate), **les héroïnes** (mute).

USE OF THE DETERMINERS

The use of the determiners is usually parallel in French and in English. The definite article, however, is used much more extensively in French, as is the partitive, for which there is no precise English equivalent. Here are the two most important cases of differing usage:

1. Nouns used in a general (generic) sense have no determiner in English, but require the definite article in French:

> J'aime **le bifteck** et **les spaghetti.**   *I like **steak** and **spaghetti.***

> **La vie** est belle!   ***Life** is beautiful.*

> **La musique** et **les fleurs** sont des luxes nécessaires.   ***Music** and **flowers** are a necessary luxury.*

2. Nouns used in a restricted or partitive sense (the word *some* being understood) may have no determiner in English, but require **des** or the partitive in French:

> On a servi **du bifteck** et **des spaghetti.**
> *They served (**some**) **steak** and (**some**) **spaghetti.***

> Dans le réfrigérateur il y a **du lait, de la crème** et **de l'eau.**
> *In the refrigerator there is (**some**) **milk**, (**some**) **cream** and (**some**) **water.***

> Sur la table, il y a **des fruits** et **des fleurs.**
> *On the table, there are (**some**) **fruits** and (**some**) **flowers.***

A good rule of thumb to follow about the use of **des** is that if you would use **un** or **une** in the singular, you should use **des** in the plural:

> Il a **un ami sympathique.**
> *He has **a nice friend.***

> Il a **des amis sympathiques.**
> *He has **nice friends.***

EXERCICE

Traduisez en français les phrases suivantes.

1. Actors and writers sometimes shock the public.[1]
2. There are actors and writers who want to protect their private life.
3. It is a fact that photographers have a difficult profession.
4. Françoise knows photographers who work for *Paris-Match*.
5. Would you like sugar and milk in your coffee?
6. They say that butter and eggs contain a lot of cholesterol (*cholestérol*).
7. Madame Perrier rents her apartment to students.
8. Students often live with their parents.
9. In this store, they sell avant-garde fashions.
10. Personally, I prefer classical (*classique*) fashion.

SPECIAL REMARKS ABOUT DETERMINERS

A. The Definite Article

The prepositions **à** and **de** contract with the definite articles **le** and **les** to become **au, du** and **aux, des:**

> Beaucoup de jeunes gens passent directement **du** service militaire **au** mariage.
> Que pensez-vous **des** revues qui se consacrent **au** cinéma?

REMARQUER:
The object pronouns **le** and **les** do *not* combine with **à** and **de:**

---

[1] The adverb *follows* the verb in French.

Avez-vous le journal? J'ai envie **de le** lire. Les mots déterminatifs? Nous commençons **à les** étudier.

B. The Indefinite Article and the Partitive

1. Both the indefinite article **(un, une, des)** and the partitive **(de, de la, de l')** become **de** after a negative unless the verb is **être:**[1]

Voulez-vous **une** pomme? Non, merci, je ne veux pas **de** pomme.
Avez-vous trouvé **un** emploi? Non, je n'ai pas trouvé **d'**emploi.
Faites-vous **des** économies? Non, je ne fais plus **d'**économies.
Met-il **de l'**argent à la banque? Non, il ne met jamais **d'**argent à la banque.

but

Est-ce **une** erreur? Non, ce n'est pas **une** erreur.

2. The partitive article **des** usually becomes **de** before a noun preceded by an adjective:

des repas *but* **de bons repas**

The Académie française, a learned society of forty scholars sponsored by the French government, has declared that it is acceptable to say, for example, **des bons repas** instead of **de bons repas.** The latter is nevertheless the more elegant and most writers use only **de** before a plural noun preceded by an adjective.

C. The Demonstrative Adjective

Ce (cet), cette and **ces** may mean either *this* or *that*. To make a clear distinction between *this* and *that* **-ci** and **-là** are affixed to the noun phrase:

Anne veut jouer **ce** rôle.
*Ann wants to play **this** / **that** role.*
J'aime **cette mode-ci,** mais je n'aime pas **cette mode-là.**
*I like **this style** but I don't like **that style.***

D. Possessive Adjectives

1. In French, the possessive adjective agrees with the noun it modifies, not with the possessor:

son fils   *his son, her son*
sa fille   *his daughter, her daughter*

---

[1] "**...pas un** + noun" means "not a single," except after the verb **être:**
Il n'a **pas un ami.** *He doesn't have a **single friend.***
Compare:
Il n'a **pas d'ami.** *He doesn't have **a friend.***

If **pas un / une** turns up in your French, it is *incorrect* unless it follows the verb **être** or unless you mean to say "not a single..."

L'Incomparable
Brigitte Bardot

2. Do not confuse **ses** (*his* or *hers* with plural nouns) and **leurs** (*their*):

ses enfants	*his children, her children*
leurs enfants	*their children*

3. The possessive adjectives are not usually used with parts of the body. Instead, the definite article and/or an indirect object pronoun indicate the possessor:

La coiffeuse **nous** arrange **les** cheveux.   *The hairdresser arranges **our** hair.*
Son père **lui** caresse **la** tête.   *His father caresses **his** head.*
Il **s'**est cassé **le** doigt.   *He broke **his (own)** finger.*
Je **me** brosse **les** dents.   *I brush **my** teeth.*

4. Possession may also be indicated by **être à** + *accented pronoun*. This is a very common construction:

Ce disque **est à lui.**   *This record **belongs to him.***
Cette robe **est à moi.**   *This dress **belongs to me.***

EXERCICES   A. Complétez la phrase suivante en substituant les expressions indiquées. Faites tous les changements nécessaires.

MODÈLE: Elle a eu du succès grâce à / le metteur en scène.
         Elle a eu du succès grâce au metteur en scène.

1. Elle a eu du succès grâce à / le hasard
2.   / les efforts des autres.

3.   / la réputation de sa famille.
4.   / l'argent qu'on lui a prêté.
5.   / les articles de la presse.

B. Faites une phrases complète en vous servant de la locution **faire partie de.**
    Suivez le modèle.

MODÈLE: Paulette / le groupe
          Paulette fait partie du groupe.

1. La publicité / les moyens de faire connaître une actrice
2. La curiosité du public / la vie d'actrice
3. Maurice / l'équipe de football de son école
4. Je / l'orchestre de la ville
5. Monsieur Lepic / le nouveau gouvernement

C. Répondez négativement aux questions suivantes en employant le partitif ou
    l'article indéfini.

1. Cherchez-vous un emploi en ce moment?
2. Ce jeune homme économise-t-il de l'argent?
3. Le ping-pong est-il un sport olympique?
4. Y a-t-il une équipe de rugby dans votre université?
5. Avez-vous des examens tous les jours?
6. La plupart des jeunes lisent-ils un journal tous les jours?
7. Est-ce un problème important?
8. Avez-vous des cigarettes?
9. Achetez-vous des vêtements coûteux?
10. Y a-t-il des requins (*sharks*) dans la piscine de votre université?
11. Faites-vous du ski?
12. Ces jeunes gens font-ils du football?

D. Répétez les noms suivants en substituant un article démonstratif à l'article
    défini.

MODÈLE: le livre
          ce livre

1. l'hôtel   6. l'héroïne   11. le haricot vert
2. la profession   7. l'industrie (*f.*)   12. la hauteur (*height*)
3. les professions   8. les études (*f.*)   13. l'hôtesse
4. l'activité (*f.*)   9. le logement   14. les hôtesses
5. le héros   10. l'hôpital

E. Refaites les phrases suivantes en vous servant d'un adjectif possessif.

MODÈLE: La maison est à eux.
          C'est leur maison.

1. Le transistor est à elle. C'est...
2. La chaîne de haute-fidélité (*stereo system*) est à lui. C'est...

3. Le roman policier est à nous. C'est…
4. L'auto (*f.*) est à moi. C'est…
5. La moto est à lui. C'est…
6. L'appartement est à vous. C'est…
7. Les enfants sont à elle. Ce sont…
8. Les vêtements sont à toi. Ce sont…
9. Le logement est à elles. C'est…
10. Les revues sont à eux. Ce sont…
11. L'idée (*f.*) est à elle. C'est…
12. Les diplômes sont à lui. Ce sont…

LECTURE Deux Françaises célèbres: *Le Nouvel Observateur* interroge Catherine Deneuve et Françoise Sagan

1

Interview de Catherine Deneuve

un sondage a poll

LE NOUVEL OBSERVATEUR: Récemment, un magazine a publié un sondage° selon lequel une majorité de Français vous considérait comme «*une partenaire idéale pour une aventure amoureuse*» — et cela devant Raquel Welch, Claudia Cardinale, Caroline de Monaco et Brigitte Bardot. Qu'est-ce que ce genre d' «information» provoque en vous?

une paire de claques "a slap in the face"

CATHERINE DENEUVE: C'est mieux qu'une paire de claques.°

N. O.: Mais c'est agréable? Exaspérant?

C. DENEUVE: Exaspérant, franchement non. Agréable… Disons que ce n'est pas désagréable. C'est comme un compliment: ça fait plaisir° sur le moment et après, c'est fini. Et puis, surtout, je n'attache aucune importance à ce genre de sondage. J'aime bien le public mais je ne veux pas lui devoir quelque chose; car le public, lui, de son côté°…

faire plaisir to please

de son côté for its part

la proie prey, victim

N. O. Vous avez peur de devenir sa proie?°

C. DENEUVE: À partir du moment où les gens vous aiment, vous leur appartenez un peu. Je me souviens de toujours avoir été aimée, d'avoir toujours entendu des choses agréables et, à l'époque, j'étais timide; mais, même aujourd'hui, il m'arrive d'en être gênée. Si on me dit des choses aimables indirectement, ça va; mais, comme ça, en pleine figure,° c'est très difficile à recevoir.

en pleine figure right in the face

Catherine Deneuve
dans son premier film,
Les Parapluies de Cherbourg

glacé cold, icy

alimenter to feed, nurture
démagogique demagogic,
    appealing to popular prejudices

N. O.:   Comme si quelqu'un prenait possession de vous sans votre accord?

C. DENEUVE: Oui. Non. J'ai surtout envie de dire: «Mais ce n'est pas moi!» C'est une sorte d'usurpation d'identité, je ne peux pas bien vous expliquer... Mais c'est vrai qu'on est une proie parce qu'on devient une image. Et on veut satisfaire à cette image parce qu'elle plaît, aussi parce que cela fait partie de la vie d'actrice. Je reconnais que je suis un peu prisonnière de mon image.

N. O.:   Hautaine et glacée.° C'est pour cela que vous refusez d'alimenter° une sorte de légende plus démagogique° à propos de votre vie privée, de votre famille?

C. DENEUVE: Je vais vous dire, je n'aime pas beaucoup ce côté démagogique qui consiste à montrer les acteurs comme des gens normaux. Moi, bien sûr, je me trouve et je sais que je suis quelqu'un de très normal, je vis très normalement. Mais je ne veux pas jouer ce rôle-là dans la rue. J'ai toujours refusé de faire ces reportages où l'on vous demande d'aller au marché, dans les magasins. J'y vais, évidemment, mais je n'ai pas à le prouver en allant chercher mes enfants à l'école ou en allant acheter des fruits, des fleurs ou des pommes de terre. Comme je refuse absolument que l'on photographie ma chambre à coucher ou ma salle à manger. Cela me

un décor stage set

choquerait de voir mon appartement dans un magazine. J'aurais l'impression, après, de vivre dans un décor.°

N.O.: C'était pourtant la manière de vivre des stars hollywoodiennes des années cinquante; elles n'existaient plus que pour le public.

C. DENEUVE: Oui, ça faisait partie du contrat. Évidemment, les acteurs étaient protégés par les studios, ils étaient sûrs de travailler toute l'année. Nous, nous ne sommes pas du tout protégés mais nous avons la liberté.

N. O.:   Vous n'auriez pas aimé connaître le star-system…

C. DENEUVE: Quelle horreur! On décide pour vous que vous devez **untel, une telle**   so and so   sortir à telle première avec Untel.° Quelle horreur! Déjà, bien que je refuse mille choses, j'ai l'impression d'être prisonnière. Si cela ne tenait qu'à moi, je refuserais toutes les photos, toutes les inter-views… Oh! pardon… Je ne veux pas alimenter ce qui me plaît le **soit**   so be it   moins chez le spectateur. Le faire rêver, fantasmer, soit,° mais à travers les films.

N. O.:   Je me rappelle, il y a longtemps, deux photos: l'une de la Callas[1] en robe du soir, somptueuse, et l'autre qui montrait la Tebaldi[1] **la légende**   caption   dans sa cuisine. Et la légende° disait quelque chose comme: la Tebaldi est simple comme tout; chaque soir elle cuisine des spa-ghetti pour sa maman.

C. DENEUVE: La Callas cuisinait des spaghetti, elle aussi. *(Rires.)* Je sais ce que je dis… Simplement, elle n'estimait pas qu'elle devait les préparer en public. D'ailleurs, elle ne les cuisinait pas pour le public. Son rôle, c'était de chanter pour lui.

N. O.:   Bref, vous ne voulez pas jouer le rôle de la meilleure amie du public.

C. DENEUVE: Je ne crois pas que ce soit un jeu. Bien sûr, on dort et on mange comme tout le monde; mais, vraiment, ce n'est pas le plus important. L'important, c'est de donner une image qui soit con-**la façon**   the manner   forme à la façon° dont soi-même on se voit.

N. O.:   On revient à Deneuve froide, hautaine, distante.

une épaule   shoulder   C. DENEUVE: Je préfère ça plutôt qu'on me tape sur l'épaule.° Que les gens m'aiment bien, d'accord, mais pas à n'importe quel prix. Je ne supporte pas la familiarité. Être populaire, oui, mais pas la fami-liarité… Mais distante et froide, on le dit moins, non? D'ailleurs, je crois que cette légende est plus fondée sur des images, des couver-tures de magazine que sur des films. Je ne suis pas quelqu'un de très détendu quand je fais des photos.

N. O.:   Est-ce que cela vous intéresse de lire les articles que l'on écrit sur vous?

C. DENEUVE: Je m'en protège beaucoup. Quand ils sont gentils, on est content sur le moment, mais cela ne dure pas longtemps. Quand ils ne sont pas gentils, ça fait très mal.

N. O.:   Je n'ai jamais lu d'articles méchants sur vous.

------

[1] **Maria Callas, Renata Tebaldi:** célèbres cantatrices

être abonnée à to subscribe to (a magazine)
un ragot nasty piece of gossip
déprimant depressing

en dilettante as a dabbler, not serious

entraîné induced

être dans la lune to have one's "head in the clouds"
je...ballotter I let myself be tossed about
une attirance attraction

doublé dubbed, voiced over

tourner to make (a film)
un court métrage a short feature
engager to hire
c'était parti it was off to a start

C. DENEUVE: Vous ne lisez pas toute la presse, Dieu merci pour vous! Moi non plus, d'ailleurs. C'est pour cela que je ne veux plus être abonnée à° l'Argus,[2] L'idée de lire toutes ces choses, pas tellement méchantes, mais des choses fausses, complètement inventées, des ragots,° c'est horriblement déprimant.° On a l'impression de tomber dans le domaine public. On a même fait des livres sur moi, avec des photos... Où les ont-ils prises? On ne peut rien contrôler.

N. O.: Justement, dans un de ces livres, on dit qu'au début de votre carrière vous tourniez des films en dilettante,° que vous ne vous sentiez pas une actrice.

C. DENEUVE: Ça ce n'est pas loin de la vérité. Tout a commencé par hasard, à treize ans. J'ai été entraînée° pour un petit rôle dans un film par ma sœur...

Ma vocation à moi, à l'époque, c'était d'être dans la lune,° et pas en qualité d'astronaute. Alors je me laissais ballotter° de film en film sans attirance° spéciale. Et puis il y a eu Jacques Demy et «les Parapluies de Cherbourg». Cela a été vraiment une révélation, ou plutôt un conte de fées. On a tourné en musique, c'était magnifique. Je savais les dialogues de tout le monde par cœur, ce qui d'ailleurs était pratiquement inutile puisque nous étions doublés.°

N. O.: Vous n'étiez pas angoissée?

C. DENEUVE: J'avais dix-neuf ans. On n'est pas angoissé très longtemps à dix-neuf ans. C'est aujourd'hui que j'ai de l'angoisse, de plus en plus d'angoisse. Donc, «les Parapluies» m'ont donné la vocation. À l'époque, dans le même studio, Polanski tournait° un court métrage.° Il m'a vue et engagée° pour «Répulsion». Voilà, c'était parti.°

COMPRÉHENSION

1. Quel était le résultat du sondage que cite le journaliste du *Nouvel Observateur?* Que pense Catherine Deneuve de ce genre de sondage?
2. Catherine Deneuve aime-t-elle les compliments? Expliquez pourquoi elle n'accepte pas facilement les compliments.
3. Quelle est l'image publique de Catherine Deneuve selon le journaliste?
4. Quel genre de reportage Catherine Deneuve refuse-t-elle de faire et pourquoi?
5. Que pense-t-elle du «star-system» des années cinquante?
6. Quelles photos le journaliste se rappelle-t-il? Que dit Catherine Deneuve au sujet de ces photos?
7. Quelle est l'attitude de Catherine Deneuve à l'égard de la familiarité?
8. Aime-t-elle lire les articles qu'on écrit sur elle? Qu'en pense-t-elle?
9. Comment Deneuve a-t-elle débuté dans le cinéma?
10. Quel est le titre du film qui l'a lancée? (*launched, made famous*)

---

[2] **Argus:** a kind of clipping service

2

Interview de Françoise Sagan

un effroi   fright

allègrement   gladly

le doigt de pied   toe

Comment...su   how did people find out

LE NOUVEL OBSERVATEUR: Il y a trente ans, on disait de vous, non sans effroi:° c'est une jeune fille libre qui porte des pantalons dans les restaurants, qui boit du whisky et conduit sa voiture pieds nus...

FRANÇOISE SAGAN: D'abord, je ne portais pas souvent de pantalon, même au restaurant, pour la simple raison que ce n'était pas la mode à l'époque. Pour le whisky, oui, j'en buvais allègrement.° Et c'est vrai, je conduisais pieds nus quand je revenais de la plage. Autrement, on a du sable entre les doigts de pied,° c'est très désagréable.

N. O.:   Comment a-t-on su° que vous conduisiez pieds nus?

F. SAGAN: Pour vous dire la vérité, je ne l'avais jamais fait jusqu'au jour où j'ai lu dans un journal que je conduisais pieds nus. C'était un article de Paul Giannoli. Il m'a avoué récemment qu'il l'avait inventé. Ce n'était pas une mauvaise idée, d'ailleurs.

N. O.:   Et vous vous êtes conformée à la légende?

F. SAGAN: Pour ça, oui. Pour le reste, j'ai continué à vivre selon mes habitudes.

N. O.:   Ne parlons plus du whisky...

F. SAGAN: J'en bois beaucoup moins, malheureusement!

N. O.:   ...des pantalons et des pieds nus. En trente ans avez-vous l'impression d'avoir beaucoup changé? Êtes-vous toujours conforme à votre légende?

F. SAGAN: D'abord on n'est jamais une légende. Une légende est faite de gros clichés.°

C'est la légende qui se conforme à vos traits les plus saillants.

un cliché   stereotype

Françoise Sagan lors de ses premiers succès

sur pilotis on piles

Elle fait de vous une espèce d'être bizarre monté sur pilotis…° La réalité, c'est qu'au moment de *Bonjour tristesse* j'avais dix-neuf – vingt ans, un âge où, à cette époque, les filles n'étaient pas très libres. Il se trouve que je l'ai été grâce au succès de mon livre.

N. O.: Ne dit-on pas justement que les filles des années cinquante sont devenues libres grâce à vous et à Brigitte Bardot?

F. SAGAN: La libération sexuelle, vous savez… De mon temps, il était interdit à une jeune fille de faire l'amour avec un garçon. Maintenant, c'est devenu obligatoire. Alors je ne sais pas si c'est vraiment une libération.

N. O.: Vous estimez que la permissivité est excessive, qu'elle s'est mal passée?

un diktat dictate, something one must do
tenez (*interjection*) look here

F. SAGAN: Non, je veux dire qu'il y a toujours des diktats,° des tabous qui se suivent même s'ils ne se ressemblent pas. Tenez,° une fille de dix-neuf ans est considérée comme un peu ridicule par ses camarades si elle ne fait pas l'amour. Naguère, elle était scandaleuse.

N. O.: De *Bonjour tristesse* et des quelques romans qui ont suivi on disait volontiers que c'étaient des livres cyniques. C'est un malentendu?

déniaisé smartened up

F. SAGAN: Je ne déplore rien. J'estime simplement que ce ne doit pas toujours être folichon.° Il y a des gens que l'amour amuse beaucoup et d'autres que cela ennuie… Quoi qu'il en soit,° la permissivité c'est moins contraignant que ce cauchemar° de se retrouver enceinte dans une famille bourgeoise. L'important, c'est la liberté.

N. O.: Si la pilule avait été en vente libre, *Bonjour tristesse* n'aurait jamais été écrit? *(Rires.)*

F. SAGAN: Peut-être… Je ne sais pas.

N. O.: À l'époque, donc, vous choquiez les gens. Est-ce qu'aujourd'hui les jeunes gens vous choquent à votre tour?

F. SAGAN: Pas du tout, je ne les trouve absolument pas choquants.

N. O.: Pourtant vous déploriez tout à l'heure cette obsession de la sexualité, de la liberté sexuelle.

folichon lots of fun
quoi qu'il en soit whatever the case may be
le cauchemar nightmare

F. SAGAN: Je ne déplore rien. J'estime simplement que ce ne doit pas toujours être folichon.° Il y a des gens que l'amour amuse beaucoup et d'autres que cela ennuie… Quoi qu'il en soit,° la permissivité c'est moins contraignante que ce cauchemar° de se retrouver enceinte dans une famille bourgeoise. L'important, c'est la liberté.

N. O.: À propos, le fait d'avoir été très, très jeune un personnage public, ça n'a pas gêné votre liberté?

ahuri bewildered
tenir des propos to make remarks
on…des propos they attributed statements to me
un comportement behavior
en bloc altogether
lâcher to let go

F. SAGAN: Au début, j'étais plutôt ahurie.° On me faisait tenir des propos° que je n'avais jamais tenus. On me prêtait une morale ou une absence de morale, en tout cas un comportement° fondé sur celle-ci. Au bout de trois mois, j'ai tout refusé en bloc° et je suis partie.

N. O.: Mais on vous a poursuivie et on ne vous a plus lâchée.° Même

mitrailler to machine gun (with a camera flash)
à bout portant point blank

davantage more

illustrissime very famous

plaisant funny

décerné awarded

ignorer to be unaware of
un projet plan
du côté de out towards
un copain pal, buddy
atterrée floored
agacer to irritate
rater to miss

un éditeur publisher
faire la gueule to make a face, look angry (slang)

faire boule de neige to snowball

la folie madness
aigre bitter
prétendre to claim

aujourd'hui, si vous allez à une première où il y a des photographes, on vous mitraille° à bout portant.°

F. SAGAN: Ils font leur métier, ils me reconnaissent, ils me photographient et c'est fini, voilà tout.

N. O.:   La notoriété ne vous gêne pas?

F. SAGAN: Non.

N. O.:   Mais ça vous amuse d'être célèbre?

F. SAGAN: Pas davantage.°

N. O.:   A quatorze ans, par exemple, vous vous imaginiez que vous alliez être illustrissime?° Vous en aviez envie?

F. SAGAN: Oui, j'en avais envie. Je voyais la célébrité comme un immense soleil rond. On se promenait dessus... Et puis j'ai très vite vu que la célébrité, ce n'était pas rond mais une série de petits bouts de papier avec, écrites dessus, des choses plus ou moins plaisantes.°

N. O.:   Au début, c'était tout de même un conte de fées, non?

F. SAGAN: Au commencement, oui. Quand Julliard[1] m'a dit: nous sommes intéressés par votre manuscrit, nous le publions, etc. C'était absolument inespéré.

N. O.:   Je pense plutôt à l'énorme succès.

F. SAGAN: D'abord, c'est parti tout seul. Les gens en ont dit plutôt du bien. Et puis il y a eu le Prix des Critiques, un prix décerné° par des messieurs d'un âge respectable. Le prix devait être décerné soit à Audiberti,[2] soit à moi. Mais ça, je l'ignorais.° Je me rappelle que ce jour-là, j'avais un projet° du côté de° Senlis[3] avec un petit copain° qui avait une moto. Quand on m'a dit que j'avais le prix, j'ai été atterrée°... non, ennuyée plutôt. Ça m'agaçait° de rater° le petit copain à moto. Et puis on m'a emmenée avenue Foch. Là, j'ai eu une première idée de ce que pouvait être la gloire style *Dolce Vita*.[4] Cinquante photographes me tiraient par la manche. Nous avons dîné là, les gens étaient charmants. Ensuite on est allés chez l'éditeur° d'Audiberti, qui, lui, m'a fait la gueule°... Le lendemain, Mauriac[5] a écrit un article dans *le Figaro*, en première page, en disant que j'étais un petit monstre. Et voilà, c'était parti. Ça a fait boule de neige.°

N. O.:   Mais c'était un succès extravagant, un succès de star de cinéma ou de football, cette popularité, les médias en folie°...

F. SAGAN: La folie des médias était plus ou moins aigre° à l'époque. On a longtemps prétendu° que c'était mon père et non pas moi qui

---

[1] **Julliard:** grande maison d'édition française
[2] **Jacques Audiberti:** (1899–1965) auteur d'œuvres diverses
[3] **Senlis:** village au nord de Paris
[4] **«La Dolce Vita»:** film de Federico Fellini qui montre la décadence de la société italienne et du monde du cinéma
[5] **François Mauriac:** (1885–1970) écrivain et critique célèbre

tout à l'heure just now
la fuite flight, escape
les paparazzi photographers

chuchoter to whisper

pour…paix so that they would
leave me alone
en être à to be up to

avait écrit *Bonjour tristesse*. On restait très sceptique. Comme je vous l'ai dit tout à l'heure,° je me suis trouvée dans une position de fuite.° Tous ces paparazzi,° c'était comique. Et puis on avait le même âge, les paparazzi et moi, on communiquait, on riait ensemble… Cela dit, pendant un an, je n'ai strictement rien fait. Mon père, ça l'ennuyait beaucoup qu'on chuchote° que c'était lui l'auteur de mon livre. Il était même furieux. Alors j'ai écrit *Un certain sourire* pour qu'on me fiche la paix.° Et puis voilà, j'en suis au° quatorzième.

COMPRÉHENSION

1. Que disait-on de Françoise Sagan il y a trente ans?
2. Ce qu'on disait était-il vrai?
3. Selon le journaliste, quel a été le rôle de Françoise Sagan et de Brigitte Bardot dans les années cinquante?
4. Que pense Françoise Sagan de la libération sexuelle d'aujourd'hui?
5. Selon Sagan, en quoi consistait le côté scandaleux de *Bonjour tristesse?*
6. Sagan est-elle choquée par la permissivité d'aujourd'hui? Qu'est-ce qui constitue le vrai «cauchemar» pour elle? Qu'est-ce qui compte le plus pour elle?
7. Pourquoi Sagan a-t-elle tout refusé en bloc après trois mois de «gloire» à l'âge de dix-neuf ans?
8. Que pense-t-elle aujourd'hui des photographes qui la «mitraillent à bout portant»?
9. Étant jeune, avait-elle envie d'être célèbre?
10. Racontez les débuts de son succès littéraire.
11. Qu'est-ce qui a gâché ce succès précoce?
12. Pourquoi Sagan a-t-elle écrit son deuxième roman *Un certain sourire?* Combien de romans avait-t-elle publié en tout au moment de l'interview?

DISCUSSION

1. Y a-t-il des ressemblances dans l'attitude des deux Françaises envers la célébrité?
2. À votre avis, laquelle des deux accepte le mieux les exigences de la publicité?
3. Voudriez-vous être célèbre? Quels sont les avantages et les inconvénients de la célébrité?
4. À votre avis, la presse et les médias sont-ils coupables de fausser la vérité sur les personnages célèbres?
5. Quand on est célèbre, a-t-on des responsabilités vis-à-vis de son public?
6. Quelle est l'image de Françoise Sagan et de Catherine Deneuve qui ressort de ces interviews?
7. Avez-vous jamais vu un film de Catherine Deneuve? Si vous en avez vu, décrivez cette actrice et le rôle qu'elle jouait.
8. Avez-vous jamais lu un roman de Françoise Sagan? Si oui, racontez-le.

Depuis longtemps, vous composez en secret un roman. Un jour vous avez l'idée de l'envoyer à un éditeur. Quelle surprise! On publie votre roman et il a tout de suite un succès fou! Du jour au lendemain vous êtes devenu(e) célèbre. Voici votre premier interview avec la presse. Répondez aux questions du reporter.

— Pourquoi avez-vous écrit ce roman? Quelle en était l'inspiration?
— Vos amis ont-ils changé dans leur comportement envers vous depuis que vous êtes devenu(e) célèbre?
— Avez-vous un(e) ami(e) qui vous est très cher (chère)?
— Quelles sont vos qualités personnelles les plus saillantes?
— Quels sont vos principaux défauts?
— Que faites-vous de vos loisirs?
— Que comptez-vous faire de tout l'argent que vous gagnez maintenant?
— Est-il vrai que vous avez déjà commandé un yacht, une Jaguar et un château en Espagne?
— Êtes-vous content(e) d'être reconnu(e) partout, ou auriez-vous préféré rester anonyme?
— Êtes-vous heureux (heureuse) quand on vous aborde pour demander votre autographe?
— Avez-vous une nouvelle idée pour un autre livre?

QUI EST-CE?

Un Jeu

Connaissez-vous ces personnalités françaises, tirées du domaine de l'histoire, de la science, des beaux-arts et de la littérature? Identifiez ces personnalités en écrivant le numéro de chaque photo et la lettre de sa description sur la liste à la page 111. (Les réponses se trouvent à la page 528.)

a. Poète, dramaturge et romancier, il est le maître du romantisme littéraire. Parmi ses œuvres les plus célèbres, on peut citer *Notre-Dame de Paris, Les Misérables, La Légende des siècles, Les Contemplations* et *Hernani*.

b. Général et homme d'État, pendant la Deuxième Guerre mondiale, il refuse l'armistice signé par la France en 1940. De Londres, où il se retire, il lance un appel à la résistance et devient chef de la France libre. Après la guerre, il devient chef du gouvernement provisoire, mais il démissionne dès 1946. Au moment de la crise algérienne, on le rappelle au pouvoir. Il fait approuver une nouvelle constitution et devient le premier Président de la Vᵉ République (1959), poste qu'il occupe jusqu'en 1969.

c. C'est un des «philosophes» du XVIIIᵉ siècle, connu pour ses idées libérales et surtout pour sa verve satirique. Il est l'auteur de *Candide*, de *Zadig*, et de nombreuses autres œuvres.

d. D'origine roumaine, cet écrivain est un des fondateurs du Théâtre de l'absurde. Parmi ses pièces les plus célèbres: *La Cantatrice chauve, La Leçon, Rhinocéros*.

e. Artiste vigoureux et prolifique d'origine espagnole, il a exercé une influence profonde sur l'évolution de l'art moderne.

f. C'est un écrivain qui, par son œuvre monumentale *À la Recherche du temps perdu*, domine l'histoire du roman au XXᵉ siècle.

g. C'est lui qui fait construire Versailles. Son règne est le plus long de toute l'histoire de France. C'est lui qui développe l'idée de la monarchie absolue. Malheureusement, il livre une suite de guerres de conquête, et son long règne, quoique glorieux, laisse la France épuisée.

h. C'est un artiste associé au mouvement du «fauvisme», caractérisé par ses couleurs vives. Son œuvre comporte dessins, collages, gravures, sculptures et vitraux.

i. Chimiste et biologiste, il étudie les fermentations et montre l'action des micro-organismes. C'est lui qui trouve une méthode de conservation pour le lait qu'on utilise encore aujourd'hui. Parmi ses autres contributions, on doit

1   2   3   4   5

6   7   8   9   10

mentionner son vaccin contre la rage.

j. Cet écrivain irlandais est l'auteur, en anglais puis en français, de romans (*Molloy* et *Watt*, par exemple) et de pièces de théâtre (*En attendant Godot, Fin de Partie, Ô les beaux jours…*) qui expriment l'absurdité de la condition humaine.

k. D'origine corse, il se distingue par ses exploits militaires pendant la période qui suit la Révolution. On lui confie la tâche de réorganiser le gouvernement. En 1799, il impose une constitution autoritaire et met en marche de nombreuses réformes administratives. Il se déclare empereur des Français en 1804.

l. Peintre et sculpteur impressionniste. Les courses de chevaux, les danseuses classiques, la femme à sa toilette sont parmi ses thèmes préférés.

m. Général et homme politique, il joue un rôle important dans la guerre d'Indépendance en Amérique.

n. C'est un philosophe et écrivain «existentialiste». Il s'est illustré par des œuvres importantes écrites dans tous les genres. *L'Être et le néant*, thèse philosophique; *La Nausée*, roman; *Huis Clos*, pièce de théâtre; *Le Mur*, recueil de nouvelles, sont parmi ses écrits les plus célèbres.

o. C'est un des maîtres de l'impressionnisme. Son style est délicat et joyeux. On apprécie particulièrement ses portraits féminins et ses nus.

p. Auteur de *La Comédie humaine*, série de romans qui forment une véritable fresque de la société française de son époque. Parmi les principaux romans, citons *Le Père Goriot, Les Illusions perdues, Splendeurs et misères des courtisanes, La Cousine Bette*.

q. À l'époque de la Guerre de Cent Ans, alors que les Anglais envahissent la France, cette jeune fille entend des voix qui l'engagent à délivrer la France. Elle réussit à convaincre le roi de France de la mettre à la tête d'une petite troupe armée. Elle est responsable de victoires militaires importantes, mais on la trahit et on la vend aux Anglais. Un tribunal ecclésias-tique la condamne comme sorcière et elle est brûlée vive à Rouen en 1431.

r. C'est un auteur dramatique connu pour ses comédies. Parmi ses principales œuvres, on peut citer *Le Misanthrope, Le Tartuffe* et *Le Bourgeois gentilhomme*.

s. Apôtre du structuralisme dans l'ethnologie et dans l'analyse des mythes. Parmi ses livres, citons *Les Structures élémentaires de la parenté, Tristes Tropiques, Le Cru et le cuit*.

t. Cet écrivain est considéré comme le père du roman scientifique. Parmi ses œuvres les plus célèbres on conte *Le Voyage au centre de la Terre, De la Terre à la Lune, Vingt Mille Lieues sous les mers*, et *Le Tour du monde en quatre-vingt jours*.

11   12   13   14   15

16   17   18   19   20

A. _____ Napoléon (1769–1821)

B. _____ Eugène Ionesco
(1912–   )

C. _____ Jean-Paul Sartre
(1905–1980)

D. _____ Pablo Picasso
(1881–1973)

E. _____ Marcel Proust
(1871–1922)

F. _____ Jules Verne
(1829–1905)

G. _____ Molière (1622–1673)

H. _____ Edgar Degas
(1834–1917)

I. _____ Jeanne d'Arc
(1412–1431)

J. _____ Charles de Gaulle
(1890–1970)

K. _____ Louis Pasteur
(1822–1895)

L. _____ Honoré de Balzac
(1799–1850)

M. _____ Claude Lévi-Strauss
(1908–   )

N. _____ Victor Hugo
(1802–1885)

O. _____ Louis XIV (1638–1715)

P. _____ Le marquis de La
Fayette (1757–1834)

Q. _____ Samuel Beckett
(1906–   )

R. _____ Auguste Renoir
(1841–1919)

S. _____ Voltaire (1694–1778)

T. _____ Henri Matisse
(1869–1954)

7

Comment la France a changé

The most recent census in France, that of 1982, reveals important changes in the demography of French society. The following article sums up the major trends of these changes and suggests some implications for the future of the country.

- VOCABULAIRE
  Lexique de mots-clés
  Enrichissez votre vocabulaire
  Étude de mots

- STRUCTURE
  Negatives
  The Construction **ne...que**

- LECTURE: **Comment la France a changé**

VOCABULAIRE

Lexique de mots-clés

LES NOMS

le chômage	unemployment
la crise	crisis
le foyer	home, hearth
le ménage	household, people sharing the same quarters
les mœurs	mores, customs, morals
le recensement	census
le résultat	result
le sondage	public opinion poll

LES VERBES

détenir[†] (le record)	to hold (the record)
regarder	to concern, to be one's business
supporter	to stand, tolerate

DIVERS

célibataire	single, unwed
désormais	henceforth
naguère	formerly
quant à...	as for...

EXERCICES

A. Quel est le mot qui correspond aux définitions suivantes?

1. opération administrative par laquelle on compte le nombre d'habitants d'une population
2. difficulté, période difficile dans l'évolution des événements
3. enquête pour déterminer la répartition des opinions dans une population donnée
4. inactivité forcée due au manque de travail
5. maison, lieu où habite une famille
6. conséquence, effet, suite de quelque chose
7. unité de population, personne ou personnes qui occupe(nt) le même logement
8. habitudes de vie, coutumes, moralité

B. Complétez les phases suivantes par la forme correcte d'un mot tiré du Lexique de mots-clés.

1. «Occupe-toi de tes oignons» est une façon familière de dire «Ça ne te _____ pas».
2. Savez-vous par hasard quel athlète _____ le record mondial du marathon?

3. La vie d'une personne _____ est un mélange de liberté et de solitude.
4. _____, la France était peu industrialisée mais tout indique qu'elle sera _____ une des grandes puissances technologiques.
5. _____ l'agriculture, elle devient de plus en plus mécanisée.
6. Il y a beaucoup de gens qui ne peuvent pas _____ la fumée de cigarette.

Enrichissez votre vocabulaire

1. **célibataire**   unwed
   All Catholic priests take a vow of **celibacy.**

2. **un chiffre**   figure, number
   By studying the Rosetta stone, Champollion was finally able to **decipher** Egyptian hieroglyphics.

3. **la chute**   fall
   This house has a laundry **chute** from the bathroom to the basement.
   If you're planning to jump from a plane, it's best to have a para**chute**!

4. **un interrogatoire**   examination, inquiry
   Although the police **interrogated** the suspect, he did not yield a clue.

5. **menacer**   to threaten
   Atomic weapons are a **menace** to all living things.

6. **le ménage**   household
   It is rumored that Joe, his wife and his wife's best friend have a **ménage à trois.**

7. **se morceler**   to break into fragments
   The pigeons flocked round to finish off the **morsels** of food left by the picnickers.

8. **pareil(le)**   alike, similar
   Ed plays tennis so well that he's really on a **par** with professionials.

Étude de mots

A.   **sensé**   sensible
     Georges est un jeune homme **sensé;** il ne fait jamais de folies.

     sensible   sensitive to feelings
     Marianne est très **sensible;** elle pleure facilement.

     sensitif   having to do with the senses
     Il y a des nerfs moteurs et des nerfs **sensitifs.**

B.   **tel(le)**   such
     une **telle** histoire   such a story (*Note inversion*)
     Je n'ai jamais entendu une **telle** histoire!

     Tout le monde meurt; **telle** est la loi de la nature.

Monsieur Untel   Mr. So and so

tellement   so

La France a **tellement** changé depuis dix ans!

Tel père, **tel** fils.

(Proverb: *Like father, like son.*)

C.   Idiotismes

de plus en plus   more and more

de moins en moins   less and less

La France d'aujourd'hui devient **de plus en plus** un pays technologique et **de moins en moins** un pays seulement agricole.

un **sur** quatre	one *out of* four
trois **sur** cinq	three *out of* five
d'année **en** année	*from* year *to* year
de porte **en** porte	*from* door *to* door

STRUCTURE

Negatives (*La Négation*)

TERMS OF NEGATION

French expressions of negation consist of two parts: **ne,** which appears before the verb (the auxiliary verb in a compound tense), and a second part that usually appears after the verb. This second term varies according to the particular nuance of negation being expressed.

Negatives			
ne...pas	not	**ne...personne**	no one
ne...point	not at all	**ne...nulle part**	nowhere
ne...jamais	never	**ne...ni...ni**	neither, nor
ne...plus	no more, no longer	**ne...aucun(e)** **ne...nul(le)** }	none, not any
ne...pas encore	not yet		
ne...rien	nothing		
ne...guère	hardly	**(négative)...non plus**	either

POSITION OF NEGATIVES

1. The second term of these negatives immediately **follows the verb or the the auxiliary** in compound tenses:

Des joueurs de pétanque, passe-temps préféré des vieux Français.

ne...pas   not
>   Elle **n'**est **pas** ici.   (*simple verb*)
>   Elle **n'**a **pas** été ici.   (*compound tense*)

ne...point   not at all
>   Elle **n'**est **point** ici.
>   Elle **n'**a **point** été ici.

ne...jamais   never
>   Elle **n'**est **jamais** ici.
>   Elle **n'**a **jamais** été ici.

ne...plus   no longer, no more
>   Elle **n'**est **plus** ici.   Elle **n'**a **plus** d'argent
>   Elle **n'**a **plus** été ici.   Elle **n'**a **plus** eu d'argent.

ne...pas encore   not yet
>   Elle **n'**est **pas encore** ici.   *She is not yet here.*
>   Elle **n'**a **pas encore** été ici.   *She hasn't been here yet.*

Compare meaning:

Elle **n'**est **plus** ici.   *She is no longer here.*

ne...rien   nothing
>   Elle **ne** voit **rien.**
>   Elle **n'**a **rien** vu.

ne...guère   hardly
    Elle **ne** sort **guère.**   Elle **n'**a **guère** d'argent.
    Elle **n'**est **guère** sortie.   Elle **n'**a **guère** eu d'argent.

2. The second term of these negatives **follows the past participle** in compound tenses:

ne...personne   no one
    Elle **ne** voit **personne.**
    Elle **n'**a vu **personne.**

    Contrast with: Elle **n'**a **rien** vu.

ne...nulle part   nowhere
    Elle **n'**est allée **nulle part.**

3. The position of the second term(s) of these negatives is the same as in English:

ne...ni...ni...   neither...nor...
    Elle **n'**a **ni** frère **ni** sœur.
    Je **ne** connais **ni** le frère **ni** la sœur de Marie.

After **ne...ni...ni...**, the indefinite article **(un, une)** or the partitive **(de la, du, de l', des)** is not used. The definite article **(le, la, les)** is used when referring to something specific.

ne...aucun(e) ⎫
ne...nul(le) ⎬ none, not any
    Elle **n'**a **aucun (nul)** scrupule.

Aucun and **nul** are synonymous, but **nul** is somewhat more literary. Both must agree with the noun they modify:

    Elle **n'**a **aucune (nulle)** raison de partir.

Aucun and **nul** may be used as pronouns:

    — Combien de chiens avez-vous?
    — Je **n'**en ai **aucun.**

REMARQUER:
1. When a sentence begins with a term of negation, **ne** must appear before the verb:

    Personne ne les aide.
    Nul ne les connaît. (*No one knows them.*)
    Ni Paul **ni** Marc **ne** font la cuisine.
    Rien n'arrive.

2. To express "either" at the end of any negative sentence, **non plus** must be used:

    Mon ami ne comprend pas et je ne comprends pas **non plus.**
    Paul ne joue jamais au tennis. Je n'y joue jamais **non plus.**

4. In French, it is possible to use more than one term of negation in the same sentence:

Il **n'**a **plus guère** d'amis. *He **hardly** has any friends **anymore**.*

Il **n'**y a **plus personne** ici. *There is **no longer anyone** here.*

Je **ne** vais **plus jamais rien** acheter pour **personne**. *I'm **never** going to buy **anything** for **anyone anymore**.*

EXERCICES

A. Refaites les phrases suivantes en vous servant du terme de négation indiqué. Ensuite, traduisez la phrase. (En faisant ces exercices, n'oubliez pas que l'article indéfini — **un, une, des** — et que l'article partitif — **de la, de l', du** — deviennent **de** après un terme de négation, excepté après le verbe **être**. Voir pages 117–118.)

1. Marianne est jeune. (ne…plus)
2. Il y a beaucoup de paysans. (ne…guère)
3. Nous avons un chien et un chat. (ne…ni…ni…)
4. Dans cette vieille ferme, il y a des W.C. intérieurs. (ne…pas encore)
5. La famille traditionnelle est une institution solide. (ne…plus)
6. Les sondages sont exacts. (ne…point)
7. Il y a des lions dans la campagne française. (ne…nulle part)
8. Les chiens et les chats peuvent prendre la place d'un enfant. (ni…ni…ne…)
9. Ces vieux paysans emploient le téléphone. (ne…guère)
10. Notre maison a un jardin. (ne…aucun)
11. J'ai une idée. (ne…nulle)
12. On emploie des chevaux pour labourer la terre. (ne…plus)

B. Mettez les phrases suivantes au passé composé en faisant bien attention à la position du terme de négation.

1. Aujourd'hui, je ne parle guère en classe.
2. Ce ménage n'achète rien.
3. Ces messieurs ne voient personne.
4. Ce sondage ne prouve rien.
5. Élise n'épouse personne.
6. Les statistiques n'indiquent rien.
7. Nous ne mangeons rien à la réunion.
8. Tu ne supportes plus la fumée.

C. Refaites les phrases suivantes en exprimant le contraire par un terme de négation.

MODÈLE: L'avenir est **toujours** certain.
   L'avenir n'est jamais certain.

1. Le bébé a **déjà** deux ans.
2. La vie privée d'Anne-Marie regarde **tout le monde**.
3. Marianne est **encore** une petite fille.

4. **Tout le monde** veut vieillir.
5. Ce fonctionnaire est **quelquefois** en retard au bureau.
6. Il y a eu **plusieurs** crises du pétrole dans les années cinquante.
7. En Camargue, on trouve des usines **partout.**
8. **Tout** est moderne dans ce vieil immeuble.
9. Les résultats du recensement sont **très** faciles à interpréter.
10. Dans cette famille d'immigrés, il y a **quelqu'un** au chômage.
11. L'agent recenseur a appris **quelque chose** en interrogeant l'enfant.
12. Ce jeune ménage possède **et** le téléphone **et** la télévision.

D. Répondez aux questions suivantes de la façon indiquée.

1. Êtes-vous souvent allé à Paris? (*never*)
2. Avez-vous quelque chose à faire ce soir? (*nothing*)
3. Quels problèmes avez-vous? (*not any*)
4. Émile a-t-il une femme et des enfants? (*neither, nor*)
5. Sait-on ce que l'avenir nous réserve? (*no one*)
6. Madame Blanchard peut-elle aller à Paris? (*no longer*)
7. Les étudiants ont-ils terminé cet exercice? (*not yet*)
8. Robert aime-t-il les pièces (*plays*) télévisées? (*hardly*)
9. Où a-t-on trouvé la clé de la voiture? (*nowhere*)
10. Cet ouvrier immigré a-t-il une voiture? (*not any*)

E. Refaites les phrases suivantes à la première personne en employant **non plus.**

MODÈLE: Paul n'est pas un enfant.
          Je ne suis pas un enfant non plus.

1. Anne-Marie ne révèle jamais sa vie privée aux autres.
2. Dominique n'a pas encore fini ses études.
3. Pauline ne veut point s'engager dans la politique.
4. Héloïse ne supporte guère les questions personnelles.
5. Papa ne fume plus jamais de cigarettes.

The Construction «ne...que»

Ne...que means *only.* **Ne** precedes the verb and **que** is placed before the word it restricts:

Chantal veut danser la valse avec son mari.   *Chantal wants to dance the waltz with her husband.*

Chantal **ne** veut **que danser.**   *Chantal only wants to dance.*

Chantal **ne** veut danser **que la valse.**   *Chantal wants to dance only the waltz.*

Chantal **ne** veut danser **qu'avec son mari.**   *Chantal wants to dance only with her husband.*

À tout âge on a
bien des choses à
se raconter.

EXERCICE

Refaites les phrases suivantes en employant **ne...que.**

1. Le bébé a seulement quinze mois.
2. Les Blanchard ont seulement une voiture.
3. Il y a seulement deux enfants dans la famille.
4. Monsieur Lefèbvre gagne seulement 2 700 francs par mois.
5. La famille a fait seulement un voyage.
6. Il y a seulement cinq ans qu'ils sont mariés.
7. Pour leur voyage de noces (*honeymoon*), Martine voulait aller à la Martinique mais elle et son mari sont allés seulement à Nice.
8. Ils invitent tous leurs amis seulement une fois par an.

9. Chantal a du temps seulement pour ses enfants.
10. Il y a seulement un poste de télévision à la maison.

LECTURE   Comment la France a changé

s'effondrer to collapse
de plain-pied on an equal footing
Quoi...encourageant! What could be more encouraging!
la dénatalité declining birthrate
être en mesure de to be up to, able
le moyen the means

la ride wrinkle

du genre branché "tuned in," hip
le concubinage cohabitation out of wedlock
la commodité comfort
déluré sharp, knowing
à peu près almost
en dire long to tell a lot about

sur fond having as a background
se dégager de to stand out from

pépé grandfather (*in the language of children, or colloquial*)

La France de papa est morte. La vieille muraille ville-campagne s'est effondrée.° Une nation de plain-pied° est née, ouverte à la modernité, à la communication, à l'égalité interrégionale. Quoi de plus encourageant!° Et pourtant, le drame de la dénatalité,° les séquelles d'un centralisme bicentenaire[1] et les erreurs des politiques industrielles successives font de l'Hexagone un pays comme les autres dans notre vieille Europe. Pour la première fois, nous sommes en mesure de° vous présenter cette nouvelle réalité en chiffres. Le dernier recensement — qui a mobilisé cent dix mille personnes pour l'I.N.S.E.E.[2] — nous en a donné les moyens.°

Marianne[3] n'est plus celle que vous croyez. Elle a pris des rides.° Mais, avec l'âge, elle devient de plus en plus «moderne». C'est une grand-mère du genre branchée.° En quelques années, elle s'est mise au téléphone et en concubinage.° Elle a deux voitures, maintenant. Et elle s'est acheté sa maison, qui a désormais toutes les commodités.° Sa vieillesse est propre, délurée° et confortable.

Telle est à peu près° l'image que renvoie à la France le trente et unième recensement réalisé par l'I.N.S.E.E. en 1982. Ses premiers résultats en disent plus long° sur l'Hexagone que tous les sondages. Il est vrai qu'il s'agit là d'une étude grandeur nature: pendant un mois, 110.000 agents recenseurs se sont introduits dans les foyers avec leurs questionnaires. Résultat: aujourd'hui, le logement des Français n'a plus de secrets pour personne, leur travail et leur vie privée non plus.

C'est la nouvelle révolution française que met au jour l'I.N.S.E.E.: une révolution démographique, économique et sociale, sur fond° de changement de mœurs. Six grandes tendances s'en dégagent.° Récapitulons.

Après le «baby-boom», voici le «pépé-boom».° Au moment du dernier recensement, la population française était de 54.334.871 habitants, y compris 3.680.100 étrangers. Par rapport au dernier recensement, celui de 1975, nous sommes 3,3% de plus. Ce serait

---

[1] **centralisme bicentenaire:** Depuis la fin du 18e et le début du 19e siècle, grâce aux réformes administratives de la Révolution et de Napoléon, le gouvernement, le commerce et l'éduction en France sont centralisés.

[2] **I.N.S.E.E.** Institut national de la statistique et des études économiques

[3] **Marianne:** l'équivalent français du personnage «Uncle Sam», c'est-à-dire, la personnification populaire du pays.

se **dégonfler** to disinflate

la **grenouille** frog

le **fécondité** fertility

le **nataliste** personne qui cherche à augmenter la natalité, donc la population

un **accroissement** increase

arranger to fix up

d'après according to

une **espérance de vie** life expectancy

se **traduire par** to translate into, result in

le **frisson** shudder

un **hasard** coincidence

un **animal familier** pet

tandis que whereas

baisser to become lower, decrease

le **mieux-être** "better-being," play on "bien-être," well-being

la **pénurie** shortage

la **couche-culotte** panty diaper

la **course** race

un **atout** trump card

tenir le coup to sustain the blow, hold on

détenir le pompon to hold the lead

embaucher to hire

se **rengorger** to declare proudly

l'**informatique** (f.) data processing (by computer)

le **solde migratoire** population growth through relocation

tout bon si, d'année en année, la croissance démographique ne se dégonflait° comme la grenouille° de la fable.[4] Aujourd'hui, la fécondité° française se tient à 10% au-dessous du niveau de remplacement des générations. C'est pourquoi les natalistes° disent que ce pays est menacé, comme toutes les maisons sans enfant, tandis que Pierre Bérégovoy, ministre des Affaires sociales, déclare sérieusement — et patriotiquement: «*La natalité* [...] *est la priorité autour de laquelle s'organisera l'action des pouvoirs publics.*»

Ce n'est pas tout. L'accroissement° de la longévité n'arrange° rien. D'après° Daniel Benoist, secrétaire d'État aux personnes âgées, l'allongement de l'espérance de vie°— (peut-être cent vingt ans en l'an 2020) — «*se traduira° à la fin du siècle par un nombre d'inactifs cinq fois plus grand que celui des actifs.*» Frissons.°

Le taux de natalité est en déclin. Aujourd'hui, la proportion des moins de vingt ans dans l'Hexagone ne représente que 28,7% de la population. C'est moins qu'à la fin des années trente, quand la France arrivait au bout de son déclin. Ce n'est guère un hasard° si le chien et le chat entrent en force dans la nouvelle famille française, au moment où l'enfant en sort. Les animaux familiers° sont déjà dix-sept millions, tandis que° les enfants de moins de quatorze ans ne sont que douze millions. La tendance s'accélère: 1983 aura été l'une des années les plus noires depuis 1940 — cinquante mille naissances de moins que l'année précédente.

La faute à qui — ou à quoi? Pas au pouvoir d'achat, puisqu'il n'a pas baissé° pendant cette période. C'est probablement le mieux-être° qui est la cause de cette pénurie° d'enfants. Tant il est vrai que les couches-culottes° sont souvent des obstacles dans la course° au confort et à l'autonomie où sont engagés les Français.

La France avance à deux vitesses. Elle compte parmi ses atouts° sa formidable diversité. Dans le Nord à tradition catholique, la natalité tient bien le coup.° Ce sont des régions en crise comme le Nord-Pas-de-Calais ou la Lorraine qui détiennent le pompon° en matière de bébés. Mais quand ils ont grandi, ses jeunes résistent de moins en moins à l'appel du soleil. Ils émigrent dans le Sud qui, lui, fait moins d'enfants et où les industries nouvelles embauchent° plus facilement que les vieilles industries du Nord et de l'Est. Michel Laget, animateur du Centre régional de la Productivité du Languedoc-Roussillon se rengorge.° «*Naguère, notre région était considérée comme déshéritée. Aujourd'hui, c'est, après l'Île-de-France, celle où l'informatique° est la mieux implantée.*» Et elle détient le record français du solde migratoire:° + 7,7%.

L'Hexagone vit mieux. Il compte désormais une majorité de ménages propriétaires: 50,7%. Vous avez dit crise? Malgré le choc

---

[4] Allusion à une fable de La Fontaine: Une grenouille, par orgueil se gonfle jusqu'à ce qu'elle éclate.

Statue de Marianne, symbole
de la République française

le choc pétrolier   the oil crisis
vétuste   dilapidated
faire peau neuve   to turn over a
   new leaf (*lit.* to cast off its skin)
les W.C.   water closet (*i.e.* toilet)

un engouement   infatuation

être pourvu de   to be provided
   with

pétrolier° et le reste, le parc des résidences secondaires a augmenté de
4,2%. Et l'habitat français, naguère vétuste,° a fait peau neuve.° En
1962 40% des logements disposaient de W.-C.° intérieurs.
Aujourd'hui, ils sont 85%. L'Ouest, plus neuf que le reste de la
France, est aussi plus propre. Les disparités régionales sont parfois
considérables. En Bretagne, région possédante et individualiste, les
ménages disposant de deux voitures ou plus sont ainsi deux fois plus
nombreux qu'en Corse.
   L'engouement° pour le téléphone est un phénomène national. Il y
en a aujourd'hui trois fois plus qu'en 1975: 74,4% des ménages en
sont pourvus.° C'est l'effet Théry: sous Giscard,[5] ce haut fonction-

---

[5] **Gérard Théry:** de 1974 à 1981 directeur général des Télécommunications; **Valéry
   Giscard d'Estaing:** ancien président de la République

Au téléphone: trois fois plus
qu'en 1975

brancher   to plug in

naire a littéralement «branché»° l'Hexagone. Un vrai choc culturel.
Roger Quilliot, sénateur-maire de Clermont-Ferrand, raconte: «*Il y a
dix ans, pour téléphoner à quarante kilomètres de ma ville, il fallait une
heure. On avait l'obsession de l'enclavement.*° *On n'était sensibles*

un enclavement   isolation,
  separation
primer   to take precedence
la note de téléphone   phone bill

*qu'avec retard aux grands courants nationaux. Plus maintenant. La
communication prime.*° *L'autre jour, un immigré qui ne pouvait pas
payer son loyer m'a trouvé comme excuse: «Mes notes*° *de téléphone à
l'étranger, pour ma famille, sont trop élevées.» Nous sommes tous
entrés dans la civilisation de l'information.*»

battre en retraite   to beat a
  retreat

La famille bat en retraite.° En 1982, un ménage sur quatre est
composé d'une seule personne. Le nombre de mères célibataires a

le concitoyen fellow citizen

la mairie city hall

augmenté de 50% en sept ans. Et le mariage est en chute libre. À Toulouse, par exemple, il y en a cent de moins chaque année. *«Je ne suis pas directeur de conscience de mes concitoyens»*, dit Dominique Baudis, le maire de la ville, qui lui-même n'est pas marié.

À Montpellier, la mairie° délivrait 180 certificats de concubinage en 1978. Cinq ans plus tard, elle en signait 450. *«J'ai choisi de vivre avec un homme*, dit Anne-Marie, vingt-sept ans, secrétaire. *En quoi est-ce que ça regarde l'État, je vous demande?»* Pas loin de là, la région Provence-Côte d'Azur détient le record du nombre des divorces. Il a doublé en dix ans. Dans le pays de Pagnol,[6] un mariage sur quatre se termine mal.

Les villes s'installent à la campagne. Tandis que les grands centres

---

[6] **Marcel Pagnol:** auteur de romans et de pièces de théâtre qui se passent dans le Midi

Deux d'entre les dix-sept millions d'animaux familiers français

stagner to stagnate
se mettre à to begin
champignonner to mushroom, grow
la ruée onrush

le pavillon small house

la tour high-rise building

le terroir the soil

le salariat category of salaried employees

urbains se vident (−10,7% à Lille) et que les banlieues stagnent,° voici que les communes rurales, à° la périphérie des villes, se mettent à° champignonner.° Dans la région parisienne, par exemple, c'est la ruée° vers l'Oise.[7] En Provence-Côte d'Azur, la population des communes de moins de deux cents habitants a augmenté de 15%. Bref, le mouvement d'urbanisation, vieux de plus de cent ans, a été stoppé net.

Cette «rurbanisation» de la France, comme disent les experts, pourrait avoir le visage de Jean-Pierre, un employé qui habite un «pavillon° de campagne» sur la nationale 7,[8] à quelques kilomètres de la Z.U.P.[9] des Minguettes, dans la région Rhône-Alpes. *«J'ai fui les tours° des Minguettes*, dit Jean-Pierre. *Je ne pouvais plus supporter d'être à quelques centimètres de mes voisins et de partager sans arrêt leur intimité.»*

C'est ainsi que le terroir° français se repeuple.

Le travail se métamorphose. Le salariat° explose, par exemple. En

---

[7] **l'Oise:** département situé au nord-ouest de Paris
[8] **la natonale 7:** une des principales routes françaises
[9] **Z.U.P. = Zone d'Urbanisation Prioritaire:** quartiers nouveaux ouverts au commerce en dehors du centre des villes

Une famille traditionnelle, espèce menacée?

en...disparition nearing extinction

vingt ans, le nombre des salariés a augmenté de 30%. Et le nombre de fonctionnaires a doublé. Aujourd'hui, un travailleur sur trois est ouvrier et un sur quatre, employé. Quant au paysan, il est en voie de disparition,° comme dans tous les pays industrialisés. Ces dernières années, l'agriculture française s'est transformée. En 1962, les paysans représentaient 21% de la population active. Vingt ans plus tard, ils sont tombés à 6%. Une statistique spectaculaire. Ce n'est pas la seule dans ce domaine.

Depuis 1975, malgré la crise et le renforcement des contrôles aux frontières, le nombre d'immigrés a augmenté de 7%. Leur chômage, de 11%. Entre les nationalités, les taux de chômage varient: 7,7% chez les Portugais — moins que les Français — mais 21,9% chez les Algériens. De quoi alimenter° la campagne xénophobe° qui suinte° sur l'Hexagone...

De quoi alimenter Enough to feed

xénophobe xenophobic, disliking or mistrusting strangers

suinter to ooze

vieillir to grow old

Le drame de Marianne, en fait, est que son grand âge la condamne aujourd'hui à faire appel aux bras étrangers mais qu'elle supporte de moins en moins les immigrés, les changements, les mutations. On dit que peu de gens savent vieillir.° Alors, la France?

COMPRÉHENSION

1. Quelle image de la France le recensement de 1982 renvoie-t-il?
2. Quelles sont les six grandes tendances qui se dégagent des chiffres? Expliquez-les en vos propres termes.
3. Les changements que révèle ce recensement sont-ils importants (*sizeable*), ou plutôt médiocres? Comment cet article caractérise-t-il ces changements?
4. Pourquoi les natalistes disent-ils que la France est «menacée»?
5. À quoi peut-on attribuer le nombre relativement élevé de chiens et de chats en France, selon l'auteur de cet article?
6. À quels facteurs peut-on attribuer la baisse dans le nombre d'enfants en France?
7. Citez un exemple de la diversité régionale française en ce qui concerne la natalité et le chômage.
8. Citez des statistiques qui indiquent qu'on vit mieux en France aujourd'hui.
9. Quels progrès le téléphone fait-il en France depuis 1975?
10. Quelles statistiques indiquent que la famille traditionnelle est en crise?
11. Quelle région détient le record du nombre de divorces?
12. Les statistiques montrent-elles que la tendance vers l'urbanisation continue toujours? Justifiez votre réponse.
13. Dans le domaine du travail, quels secteurs ont augmenté? Lesquels ont diminué?
14. De quel pourcentage le nombre d'immigrés a-t-il augmenté? Quels problèmes ces immigrés posent-ils pour la France?
15. Quel est le «drame» de Marianne selon cet article?

DISCUSSION

1. Quels chiffres vous ont le plus frappé dans cet article?
2. Les tendances que révèlent le recensement français de 1982 sont-elles comparables à celles que le recensement américain de 1980 a documentées?
3. On parle de la xénophobie des Français. Une telle attitude existe-t-elle aux États-Unis, selon vous? Si vous pensez que oui, quelles en sont les manifestations?
4. Revoyez les statistiques concernant le téléphone, la télévision et les W.C. Avez-vous l'impression que les statistiques pour les États-Unis seraient comparables?

COMPOSITION DIRIGÉE

D'après les renseignements qu'on donne dans cet article, essayez de deviner le genre de question que pose un agent recenseur. Vous allez inventer un interrogatoire typique (ou comique, si vous voulez) entre un agent recenseur et un(e) Français(e). L'agent doit poser de nombreuses questions sur la composition du ménage (âge, métier, statut marital, etc.), sur les animaux familiers du ménage, sur l'origine ethnique des personnes, et ainsi de suite.

L'agent doit poser aussi des questions sur l'équipement domestique: téléphone, voitures, télévision, W.C., etc. Essayez d'employer quelques termes de négation dans les réponses.

DEUXIÈME PARTIE

La Jeunesse

Youth has traditionally been viewed as a privileged period of life, and yet it is possibly the time of greatest contrasts and conflicts. The problems of youth are often as intense and varied as its pleasures. It is a time of great uncertainties and doubts, but also one of high hopes and sudden joys. *La Nouvelle Génération,* a poll of French young people fifteen to twenty years old, probes the values and aspirations of French youth today. In a lighter vein, *Rex* evokes the pleasures and pitfalls of childhood. Narrated from the point of view of a little French boy, Nicolas, *Rex* is based on an experience common to many children: bringing home a stray animal that their mother would not let them keep. An optional unit, *Astérix,* introduces students to one of France's most celebrated comic strip heroes. Finally, the African folk tale, *Le Pagne noir,* relates the adventures of an abused stepchild.

8

La Nouvelle Génération

Young people fifteen to twenty years old constitute an important segment of French society. Today they are a significant factor in the culture and the economy of the country, and it is they who will shape its future. Which are the values important to French youth? How do they acquire and spend their money? What material objects would they like to own? What are their attitudes towards politics, parents, the opposite sex and society? To answer such questions, *Le Nouvel Observateur* commissioned the following poll.

- VOCABULAIRE
  Lexique de mots-clés
  Enrichissez votre vocabulaire
  Étude de mots

- STRUCTURE
  Basic Questions: Interrogative Word Order
  Questions with a Question Word
  Interrogative Pronouns
  Interrogative Adjectives and Pronouns
  The Expression **Qu'est-ce que c'est que?**
  Si and **oui**

- LECTURE: **La Nouvelle Génération**

VOCABULAIRE

Lexique de mots-clés

LES VERBES

s'attendre à	to expect
citer	to quote
dépenser	to spend
s'engager	to make a commitment
s'installer	to settle down, move into
se passer	to come about, happen
pousser	to drive, urge, push
se précipiter	to dash, rush headlong
souhaiter	to wish

MÉTIERS

un artisan	craftsman, skilled working person
le banquier	banker
le cadre	executive
le chercheur	researcher
le steward (une hôtesse de l'air)	airline cabin attendant
un ingénieur	engineer
un instituteur (une institutrice)	grade school teacher

ÉQUIPEMENTS (*mechanical or electrical devices*)

la caméra vidéo	video camera
la chaîne (hi-fi) (de stéréo)	stereo system
un électrophone	record player
le magnétophone	tape recorder
le magnétoscope	video cassette recorder (VCR)

EXPRESSIONS UTILES

se faire† du mauvais sang	to worry, fret
mettre† de côté	to save, set aside
voir† (la vie) en rose	to see (the world) through rose colored glasses

EXERCICES

A. Complétez les phrases suivantes par la forme correcte d'un verbe tiré du Lexique de mots-clés.

1. La semaine prochaine, Jean _____ dans sa nouvelle maison.
2. Il ne faut pas _____ dans la rue avant de regarder à gauche et à droite.
3. Juliette est optimiste ou peut-être naïve, elle _____.
4. À la manifestation, tout était tranquille; tout _____ sans incident.

5. Qu'est-ce qui _____ les jeunes à quitter la maison? C'est probablement le manque de communication avec leurs parents.
6. La plupart des jeunes _____ d'avoir une meilleure vie que celle de leurs parents.
7. Si vous _____ une partie de votre salaire, vous pourrez acheter un magnétoscope.
8. Pierrot ne fait jamais d'économies; la semaine dernière seulement, il _____ plus de deux cents francs en sorties.
9. Après une cérémonie de mariage, les invités félicitent le couple et leur _____ une vie heureuse.
10. Il y a certains jeunes qui ne veulent pas _____ dans la politique.
11. Monsieur Thibaut est très cultivé; il aime _____ les grands écrivains classiques.
12. L'hôtesse de l'air _____ parce qu'elle avait peur d'arriver en retard à l'aéroport.

B. Expliquez en français les expressions suivantes.

MODÈLE: un magnétophone: **Un magnétophone est un équipement qui sert à enregistrer les sons.**
un cadre: **Un cadre est une personne qui dirige une entreprise ou un service.**

une chaîne de stéréo   une hôtesse de l'air
une caméra vidéo   un ingénieur

"Une génération débranchée?"

un électrophone   un instituteur
un magnétoscope   un artisan

Enrichissez votre vocabulaire

1. **blasé** apathetic, jaded
   You mean you're going to Paris and you're not excited? I know you've been there before, but you don't have to act so **blasé** about it.

2. **curt** short
   The witness was visibly annoyed; her answers were **curt** and sharp.

3. **la couture** sewing
   Dior, Lanvin, and Chanel are important names in French haute **couture.**

4. **dépenser** to spend
   If you need some more of those medications, fill out the requisition form and take it to the **dispensary.**

5. **une échelle** ladder, scale
   un échelon rung of a ladder
   In the upper **echelons** of French society, a certain code of etiquette prevails.

6. **une élite** privileged group
   In a democracy, higher education should not be reserved for a wealthy **elite,** but should be available for all.

7. **s'engager** to make a commitment
   Robert and Louise have announced their **engagement.**

8. **entreprendre**† to undertake
   In a system of free **enterprise,** anyone can become a millionaire.

9. **le(s) genou(x)** knee(s)
   It is customary to **genuflect** when passing before this altar.

10. **le milieu** middle; *also,* surroundings, environment
    Not belonging to the **milieu** of artists and writers, Jacques felt uncomfortable at their party.

11. **la patrie** motherland, fatherland
    Patrick Henry was a true **patriot.**

12. **le sang** blood
    I wouldn't be too **sanguine** about your prospects, if I were you; frankly, you don't stand a chance.
    (From a medieval belief that there are four basic types of temperaments based on the balance of the four humours believed to constitute the human body: blood, which produces a sanguine or high spirited temperament; black bile, which produces melancholy; yellow bile, which causes irrascibility; and phlegm, which produces a phlegmatic or sluggish temperament.)

13. **la sortie** going out
    The fighter plane made several **sorties** without encountering the enemy.

14. **la vie**   life
Certain nutrients are **vital;** without them we would die.

Étude de mots

A.   L'Emploi d'adjectifs comme noms

Notez l'emploi très courant en français de certains adjectifs comme noms:

les jeunes	young people
le vieux	the old man
la vieille	the old lady
le petit, la petite	the little one
les riches	rich people
la belle	the beautiful woman

B.   Les Faux-Amis

Quoique beaucoup de mots français ressemblent à des mots anglais qui ont la même signification, il y en a qui, tout en ressemblant à un mot anglais, ont un sens tout à fait différent.   En voici quelques exemples tirés des lectures précédentes et de celles qui suivent:

achever	to finish	to achieve: *accomplir*
actuel	current	actual: *réel, véritable*
actuellement	currently	actually: *en réalité, véritablement*
agréable	pleasant	agreeable: *aimable, consentant*
large	wide, broad	large: *grand*
une lecture	reading	a lecture: *une conférence*
le plan	plane, level	the plan: *le projet*
rester	to remain	to rest: *se reposer*

C.   Expressions temporelles: **en** cinq ans vs. **dans** cinq ans:

J'espère finir mes études **en** cinq ans.   *I hope to finish my studies **within** five years.*

Il y aura une autre élection **dans** cinq ans.   *There will be another election in (i.e., **at the end of**) five years.*

STRUCTURE

Basic Questions: Interrogative Word Order (*L'Ordre interrogatif*)

There are two structural ways to make a question out of a declarative sentence. The following statement may be used to illustrate these:

Les jeunes souhaitent un bel avenir.

A. Use the expression **Est-ce que...** as a prefix (This is primarily conversational style):

> **Est-ce que** les jeunes souhaitent un bel avenir?

B. Invert the subject and the verb. (This is the preferred written and formal style.)

1. If the subject is a noun, add the corresponding subject pronoun after the verb, and link it by a hyphen:

> Les jeunes souhaitent-**ils** un bel avenir?

REMARQUER:

The elements of the basic sentence are all present in the same relative order; only the addition of the pronoun and the hyphen has created an interrogative inversion.

2. If the subject is **ce, on,** or a personal pronoun, place it after the verb, linked by a hyphen:

> **Est-ce** vrai?
> **Est-on sûr?**
> **Souhaitent-ils** un bel avenir?

If the verb ends in a vowel and the pronoun begins with a vowel, intercalate **-t-** to facilitate pronunciation:

> **Souhaite-t-il** un bel avenir?
> **Souhaite-t-on** un bel avenir?

If the subject pronoun is **je,** the inverted form is rarely used except for **suis-je?, puis-je?, dois-je?, ai-je?,** and the expression **que sais-je?.**

> Que **sais-je?**   **Dois-je** partir?
> **Ai-je** tort?   **Puis-je** vous accompagner?

3. In certain very short questions, especially those introduced by **où, comment, quand, combien,** or **que,** it is possible to invert the noun subject. In this case no hyphen is used.

> **Comment va votre maman?**
> **Combien coûte un paquet de Gîtanes?**
> **Que souhaitent les jeunes?**

REMARQUER:

In conversation it is, of course, possible to express interrogation through inflection by a rising intonation on the last few syllables of a sentence:

> **Les jeunes souhaitent un bel avenir?**   (*rising intonation on final syllables*)

It is also possible to add...**n'est-ce pas?** at the end of a statement if an affirmative answer is anticipated:

> Les jeunes souhaitent un bel avenir, **n'est-ce pas?**

EXERCICE   Donnez la forme interrogative des phrases suivantes (1) en employant **est-ce que;** (2) par l'inversion.

       MODÈLE: Les jeunes sont généralement satisfaits.
              (1) Est-ce que les jeunes sont généralement satisfaits?
              (2) Les jeunes sont-ils généralement satisfaits?

1. On dit que la jeunesse est la plus belle période de la vie.
2. Gérard dépense tout son argent.
3. Ce n'est pas typique de la plupart des jeunes.
4. Ses parents se font du mauvais sang.
5. Je suis satisfait(e) de mon travail.
6. Les jeunes d'aujourd'hui aiment beaucoup le cinéma.
7. Cette jeune fille porte souvent des jeans serrés.
8. La nouvelle génération s'intéresse peu à la politique.
9. Le sondage indique des changements importants entre les jeunes des années soixante et les jeunes d'aujourd'hui.
10. On s'attend à être plus heureux que la génération précédente.

Questions with a Question Word

Word Order

Question words such as **pourquoi? où? qui? que?** etc., precede the basic question:

1. With **est-ce que:**

     Pourquoi est-ce que la nouvelle génération est optimiste?
     Q.W.   prefix   subject   verb   complement

2. With inverted statements:

     Pourquoi la nouvelle génération est-elle optimiste?
     Q.W.   noun   verb-   complement
                             subject   pronoun

When the question word is the subject there is only one possible word order:

     Qui est optimiste?
     Q.W.   verb   complement
     subject

Interrogative Adverbs

The most common interrogative adverbs are:

Combien?
Comment?
Pourquoi?
Quand?
Où?
Jusqu'où?   (*How far? To what point?*)

EXERCICE   Posez une question qui porte sur la partie de la phrase en italique (a) en
                  employant **est-ce que;** (b) par l'inversion.

> MODÈLE: Les jeunes sont optimistes *parce que l'optimisme est le propre de la*
>   *jeunesse.*
>   **(a) Pourquoi est-ce que les jeunes sont optimistes?** OR
>   **(b) Pourquoi les jeunes sont-ils optimistes?**

1. Ces jeunes gens préfèrent occuper une soirée libre *en allant au cinéma.*
2. On met de l'argent de côté *pour acheter des vêtements.*
3. Pierre a fait son service militaire *avant de se marier.*
4. Thierry voudrait habiter *aux États-Unis.*
5. Les jeunes jugent leur patrie *avec une certaine indulgence.*
6. Pour *89%* des jeunes interrogés, la famille est quelque chose de très important.

REMARQUER:

The forms with **est-ce que** are followed by normal word order. **Qui** (except as
subject), **que,** and **quoi** require inversion.

"Les délices de la
société de
consommation."

Interrogative Pronouns (*Les Pronoms interrogatifs*)

Interrogative Pronouns		
FUNCTION	ANTECEDENT	
	Person	*Thing*
Subject	qui qui est-ce qui	qu'est-ce qui
Direct Object	qui (qui *est-ce que...*)	que (qu'*est-ce que...*)
Object of a Preposition	— qui (— qui *est-ce que...*)	— quoi (— quoi *est-ce que...*)

Interrogative Pronouns as Subjects

1. **Qui** (*who*) is used as subject when referring to people:

   Qui cherche un emploi?   ***Who*** *is looking for a job?*

   Qui est-ce qui is used interchangeably with **qui** as subject:

   Qui est-ce qui cherche un emploi?

2. **Qu'est-ce qui** (*what*) is used as subject when referring to things:

   Qu'est-ce qui se passe aujourd'hui?   ***What*** *is happening today?*
   Qu'est-ce qui est important?   ***What*** *is important?*

   REMARQUER:
   Qui, qui est-ce qui, and **qu'est-ce qui** are always followed by a verb in the singular, and the word order is the same as in English:

   subject   verb   complement
   (Int. pronoun)

   Qui
   Qui est-ce qui } **cherche un emploi?**

Interrogative Pronouns as Direct Objects

1. **Qui** (*whom*) + *inverted word order* is used when referring to people:

   Qui ont-ils interviewé?   ***Whom*** *did they interview?*

   Qui est-ce que + *normal word order* is used interchangeably with **qui**:

   Qui est-ce qu'ils ont interviewé?   ***Whom*** *did they interview?*

2. **Que** (*what*) + *inverted word order* is used when referring to things:

   Que cherchent les jeunes?   ***What*** *are young people seeking?*

Qu'est-ce que + *normal word order* is used interchangeably with **que:**

Qu'est-ce que les jeunes cherchent?   *What are young people seeking?*

Interrogative Pronouns as Objects of a Preposition

1. **Qui** (*whom, whose*) + *inverted word order* is used when referring to people:

Avec qui sortez-vous?   *Whom do you go out with?*
De qui est-elle la fille?   *Whose daughter is she?* (**De qui** = *whose?* with people)
De qui parle-t-elle?   *Whom is she talking about?*
À qui est ce livre?   *Whose book is this?* (**À qui** = *whose?* with things)

qui est-ce que + *normal word order* is used interchangeably with **qui:**

Avec qui est-ce que vous sortez?   *Whom do you go out with?*

2. **Quoi** (*what*) is used when referring to things:

En quoi avez-vous confiance?   *What do you have confidence in?*
De quoi parle-t-il?   *What is he talking about?*

quoi est-ce que + *normal word order* is used interchangeably with **quoi:**

En quoi est-ce que vous avez confiance?   *What do you have confidence in?*

REMARQUER:
Whereas in colloquial English, the preposition often comes at the end of a question, in French it must precede the question word:

Avec qui sortez-vous?   *Whom are you going out with?*
En quoi avez-vous confiance?   *What do you have confidence in?*

EXERCICE

Posez une question qui porte sur la partie de la phrase en italique (a) en employant **est-ce que,** si possible, et (b) par l'inversion, si possible.

MODÈLES: *Pierre* est le meilleur ami d'Alain.
Qui (Qui est-ce qui) est le meilleur ami d'Alain?
(Only one word order is possible because a question word is the subject.)

Pierre souhaite *se marier bientôt*.
(a) **Qu'est-ce que Pierre souhaite?**
(b) **Que souhaite Pierre?**

1. *Alain* est un jeune Français typique.
2. Il aime *ses parents*.
3. Il sort souvent avec *ses amis*.
4. *La famille* est très importante pour lui.
5. Il souhaite acheter *une chaîne stéréo*.
6. Il peut discuter avec ses parents de *n'importe quel problème*.

7. Il ne s'intéresse pas particulièrement à *la politique*.
8. *La violence dans la société moderne* lui paraît quelque chose d'inacceptable.
9. Il aime lire *les romans d'aventure et «L'Équipe»*.
10. Ses parents lui donnent *de l'argent*.

Interrogative Adjectives and Pronouns (*Les adjectifs et pronoms interrogatifs*)

Interrogative Adjective (*which...?, what...?*)

FORMS

	Masculine		Feminine	
Singular	quel	} noun	quelle	} noun
Plural	quels		quelles	

USE

1. The interrogative adjective often precedes the noun:

   Quels métiers voudraient-ils exercer?

2. It may be separated from the noun by the verb **être:**

   Quel est le problème?
   Quelles sont les solutions?

Interrogative Pronouns (*which one?, which ones?*)

FORMS

	Masculine	Feminine
Singular	lequel	laquelle
Plural	lesquels	lesquelles

Lequel and **lesquel(le)s** contract with **à** and **de:**

auquel, auxquel(le)s; duquel, desquel(le)s

USE

The interrogative pronoun takes the place of the interrogative adjective +
noun: **Quelle femme? = Laquelle?; Quel livre? = Lequel?** *Which
woman? Which one? Which book? Which one?*

Voici quelques solutions aux problèmes de la société moderne.
   Laquelle vous semble la meilleure? *Here are some solutions to the
   problems of modern society. **Which one** seems to you the best?*
Lesquelles de ces activités préférez-vous? ***Which (ones)** of these
   activities do you prefer?*
Auxquels de vos amis écrivez-vous souvent? ***To which (ones)** of your
   friends do you write often?*

EXERCICES

A. Vous faites un sondage pour déterminer les goûts et les préférences de quelques amis parisiens. En employant (a) l'adjectif interrogatif, (b) le pronom interrogatif, posez des questions selon le modèle.

MODÈLE: le Café de Flore ou les Deux Magots...
(a) Quel café préfères-tu?
(b) Lequel préfères-tu?

1. l'actrice Catherine Deneuve ou Isabelle Adjani
2. l'acteur Gérard Depardieu ou Jean-Paul Belmondo
3. le metteur en scène François Truffaut ou Jean-Luc Godard
4. les jeunes filles qui portent beaucoup de maquillage ou celles qui sont naturelles
5. l'architecture romane ou l'architecture gothique
6. les immeubles modernes ou les vieux immeubles
7. les romans romantiques ou les romans réalistes
8. les pièces de Corneille ou celles de Racine

B. Vous avez un ami qui aime être «mystérieux». En employant (a) l'adjectif interrogatif, (b) le pronom interrogatif, vous lui demandez des précisions, selon le modèle.

MODÈLE: Je pense beaucoup à un certain métier.
(a) À quel métier penses-tu?
(b) Auquel penses-tu?

1. Je téléphone tous les soirs à une certaine jeune fille.
2. Nous parlons longuement de certaines personnes.
3. Nous discutons de certains problèmes.
4. J'ai envoyé une lettre à un certain ami.
5. Nous faisons partie d'un certain groupe.
6. Nous croyons à certaines idées religieuses.
7. Nous croyons à certains systèmes politiques.
8. Nous comptons assister à une certaine réunion.

The Expression «Qu'est-ce que c'est que...?»

This expression is used to ask for a definition.

Qu'est-ce que c'est que «Le Nouvel Observateur»? *What is "Le Nouvel Observateur"?*

Qu'est-ce que...? is a more elegant way to ask for a definition:

Qu'est-ce que la littérature? *What is literature?*

REMARQUER:
Do not confuse **Quel est...?** (*What is...?*) and **Qu'est-ce que c'est que...?** (*What is...?*).

Qu'est-ce que c'est que? is used to elicit the definition of words whose meaning is not clear:

Qu'est-ce que c'est qu'un sondage?

Quel est? asks for information about something that is understood:

Quel est le sondage le plus récent?

EXERCICE

Traduisez le mot «*what*» dans les phrases suivantes.

1. (What is) _____ le problème? 2. (What is) _____ «L'IFOP»? 3. (What) _____ avez-vous fait ce week-end? 4. (What) _____ affecte l'opinion publique? 5. (What is) _____ les santiags? 6. (What) _____ femmes admirez-vous? 7. (What is) _____ leur qualité la plus importante? 8. En (what) _____ croyez-vous?

«Si» and «oui»

To answer a negative question in the affirmative, **si** is used instead of **oui**:

Ne croyez-vous pas à l'égalité pour tous? — Si! *Don't you believe in equality for all? — Yes! (I do!)*

BUT:

Croyez-vous à l'égalité pour tous? — Oui!

EXERCICE

Répondez affirmativement aux questions suivantes.

MODÈLE: Voulez-vous avoir du succès? **Oui!**
                Ne voulez-vous pas avoir du succès? **Si!**

1. Ne voulez-vous pas être heureux?
2. La musique est-elle importante pour Louise?
3. La religion n'est-elle pas importante pour vous?
4. Hélène ne veut-elle pas être médecin?
5. Exercez-vous une activité professionnelle?
6. Les jeunes ne veulent-ils pas faire des voyages?
7. Ces jeunes gens ne reçoivent-ils pas de l'argent de leurs parents?

LECTURE La Nouvelle Génération
Un Sondage réalisé par
Le Nouvel Observateur

Qu'est-ce qui a de l'importance pour les jeunes d'aujourd'hui? Comment envisagent-ils l'avenir? Quels métiers voudraient-ils exercer? Comment jugent-ils la France? Quel rôle l'argent et la politique jouent-ils dans leur vie?

Voici les résultats d'une enquête menée par *Le Nouvel Observateur* auprès d'un échantillon° national représentatif de 400 personnes âgées de 15 à 20 ans.

un échantillon sampling

le syndicalisme labor movement

les droits de l'homme human rights

Qu'est-ce qui importe dans la vie?

Je vais vous citer des mots. Pour chacun d'eux, dites s'il représente pour vous quelque chose de très important ou quelque chose de pas très important.

	Très important	*Pas très important*	*Sans opinion*	*Total*
L'argent	71	28	1	100
La famille	93	6	1	100
La politique	17	71	12	100
L'amour	81	15	4	100
Le syndicalisme°	16	68	16	100
Le travail	89	11	—	100
La musique	67	32	1	100
La sexualité	57	36	7	100
La patrie	39	51	10	100
La révolution	16	66	18	100
L'armée	29	62	9	100
La religion	33	57	10	100
Le sport	75	24	1	100
Les droits de l'homme°	76	21	3	100
Les voyages	80	19	1	100

Si vous aviez totalement le choix, quelle est la profession que vous souhaiteriez le plus exercer?	
Agriculteur	4
Commerçant	5
Artisan	3
Patron d'entreprise industrielle	3
Médecin	7
Avocat	5
Professeur	8
Ingénieur	8
Directeur commercial	2
Chercheur	3
Chanteur	3
Banquier	1
Cadre dans la publicité	2
Employé	4
Instituteur	4
Steward/hôtesse de l'air	7
Ouvrier	5
Journaliste	9
Officier	1
Autre	9
Sans opinion	7
Total	100

Qu'est-ce que l'avenir vous réserve?

Je vais vous demander d'imaginer ce que vous serez dans dix ans. Pour chacune des situations que je vais vous citer, dites si à votre avis elle se sera réalisée ou pas.

	Oui	Non	Ne sait pas	Total
Vous aurez connu l'expérience du chômage°	66	23	11	100
Vous serez marié	69	15	16	100
Vous habiterez en France	73	11	16	100
Vous aurez des enfants	69	17	14	100
Vous aurez un logement confortable	81	4	15	100
Vous serez fidèle à votre conjoint(e)°	76	6	18	100
Vous aurez un métier intéressant	87	3	10	100
Vous travaillerez 35 heures par semaine	53	24	23	100

le chômage unemployment

le (la) conjoint(e) spouse (*legal terminology*)

Estimez-vous qu'il est indispensable avant de se marier...				
	Oui	*Non*	*Sans opinion*	*Total*
D'avoir fait son service militaire[1] _____	61	36	3	100
D'avoir un logement à soi _____	70	29	1	100
D'avoir achevé ses études _____	77	22	1	100
D'être totalement indépendant de ses parents au point de vue financier _____	87	9	4	100

tout compte fait all things considered

Exercez-vous une activité professionnelle?	
Oui _____	24
Non _____	76
Total _____	100

À ceux qui déclarent exercer une activité professionnelle

Tout compte fait,° êtes-vous très satisfait, plutôt satisfait, plutôt mécontent ou très mécontent dans votre travail actuel?

Très satisfait _____	34	} 82
Plutôt satisfait _____	48	
Plutôt mécontent _____	10	} 14
Très mécontent _____	4	
Sans opinion _____	4	
Total _____	100	

Recevez-vous de l'argent de vos parents?	
Oui _____	69
Non _____	31
Total _____	100

---

[1] Le service militaire est obligatoire en France. Les jeunes sont appelés à 19 ans et restent 12 mois «sous les drapeaux». Les étudiants peuvent obtenir des sursis jusqu'à 25 ans, et même 27 ans pour les étudiants en médecine. Les bacheliers (*students who have passed the difficult competitive exam terminating secondary studies*) peuvent demander à partir pour deux ans dans un pays en voie de développement; 10 000 jeunes Français servent ainsi comme enseignants en Afrique, en Asie ou en Amérique.

Dépensez-vous tout votre argent ou en mettez-vous de côté en prévision de dépenses exceptionnelles?

Dépense tout	26
En met de côté	64
Ne peut pas dire	10
Total	100

À ceux qui déclarent mettre de l'argent de côté, soit 256 = 100%

Pour quel type de dépenses...

	(1)
Vêtements	25
Pour l'avenir	13
Sorties, bal, cinéma, théâtre	14
Équipements sportifs	3
Moto et équipements	9
Voiture, cours de code°	16
S'installer, appartement	8
Voyages	8
Cadeaux	7
Acheter des petites choses	21
Acheter des livres	3
Aider sa famille	1
Acheter appartement, terres	2
Acheter des valeurs mobilières°	1
Autre	1
Sans opinion	3

(1) Total supérieur à 100 en raison des réponses multiples.

le cours de code driving lessons

la valeur mobilière stock, securities

Je vais vous citer plusieurs équipements. Pour chacun d'eux, vous indiquerez si vous le possédez _personnellement_.

	Possède personnellement	_Possède au foyer_	_Ne possède pas_	_Total_
Auto	11	71	18	100
Moto	10	8	82	100
Chaîne hi-fi (électrophone)	34	33	33	100
Télévision couleur	2	64	34	100
Magnétophone	53	31	16	100
Magnétoscope	—	9	91	100
Caméra vidéo	—	8	92	100

À ceux qui déclarent ne pas posséder personnellement les équipements suivants

Aimeriez-vous posséder personnellement...

	Oui	_Non_	_Total_
Une auto	79	21	100
Une moto	49	51	100
Une chaîne hi-fi (électrophone)	69	31	100
Une télévision couleur	47	53	100
Un magnétophone	52	48	100
Un magnétoscope	54	46	100
Une caméra vidéo	41	59	100

Tous les combien regardez-vous la télévision? Est-ce...

Rappel enquête IFOP[1]	_1966_	_actuel_
Tous les jours ou presque	57	42
Deux ou trois fois par semaine	31	26
Environ une fois par semaine	9	15
Moins souvent ou jamais	3	17
Sans opinion	—	—
Total	100	100

[1] **IFOP:** Institut français de l'opinion publique

Quelle est votre façon préférée d'occuper une soirée libre?

	Rappel résultats Sondage I.F.O.P. en	
	1961 (1)	*actuel*
Cinéma	15	25
Concert, rock	2	
Théâtre, autres spectacles	2	4
Lecture	5	22
Sorties avec des amis, sorties en groupe	36	21
Écouter de la musique chez soi	7	—
Regarder la télévision	7	6
Faire de la musique	2	—
Danser	10	13
Se promener, se balader°	2	6
Sport	3	6
Sorties avec une personne du sexe opposé	4	5
Bricolage,° couture, travaux divers	1	4
Soirée en famille	1	3
Repos, ne rien faire	1	3
Autre chose	1	4
Sans opinion	1	—
	100	

(1) Total supérieur à 100% en raison des réponses multiples.

se balader to stroll

le bricolage handyman projects

Diriez-vous que vous vous intéressez à la politique...

Beaucoup	6
Assez	14
Un peu	35
Pas du tout	44
Sans opinion	1
Total	100

Estimez-vous que vous accepteriez de risquer votre vie pour défendre les idées auxquelles vous croyez?

Oui sûrement	56	11
Oui, peut-être		45
Non, sans doute pas	40	22
Non, sûrement pas		18
Sans opinion		4
Total		100

Dans la France d'aujourd'hui, qu'est-ce qui vous paraît le plus inacceptable? Est-ce...

Le chômage	28
Les inégalités sociales	16
La violence	38
La cherté de la vie°	6
Sans opinion	12
Total	100

la cherté de la vie high cost of living

Pensez-vous que votre vie sera plus heureuse ou moins heureuse que celle de vos parents...

Plus heureuse	62
Moins heureuse	9
Sans opinion	29
Total	100

aménager to remodel

le cadre framework

ailleurs elsewhere

Pour assurer le bonheur des Français, laquelle de ces solutions vous semble la meilleure?	
Transformer complètement la société française _____	18
Réformer de nombreux aspects de la société française _____	34
Aménager° la société française en respectant son cadre° actuel _____	28
Défendre la société française telle qu'elle est aujourd'hui _____	14
Sans opinion _____	6
Total _____	100

Si vous deviez habiter ailleurs° qu'en France, préféreriez-vous que ce soit...	
En Allemagne _____	12
En Italie _____	21
En Suède _____	10
Aux États-Unis _____	36
En U.R.S.S. _____	—
En Chine _____	1
Aucun de ces pays _____	16
Sans opinion _____	4
Total _____	100

la tenue de cuir   leather outfit

les santiags (m.)   leather boots with pointed, upturned toe

la boucle d'oreille   earring

le loden vert   green overcoat (a fad of the early eighties)

la bague   ring

Chez un garçon aimez-vous beaucoup, assez ou pas…				
	Beaucoup	Assez	Pas	Ne sait pas	Total
Les cheveux longs _____	7	30	61	2	100
Les cheveux courts _____	42	48	8	2	100
Les cheveux avec banane[1]_____	5	9	84	1	99
Les cheveux colorés _____	4	9	86	1	100
Aimez-vous qu'elle porte…					
Une tenue de cuir°_____	15	25	55	5	100
Des santiags°_____	14	20	62	4	100
Une boucle d'oreille°_____	11	23	62	4	100
Un loden vert°_____	7	24	51	18	100
Une cravate _____	26	38	33	3	100
Une bague°_____	19	39	38	4	100

lisse   smooth

frisé   curly

les mèches de couleur   tinted streaks (of hair)

serré   tight

maquillé   made up, wearing cosmetics

Et chez une fille, aimez-vous beaucoup, assez ou pas…				
	Beaucoup	Assez	Pas	Ne sait pas	Total
Les cheveux longs _____	64	30	5	1	100
Les cheveux courts et lisses°___	32	41	26	1	100
Les cheveux courts et frisés°___	33	38	27	2	100
Les mèches de couleur°_____	19	22	58	1	100
Aimez-vous qu'elle porte…					
Des jeans serrés° très courts ___	41	32	25	2	100
Une jupe jusqu'aux genoux ___	31	42	25	2	100
Une minijupe _____	31	36	31	2	100
Des boots _____	32	39	26	3	100
Des chaussures plates de teinte pastel (jaune, rose, bleu) ___	33	35	29	3	100
Des vêtements classiques ___	34	39	24	3	100
Aimez-vous qu'elle soit…					
Très maquillée°_____	3	10	83	4	100
Peu ou pas maquillée _____	50	43	6	1	100

---

[1] les cheveux avec banane: coiffure de style «punk»

Est-ce que personnellement vous vous sentez plus proche…	
D'un Arabe de votre âge ___	41
D'un Français de l'âge de vos parents ___	36
Sans opinion ___	23
Total ___	100

Pensez-vous pouvoir discuter avec vos parents de n'importe quel problème qui vous préoccupe?	
Oui, avec les deux ___	48
Oui, avec mon père seulement ___	5
Oui, avec ma mère seulement ___	26
Non ___	19
N'a pas de parents, ne les voit pas ___	1
Sans opinion ___	1
Total ___	100

Analyse et Commentaire

débranché   disconnected, "out of touch"

Une génération débranchée.° Nous sommes loin des enragés du 22-Mars et des barricades du boulevard Saint-Michel.[1] Nous en sommes tellement loin que le souvenir obsédant des ardeurs révolutionnaires de naguère ne peut même plus servir d'alibi à l'excessive docilité de la nouvelle vague.° Trop jeunes pour être les cadets° frustrés des contestataires de 68, trop vieux pour être déjà leurs enfants, ces jeunes entre quinze et vingt ans qui font l'objet de notre sondage n'ont aucune raison de se référer à ce modèle bruyant.°

la nouvelle vague   new wave
le cadet   younger sibling

bruyant   noisy
l'échelle des valeurs   scale of values

la foule   crowd

au rayon…usage   to the shelf of outmoded accessories

Car, sur l'échelle des valeurs° qui fait courir les jeunes, la politique est au plus bas, exactement au même niveau que le syndicalisme et la révolution. Ces termes magiques ou tabous au nom desquels on fait descendre les foules° dans la rue, on torture ou on tue encore en de nombreux points du globe, semblent relégués par notre nouvelle vague de blasés au rayon des accessoires hors d'usage.°

Optimisme

L'armée, la patrie et la religion ne sont guère mieux traitées, et quand elles rencontrent encore un certain écho, c'est rarement là où l'on pouvait s'y attendre. Les jeunes de milieu ouvrier restent nettement plus attachés que les autres à ces valeurs traditionnelles, et en particulier pour l'armée et la religion, beaucoup plus que les jeunes de milieu paysan.

Aucune raison non plus de se précipiter vers le mur des lamenta-

---

[1] Allusion aux événements du mois de mai 1968, quand une grève (*strike*) d'étudiants a déclenché le désordre dans toute la France. C'était une période pendant laquelle tout le monde s'attachait avec passion à la politique, et il y avait de la violence entre les contestataires (ceux qui désiraient des réformes et même la révolution) et les gens conservateurs, qui résistaient à tout changement. Ce mois de désordre national a eu des conséquences énormes dans presque tous les domaines.

le mur des lamentations wailing wall

le manque lack

un élan enthusiasm

jeter...bord to throw overboard

tions.° Ces jeunes sont peut-être désespérants par leur manque° d'élan.° Ils ne sont pas désespérés. Ce n'est ni le nihilisme ni le pessimisme qui les poussent à jeter par-dessus bord° les valeurs d'hier. Ils étaient 55% en 1978 à penser que leur vie serait plus heureuse que celle de leurs parents; ils sont 62% aujourd'hui. Ils étaient 71% à se déclarer plutôt satisfaits de leur travail, ils sont 82% aujourd'hui.

Quand ils essaient d'imaginer où ils en seront dans dix ans, plus de la moitié d'entre eux s'attendent à connaître le chômage à un moment ou à un autre. Mais c'est un simple incident de parcours,° comme si le chômage faisait désormais partie des choses de la vie, des expériences normales et obligatoires au même titre que le service militaire. Aucune raison donc de se faire du mauvais sang et de s'empêcher de voir l'avenir en rose. Ils auront les trente-cinq heures,[2] un métier intéressant et un logement confortable.

incident de parcours passing event

Épargne°

l'épargne (f.) thrift

Cet avenir, ils ont tellement envie qu'il se présente bien qu'ils s'arrangent pour mettre de côté non seulement l'argent qu'ils ont gagné mais aussi celui qu'on leur donne. 69% d'entre eux déclarent recevoir de l'argent de leurs parents; 64% déclarent en mettre de côté.

Notre ministre des Finances peut se frotter les mains.° Une nouvelle génération d'épargnants° est en train de naître. Bien sûr, cette épargne n'en est pas encore à se précipiter sur les valeurs mobilières. Elle vise° d'abord l'achat de vêtements ou d'une voiture. Elle est en outre° deux fois plus forte chez les quinze–seize ans que chez les dix-neuf–vingt ans. C'est bon signe.

se frotter les mains to rub one's hands (*gesture of delight*)

un épargnant thrifty person

viser to aim at

en outre besides

Les pieds sur terre

Cette jeunesse a les pieds sur terre, et les métiers dont elle rêve ne sont pas ceux qu'on rencontre dans les romans-photos.[3] Bien sûr, la profession d'hôtesse de l'air continue de rencontrer chez les filles un succès qui excède de loin la place réelle qu'elle occupe sur le marché de l'emploi, mais on se voit plus volontiers° ouvrier que chanteur ou chercheur (deux professions qui font le même score). Nos confrères° journalistes seront flattés d'apprendre que leur profession obtient le premier prix dans le palmarès° des jeunes. Mais nos chers professeurs, qui ont souvent l'impression d'être une élite mal aimée et méprisée,° découvriront avec surprise qu'ils arrivent juste après, à égalité avec les ingénieurs, loin devant les médecins, les patrons

volontiers freely, gladly

le confrère colleague

le palmarès prize list

méprisé scorned

---

[2] C'est-à-dire trente-cinq heures de travail par semaine.

[3] **le roman-photo:** genre de publication qui raconte une histoire à travers des photographies et le dialogue des personnages

L'Amour à vingt ans.

d'industrie, les banquiers et les cadres de publicité. Peu de romantisme mais aussi peu de désir d'entreprendre dans ces choix professionnels. On ne recherche plus les aventures de quatre sous° ni l'argent vite gagné mais le travail qui procure le plus de loisirs (ou de voyages, comme le journalisme) et comporte° le moins de risques.

Le refuge du bonheur privé Les trois valeurs qui enthousiasment le plus les jeunes Français de 1983 sont la famille, le travail et l'amour. La famille bat tous les records de popularité, mais pas seulement chez les jeunes. Tous les sondages récents ont montré qu'elle résiste dans notre société comme une valeur refuge, qu'elle brille de mille feux° comme l'or° quand la crise menace et que la plupart des monnaies° s'effondrent.°

La famille ne voisine plus avec la patrie mais avec l'amour. Elle n'est plus la forteresse de la morale et des traditions nationales mais le refuge du bonheur privé, des relations vraies. Parents inquiets,° vous pouvez dormir tranquilles: vos enfants vous aiment et se sentent plus

les aventures...sous cheap adventures

comporter to entail

briller de mille feux to shine brightly

un or gold

la monnaie currency (*figurative for values*)

s'effondrer to collapse

inquiet, -ète worried

satisfaits que jamais de vivre avec vous. En 1961, 37% de jeunes affirmaient pouvoir confier aussi bien à leur père qu'à leur mère un problème qui les préoccupe; 48% le pensent aujourd'hui.

Ce climat d'affection semble prendre tellement d'importance qu'il fait progressivement le vide autour de lui. Les jeunes envisagent volontiers de s'engager dans une vie de couple, mais de moins en moins de se marier et d'avoir des enfants. En 1978, ils étaient 82% à envisager le mariage. Ils ne sont plus aujourd'hui que 69%, 88% souhaitaient avoir des enfants; 69% seulement le souhaitent aujourd'hui. Ce double reflux des intentions confirme les inflexions de nos données démographiques. Il est particulièrement marqué chez ceux qui sympathisent avec l'écologisme et qui habitent dans la région parisienne, c'est-à-dire les groupes les plus représentatifs de la nouvelle culture adolescente.

Modérément attachée aux conquêtes de la culture contestataire, la nouvelle jeunesse est largement installée dans les délices de la culture consommatrice: chaîne hi-fi, magnétophone, voiture, moto, et la télé pour chaque jour. Elle est désespérante, cette génération des quinze-vingt ans? Non, elle s'ennuie.

COMPRÉHENSION

1. Selon le commentaire du sondage, les jeunes d'aujourd'hui sont-ils différents de la génération de 1968? Expliquez.
2. Selon ce sondage, sur l'échelle des valeurs des jeunes d'aujourd'hui lesquelles sont au plus haut? Lesquelles sont au plus bas?
3. Qu'est-ce qui indique que la nouvelle génération n'est pas pessimiste?
4. Quelle image de l'avenir les jeunes se font-ils?
5. Pourquoi dit-on que le ministre des Finances peut se frotter les mains?
6. Quels métiers attirent le plus les jeunes? Quels facteurs semblent importants pour ces jeunes dans leur choix de métier?
7. Quelle est l'importance de la famille pour les jeunes d'aujourd'hui?
8. En quoi les attitudes à l'égard du mariage et des enfants ont-elles changé? Chez qui ces attitudes sont-elles particulièrement marquées?
9. Que peut-on constater à propos des rapports entre la nouvelle génération et la société de consommation? Quels objets sont les plus recherchés par les jeunes?
10. Quel est le jugement du journaliste sur les jeunes d'aujourd'hui?

DISCUSSION

1. Les attitudes des jeunes Français que révèle ce sondage semblent-elles comparables à vos propres attitudes? Pensez-vous qu'elles soient semblables aux attitudes des jeunes Américains?
2. Parmi la liste de valeurs dans la première question du sondage, laquelle est la plus importante pour vous, et pourquoi? Laquelle est la moins importante, et pourquoi?
3. Comment obtenez-vous de l'argent? Travaillez-vous? Vos parents vous en

Devant la télé: une famille unie.

donnent-ils? Comment dépensez-vous votre argent? En mettez-vous de
côté? Si oui, pourquoi?

4. Quelle est votre façon préférée d'occuper une soirée libre? Expliquez
pourquoi vous préférez cette activité aux autres.

5. Vous intéressez-vous à la politique? Pensez-vous être libéral(e) ou plutôt
conservateur (conservatrice)?

6. Estimez-vous que vous accepteriez de risquer votre vie pour défendre les
idées auxquelles vous croyez?

7. Si vous deviez habiter ailleurs qu'aux États-Unis, où voudriez-vous habiter?

8. Décrivez le genre de jeune fille ou de garçon qui vous plaît.

9. Que pensez-vous des garçons qui portent une boucle d'oreille? Que pensez-
vous des jeunes filles qui s'habillent en homme? Doit-on être tolérant envers
la diversité vestimentaire, ou pensez-vous que tout le monde devrait se
conformer à certaines règles fondamentales?

10. Pensez-vous pouvoir discuter avec vos parents de n'importe quel problème?
Pourquoi, ou pourquoi pas?

COMPOSITION
DIRIGÉE

Comment envisagez-vous votre avenir? En suivant le plan ci-dessous, rédigez une composition qui répond à cette question. (Avant de commencer, révisez le futur de l'indicatif dans la leçon 4.)

Dans dix ans...

I. Introduction

Décrivez les circonstances générales de votre vie. Où habiterez-vous? Serez-vous marié? Aurez-vous des enfants?

II. Travail et loisirs

Quel métier exercerez-vous? Combien d'heures par semaine travaillerez-vous? Serez-vous riche, relativement aisé, ou plutôt pauvre? Quelles activités occuperont vos loisirs?

III. Évaluation

Quels seront vos problèmes les plus sérieux? Seront-ils d'ordre personnel ou politique? Comparez la vie que vous vous attendez à mener à celle de vos parents et à celle de vos grands-parents. Serez-vous plus ou moins satisfaits qu'eux?

9

Verbes

- STRUCTURE
  The Present Perfect (*Le Passé composé*)
  The Imperfect (*L'Imparfait*)
  Comparison of the *Passé composé* and the
  imparfait

The Present Perfect (*Le Passé composé*)

FORMATION

The present perfect is a compound tense, that is, it is composed of two parts, *the present tense of the auxiliary verb* (**avoir** or **être**) and *the past participle*.

J'ai parlé.	*I spoke.* *I have spoken.* *I did speak.*	**Elle est entrée.**	*She came in.* *She has come in.* *She did come in.*
Il a fini.	*He finished.* *He has finished.* *He did finish.*	**Ils se sont lavés.**	*They washed.* *They have washed.* *They did wash.*

As the above examples show, the present perfect is used to express actions completed in the past. It has several meanings in English.

The Auxiliary Verb

1. The *passé composé* of most verbs is formed with the auxiliary verb **avoir**:

   J'**ai** parlé avec une amie.
   Tu **as** fini la chanson.
   Elle m'**a** compris.

2. Pronominal (reflexive) verbs, however, form the *passé composé* with **être**:

   Je me **suis** lavé.
   Il s'**est** trompé.
   Vous vous **êtes** inquiété.

3. A basic group of fourteen verbs of passage (coming, going, staying) are also conjugated with **être**:

aller	Je **suis allé** au match de football.
arriver	L'avion **est arrivé** en retard.
descendre	Rémi **est descendu** dans la cave.
entrer	Nous **sommes entrés** dans le magasin.
monter	Les alpinistes **sont montés** jusqu'au sommet.
mourir	Charles de Gaulle **est mort** en 1970.
naître	Mon père **est né** en 1934.
partir	Ces jeunes gens **sont partis** en week-end.
passer	Nos amis **sont passés** nous voir aujourd'hui.
rester	Ce matin, Jean **est resté** à la maison.
retourner	Maman **est retournée** à Nice.
sortir	Élise **est sortie** avec un groupe d'amis.
tomber	Annette **est tombée** en courant.
venir	Le monsieur **est venu** chercher son chien.

Compounds of these verbs, such as **revenir, devenir, rentrer,** etc., are also conjugated with **être**:

Ils **sont devenus** furieux.

Elle **est rentrée** à cinq heures.

The **être** verbs are easily remembered if associated with this diagram.

La Maison d'Être

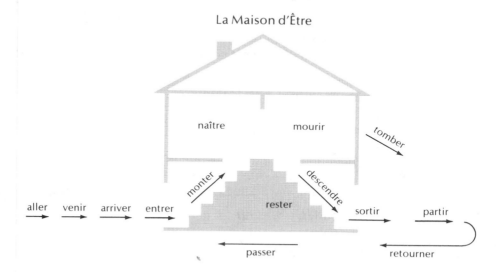

REMARQUER:

Some of these verbs may be used as well with a direct object. In this case, their meaning is somewhat different, and they are conjugated with **avoir.** Compare the following groups of sentences:

descendre[1]

Je **suis** descendu.   *I went down(stairs).*

BUT:

J'**ai** descendu les marches.   *I went down the steps.*

J'**ai** descendu mes bagages.   *I took my luggage down.*

monter[1]

Je **suis** monté au dernier étage.   *I went up to the top floor.*

BUT:

J'**ai** monté l'escalier.   *I went up the stairs.*

J'**ai** monté ma valise.   *I took my suitcase up.*

passer

Étienne **est** passé me voir.   *Steven came by to see me.*

BUT:

J'**ai** passé une semaine à Paris.   *I spent a week in Paris.*

---

[1] Learn the following useful idioms: **descendre de:** to get off (a vehicle); **monter dans:** to get in, on (a vehicle).

Je suis descendu du taxi et **je suis monté** aussitôt dans le train.

retourner

Je **suis** retourné à ma ville natale.   *I returned to the city where I was born.*

BUT:

Le chef **a** retourné le bifteck.   *The chef turned the steak over.*

sortir

Marianne **est** sortie avec Jacques.   *Marion went out with Jack.*

BUT:

Elle **a** sorti la poubelle.   *She took out the trashcan.*

The Past Participle

A.   Regular Verbs

The past participle of regular verbs is formed by dropping the infinitive ending and adding the following: **é** for **er** verbs, **i** for **ir** verbs, **u** for **re** verbs.

parler	finir	rendre
parl**é**	fin**i**	rend**u**

B.   Irregular Verbs

The past participle of irregular verbs follows no basic pattern. These must be learned by heart:

aller	**allé**	faire	**fait**
avoir	**eu**	satisfaire	**satisfait**
boire	**bu**	falloir	**fallu**
connaître[1]	**connu**	lire	**lu**
(ap)paraître	**(ap)paru**	élire	**élu**
courir	**couru**	mettre	**mis**
croire	**cru**	admettre	**admis**
détruire	**détruit**	permettre	**permis**
conduire	**conduit**	promettre	**promis**
construire	**construit**	mourir	**mort**
produire	**produit**	naître	**né**
traduire	**traduit**	ouvrir	**ouvert**
dire	**dit**	(dé)couvrir	**(dé)couvert**
dormir	**dormi**	offrir	**offert**
écrire	**écrit**	souffrir	**souffert**
être	**été**	partir	**parti**

---

[1] The *passé composé* of **connaître** (*to be acquainted with*) and **savoir** (*to know*) have special meanings:

J'ai connu mon mari quand j'étais étudiante.   *I **met** my husband when I was a student.*

L'inspecteur **a su** que Monsieur Leblanc était un espion.   *The inspector **found out** that Monsieur Leblanc was a spy.*

plaire	**plu**	décevoir	**déçu**
pleuvoir	**plu**	rire	**ri**
pouvoir	**pu**	sourire	**souri**
prendre	**pris**	savoir[1]	**su**
apprendre	**appris**	vaincre	**vaincu**
comprendre	**compris**	convaincre	**convaincu**
suprendre	**surpris**	vivre	**vécu**
recevoir	**recu**	voir	**vu**
apercevoir	**apercu**	vouloir	**voulu**

Agreement of the Past Participle

In the **passé composé,** as in all other compound tenses, as we shall see, the past participle makes certain agreements in gender and number. There are three basic cases of agreement:

1. When the verb is conjugated with **avoir** the past participle agrees in gender and number with any preceding direct object. This may take the form of:

   an object pronoun:

   > Je **les** ai **vus.**

   a relative pronoun:

   > Je ne crois pas la raison **qu'**il a **donnée.**

   or an interrogative expression:

   > **Quelle question** a-t-il **posée?**

   REMARQUER:
   There is no agreement with *indirect* objects:

   > Je **leur** ai **parlé.**
   > Ils **nous** ont **écrit.**

2. When the verb is conjugated with **être** the past participle agrees in gender and number with the subject:

   > **Elle** est **partie.**

3. When the verb is pronominal (reflexive), the past participle agrees in gender and number with the preceding direct object:[2]

   > Elle **s'**est **lavée.**

---

[2] When the reflexive pronoun used with a pronominal verb is an indirect object, there is no agreement (See Lesson 14):

Elle s'est lavé les mains.

Agreement of the Past Participle in the Passé Composé and All Other Compound Tenses		
1. Verb conjugated with **avoir** Je **les** ai **vus.**	past participle agrees with	preceding direct object
2. Verb conjugated with **être** **Elle** est **entrée.**	past participle agrees with	subject
3. Pronominal (reflexive) verb Elles **se** sont **lavées.**	past participle agrees with	preceding direct object

The Negative Form of the Passé Composé

In the **passé composé** (and in all compound tenses, as we shall see), **ne** precedes the *auxiliary* verb, and the second term of negation follows:

Il **n**'a **pas** fini.   Il **n**'a **guère** fini.
Il **n**'a **point** fini.   Il **n**'a **plus** fini.
Il **n**'a **rien** fini.

The only terms of negation that are placed after the past participle are **personne, nulle part, ni...ni...,aucun** and **nul.**

Il **n**'a vu **personne.**   Il **n**'a vu **ni** sa mère **ni** son père.
Il **n**'est allé **nulle part.**   Il **n**'a eu **aucun (nul)** problème.

If there is an object pronoun or a reflexive pronoun, it is placed directly before the auxiliary verb. Object pronoun and auxiliary verb form an inseparable core, which is enclosed by **ne** and **pas:**

Il **ne** les a **pas** finis.
Ils **ne** se sont **pas** disputés.

Basic Word Order in Compound Tenses					
Subject	**(ne)**	*Object Pronouns*	*Auxiliary Verb*	**(pas)**	*Past Participle*
il elle	**n'**	—	a	**pas**	fini
il elle	**ne**	les	a	**pas**	finis
ils elles	**ne**	se	sont	**pas**	disputés

EXERCICES   A.   Mettez les phrases suivantes au passé composé en employant **être** comme verbe auxiliaire.

1. Philippe sort de la maison. 2. Il va chez Jacques. 3. Quand il arrive, il entre dans la maison sans frapper. 4. Philippe monte au premier étage.[1] 5. Il reste avec Jacques dans sa chambre. 6. À l'heure du dîner les deux amis descendent et ils partent ensemble. 7. En sortant, Philippe tombe et il retourne à la maison de Jacques. 8. Jacques passe à la pharmacie chercher un pansement (*band-aid, dressing*).

B. Mettez les phrases suivantes au passé composé en choisissant le verbe auxiliaire convenable.

1. Le petit Nicolas sort de la maison.
2. Il sort son chien.
3. La concierge monte le courrier.
4. Elle monte les marches avec difficulté.
5. Nous passons une soirée très agréable.
6. Georges passe devant ma maison sans me dire bonjour.
7. Les touristes retournent à la Côte d'Azur.
8. Ève-Marie retourne la photo pour voir ce qui est écrit de l'autre côté.
9. Vous descendez du métro à l'arrêt qui s'appelle Châtelet.
10. Nous descendons la colline.

---

[1] In French, floors are counted thus: **rez de chaussée,** ground floor, **premier étage,** second floor, **deuxième étage,** third floor, etc.

C. Mettez les phrases suivantes au passé composé en choisissant le verbe auxiliaire convenable et en faisant l'accord avec le participe passé, si nécessaire.

1. Hemingway et Fitzgerald vivent à Paris et écrivent des romans.
2. Jules César dit de la Gaule ancienne: «Je viens, je vois, et je vaincs».
3. Le chien ne veut pas suivre le petit garçon.
4. Simone fait tous ses devoirs avec diligence et elle reçoit une bonne note.
5. Quand il reçoit une lettre, il ouvre l'enveloppe, il la lit et ensuite il la remet dans l'enveloppe.
6. Chaque jour certains meurent et d'autres naissent.
7. Les Américains construisent des édifices et ils les détruisent quelques années plus tard.
8. En voyant le chat, la petite fille rit et court vers l'animal.
9. Ce soir j'ai des difficultés: je suis malade et je ne peux pas dormir.
10. Zazie prend le métro et elle va voir Paris.
11. Quand je pars en vacances, je dors dans le train.
12. Quand Jean-Jacques finit ses devoirs, il téléphone à ses amis et il les invite à venir chez lui.
13. À la fin du semestre Michel vend ses livres, mais il les regrette ensuite.
14. Il faut prendre des notes pendant la conférence.
15. Ces vins plaisent aux connaisseurs; ils boivent surtout du vin rouge.
16. Je pleure parce qu'il pleut.

D. Répondez aux questions suivantes au négatif.

1. Voici le journal. L'avez-vous lu?
2. Ce sont de bons disques. Les étudiants les ont-ils achetés?
3. Marie et Louise sont passées nous voir aujourd'hui. Leur as-tu parlé?
4. Regardez Henri. Ses parents lui ont-ils donné cette belle voiture de sport?
5. Il y avait un spectacle au théâtre de l'université. Vos amis y sont-ils allés?
6. Est-ce qu'il y a eu une explosion à l'usine?

chat blis

USE OF THE PASSÉ COMPOSÉ

The *passé composé* is used:

1. To express an action that took place at a precise moment in time, an action of a momentary (rather than an ongoing) nature:

>J'**ai répondu** à la question.
>Nous **avons acheté** une Renault.
>Le petit Nicolas **a vu** un chien.
>Ma mère m'**a écrit** une lettre.

Such actions could be diagrammed by a single point on a time line:

2. To express a series of single actions now complete:

>Pendant le semestre, Paul **est allé quatre fois** aux matchs de basketball.
>Mon ami **a vu** *La Guerre des étoiles* **cinq fois!**
>**Pendant trois mois** Marcel **a téléphoné** à Jocelyn chaque soir.

Such actions could be diagrammed by a series of points within definite limits on a line:

3. To express an action of some duration, but whose limits are defined:

>Hemingway **a passé cinq ans** à Paris.
>Vous **avez regardé** la télévision **pendant deux heures.**
>La conférence **a duré cinquante minutes.**

Such actions could be diagrammed by an extended line with marked limits:

EXERCICE

Faites des phrases au passé composé en employant les éléments donnés. Ajoutez des détails pour rendre vos phrases plus vivantes.

MODÈLE: rester / une demi-heure
>**Yvonne est restée une demi-heure au laboratoire.**

1. rendre visite à / trois fois
2. lire / de dix heures jusqu'à minuit.
3. ouvrir / hier
4. rire / pendant trois quarts d'heure
5. pleuvoir / pendant quarante jours et quarante nuits
6. prendre / l'année dernière

The Imperfect (*L'Imparfait*)

FORMATION

The imperfect of a French verb is a single word consisting of a stem and an ending.

Stem

The stem of the imperfect for both regular and irregular verbs is derived from the first person plural of the present tense by dropping the **-ons: parlons, finissons, sortons, faisons,** etc. The only exception is the verb **être** whose stem in the imperfect is **ét-.**

Endings

The endings of the imperfect are the same for all verbs, as shown in the table below:

The Imperfect Tense				
Stem			*Endings*	
nous form of the present tense less **-ons**	(je)	**-ais**	(nous)	**-ions**
	(tu)	**-ais**	(vous)	**-iez**
	(il) (elle)	**-ait**	(ils) (elles)	**-aient**

je parlais	*I was speaking, I spoke*
il finissait	*he was finishing, he finished*
nous vendions	*we were selling, we sold*
vous étiez	*you were*

REMARQUER:
As we saw in Chapter 2, **c** changes to **ç** before **a** or **o** in verbs ending in **-cer.** Here is a model for the imperfect of verbs like **commencer:**

commencer	
je commençais	nous commencions
tu commençais	vous commenciez
il elle } commençait	ils elles } commençaient

The **g** changes to **ge** before **a** or **o** in verbs ending in **-ger.** Here is a model for the imperfect of verbs like **manger:**

manger

je man**ge**ais	nous mangions
tu man**ge**ais	vous mangiez
il ⎱ elle ⎰ man**ge**ait	ils ⎱ elles ⎰ man**ge**aient

Verbs ending in **-ier** keep their stem ending in **i,** for example:

oublier

j'oubliais	nous oubl**ii**ons
tu oubliais	vous oubl**ii**ez
il ⎱ elle ⎰ oubliait	ils ⎱ elles ⎰ oubliaient

The other kinds of stem-changing verbs present no difficulties in the imperfect. The stem derived from the **nous** form of the present tense is the same throughout the imperfect.

EXERCICE

Mettez les phrases suivantes à l'imparfait.

1. Elle dort très tard.
2. Nous sommes malheureux.
3. Maman ne peut pas comprendre.
4. Le chien s'appelle Rex.
5. Ce garçon veut seulement s'amuser.
6. Nous oublions de mettre les accents.
7. La mère de Chantal fait le ménage pour les voisins.
8. Vous croyez en Dieu.
9. Je rougis quand j'y pense.
10. Tu as de la chance.

— Il était si mignon quand il était petit...

11. Marie ne mange pas toujours ce qu'il faut.
12. Mon père préfère les cheveux courts.
13. Robert déteste l'université; il finit ses études pour faire plaisir à ses parents.
14. Ses parents commencent à le comprendre.
15. Cette jeune fille voit souvent sa famille.

USE OF THE IMPERFECT

The imperfect is used:

1. To describe things as they were in the past:

> Quand Lisette **était** jeune, elle **avait** les cheveux blonds.
> Ce jour-là, il **faisait froid et il pleuvait.**
> Autrefois Claudette **avait** beaucoup d'amis.

Such actions could be diagrammed by a line with indefinite limits:

Certain verbs, by their very meaning, express a state of continuity. Thus, verbs of states of mind or intellectual processes are often used in the imperfect: **penser, savoir, croire, pouvoir, avoir peur, avoir envie,** etc.

2. To express a repeated or habitual action in the past, if the limits of this action are not specified.

> **Tous les jours,** les deux amants **se promenaient** dans les bois.
> **D'habitude,** Monsieur Lefèbvre **rentrait** vers sept heures du soir.
> Ces jeunes **allaient souvent** au théâtre.

Such actions could be diagrammed by a series of points with no definite limits:

Some Special Uses of the Imperfect

1. The imperfect is used to describe the background circumstances (what was going on) that were simultaneous to a completed action in the past:

> Elle **dormait** quand le téléphone **a sonné.**
> (what was going on)   (action)

> Il **pleuvait** le soir où elle **est partie.**

2. In "*If*...(*then*)..." sentences, when the result is expressed in the conditional, the **si** (*if*) clause must be in the imperfect:

> Si Paul était riche, Françoise l'épouserait.
> Si je trouvais un chien, je lui donnerais quelque chose à manger.

3. The imperfect may be used to express a wish or a regret.

> Si seulement les parents comprenaient leurs enfants!
> Si j'étais riche!

EXERCICES

A. Mettez les phrases suivantes à l'imparfait en les introduisant par **Autrefois.**

1. Robert a beaucoup de charme et il est toujours bien habillé.
2. Elle porte de jolies robes et elle choisit des accessoires très élégants.
3. Frédéric fait tous ses devoirs et il reçoit de bonnes notes.

B. Mettez les phrases suivantes à l'imparfait en les introduisant par l'expression indiquée:

1. Les parents de Jeanine se disputent. (Tous les soirs…)
2. Henri sort et rentre très tard. (D'habitude…)
3. Jacqueline n'étudie pas et elle ne va pas à ses classes. (Souvent…)

C. Transformez les phrases suivantes selon le modèle.

MODÈLE: Je fais de l'aérobic. Ma mère entre dans ma chambre.
Je faisais de l'aérobic quand ma mère est entrée dans ma chambre.

1. Marie lit *Salut, les copains!* Quelqu'un sonne à la porte.
2. Les étudiants ont peur. Ils reçoivent les résultats de l'examen.
3. Pauline étudie le yoga. Elle décide d'aller en Inde.

D. Transformez les phrases suivantes selon le modèle. (Le conditionnel de l'autre verbe est indiqué entre parenthèses.)

MODÈLE: S'il fait beau, nous partirons en week-end. (nous partirions)
S'il faisait beau, nous partirions en week-end.

1. Si tu voles, tu auras mauvaise conscience. (tu aurais)
2. Si nous allons dans cette ville, il faudra faire de l'auto-stop. (il faudrait)
3. Si mes parents me comprennent, ils ne m'empêcheront pas de partir. (ils m'empêcheraient)

Comparison of the *Passé composé* **and the** *Imparfait*

j'ai parlé	je parlais
I spoke	*I spoke*
I did speak	*I did speak*
I have spoken	*I was speaking*
	I used to speak
	I would speak (in the sense of *used to*)

The confusion between the use of the *passé composé* and the *imparfait* that troubles English-speaking students is due to the fact that the simple past tense in English (e.g. *I spoke*) may be translated either by the *passé composé* or the *imparfait.* Occasionally the two are interchangeable, but generally the correct tense must be determined by the context.

1. If the verb is of a descriptive character, use the *imparfait:*

> Il **avait** une barbe et **parlait** doucement.   *He **had** a beard and **spoke** softly.*

If the emphasis is on action, use the *passé composé:*

> Il **a allumé** une cigarette et **a parlé** doucement.   *He **lit** a cigarette and **spoke** softly.*

2. If the duration or the continuity of the action is stressed, use the *imparfait:*

> Elle **était** heureuse; elle **avait** beaucoup d'amis et **sortait** beaucoup.   *She **was** happy; she **had** many friends and **went out** a lot.*

If the finality of the action is implicit, use the *passé composé:*

> Elle **a été** heureuse, mais maintenant tout **a changé.**   *She **was** happy but now everything **has changed.***

3. Verbs of thinking and feeling, intellectual processes, and states of mind tend to be in the *imparfait:*

> Elle **pensait** à son avenir.   *She **thought** of her future.*
> J'**avais** envie de tout dire.   *I **wanted** to tell everything.*

When there is an indication that the act of thinking or feeling occurred at a precise moment, or suddenly, then the *passé composé* is called for:

> Quand mes parents m'**ont grondé,** j'**ai eu envie** de tout dire.   *When my parents **scolded** me, I **wanted** to tell everything.*
> Soudain, elle **a pensé** à son avenir.   *Suddenly she **thought** of her future.*

4. Often, the choice between the *passé composé* and the *imparfait* is a stylistic matter. When the case is not clear-cut, only the context can determine the best choice. Generally, the speaker uses the *passé composé* if he or she is going on to speak about something else:

> **Hier, j'ai été malade. Aujourd'hui je vais beaucoup mieux. Je me suis réveillé tôt ce matin, j'ai pris un bon petit déjeuner et j'ai déjà joué au tennis!**

The *imparfait* is used if the speaker wants to fill in the action with other details:

> **Hier, j'étais malade. J'avais de la fièvre et j'avais mal à la gorge. Je voulais lire mais j'étais trop fatiguée.**

EXERCICE

Le passage suivant est tiré du *Petit Nicolas*, un livre humoristique où un petit garçon français raconte ses aventures. En réalité, l'auteur de ces aventures enfantines est Goscinny, le créateur de célèbre *Astérix* (voir la leçon facultative à la page 200). Dans le passage suivant, le petit Nicolas parle du jour où il a quitté la maison. Complétez ce texte en donnant la forme correcte des verbes indiqués entre parenthèses. Choisissez entre l'imparfait et le passé composé.

renverser to spill
l'encre (*m.*) ink
gronder to scold
se mettre à = commencer
il se fait tard it is getting late

le cartable school bag

à ressort springwound

le goûter snack
la tirelire piggybank
les sous = l'argent
la veine = la chance

mémé = grand-mère

drôlement = très

le pain d'épices gingerbread
mordre to bite
un bon coup a good bite
des tas de = beaucoup de

la choucroute sauerkraut

Je _____ (partir) de la maison! Je _____ (être) en train de jouer dans le salon et je _____ (être) bien sage, et puis, simplement parce que je _____ (renverser)° une bouteille d'encre° sur le tapis neuf, maman _____ (venir) et elle m' _____ (gronder).° Alors, je _____ (se mettre)° à pleurer et je lui _____ (dire) que je m'en irais et qu'on me regretterait beaucoup et maman _____ (dire): «Avec tout ça il se fait tard,° il faut que j'aille faire mes courses», et elle _____ (partir).

Je _____ (monter) dans ma chambre pour prendre ce dont j'aurais besoin pour quitter la maison. Je _____ (prendre) mon cartable° et je _____ (mettre) dedans la petite voiture rouge que m' _____ (donner) tante Eulogie,[1] la locomotive du petit train à ressort,° avec le wagon de marchandises, le seul qui me reste, les autres wagons sont cassés, et un morceau de chocolat que j'avais gardé du goûter.° Je _____ (prendre) ma tirelire,° on ne sait jamais, je peux avoir besoin de sous,° et je _____ (partir).

C'est une veine° que maman n'ait pas été là, elle m'aurait sûrement défendu de quitter la maison. Une fois dans la rue, je _____ (se mettre) à courir. Maman et papa vont avoir beaucoup de peine, je reviendrai plus tard, quand ils seront très vieux, comme mémé,° et je serai riche, j'aurai un grand avion, une grande auto et un tapis à moi, où je pourrai renverser de l'encre et ils seront drôlement° contents de me revoir.

Comme ça, en courant, je _____ (arriver) devant la maison d'Alceste. Alceste c'est mon copain, celui qui est très gros et qui mange tout le temps, je vous en ai peut-être déjà parlé. Alceste _____ (être) assis devant la porte de sa maison, il _____ (être) en train de manger du pain d'épices.° «Où vas-tu?» m' _____ (demander) Alceste en mordant° un bon coup° dans le pain d'épices. Je lui _____ (expliquer) que j'étais parti de chez moi et je lui _____ (demander) s'il ne _____ (vouloir) pas venir avec moi. «Quand on reviendra, dans des tas° d'années, je lui _____ (dire) nous serons très riches, avec des avions et des autos et nos papas et nos mamans seront tellement contents de nous voir, qu'ils ne nous gronderont plus jamais.» Mais Alceste n' _____ (avoir) pas envie de venir. «T'es pas un peu fou, il me _____ (dire), ma mère fait de la choucroute° ce soir, avec du lard et des saucisses, je ne peux pas partir.» Alors, je _____ (dire) au revoir à Alceste et il m' _____ (faire) signe de la main qui _____ (être) libre, l'autre _____ (être) occupée à pousser le pain d'épices dans sa bouche.

Je _____ (tourner) le coin de la rue et je _____ (s'arrêter) un peu, parce qu'Alceste m'avait donné faim et je _____ (manger) mon bout de chocolat, ça me donnera des forces pour le voyage. Je _____ (vouloir) aller très loin, très loin, là où papa et maman ne me trouveraient pas,

---

[1] Note inverted word order.

l'huître (*f.*) oyster

le trottoir sidewalk

la pâtisserie pastry shop

en Chine ou à Arcachon où nous _____ (passer) les vacances l'année dernière et c'est drôlement loin de chez nous, il y a la mer et des huîtres.°

Mais, pour partir très loin, il _____ (falloir) acheter une auto ou un avion. Je _____ (s'asseoir) au bord du trottoir° et je _____ (casser) ma tirelire et je _____ (compter) mes sous. Pour l'auto et pour l'avion, il faut dire qu'il n'y en _____ (avoir) pas assez, alors, je _____ (entrer) dans une pâtisserie° et je _____ (s'acheter) un éclair au chocolat qui _____ (être) vraiment bon.

10

Le Petit Nicolas

Little Nicolas is a delightful character with whom we can all identify, for we have all been children once. This endearing little boy is the creation of Goscinny, one of France's foremost humorists, and the text is aptly illustrated by the whimsical drawings of Sempé, a widely syndicated French cartoonist. In this extract, Nicolas recounts, with charming naïveté, the day he brought home a stray dog.

- ■ VOCABULAIRE
  Lexique de mots-clés
  Enrichissez votre vocabulaire
  Étude de mots

- ■ STRUCTURE
  Personal Pronouns
  The Adverbial Pronoun **y**
  The Adverbial Pronoun **en**
  Order of Multiple Object Pronouns
  Special Uses of **le** as Direct Object

- ■ LECTURES: Goscinny / **Le Petit Nicolas**

VOCABULAIRE

Lexique de mots-clés

CE QUE FONT LES CHIENS

avoir† l'air perdu, content, etc.	to look lost, happy, etc.
faire† le beau	to sit up and beg
faire† des dégâts	to do damage
faire† des tours	to do tricks
le tour	trick
cracher	to spit out
(se) gratter	to scratch (oneself)
lécher	to lick
se méfier de	to mistrust, distrust
la méfiance	mistrust
mordre	to bite
remuer la queue	to wag one's tail
sauter	to jump, leap, bound

CE QU'ONT LES CHIENS

le collier	collar
la niche	doghouse
la patte	paw

CE QUE FONT LES ÊTRES HUMAINS

amener	to bring (a person or animal)
ramener	to bring back (a person or animal)
attraper	to catch
rattraper	to catch up with
dresser	to train
garder	to keep, guard
taquiner	to tease

EXERCICE   Complétez les phrases suivantes par la forme correcte d'un mot tiré du Lexique de mots-clés.

1. Pour montrer de l'affection, les chiens vous _____ les mains.
2. On dit qu'il ne faut pas flatter un chien pendant qu'il mange, parce qu'il vous _____.
3. Quand les êtres humains sont à table et le chien veut qu'on lui donne quelque chose à manger, il _____.
4. Ce chat doit appartenir à quelqu'un, car il porte un beau _____.
5. Pour s'asseoir sur le coussin, il faut que le chien _____ sur le canapé.
6. Après avoir mâché (chewed) une pantoufle (slipper), le chien _____ les petits bouts.

7. Ma perruche s'est envolée par la fenêtre, mais je l' _____.
8. Ce chien doit être loin de sa maison, il _____.
9. Si un animal _____, c'est un signe qu'il a peut-être des puces (*fleas*).
10. Ce chien n'a pas confiance en l'enfant; c'est-à-dire, il _____ de lui.
11. Le célèbre Snoopy se tient souvent sur le toit de sa _____.
12. Quand un chat est content, il ronronne; quand un chien est heureux, il _____.
13. Les enfants _____ souvent des animaux égarés (*strayed*) à la maison.
14. Nous avons appris à notre caniche à obéir à nos ordres; c'est-à-dire, nous l' _____.
15. Les êtres humains ont des pieds, mais les chiens et les chats ont des _____.
16. Le petit Nicolas a ramené une souris (*mouse*) à la maison, mais sa mère ne lui a pas permis de la _____.
17. Il ne faut pas _____ ce gros chien; il se fâchera et ensuite il vous mordra.
18. Si vous laissez un chien enfermé longtemps tout seul dans la maison, il risque de _____.
19. Les chiens dans les cirques ont été bien dressés; ils savent _____.

Enrichissez votre vocabulaire

1. **le doigt** finger
   There are ten **digits** in the Arabic numerical system.

2. **dresser** to train
   When he discovered that the team had been out drinking before the big game, the coach gave them a stiff **dressing** down.

3. **garder** to keep, guard, take care of
   Since the child's parents had died, an aunt was named **guardian** by the court.

4. **(se) gratter** to scratch
   The French often serve **grated** carrots as an hors d'œuvre.

5. **mordre** to bite
   The critics admire Voltaire's **mordant** wit.

6. **un outil** tool
   To build the dog house, they **utilized** a hammer, a saw and a chisel.

7. **perdre** to lose
   "Love and faith lead to salvation; greed and lust are the pathways to **perdition**," intoned the preacher.

8. **la queue** tail; *also,* waiting line
   Since there were many people waiting for the bus, they all **queued** up.

9. **la santé** health
   In the old days, victims of tuberculosis were sent to a **sanitarium.**

10. **sauter** to jump, leap, bound
    Dinner consisted of filet of sole, rice and **sautéed** green beans.

Étude de mots

A.   Le Langage familier

Le texte qui suit est écrit du point de vue d'un petit garçon. Le petit Nicolas n'emploie pas, bien sûr, un français élégant et littéraire. Son langage est celui de tous les jours; c'est ce que les linguistes appellent «le langage familier». Voici quelques exemples d'expressions familières qui paraissent dans le texte:

drôlement = très
Mon copain est **drôlement** gentil.

chouette   swell, nice
Papa m'a dit que je peux garder le chien. C'est **chouette,** n'est-ce pas?

terrible, formidable   terrific, great
Regardez Rex faire des tours. Ils est **terrible!**

rigoler = rire
Mon chien nous a fait bien **rigoler** avec ses tours.

le coup du fauteuil = l'incident du fauteuil
Après **le coup du fauteuil,** Maman n'a plus voulu de Rex dans la maison.

Voici un petit lexique de mots populaires ou familiers qui s'emploient couramment. *Nous ne conseillons pas aux étudiants de se servir de ces mots, mais il est important et même indispensable de les connaître pour comprendre le français parlé des milieux populaires et estudiantins en France.*

Les Noms

la bagnole	la voiture	**le flic**	l'agent de police
la baraque	la maison	**le fric**	l'argent
la bouffe	ce qu'on mange	**le (la) gosse**	l'enfant
bouffer	manger	**le machin**	la chose
le boulot	le travail	**le truc**	la chose
boulonner	travailler	**le type**	l'homme
la boîte	lieu où l'on travaille	**les sous**	l'argent
la fac	l'université		

Les Verbes

se ficher de, se moquer de	ne pas attacher d'importance à
rouspéter	se plaindre
embêter	ennuyer quelqu'un
engueuler	crier des reproches, gronder
trimbaler	porter partout avec soi

Les Adjectifs

dingue	fou	**moche**	laid
fauché	sans argent	**rasant**	boring
marrant	amusant	**rigolo**	amusant

B. **faire de la peine** vs. **faire mal** vs. **faire du mal**

faire de la peine   to grieve, cause to feel sorry
Le petit chien avait l'air d'avoir faim, et cela m'**a fait de la peine.**

faire mal   to hurt, cause pain
Quand le chien m'a mordu la main, cela **a fait** très **mal.**

faire du mal   to do harm to
Jean est très méchant; s'il ne vous aime pas, il est capable de vous **faire du mal.**

C. Faux-Amis

crier	to yell	to cry: *pleurer*
la médecine	science of medicine	a medicine: *un médicament*
dresser	to train	to dress: (*s'*) *habiller*

D. **emmener** vs. **amener (ramener)** vs. **emporter** vs. **apporter**

emmener   to take along with, to take to (said of a person or animal)
J'ai emmené Nicolas à l'école ce matin.
Ils **ont emmené** le chien égaré à la fourrière (*pound*).

amener (ramener)   to bring (to bring back) (said of a person or animal)
Nicolas **a ramené** une souris à la maison.
Ne prenez pas un taxi; j'ai ma voiture ce soir et je peux vous **ramener.**

emporter   to carry off, take away (said of things)
Les voleurs **ont emporté** tout l'argent.

apporter   to bring to (said of things)
C'est gentil de m'**apporter** des fleurs.

STRUCTURE

Personal Pronouns (*Les Pronoms personnels*)

A "pro-noun" stands for a noun. The form of the pronoun depends upon its function in the sentence: it may be the subject, the direct object, the indirect object, or the object of a preposition.

FORM AND FUNCTION

A. Subject

Nicolas a vu un petit chien. →
Il a vu un petit chien.

Nicolas performs the action of the verb: it is the subject. The subject pronoun **il** replaces **Nicolas.**

B. Direct Object

> Le chien suit **Nicolas.** ⟶
> Le chien **le** suit.

Nicolas is the direct object: it is directly acted upon by the verb. (It answers the question, *Whom does the dog follow?*) The direct object pronoun **le** takes the place of **Nicolas.**

C. Indirect Object

> Le chien donne la patte **à Nicolas.** ⟶
> Le chien **lui** donne la patte.

Nicolas indirectly receives the action of the verb: it is the indirect object. (It answers the question, *To whom is the paw given?*) The indirect object pronoun **lui** replaces **à Nicolas.**

D. Object of a Preposition (except, in most cases, **à**)

> Le chien fait des tours pour **Nicolas.** ⟶
> Le chien fait des tours pour **lui.**

Pour is a preposition. It forms a logical unit with **Nicolas. Lui** takes the place of **Nicolas** as the object of a preposition. Pronouns used in this way are known as accented pronouns. (Other uses of accented pronouns are discussed in Lesson 26.)

The following is a complete table of the forms and functions of personal pronouns:

Personal Pronouns				
	Subject	*Direct Object*	*Indirect Object*	*Object of Preposition*
Singular				
1st person	**je** (j')	**me** (m')	**me** (m')	**moi**
2nd person	**tu**	**te** (t')	**te** (t')	**toi**
3rd person	**il, elle**	**le, la** (l')	**lui**	**lui, elle**
		se (s')	**se** (s')	
Plural				
1st person	**nous**	**nous**	**nous**	**nous**
2nd person	**vous**	**vous**	**vous**	**vous**
3rd person	**ils, elles**	**les**	**leur**	**eux, elles**
		se (s')	**se** (s')	

Note: The forms in parentheses are used before words beginning with a vowel or a mute **h.**

REMARQUER:

1. **Lui** and **leur** are not used for inanimate objects.
2. **Se** is the reflexive form of object pronouns. It is used only if the object is the same as the subject.

Il **se voit.**   He sees *himself.*
Il **se parle.**   He speaks *to himself.*

COMPARE:

Il **le voit.**   He sees *him.*
Il **lui parle.**   He speaks *to him.*

Se is also used in the third person with all pronominal verbs. (See Lesson 14.)

DETERMINING DIRECT AND INDIRECT OBJECT

Notice that the third person forms of object pronouns differ according to their function. The direct object pronouns are **le, la** and **les.** The indirect object pronouns are **lui** and **leur.** To know which to use, you must be able to recognize the function of the pronoun in the sentence. This depends upon the verb.

A.   Verbs governing both a direct and indirect object

1.   Verbs of communication (**parler, dire, écrire,** etc.)

The thing communicated is the direct object; the person to whom it is communicated is the indirect object:

écrire   to write   On **écrit** quelque chose (objet direct) **à** quelqu'un (objet indirect).

Marie écrit **la lettre à Jacques.**
                         d.o.   i.o.

Marie **la lui** écrit.
             d.o. i.o.

apprendre   to teach
On **apprend** quelque chose **à** quelqu'un.

dire   to say
On **dit** quelque chose **à** quelqu'un.

expliquer   to explain
On **explique** quelque chose **à** quelqu'un.

montrer   to show
On **montre** quelque chose **à** quelqu'un.

répondre   to answer
On **répond** quelque chose **à** quelqu'un.

téléphoner   to phone
On **téléphone à** quelqu'un.

BUT:

parler   to speak
On **parle de** quelque chose **à** quelqu'un.

2.   Verbs of transfer of possession (**donner, vendre, envoyer,** etc.)

The thing given or transferred is the direct object; the person to whom it is transferred is the indirect object:

donner   to give   On **donne** quelque chose (objet direct) **à** quelqu'un (objet indirect).

Nicolas donne **les os au petit chien.**
                      d.o.   i.o.

Nicolas **les lui** donne.
          d.o. i.o.

emprunter   to borrow (from)
On **emprunte** quelque chose **à** quelqu'un.

envoyer   to send
On **envoie** quelque chose **à** quelqu'un.

offrir   to offer
On **offre** quelque chose **à** quelqu'un.

prêter   to lend
On **prête** quelque chose **à** quelqu'un.

remettre   to hand in
On **remet** quelque chose **à** quelqu'un.

rendre   to give back
On **rend** quelque chose **à** quelqu'un.

vendre   to sell
On **vend** quelque chose **à** quelqu'un.

REMARQUER:

In French, nouns used as indirect objects are always introduced by the preposition **à** (*to*).[1] This is not always so in English. Compare:

Papa donne l'argent **à Pierre.**   {*Papa gives the money **to Pierre.***
                                    {*Papa gives **Pierre** the money.*

B.   Verbs taking an indirect object in French (but a direct object in English)

Study this example:

Nicolas ressemble **à son père.**   Il **lui** ressemble.
*Nicolas resembles **his father.**   He resembles **him.***

Notice that the use of the verb **ressembler** is different from the use of the English verb *to resemble*. The French verb requires an indirect object, whereas the English verb simply takes a direct object. There are many such verbs in French. Here are a few of the most common:

[1] Do not confuse the use of the preposition **à** before an indirect object noun with the preposition required by certain verbs before a complementary infinitive. For example, *to tell someone to do something:* dire **à** quelqu'un (direct object) **de** faire quelque chose (infinitive): Maman dit **à** Rex **de** sortir le chien. For this point, see Lesson 22.

Governs *Indirect Object*	Governs *Direct Object*
échapper **à** quelque chose, quelqu'un	*to escape (from) someone, something*
obéir **à** quelque, chose, quelqu'un	*to obey someone, something*
permettre **à** quelqu'un	*to permit someone*
plaire **à** quelqu'un	*to please someone*
promettre **à** quelqu'un	*to promise someone*
téléphoner **à**	*to phone someone*

C. Verbs that take a direct object in French (but are followed by a preposition in English)

Study the following example:

Nous attendons **le week-end.**   Nous **l'**attendons.
*We are waiting **for the week-end.**   We are waiting **for it.***

The verb **attendre** means *to wait for;* the preposition *for* is not translated. Here are a few other such verbs:

chercher   to look *for*
Je cherche une grande maison.

demander   to ask *for*
Je demande la voiture.

écouter to listen *to*
J'écoute la musique.

payer to pay *for*
Je paie l'addition. (*the restaurant bill*)

regarder to look *at*
Je regarde les enfants.

REMARQUER:
On demande quelque chose (d.o.) **à** quelqu'un (i.o.)

Je demande la voiture à mon père.   **Je la lui demande.**
         d.o.   i.o.   d.o. i.o.

I ask my father for the car.   *I ask him for it.*

POSITION OF DIRECT AND INDIRECT OBJECT PRONOUNS

1. In all cases but affirmative commands, direct and indirect object pronouns *precede* the verb, or the auxiliary verb, in a compound tense.

Word Order Pattern in Most Sentences					
Subject	*(ne)*	*Object Pronouns*	*Verb or Aux. Verb*	*(pas)*	*Past Part.*
Il	ne	leur	parle	pas	
Il	ne	leur	a	pas	parlé

Statement: Le reporter **leur** parle. (*Simple tense*)
Le reporter **leur** a parlé. (*Compound tense*)

Negative statement: Le reporter ne **leur** parle pas.
Le reporter ne **leur** a pas parlé.

Question: Le reporter **leur** parle-t-il?
Le reporter **leur** a-t-il parlé?

Negative question: Le reporter ne **leur** parle-t-il pas?
Le reporter ne **leur** a-t-il pas parlé?

Negative command: Ne **leur** parlez pas!

2. In sentences where there are two verbs, a conjugated verb and a complementary infinitive, object pronouns precede the infinitive.[1]

---

[1] The only case in which object pronouns do not directly precede a complementary infinitive is in the constructions with **laisser** + *infinitive* and **faire** + *infinitive* or with verbs of perception + *infinitive* (écouter, regarder, voir). These are explained in Lesson 29.

Word Order in Sentences with Complementary Infinitive			
Subject	*Verb*	*Object Pronouns*	*Infinitive*
Il	veut	**leur**	parler

3. The only time object pronouns do not precede the verb is in affirmative commands. In this case they follow the verb and are linked to it by a hyphen. **Me** and **te** become **moi** and **toi** when they are the last element of the imperative:

Word Order in Affirmative Commands
Verb – Object Pronouns
Parlez-leur.
Parlez-moi.

EXERCICES

A. Refaites les phrases suivantes en substituant un pronom aux noms en italique et en faisant attention à l'ordre des mots. Ensuite, indiquez l'emploi du pronom (sujet, complément d'objet direct, complément d'objet indirect, complément d'une préposition).

1. *Les parents* n'aiment pas que les enfants ramènent des bêtes à la maison.
2. *La maman de Nicolas* n'était pas contente du tout.
3. Le chien gardera *la maison*.
4. Les parents protègent *leurs enfants*.
5. Rex donne la patte *au père*.
6. On fait beaucoup de recommandations *aux enfants*.
7. Nicolas a quitté la maison sans *ses amis*.
8. Il joue souvent avec *le petit chien*.
9. Nicolas a appelé *Rex*.
10. Au début, sa mère n'a pas voulu garder *le chien*.
11. Il a expliqué *à son père* qu'il voulait attraper des bandits avec Rex.
12. Rex crachait *les petits bouts de laine*.
13. Nicolas a demandé *à ses parents* s'il pouvait garder *le chien*.
14. Papa ne veut pas se fâcher avec *maman*.
15. Il a promis *à sa femme* de garder *le chien* dehors.

B. Refaites les phrases suivantes en employant l'objet direct ou l'objet indirect comme sujet et vice versa. (Attention au verbe!)

MODÈLES: Tu me téléphones.   Tu ne me téléphones pas.
         Je te téléphone aussi.   **Je ne te téléphone pas non plus.**

1. Je leur offre des petits pains au chocolat.
2. Nous vous avons écoutés.

3. Vous lui rendez la monnaie.
4. Tu leur réponds.
5. Nous ne lui envoyons pas de chèque.
6. Je vous obéis.
7. Tu la cherches.
8. Tu ne lui ressemblais pas.
9. Tu ne me croiras pas.
10. Elle m'a embrassé.

C. Complétez la phrase par le nom entre parenthèses. (Si le verbe régit un objet indirect, n'oubliez pas la préposition **à**.) Ensuite, refaites la phrase en substituant un pronom.

MODÈLE: (les enfants)   Il regarde _____.
Il regarde les enfants. Il les regarde.

1. (sa mère)   Nicolas n'écoute pas _____.
2. (son père)   Nicolas ressemble _____.
3. (leurs parents)   Les enfants obéissent _____.
4. (son maître)   Rex attend _____.
5. (les planches)   Le père cherche _____.
6. (Nicolas)   Sa mère explique ses raisons _____.
7. (leurs amis)   Les enfants téléphonent _____.
8. (Rex)   Les bégonias plaisent _____.
9. (le petit chien)   Nicolas regarde _____.
10. (Rex)   Nicolas apprend _____ à faire des tours.
11. (le chocolat)   Les enfants demandent _____.
12. (le chat)   On ne permet pas _____ de s'asseoir sur le bon fauteuil.

chat teau

The Adverbial Pronoun «y» (*Le Pronom adverbial «y»*)

USE

The adverbial pronoun **y** is equivalent to:

1. **à** (*to, in, at*) + *noun* when referring to a thing:

Il répond **à la question**   Il **y** répond.   (*He answers **it**.*)
J'obéis **aux règles.**   J'**y** obéis.   (*I obey **them**.*)

REMARQUER:

Y cannot represent a person:

> Il répond **à son père.**   Il **lui** répond.
> J'obéis **à mes parents.**   Je **leur** obéis.

Y may be translated in a variety of ways depending on the meaning of the preposition **à** and the noun that it replaces. These are but a few possible examples:

penser à (quelque chose)   to think about (something)
Je pense **au problème.** J'**y** pense.   (*I think **about it.***)

s'intéresser à quelque chose   to be interested in something
Il s'intéresse **aux idées.** Il s'**y** intéresse.   (*He is interested **in them.***)

s'habituer à quelque chose   to get used to something
Je m'habitue **à la nouvelle routine.** Je m'**y** habitue.   (*I get used **to it.***)

2. any preposition indicating location + *noun:*

> Rex est **dans le jardin.**   Rex **y** est.
> Nicolas va **en classe.**   Nicolas **y** va.
> Le chat est monté **sur la table.**   Le chat **y** est monté.
> Nicolas a ramené le chien **chez lui.**   Nicolas **y** a ramené le chien.

3. **à** + *infinitive phrase* (if the infinitive phrase is equivalent to **cela**):

> Il réussit à **le faire.**   (Il réussit à **cela.**)
> Il **y** réussit.

> Maman ne consent pas à **garder le chien.**   (Elle ne consent pas à **cela.**)
> Maman n'**y** consent pas.
> BUT:
> Il apprend à **nager.**

> No substitution possible; **y** may not be used.

POSITION OF «Y»

Y follows the same rule of placement as object pronouns; that is, it precedes the verb (or the auxiliary verb in a compound tense). If there are object pronouns in the sentence as well, **y** follows them. **Me, te, se, le,** and **la,** become **m', t', s',** and **l'** before **y:**

> J'ai vu **Alceste à l'école.**   Je l'**y** ai vu.
> Le chien s'habitue **à la maison.**   Il s'**y** habitue.

EXERCICES

A.   Refaites les phrases suivantes en substituant le pronom adverbial **y** aux mots en italique.

1. Nicolas a vu un petit chien *à la sortie de l'école.*
2. Papa consent *à construire une niche.*

3. Nicolas n'a pas réussi *à se gratter l'oreille comme un chien,* bien qu'il ait essayé.
4. Maman pense *aux risques d'adopter un animal égaré.*
5. Le singe (*monkey*) ne peut pas s'habituer *à la petite cage.*
6. Rex fait des dégâts *dans le jardin.*
7. Vous intéressez-vous *aux animaux?*
8. La maison se trouve *près de l'école.*

B. Refaites les phrases suivantes en substituant **y, lui** ou **leur** aux pronoms en italique. Traduisez les phrases.

1. Je réponds *à la lettre.*
2. Je réponds *à ma mère.*
3. Ils habitent *à Limoges* maintenant.
4. Nous échappons *au danger.*
5. Les enfants participent *au jeu.*
6. Ils se sont connus *à l'école.*
7. Nous avons versé du lait *dans le bol.*
8. Quand je suis parti en voyage, j'ai laissé mon chien *chez ma cousine.*
9. Il faut penser *aux conséquences.*
10. Le professeur a posé des questions personnelles *aux jeunes gens.*

The Adverbial Pronoun «en» (*Le Pronom adverbial «en»*)

USE

The adverbial pronoun **en:**

1. Replaces the preposition **de** + *noun.* Usually the preposition **de** is part of a verbal expression:

   parler de quelque chose   to talk about something
   Nous parlons **de la leçon.**   Nous **en** parlons.   (*We talk **about it.***)
   avoir envie de quelque chose   to want something
   Elle a envie **d'un bon repas.**   Elle **en** a envie.   (*She wants **one.***)
   s'apercevoir de quelque chose   to notice something
   Je m'aperçois **de la différence.**   Je m'**en** aperçois.   (*I notice **it.***)
   s'occuper de quelque chose   to take care of something
   Tout le monde s'occupe **du ménage.**   Tout le monde s'**en** occupe.   (*Everybody takes care **of it.***)

2. Replaces the partitive + *noun:*

   Il y a **de la tension.**   Il y **en** a.   (*There is* [***some***].)
   Nous faisons **du travail.**   Nous **en** faisons.   (*We do* [***some***].)
   Je connais **des** Français.   J'**en** connais.   (*I know **some.***)

3. May replace a clause or an idea introduced by **de:**

Ils sont heureux **de vivre ensemble.** Ils **en** sont heureux. (*They are happy* [*for it*].)

4. Must be used before the verb in a sentence or a clause that ends in:

a. a number:

J'ai six enfants. **J'en** ai **six.**

b. an expression of quantity:

Il y a une douzaine de membres. Il y **en** a **une douzaine.**
Ils ont beaucoup de place. Ils **en** ont **beaucoup.**
J'ai une tasse de café. **J'en** ai **une tasse.**

In the above cases, **en** is generally not translated.

c. the partitive *or* the indefinite article + an adjective used as a noun:

Nicolas a un nouveau chien. Il **en** a **un nouveau.** (*He has a* **new one.**)
Ils ont **de beaux** jardins. Ils **en** ont de beaux. (*They have beautiful* **ones.**)

POSITION OF «EN»

1. **En** follows the same rule of placement as **y** and other object pronouns: it precedes the verb, or the auxiliary verb, in a compound tense:

Rex aime les fleurs; il **en mange** tous les jours!

2. If there are object pronouns as well, **en** follows. **Me, te, se, le,** and **la** become **m', t', s',** and **l'** before **en:**

Maman m'a donné des bonbons. Elle **m'en** a donné six.
Il s'est acheté une nouvelle maison. Il **s'en** est acheté une nouvelle.

3. If **y** and **en** occur together, **y** precedes **en:**

Il n'y a pas beaucoup de gorilles en captivité. Il n'**y en** a pas beaucoup.
Max a vu des animaux exotiques au parc zoologique. Max **y en** a vu.

REMARQUER:
1. The past participle never agrees with **y** or **en.**
2. You may find it useful to memorize the expression **Il y en a** (*There are some*), as this expression occurs frequently.

EXERCICE

Refaites les phrases suivantes en substituant **en** aux mots en italique. Traduisez les phrases.

1. Le petit chien était content *de trouver un ami.*
2. Il n'avait pas envie *de venir avec moi.*
3. Papa n'a pas le droit *de s'asseoir dans ce fauteuil.*
4. Rex a gardé un bout *du coussin* entre les dents.

5. Les Français ont beaucoup *d'animaux domestiques.*
6. J'ai donné *de l'eau* au chien.
7. Chez nous, c'est Maman qui s'occupe *du chat.*
8. Nous n'avons plus *de poissons rouges*, le chat les a mangés.
9. Il y a *des souris* dans le grenier.
10. Mon ami m'a donné un *petit pain au chocolat.*

Order of Multiple Object Pronouns

A. When there are more than one object pronoun in a sentence, they are placed in the same position as when there is only one. This is true in all cases except that of the affirmative commands. The order of object pronouns before the verb is as follows:

Order of Object Pronouns before the Verb								
me te se nous vous	before	le la les	before	lui leur	before	y	before	en

Le chien me donne la patte.   Il **me la** donne.
Nicolas montre Rex à son papa.   Il **le lui** montre.
Le gardien a donné des cacahouètes (*peanuts*) aux éléphants.   Il **leur en** a donné.

REMARQUER:
Here are some hints for remembering the order of multiple object pronouns:

1. **Y** and **en** are always placed last, and in that order: y en. (**Hi-en!** like a donkey)
2. If one of the object pronouns begins with an **l**, it comes after the other: **me le, me la, me les, te le, te la, te les,** etc.
3. If both object pronouns begin with an **l,** place them in alphabetical order: **le lui, le leur, la lui, la leur,** etc.

B. In affirmative commands, the object pronouns *follow* the verbs in this order:

Order of Object Pronouns in Affirmative Commands
Verb-Direct Object-Indirect Object-**y**-**en**

Expliquez le danger aux enfants!   Expliquez-**le-leur**!
Donne-moi la patte!   Donne-**la-moi**!
Allez-**vous-en**!   (*Go away!*)

REMARQUER:

Moi and **toi** become **m'** and **t'** before **y** and **en:**

> Montrez-moi des tours.   Montrez-**m'en.**
> Va-**t'en!**

EXERCICE DE RÉCAPITULATION

Refaites les phrases suivantes en substituant des pronoms aux mots en italique. Attention à l'ordre des pronoms.

MODÈLE: Il me donne *l'idée.*
> **Il me la donne.**

1. Monsieur Blédurt nous montre *les dégâts.*
2. Le médecin donne *le médicament aux malades.*
3. Papa m'a raconté *l'histoire de Louis Pasteur.*
4. Il m'a raconté l'histoire *de la forêt enchantée.*
5. Nous ne prêtons jamais *nos outils aux voisins.*
6. Ne prêtez jamais *vos outils aux voisins!*
7. Soyez gentils, prêtez *vos outils aux voisins!*
8. Le professeur nous a expliqué *la grammaire.*
9. Ramène *le beau chat à ta sœur.*
10. Ne ramène pas *la souris à ta mère.*
11. Donne-moi *des bonbons!*
12. Un monsieur a promis de m'envoyer *ses chiots.* (*puppies*)
13. On vous a montré *la niche de Médor.*
14. Papa s'est fait mal *au doigt.*
15. Il y a *des Sociétés Protectrices des Animaux* en France.

Special Uses of «le» as Direct Object

A. **Le** may, of course, replace any masculine singular noun.

> Sylvie taquine **son petit frère.**   Elle **le** taquine.

B. **Le** may also replace a whole idea. Note that this **le** is usually required in French; the corresponding *it* may often be only understood in English:

> Sa mère lui explique que le chien peut être enragé (*rabid*).   Sa mère **le** lui explique.

In the above sentence, **le** replaces the idea **que le chien peut être enragé.**

> Rex est en bonne santé. Le père de Nicolas **le** dit.
> *Rex is healthy. Nicholas' father says* ***so.***

C. **Le** is required to replace an adjective or a predicate noun, whether singular or plural, masculine or feminine, in the second part of a comparison:

> Papa est très compréhensif (*understanding*). Maman **l'**est aussi.
> Lise est une vraie amie, mais d'autres ne **le** sont pas.

D. **Le** is also used in the second part of a comparison to take the place of a verb that is understood:

Rex a mangé le petit pain aussi vite que l'aurait fait Alceste. (*That is,* **aussi vite qu'Alceste aurait mangé le petit pain.**)

Notice the inversion in this type of sentence.

EXERCICE   Répondez aux questions suivantes en employant le pronom neutre **le** dans vos réponses.

MODÈLE: Saviez-vous que Pasteur était un savant français?
                 Oui, je le savais.

1. Êtes-vous en bonne santé aujourd'hui?
2. Votre professeur de français est-il sympathique?
3. Croyez-vous que le président parle en toute sincérité?
4. Espérez-vous aller en France un jour?
5. Voudriez-vous être en parfaite santé?
6. Qui a dit «L'État, c'est moi»?
7. Nicolas savait-il à qui Rex appartenait?
8. Les chiens sont-ils plus affectueux que les chats?

LECTURE   Rex

1

En sortant de l'école, j'ai suivi un petit chien. Il avait l'air perdu, le petit chien, il était tout seul et ça m'a fait beaucoup de peine. J'ai pensé que le petit chien serait content de trouver un ami et j'ai eu du mal à le rattraper. Comme le petit chien n'avait pas l'air d'avoir tellement envie de venir avec moi, il devait se méfier, je lui ai offert la moitié de mon petit pain au chocolat et le petit chien a mangé le petit pain au chocolat et il s'est mis° à remuer la queue dans tous les sens° et moi je l'ai appelé Rex, comme dans un film policier que j'avais vu jeudi dernier.

Après le petit pain, que Rex a mangé presque aussi vite que l'aurait fait Alceste, un copain qui mange tout le temps, Rex m'a suivi tout content. J'ai pensé que ce serait une bonne surprise pour papa et pour maman quand j'arriverais avec Rex à la maison. Et puis, j'apprendrais à Rex à faire des tours, il garderait la maison, et aussi, il m'aiderait à retrouver des bandits, comme dans le film de jeudi dernier.

se mettre à = commencer
le sens direction

Source: Sempé et Goscinny, *Le Petit Nicolas,* © Éditions Denoël.

Eh bien, je suis sûr que vous ne me croirez pas, quand je suis arrivé à la maison, maman n'a pas été tellement contente de voir Rex, elle n'a pas été contente du tout. Il faut dire que c'est un peu de la faute de Rex. Nous sommes entrés dans le salon et maman est arrivée, elle m'a embrassé, m'a demandé si tout s'était bien passé à l'école, si je n'avais pas fait de bêtises° et puis elle a vu Rex et elle s'est mise à crier: «Où as-tu trouvé cet animal?» Moi, j'ai commencé à expliquer que c'était un pauvre petit chien perdu qui m'aiderait à arrêter des tas° de bandits, mais Rex, au lieu de se tenir tranquille, a sauté sur un fauteuil et il a commencé à mordre dans le coussin.° Et c'était le fauteuil où papa n'a pas le droit de s'asseoir, sauf° s'il y a des invités!°

faire des bêtises to do foolish things

des tas de = beaucoup de (un tas heap)

le coussin cushion

sauf except

un invité guest

défendre to forbid

Maman a continué à crier, elle m'a dit qu'elle m'avait défendu° de ramener des bêtes à la maison (c'est vrai, maman me l'a défendu la fois où j'ai ramené une souris), que c'était dangereux, que ce chien pouvait être enragé, qu'il allait nous mordre tous et qu'on allait tous devenir enragés et qu'elle allait chercher un balai° pour mettre cet animal dehors et qu'elle me donnait une minute pour sortir ce chien de la maison.

le balai broom

lâcher to let go

J'ai eu du mal à décider Rex à lâcher° le coussin du fauteuil, et encore, il en a gardé un bout dans les dents, je ne comprends pas qu'il aime ça, Rex. Et puis, je suis sorti dans le jardin, avec Rex dans les bras. J'avais bien envie° de pleurer, alors, c'est ce que j'ai fait. Je ne sais pas si Rex était triste aussi, il était trop occupé à cracher des petits bouts de laine du coussin.

avoir envie de to feel like

Papa est arrivé et il nous a trouvés tous les deux, assis devant la porte, moi en train de pleurer, Rex en train de cracher. «Eh bien, il a dit papa, qu'est-ce qui se passe ici?» Alors moi j'ai expliqué à papa que maman ne voulait pas de Rex et Rex c'était mon ami et j'étais le seul ami de Rex et il m'aiderait à retrouver des tas de bandits et il ferait des tours que je lui apprendrais et que j'étais bien malheureux et je me suis remis à pleurer un coup° pendant que Rex se grattait une oreille avec la patte de derrière et c'est drôlement difficile à faire, on a essayé une fois à l'école et le seul qui y réussissait c'était Maixent qui a des jambes très longues.

un coup = un peu

baver   to slaver, dribble

guérir   to be cured

Papa, il m'a caressé la tête et puis il m'a dit que maman avait raison, que c'était dangereux de ramener des chiens à la maison, qu'ils peuvent être malades et qu'ils se mettent à vous mordre et puis après, bing! tout le monde se met à baver° et à être enragé et que, plus tard, je l'apprendrais à l'école, Pasteur a inventé un médicament, c'est un bienfaiteur de l'humanité et on peut guérir,° mais ça fait très mal. Moi, j'ai répondu à papa que Rex n'était pas malade, qu'il aimait bien manger et qu'il était drôlement intelligent. Papa, alors, a regardé Rex et il lui a gratté la tête, comme il me fait à moi, quelquefois. «C'est vrai

mignon, ne   cute

qu'il a l'air en bonne santé, ce petit chien», a dit papa et Rex s'est mis à lui lécher la main. Ça lui a fait drôlement plaisir à papa. «Il est mignon»,° il a dit papa, et puis, il a tendu l'autre main et il a dit: «La patte, donne la papatte, allons, la papatte, donne!» et Rex lui a donné la papatte et puis il lui a léché la main et puis il s'est gratté l'oreille, il était drôlement occupé, Rex. Papa, il rigolait et puis il m'a dit: «Bon, attends-moi ici, je vais essayer d'arranger ça avec ta mère», et il est entré dans la maison. Il est chouette papa! Pendant que papa arrangeait ça avec maman, je me suis amusé avec Rex, qui s'est mis à faire le beau et puis comme je n'avais rien à lui donner à manger, il s'est remis à gratter son oreille, il est terrible, Rex!

COMPRÉHENSION

1. Qu'est-ce que le petit Nicolas a vu en sortant de l'école? Qu'a-t-il pensé?
2. Le petit chien voulait-il aller avec Nicolas? Comment le garçon a-t-il «persuadé» le chien de l'accompagner?
3. Pourquoi Nicolas a-t-il décidé d'appeler le petit chien «Rex»?
4. La maman de Nicolas a-t-elle été contente de voir Rex?
5. Qu'a fait Rex au lieu de se tenir tranquille?
6. Pourquoi la mère de Nicolas a-t-elle crié?
7. Que faisait Rex pendant que Nicolas était en train de pleurer?
8. Qui est arrivé à ce moment-là? Qu'est-ce que le petit Nicolas lui a expliqué?
9. Rex fait quelque chose qui est difficile pour Nicolas; qu'est-ce que c'est? Quel copain de Nicolas a réussi à le faire et pourquoi?
10. Qu'est-ce que le père de Nicolas lui a expliqué?
11. Comment Rex a-t-il gagné l'affection du père de Nicolas?
12. Pourquoi le père de Nicolas est-il entré dans la maison?

2

Quand papa est sorti de la maison, il n'avait pas l'air tellement content. Il s'est assis à côté de moi, il m'a gratté la tête et il m'a dit que maman ne voulait pas du chien dans la maison, surtout après le coup du fauteuil. J'allais me mettre à pleurer, mais j'ai eu une idée. «Si maman ne veut pas de Rex dans la maison, j'ai dit, on pourrait le garder dans le jardin.» Papa, il a réfléchi un moment et puis il a dit

que c'était une bonne idée, que dans le jardin Rex ne ferait pas de dégâts et qu'on allait lui construire une niche, tout de suite. Moi j'ai embrassé papa.

la planche plank, board
le grenier attic

Nous sommes allés chercher des planches° dans le grenier° et papa a apporté ses outils. Rex, lui, il s'est mis à manger les bégonias, mais c'est moins grave que pour le fauteuil du salon, parce que nous avons plus de bégonias que de fauteuils.

trier to sort out

Papa, il a commencé à trier° les planches. «Tu vas voir, il m'a dit, on va lui faire une niche formidable, un vrai palais. — Et puis, j'ai dit, on va lui apprendre à faire des tas de tours et il va garder la maison! —

un intrus intruder

Oui, a dit papa, on va le dresser pour chasser les intrus,° Blédurt par exemple.» Monsieur Blédurt, c'est notre voisin, papa et lui, ils aiment

bien se taquiner l'un l'autre. On s'amusait bien, Rex, moi et papa! Ça

se gâter to be spoiled
le coup blow
le marteau hammer

s'est un peu gâté° quand papa a crié, à cause du coup° de marteau° qu'il s'est donné sur le doigt et maman est sortie de la maison. «Qu'est-ce que vous faites?» a demandé maman. Alors moi, je lui ai expliqué que nous avions décidé, papa et moi, de garder Rex dans le jardin, là où il n'y avait pas de fauteuils et que papa lui fabriquait° une

fabriquer to make

niche et qu'il allait apprendre à Rex à mordre monsieur Blédurt, pour le faire enrager.° Papa, il ne disait pas grand-chose,° il se suçait° le doigt et il regardait maman. Maman n'était pas contente du tout.

pour le faire enrager to make him mad
pas grand-chose not much
sucer to suck

Elle a dit qu'elle ne voulait pas de bête chez elle et regardez-moi un peu ce que cet animal a fait de mes bégonias! Rex a levé la tête et il s'est approché de maman en remuant la queue et puis il a fait le beau. Maman l'a regardé et puis elle s'est baissée et elle a caressé la tête de Rex et Rex lui a léché la main et on a sonné à la porte du jardin.

Papa est allé ouvrir et un monsieur est entré. Il a regardé Rex et il a dit: «Kiki! Enfin te voilà! Je te cherche partout! — Mais enfin, monsieur, a demandé papa, que désirez-vous? — Ce que je désire? a dit le monsieur. Je désire mon chien! Kiki s'est échappé pendant que je lui faisais faire sa petite promenade et on m'a dit qu'on avait vu un

le gamin little boy
par ici around here, this way
faire des blagues to play jokes

gamin° l'emmener par ici.° — Ce n'est pas Kiki, c'est Rex, j'ai dit. Et tous les deux on va attraper des bandits comme dans le film de jeudi dernier et on va le dresser pour faire des blagues° à monsieur Blédurt!» Mais Rex avait l'air tout content et il a sauté dans les bras du monsieur. «Qui me prouve que ce chien est à vous, a demandé

porter plainte   to file a complaint

papa, c'est un chien perdu! — Et le collier, a répondu le monsieur, vous n'avez pas vu son collier? Il y a mon nom dessus! Jules Joseph Trempé, avec mon adresse, j'ai bien envie de porter plainte!° Viens, mon pauvre Kiki, non mais!» et le monsieur est parti avec Rex.

On est restés tout étonnés, et puis maman s'est mise à pleurer. Alors, papa, il a consolé maman et il lui a promis que je ramènerais un autre chien, un de ces jours.

COMPRÉHENSION

1. Pourquoi, en sortant de la maison, le père de Nicolas n'avait-il pas l'air content?
2. Quelle bonne idée a eue Nicolas?
3. Qu'est-ce que son papa a décidé de faire?
4. Que faisait Rex pendant que le petit Nicolas et son père sont allés chercher des planches?
5. Nicolas et son père s'amusaient bien quand il s'est passé quelque chose qui a gâté leur plaisir. Qu'est-ce qui s'est passé?
6. Comment Rex a-t-il gagné l'affection de la mère de Nicolas?
7. Qui est-ce qui a sonné à la porte du jardin?
8. Qu'est-ce qui prouve que Rex n'est pas un chien perdu?
9. Après que le monsieur est parti avec Rex, la mère de Nicolas était-elle contente? Qu'a dit le père du petit Nicolas pour la consoler?

DISCUSSION

1. Caractérisez le style de ce texte. Relevez des passages qui sont typiques du langage des enfants.
2. En quoi ce texte est-il comique?
3. Relevez les détails ou les expressions qui se répètent pour créer un effet comique.
4. Avez-vous jamais ramené un animal à la maison quand vous étiez petit? Si oui, quelle a été la réaction de vos parents?
5. Trouvez-vous que la mère de Nicolas est une mère typique? Votre père aurait-il agi comme le père de Nicolas dans la même situation?

COMPOSITION
DIRIGÉE

Un Incident de mon enfance

En employant le passé composé et l'imparfait, racontez un incident de votre enfance. Suivez à peu près le plan suggéré ci-dessous. (L'incident peut être authentique ou imaginaire.)

I. Introduction

Quand j'avais _____ ans...
(Description de vous-même et de vos activités quotidiennes)

II. Développement

Une fois...
(Récit de l'incident avec des détails comiques, si possible)

III. Conclusion

Parlez des conséquences de cet incident, de ce qu'il vous a appris ou de l'influence qu'il a eue sur vous.

Astérix

Les bandes dessinées (*comic strips*) jouissent d'une grande popularité en France, non seulement parmi les enfants, mais parfois aussi parmi les grandes personnes. *Astérix*, avec le texte de Goscinny et les dessins d'Uderzo, est l'une des plus connues et des mieux aimées des bandes dessinées. N'importe qui peut l'apprécier: pour les enfants, il y a des dessins amusants et de belles aventures; les adultes y trouvent une satire pittoresque des Français et de savoureux jeux de mots. *Les Aventures d'Astérix le Gaulois* ont été traduites en une vingtaine de langues et sont distribuées dans le monde entier.

Nous présentons ici un extrait d'*Astérix et les Normands* où paraît le personnage Goudurix, que chacun reconnaîtra comme caricature de l'adolescent typique.

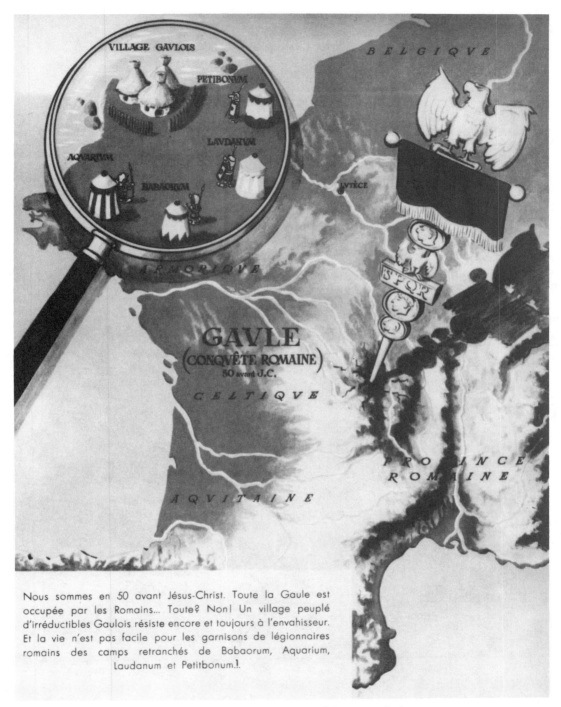

Nous sommes en 50 avant Jésus-Christ. Toute la Gaule est occupée par les Romains... Toute? Non! Un village peuplé d'irréductibles Gaulois résiste encore et toujours à l'envahisseur. Et la vie n'est pas facile pour les garnisons de légionnaires romains des camps retranchés de Babaorum, Aquarium, Laudanum et Petitbonum.[1].

avant Jésus-Christ B.C.　　　**la garnison** garrison　　　**retranché** entrenched

---

[1] Tous les noms des garnisons romaines sont des jeux de mots comiques: **Babaorum** = baba au rhum, (sorte de gâteau), **Laudanum** est un medicament (soporifique), **Petitbonum** = petit bonhomme, et **Aquarium** se comprend, n'est-ce pas?

QUELQUES GAULOIS...

Astérix, le héros de ces aventures. Petit guerrier à l'esprit malin, à l'intelligence vive, toutes les missions périlleuses lui sont confiées sans hésitation. Astérix tire sa force surhumaine de la potion magique du druide Panoramix...

Obélix, est l'inséparable ami d'Astérix. Livreur de menhirs de son état, grand amateur de sangliers, Obélix est toujours prêt à tout abandonner pour suivre Astérix dans une nouvelle aventure. Pourvu qu'il y ait des sangliers et de belles bagarres.

Panoramix, le druide vénérable du village, cueille le gui et prépare des potions magiques. Sa plus grande réussite est la potion qui donne une force surhumaine au consommateur. Mais Panoramix a d'autres recettes en réserve...

Assurancetourix, c'est le barde. Les opinions sur son talent sont partagées : lui, il trouve qu'il est génial, tous les autres pensent qu'il est innommable. Mais quand il ne dit rien, c'est un gai compagnon, fort apprécié...

Abraracourcix, enfin, est le chef de la tribu. Majestueux, courageux, ombrageux, le vieux guerrier est respecté par ses hommes, craint par ses ennemis. Abraracourcix ne craint qu'une chose : c'est que le ciel lui tombe sur la tête, mais comme il le dit lui-même : «C'est pas demain la veille!»

---

le guerrier warrior   **à l'esprit malin** cunning   **confié** entrusted   **le livreur** delivery boy   **le menhir** monolith   **de son état** by profession   **un amateur de sangliers** wild boar hunter   **pourvu que** provided that   **la bagarre** brawl   **cueillir** to gather   **le gui** mistletoe   **la recette** recipe   **partagé** mixed   **génial** very talented   **innommable** unnamable, awful   **ombrageux, -se** easily offended   **la veille** the day before

tiens! say! **le courrier** messenger **le char** chariot **en recommandé** by registered mail **le tri** sorting out **Lutèce = Paris** **graver** to chisel **grave** serious **s'amollir** to get soft **citadin** city **à coups de poing** with his fists, *i.e.*, bare-handed

salut hi!   **tonton = oncle** (*langage familier*)   **pareil** similar   **la baffe** slap   **le plouc =** (*arg.*) **le paysan**

assommer to knock out   **ignare** ignoramus

Ah ben ça alors   (*common interjection*)   How about that!

COMPRÉHENSION

1. Pendant quelle période de l'histoire de France les aventures d'Astérix se situent-elles?
2. Qui sont les héros de ces aventures? Décrivez-les.
3. Chacun des noms des gaulois constitue un jeu de mots comique. Par exemple, Astérix = astérisque (*the star*), Obélix = obélisque, Abraracourcix = à bras raccourcis, Pneumatix = pneumatique (*in Paris, a kind of express letter transmitted by a pneumatic tube*), Océanonix = Océano Nox (poème de Victor Hugo, connu de tout écolier français), Goudurix = goût du risque, Idéfix = idée fixe. Pouvez-vous relever d'autres jeux de mots dans le texte?

4. Pourquoi Abraracourcix dit-il que son frère ne *grave* pas au lieu de dire qu'il n'*écrit* pas?
5. En quoi Goudurix est-il la caricature de l'adolecent gâté? Ses goûts et son attitude sont-ils typiques des jeunes gens d'aujourd'hui?
6. En quoi Obélix est-il comique?
7. Pourquoi la remarque d'Obélix, «Faut vivre avec son temps, faut être antique», est-elle comique?
8. En regardant bien les dessins vous trouverez de petits détails amusants. Pouvez-vous en signaler quelques-uns?

11

Verbes

- STRUCTURE
  The Pluperfect (*Le Plus-que-parfait*)
  The Near Past (*Le Passé proche*) **venir de** +
  infinitive
  The Literary Past Tense (*Le Passé simple*)

The Pluperfect (*Le Plus-que-parfait*)

FORMATION

The pluperfect is a compound tense consisting of the imperfect tense of the auxiliary verb **avoir** or **être,** and the past participle.

Pluperfect Tense	
Imperfect Tense of Auxiliary Verb **avoir** *or* **être**	*Past Participle*
Elle avait (She had spoken)	**parlé**
Elle était (She had come)	**venue**
Elle s'était (She had stopped)	**arrêtée**

A. The Auxiliary Verb

The use of the auxiliary verb is the same as for all compound tenses:

1. Most verbs are conjugated with **avoir:** j'**avais** parlé; tu **avais** fini; il **avait** vendu, etc.
2. The basic group of fourteen verbs of passage are conjugated with **être.** (See Lesson 9.)
3. All pronominal verbs are conjugated with **être:** je **m'étais** lavé(e), il **s'était** trompé, vous **vous étiez** inquiété(e)(s).

B. Agreement of the Past Participle

As in all compound tenses, the past participle makes certain agreements in gender and number. (See Lesson 9.)

C. Comparison of the *Passé Composé* and the *Plus-que-parfait*

Passé Composé	*Plus-que-Parfait*
elle a parlé she spoke, has spoken	**elle avait parlé** she had spoken
elle est venue she came, has come	**elle était venue** she had come
elle s'est arrêtée she stopped, has stopped	**elle s'était arrêtée** she had stopped

— Viens voir! Il y a un nommé Arvers qui a copié le sonnet que tu avais composé quand on était fiancés!

USE OF THE PLUS-QUE-PARFAIT

A. The **plus-que-parfait** is used much like the English pluperfect tense: to express an action that was completed before another action in the past:

> Le spectacle **avait** déjà **commencé** quand nous sommes arrivés au théâtre.   *The show **had** already **begun** when we arrived at the theater.*
> Nous sommes arrivés en retard parce que nous **avions manqué** le train. *We arrived late because we **had missed** the train.*

Note that the above sentences have two verbs, and that the action of one of the verbs occurred before the other. French is very precise in marking that difference by the use of the pluperfect. In English, such distinctions are not required.

> Le policier **a demandé** qui **avait vu** l'accident.
> *The policeman **asked** who **saw** (i.e. **had seen**) the accident.*

B. The **plus-que-parfait** is used in sentences of the "If…, then…" type. The **si** (*if*) clause is **plus-que-parfait** when the result is past conditional:

> Si vous **aviez passé** une année en France, vous auriez entendu parler d'Astérix.   *If you **had spent** a year in France, you would have heard of Astérix.*
> Si vous **aviez étudié** le latin, vous auriez lu les *Commentaires* de Jules

César. *If you **had studied** Latin, you would have read Caesar's Commentaries.*

C.   The **plus-que-parfait** may express a regret:

Ah! Si vous m'**aviez écouté**! *Oh, if you **had listened** to me!*
Si tu **n'avais pas insisté** pour avoir une chambre sur la mer! *If you **hadn't insisted** on having a room on the sea!*

EXERCICES

A.   Mettez les verbes suivants au plus-que-parfait.

1. je parle	16. ils meurent
2. tu finis	17. elle naît
3. elle rend	18. nous ouvrons
4. nous allons	19. vous partez
5. vous avez	20. je peux
6. ils connaissent	21. ils prennent
7. je cours	22. tu reçois
8. tu crois	23. ils rient
9. il dit	24. je sais
10. nous dormons	25. tu viens
11. vous écrivez	26. il vit
12. ils sont	27. nous voyons
13. vous faites	28. vous voulez
14. nous lisons	29. elles deviennent
15. elle met	30. j'offre

B.   Mettez les phrases suivantes au passé en employant le passé composé ou le plus-que-parfait du verbe indiqué.

1. Quand Astérix et ses amis (fonder) leur village, les Romains (occuper) déjà la Gaule.
2. Je (recevoir) le catalogue que je (commander).
3. Abraracourcix (recevoir) une lettre que son frère lui (écrire).
4. Goudurix (arriver) dans un char qu'il (acheter) à Mediolanum.
5. Obélix (se fâcher) parce que Goudurix (arriver) en faisant beaucoup de bruit.
6. Astérix (se demander) si Obélix (n'avoir pas) raison de vouloir donner des baffes au jeune homme.
7. Un guerrier gaulois (menacer) Assurancetourix, parce qu'il (croire) entendre une insulte.
8. Obélix (danser) avec la jeune fille qu'Astérix (inviter) pour lui.
9. Les Gaulois (apprendre) que leur chef (organiser) un bal pour son neveu.
10. Goudurix (dire) qu'il (ne jamais entendre) une chose pareille.

C.   Complétez de façon logique (et imaginative) les phrases suivantes.

1. Il aurait réussi si _____.
2. Il ne se serait pas suicidé si _____.

3. Nous nous serions étonnés si _____.
4. Vous auriez eu un accident si _____.
5. Elle ne se serait pas mariée si _____.
6. J'aurais reçu une bonne note à l'examen si _____.
7. Je t'aurais aimé si _____.
8. Tout le monde aurait été heureux si _____.
9. La guerre n'aurait pas eu lieu si _____.
10. Tu ne serais pas tombé si _____.

The Near Past (*Le Passé proche*) «venir de» + infinitive

USE

To express the idea of a recently accomplished action (*to have just done something*), French uses the verb **venir** followed by **de** + *infinitive:*

Je **viens d'**arriver. *I have just arrived.*

TENSES

This construction is only used in two tenses. Compare:

1. Present

Il **vient de** partir. *He has just left.*
Nous **venons de lui** parler. *We have just spoken to him.*

2. Imperfect

Il **venait de** partir. *He had just left.*
Nous **venions de** lui parler. *We had just spoken to him.*

REMARQUER:
Do not confuse the *plus-que-parfait* and the *passé proche:*

PLUS-QUE-PARFAIT	PASSÉ PROCHE
Il était parti.	**Il venait de partir.**
He had left.	*He had just left.*

EXERCICES   A. Répondez aux questions suivantes selon le modèle.

MODÈLE: Avez-vous étudié le passé proche?
Oui, je viens d'étudier le passé proche.

OU

Oui, je viens de l'étudier.

1. Avez-vous ouvert votre livre? 2. Avez-vous déjeuné aujourd'hui?
3. Avez-vous téléphoné à vos parents? 4. Ont-ils acheté une voiture neuve?
5. Vous ont-ils envoyé de l'argent? 6. Vos amis sont-ils partis pour
l'Europe? 7. Claude a-t-il vu le film qui fait sensation? 8. Claudine lui a-t-

elle demandé son opinion? 9. Avons-nous préparé la leçon? 10. Avons-nous terminé cet exercice?

B. Refaites les phrases suivantes selon le modèle:

MODÈLE: Je viens d'écrire la lettre
        Je venais d'écrire la lettre, quand le facteur est arrivé.

1. (*a*) Tu viens de résoudre le problème.
   (*b*) _____, quand un autre s'est soulevé.
2. (*a*) Je viens d'acheter le dernier album de Léo Ferré.[1]
   (*b*) _____, quand un ami me l'a offert pour mon anniversaire.
3. (*a*) Nous venons de laver la voiture.
   (*b*) _____, quand il a commencé à pleuvoir.
4. (*a*) Ce jeune homme vient de perdre son poste.
   (*b*) _____, quand un autre malheur lui est arrivé.
5. (*a*) Les amis de mes parents viennent de déménager.
   (*b*) _____, quand leur fils est tombé malade.
6. (*a*) Vous venez d'apprendre le passé proche.
   (*b*) _____, quand le professeur a annoncé un examen.

The Literary Past Tense (*Le Passé simple*)

FORMATION

The *passé simple* consists of a stem, which often resembles the truncated past participle, and an ending. All verbs may be divided into three principal groups according to the endings they take:

Verbs of the «a» System

All regular **-er** verbs, for example, **parler,** and the irregular verb **aller:**

Passé Simple		
Infinitive	*Stem*	*Endings*
parler aller	je (j') tu il **parl** nous **all** vous ils	-ai -as -a -âmes -âtes -èrent

Verbs of the «i» System

All regular **-ir** and **-re** verbs (**finir, vendre,** etc.) and several irregular verbs:

---

[1] **Léo Ferré:** poète et chanteur français

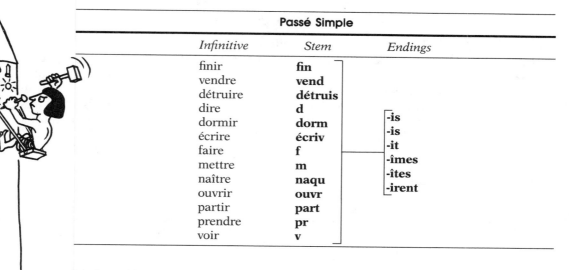

Passé Simple		
Infinitive	*Stem*	*Endings*
finir	**fin**	
vendre	**vend**	
détruire	**détruis**	
dire	**d**	
dormir	**dorm**	-is
écrire	**écriv**	-is
faire	**f**	-it
mettre	**m**	-îmes
naître	**naqu**	-îtes
ouvrir	**ouvr**	-irent
partir	**part**	
prendre	**pr**	
voir	**v**	

Verbs of the «u» System

Many irregular verbs (especially those with a past participle in **-u**):

Passé Simple		
Infinitive	*Stem*	*Endings*
avoir	**e**	
connaître	**conn**	
courir	**cour**	
croire	**cr**	
devoir	**d**	-us
être	**f**	-us
lire	**l**	-ut
mourir	**mour**	-ûmes
pouvoir	**p**	-ûtes
recevoir	**reç**	-urent
savoir	**s**	
vivre	**véc**	
vouloir	**voul**	

— Le soleil quitta la barque du matin, virgule…

«Tenir», «venir» and Their Compounds

These are the only verbs that do not belong to any of the three systems:

tenir		venir	
je **tins**	nous **tînmes**	je **vins**	nous **vînmes**
tu **tins**	vous **tîntes**	tu **vins**	vous **vîntes**
il elle} **tint**	ils elles} **tinrent**	il elle} **vint**	ils elles} **vinrent**

Also conjugated like **tenir: contenir, devenir, obtenir, appartenir.**

USE OF THE PASSÉ SIMPLE

The *passé simple* is the literary counterpart of the *passé composé*. It is not used in speaking, except for formal occasions such as lectures, speeches and interviews. The forms most commonly used are the third person singular and plural.

The use of the *passé simple* in formal writing and speech is parallel to the use of the *passé composé* in informal writing and speech. Both tenses are used in conjunction with the *imparfait*. Here is a recapitulation of their use in relation to the *imparfait*:

Passé Simple Passé Composé	Imparfait
Action Elle **lava** la robe. Elle **a lavé** la robe.	*Description* Elle **était** belle.
Momentaneity or suddenness Soudain, elle **sourit.** Soudain, elle **a souri.**	*Duration* Elle **souriait** toujours.
Finality Le temps **passa** et il **oublia.** Le temps **a passé** et il **a oublié.**	*Continuity* Le temps **passait** mais il n'**oubliait** pas.
Limited repetition Elle **marcha** pendant un mois. Elle **a marché** pendant un mois.	*Indefinite repetition* Tous les jours, elle **marchait.**
Elle **lava** la robe dix fois. Elle **a lavé** la robe dix fois.	Elle **lavait** souvent la robe.

EXERCICES

A. Mettez les phrases suivantes au passé composé.

1. Quand l'enfant naquit, la mère mourut.
2. Son mari fut désolé.
3. Le mari fit des funérailles grandioses.
4. Le temps passa.
5. L'homme se remaria.
6. La nouvelle femme battit l'orpheline de toute sa fureur.
7. La jeune fille prit le linge et partit.
8. Elle arriva au bord d'un ruisseau.
9. Les animaux dirent à la jeune fille de partir.
10. Elle mit deux mois à laver le linge.
11. Les autres eurent de la pitié pour elle.
12. Elle appela sa mère.
13. Quand elle vint enfin, la jeune fille la reconnut.
14. Lorsque la marâtre (*stepmother*) vit le linge propre, elle ouvrit des yeux stupéfaits.

C'était une nuit sombre et orageuse. Soudain, un coup de feu éclata. Une porte claqua. La bonne cria.

Soudain, un bateau pirate apparut à l'horizon! Tandis que des millions de gens mouraient de faim, le roi vivait dans le luxe. Pendant ce temps-là, dans une petite ferme du Kansas, un garçon grandissait. Fin de la Première Partie

Deuxième Partie... Une neige légère tombait et la petite fille en guenilles n'avait pas encore vendu une violette.

se renfrogner
to frown

À ce moment même, un jeune interne de l'hôpital Saint Louis faisait une découverte. Le mystérieux patient de la chambre 213 se réveillait enfin. Elle gémit doucement.

Pouvait-elle être la soeur de ce garçon du Kansas qui aimait la fille en guenilles qui était la fille de la bonne qui avait échappé aux pirates ?... L'interne se renfrogna.

TU VOIS COMME TOUT CELA TOMBE BIEN EN PLACE ?

OUI, MAIS... ET LE ROI ?

KLONK!

B. Donnez le passé simple qui correspond aux formes suivantes.

1. il a parlé 2. il a fini 3. il a rendu 4. il a fait 5. il a été 6. il a dû 7. il a dit 8. ils ont écrit 9. ils ont mis 10. ils ont acheté 11. ils ont saisi 12. ils ont vendu 13. ils ont fait 14. ils ont été 15. ils ont vu 16. j'ai voulu 17. j'ai cru 18. je suis allé 19. j'ai su 20. je suis descendu 21. je suis monté 22. il a pu 23. elles ont pris 24. il a vécu 25. je suis venu

C. Voici un précis de l'histoire de France. Lisez-le en faisant bien attention à l'emploi du passé simple. Ensuite, répondez aux questions qui suivent en employant le passé simple toutes les fois qu'il le faut.

Un Peu d'histoire

La Préhistoire et l'époque romaine

L'histoire de France remonte à la période préhistorique. Les peintures rupestres — les plus célèbres décorent les grottes de Lascaux dans le sud de la France — prouvent l'existence voilà 30.000 ans d'une civilisation déjà avancée. Le territoire correspondant à peu près à la France d'aujourd'hui s'appelait la Gaule. Les différentes tribus qui la peuplaient s'unirent pour s'opposer à l'avance des légions romaines. Après la défaite de Vercingétorix par Jules César à Alésia (Bourgogne) en 52 avant l'ère chrétienne, la Gaule fut intégrée à l'Empire romain.

Le Moyen Âge

Au cours des siècles qui suivirent la chute de l'Empire romain, la Gaule fut à plusieurs reprises envahie par différentes tribus dont beaucoup firent souche. Parmi elles étaient les Francs, dont l'influence fut si prédominante que la Gaule finit par être connue sous le nom de France (le pays des Francs). À l'aube du Ve siècle ils avaient conquis la majeure partie de la Gaule et fondé la dynastie mérovingienne.

Les Mérovingiens furent suivis par les Carolingiens (751–989 apr. J.-C.). Charlemagne, le plus remarquable d'entre eux, agrandit considérablement son royaume et devint Empereur en l'an 800. À sa mort, son empire s'effondra et les invasions reprirent.

En 987, Hugues Capet fut proclamé roi. La dynastie Capétienne qu'il fonda régna jusqu'en 1328, date à laquelle elle fut supplantée par les Valois. Le roi d'Angleterre prétendit au trône de France en 1337, ce qui déclencha la guerre de Cent ans. Une jeune paysanne inspirée, Jeanne d'Arc, incita les Français à combattre les Anglais. Elle fut finalement capturée et brûlée en tant que sorcière. En 1453, les Anglais avaient enfin été chassés de France.

Le sacre de Napoléon.

La Renaissance et le 17e siècle

Durant cette période, les rois de France consolidèrent leur trône et, en dépit des guerres ou des expéditions punitives contre de puissants vassaux, les arts fleurirent, le commerce se développa, les villes devinrent prospères, et les navigateurs français s'engagèrent dans l'exploration du Nouveau Monde que l'on venait de découvrir. La cour de France, plus particulièrement sous le règne de François 1er, attira de nombreux artistes étrangers, parmi lesquels Léonard de Vinci. En 1562, commencèrent les guerres de religion entre catholiques et protestants. Elles se poursuivirent par intermittence jusqu'en 1598, lorsque fut proclamé l'Édit de Nantes, accordant aux protestants les libertés civiles et religieuses.

Entre temps, Henri IV, fondateur de la dynastie des Bourbons, était devenu roi en 1589. Son fils Louis XIII choisit comme premier ministre le cardinal de Richelieu, qui prit de nombreuses mesures pour développer le commerce, créer un empire colonial et assurer l'établissement de la monarchie absolue. Cette politique atteignit son zénith sous le règne de Louis XIV, le «Roi-Soleil», qui était alors considéré comme le plus puissant souverain de son temps.

La Révolution française et le 19e siècle

En 1789, le peuple de France se révolta contre Louis XVI. Le 14 juillet, aux cris de «Liberté! Égalité! Fraternité!» les Parisiens prirent la Bastille, ancienne forteresse où les rois emprisonnaient sans jugement. Les paysans se partagèrent les terres, les nobles perdirent leurs privilèges et le roi son trône. Ceux qui s'opposaient à la Révolution, comme le roi et la reine Marie-Antoinette, furent condamnés à mort au cours de la «Terreur».

La Première République remplaça la Monarchie, mais les idées nouvelles de liberté et d'égalité furent considérées dangereuses par les voisins de la France et bientôt la guerre éclata. Les armées françaises balayèrent l'Europe au son de la Marseillaise, un nouveau chant qui devait devenir l'hymne national. Accumulant des victoires, le général Napoléon Bonaparte, parmi tant d'autres, revint à Paris en héros. Il devint Empereur en 1804, mais une nouvelle coalition des ennemis de la France s'organisa et Napoléon fut finalement battu à Waterloo en 1815. La Monarchie fut restaurée. Elle se maintint jusqu'à la révolution de 1848, qui donna le jour à la Seconde République, laquelle ne dura que fort peu de temps. En 1852 Napoléon III fut couronné empereur, titre que lui fit perdre la révolution de 1870. La Troisième République fit son apparition.

Le 20e siècle

La Première Guerre mondiale (1914–1918) où périrent 1.390.000 Français, et qui dévasta le nord et l'est du pays, laissa la France épuisée. Des gouvernements de coalition se succédèrent jusqu'en 1936, date à laquelle un gouvernement de front populaire conduit par le socialiste Léon Blum prit le pouvoir et introduisit d'importantes réformes sociales.

La Seconde Guerre mondiale (1939–1945) vit le territoire national occupé par les armées nazies, la naissance de la Résistance, et la formation des Forces Françaises libres, sous la conduite du Général de Gaulle.

Après la Libération, la France adopta en 1946 une nouvelle constitution et la Quatrième République naquit l'année suivante. Cependant la France combattait toujours, d'abord en Indochine, puis en Algérie, deux possessions qui luttaient pour une indépendance qu'elles acquirent respectivement en 1956 et 1962. Entre 1960 et 1977, 17 territoires français d'Afrique devinrent indépendants.

En 1958, une nouvelle constitution prit effet et la Cinquième République vit le jour. Son premier président fut le Général de Gaulle. En Mai 1968, l'unité de la France fut à nouveau menacée par des révoltes et un mois entier de grèves.

François Mitterrand a été élu président de la République en 1981.

Questions

1. Comment s'appelait à l'époque romaine le territoire qui correspond à peu près à la France d'aujourd'hui?
2. Quel événement provoqua l'intégration de la Gaule à l'Empire romain?
3. Quelle fut l'origine du mot «France»?
4. Comment s'appellent les diverses dynasties françaises?
5. Quelle fut l'origine de la guerre de Cent Ans?
6. Citez plusieurs événements qui eurent lieu pendant la Renaissance.
7. Qu'est-ce que l'Édit de Nantes?

8. Quelles furent quelques-unes des contributions du cardinal de Richelieu au développement de la monarchie française?
9. Qui fut le «Roi-Soleil»?
10. Que se passa-t-il le 14 juillet 1789?
11. Qu'est-ce qui arriva au cours de la «Terreur»?
12. Quelles idées, sorties de la Révolution, furent considérées comme dangereuses par les voisins de la France?
13. Qu'est-ce que la Marseillaise?
14. Citez, dans l'ordre, plusieurs régimes du 19e siècle.
15. Quelles furent quelques-unes des conséquences de «la guerre de 14» (comme disent les Français) pour la France?
16. Que se passa-t-il en 1936?
17. Quel fut le rôle du Général de Gaulle pendant la Seconde Guerre mondiale?
18. Après la Seconde Guerre mondiale, la France connut d'autres crises. Qu'est-ce qui les provoqua?
19. Quelle fut l'importance du mois de mai 1968 dans l'histoire contemporaine?
20. En quelle année la Cinquième République, le gouvernement actuel de la France, fut-elle établie?

12

Le Pagne noir

BERNARD B. DADIÉ

The writings of the many black writers from French-speaking nations in Africa and the Caribbean constitute an important contribution to the body of French literature. Léopold Senghor, poet, essayist, and president of Senegal, was the first to define the distinctive character of this writing as *négritude*. Among other important representatives of *négritude* are Aimé Césaire of Martinique, Birago Diop of Senegal, and Bernard Dadié of the Ivory Coast.

The short story we present here is a traditional African folk tale. It has, nevertheless, many of the elements of well-known western fairy tales: a beautiful and dauntless young heroine, a wicked stepmother and a good dose of the supernatural. Yet the flavor of this story is distinctly African. In his very unique and enchanting style, Dadié creates a fantastic world of talking animals and plants, a world in which nature and goodness prevail and wrong is always righted.

■ LECTURE: Bernard Dadié / **Le Pagne Noir**

LECTURE Le Pagne noir
BERNARD B. DADIÉ

Il était une fois Once upon a time

un accouchement childbirth

le soupir sigh

le calvaire calvary, torment

accabler to overwhelm
le quolibet jeer

la corvée heavy task

à ravir ravishingly

somnoler to doze
la lueur gleam
fauve wild

freiner to check, restrain

la case hut
le pagne loincloth
le kaolin china clay

Il était une fois,° une jeune fille qui avait perdu sa mère. Elle l'avait perdue, le jour même où elle venait au monde.

Depuis une semaine, l'accouchement° durait. Plusieurs matrones avaient accouru. L'accouchement durait.

Le premier cri de la fille coïncida avec le dernier soupir° de la mère.

Le mari, à sa femme, fit des funérailles grandioses. Puis le temps passa et l'homme se remaria. De ce jour commença le calvaire° de la petite Aïwa. Pas de privations et d'affronts qu'elle ne subisse;[1] pas de travaux pénibles qu'elle ne fasse![1] Elle souriait tout le temps. Et son sourire irritait la marâtre qui l'accablait° de quolibets.°

Elle était belle, la petite Aïwa, plus belle que toutes les jeunes filles du village. Et cela encore irritait la marâtre qui enviait cette beauté resplendissante, captivante.

Plus elle multipliait les affronts, les humiliations, les corvées,° les privations, plus Aïwa souriait, embellissait, chantait — et elle chantait à ravir°— cette orpheline. Et elle était battue à cause de sa bonne humeur, à cause de sa gentillesse. Elle était battue parce que courageuse, la première à se lever, la dernière à se coucher. Elle se levait avant les coqs, et se couchait lorsque les chiens eux-mêmes s'étaient endormis.

La marâtre ne savait vraiment plus que faire pour vaincre cette jeune fille. Elle cherchait ce qu'il fallait faire, le matin, lorsqu'elle se levait, à midi, lorsqu'elle mangeait, le soir, lorsqu'elle somnolait.° Et ces pensées par ses yeux, jetaient des lueurs° fauves.° Elle cherchait le moyen de ne plus faire sourire la jeune fille, de ne plus l'entendre chanter, de freiner° la splendeur de cette beauté.

Elle chercha ce moyen avec tant de patience, tant d'ardeur, qu'un matin, sortant de sa case,° elle dit à l'orpheline:

— Tiens! va me laver ce pagne° noir où tu voudras. Me le laver de telle sorte qu'il devienne aussi blanc que le kaolin.°

---

[1] **subisse, fasse:** Subjunctive forms of **subir** and **faire,** used after an expression of negation. (See Lesson 23.)

le sanglot sob
à l'entour round about
semer to sow
la braise glowing embers
À bras raccourcis, elle tomba
  sur She pummelled
une lune = un mois
un ruisseau stream
mouillé wetted
le nénuphar water-lily
la berge riverbank
le crapaud toad
enfler to swell

Aïwa prit le pagne noir qui était à ses pieds et sourit. Le sourire pour elle, remplaçait les murmures, les plaintes, les larmes, les sanglots.°

Et ce sourire magnifique qui charmait tout, à l'entour,° au cœur de la marâtre mit du feu. Le sourire, sur la marâtre, sema° des braises.° À bras raccourcis, elle tomba sur° l'orpheline qui souriait toujours.

Enfin, Aïwa prit le linge noir et partit. Après avoir marché pendant une lune,° elle arriva au bord d'un ruisseau.° Elle y plongea le pagne. Le pagne ne fut point mouillé.° Or l'eau coulait bien, avec dans son lit, des petits poissons, des nénuphars.° Sur ses berges,° les crapauds° enflaient° leurs voix comme pour effrayer l'orpheline qui souriait. Aïwa replongea le linge noir dans l'eau et l'eau refusa de le mouiller. Alors elle reprit sa route en chantant.

> *Ma mère, si tu me voyais sur la route,*
> > *Aïwa-ô! Aïwa!*
> *Sur la route qui mène au fleuve*
> > *Aïwa-ô! Aïwa!*
> *Le pagne noir doit devenir blanc*
> *Et le ruisseau refuse de la mouiller*
> > *Aïwa-ô! Aïwa!*
> *L'eau glisse comme le jour*
> *L'eau glisse comme le bonheur*
> *O ma mère, si tu me voyais sur la route,*
> > *Aïwa-ô! Aïwa!*

un fromager species of large
  tropical tree
un creux hollow

la fourmi ant
la pince pincher
la consigne orders
un vautour vulture
une aile wing
la lieue league (2½ miles)
voiler to veil, block out
un éclair flash
la serre claw
la racine root
traîner to trail, drag

Elle repartit. Elle marcha pendant six autres lunes.

Devant elle, un gros fromager° couché en travers de la route et dans un creux° du tronc, de l'eau, de l'eau toute jaune et bien limpide, de l'eau qui dormait sous la brise, et tout autour de cette eau de gigantesques fourmis° aux pinces° énormes montaient la garde. Et ces fourmis se parlaient. Elles allaient, elles venaient, se croisaient, se passaient la consigne.° Sur la maîtresse branche qui pointait un doigt vers le ciel, un doigt blanchi, mort, était posé un vautour° phénoménal dont les ailes° sur des lieues° et des lieues, voilaient° le soleil. Ses yeux jetaient des flammes, des éclairs,° et les serres,° pareilles à de puissantes racines° aériennes, traînaient° à terre. Et il avait un de ces becs!

> *Ma mère, si tu me voyais sur la route,*
> > *Aïwa-ô! Aïwa!*
> *La route de la source qui mouillera le pagne noir*
> > *Aïwa-ô! Aïwa!*
> *Le pagne noir que l'eau du fromager refuse de mouiller*
> > *Aïwa-ô! Aïwa!*

Et toujours souriante, elle poursuivit son chemin.

Elle marcha pendant des lunes et des lunes, tant de lunes qu'on ne s'en souvient plus. Elle allait le jour et la nuit, sans jamais se reposer,

Une femme portant le pagne traditionnel fait la vaisselle.

la rosée dew

se nourrissant de fruits cueillis au bord du chemin, buvant la rosée° déposée sur les feuilles.

auxquels to whom
frapper to strike
la poitrine chest
la source spring

Elle atteignit un village de chimpanzés, auxquels° elle conta son aventure. Les chimpanzés, après s'être tous et longtemps frappé° la poitrine° des deux mains en signe d'indignation, l'autorisèrent à laver le pagne noir dans la source° qui passait dans le village. Mais l'eau de la source, elle aussi, refusa de mouiller le pagne noir.

la liane tropical vine
bousculé jostled
hélé hailed

Et l'orpheline reprit sa route. Elle était maintenant dans un lieu vraiment étrange. La voie devant elle s'ouvrait pour se refermer derrière elle. Les arbres, les oiseaux, les insectes, la terre, les feuilles mortes, les feuilles sèches, les lianes,° les fruits, tout parlait. Et dans ce lieu, nulle trace de créature humaine. Elle était bousculée,° hélée,° la petite Aïwa! qui marchait, marchait et voyait qu'elle n'avait pas bougé depuis qu'elle marchait. Et puis, tout d'un coup, comme poussée par une force prodigieuse, elle franchissait° des étapes° et des étapes qui la faisaient s'enfoncer° davantage° dans la forêt où régnait un silence angoissant.

franchir to cross over
une étape stopping place
s'enfoncer to go deeper
davantage more

la clairière clearing
le bananier banana tree
sourdre to gush forth
s'agenouiller to kneel
frissonner to shiver

Devant elle, une clairière° et au pied d'un bananier,° une eau qui sourd.° Elle s'agenouille,° sourit. L'eau frissonne.° Et elle était si claire, cette eau, que là-dedans se miraient le ciel, les nuages, les arbres.

Aïwa prit de cette eau, la jeta sur le pagne noir. Le pagne noir se mouilla. Agenouillée sur le bord de la source, elle mit deux lunes à laver le pagne noir qui restait noir. Elle regardait ses mains pleines d'ampoules° et se remettait à l'ouvrage.

une ampoule blister

> *Ma mère, viens me voir!*
> > *Aïwa-ô! Aïwa!*
> *Me voir au bord de la source,*
> > *Aïwa-ô! Aïwa!*
> *Le pagne noir sera blanc comme kaolin*
> > *Aïwa-ô! Aïwa!*
> *Viens voir ma main, viens voir ta fille!*
> > *Aïwa-ô! Aïwa!*

À peine Hardly

À peine° avait-elle fini de chanter que voilà sa mère qui lui tend un pagne blanc, plus blanc que le kaolin. Elle lui prend le linge noir et sans rien dire, fond° dans l'air.

fondre to melt

Lorsque la marâtre vit le pagne blanc, elle ouvrit des yeux stupéfaits. Elle trembla, non de colère° cette fois, mais de peur; car elle venait de reconnaître l'un des pagnes blancs qui avaient servi à enterrer° la première femme de son mari.

la colère anger

enterrer to bury

Mais Aïwa, elle, souriait. Elle souriait toujours.

la lèvre lip

Elle sourit encore du sourire qu'on retrouve sur les lèvres° des jeunes filles.

COMPRÉHENSION

(À faire par écrit en employant le passé simple au lieu du passé composé.)

1. Comment Aïwa avait-elle perdu sa mère?
2. De quelle façon sa belle-mère maltraitait-elle la jeune fille?
3. Pourquoi cette marâtre était-elle jalouse d'Aïwa?
4. Décrivez la vie d'Aïwa.
5. Que cherchait la marâtre?
6. Que demanda-t-elle à la jeune fille de faire?
7. Quelle difficulté à laver le pagne eut-elle au bord du ruisseau?
8. Décrivez le deuxième endroit où elle s'arrêta et les animaux fantastiques qui s'y trouvaient.
9. Comment Aïwa se nourrissait-elle et buvait-elle pendant qu'elle marchait?
10. Que se passa-t-il dans le village des chimpanzés?
11. En quoi le lieu où elle s'arrêta après le village des chimpanzés était-il étrange?
12. Où trouva-t-elle enfin une source qui mouilla le pagne noir?
13. Qu'arriva-t-il quand Aïwa appela sa mère?
14. Pourquoi la marâtre trembla-t-elle en voyant le pagne blanc?

DISCUSSION

1. En quoi ce conte africain ressemble-t-il à un conte de fées (*fairy tale*) typique? En quoi est-il différent?

2. Pourquoi ce conte est-il susceptible de plaire aux grandes personnes aussi bien qu'aux enfants?

3. Discutez l'art du récit. Analysez-en les procédés narratifs.

4. Y a-t-il une leçon ou une moralité à tirer de l'histoire d'Aïwa?

COMPOSITION DIRIGÉE

En suivant le plan suggéré, faites le récit d'un conte de fées traditionnel, ou inventez-en un. (Employez le passé simple, l'imparfait et le plus-que-parfait.)

Un Conte de fées

I. Exposition

Qui sont les personnages principaux?
Comment sont-ils? (laids? beaux? gentils? méchants?)
Quelle est la situation?
Commencez «Il était une fois....»

II. Développement

Racontez les événements de l'histoire.

III. Dénouement

Quelle est la conclusion de l'histoire?
Quelle est la leçon ou la moralité à tirer de cette histoire?

TROISIÈME PARTIE

Moeurs

The dictionary defines *moeurs* as meaning "mores, customs, ways or manners." In this section, we focus especially on the dynamic nature of French mores and how they have evolved over the last decade or so.

13

Nouveaux couples

In modern society, many traditional institutions are undergoing profound modifications. Marriage is one of these. In France today, there are fewer marriages than there were just ten years ago; there are proportionally more divorces, and many couples are bypassing the city hall (where the obligatory civil wedding ceremony takes place in France) and simply living together, often having children as well. The following article presents a few case histories and discusses the implications of the phenomenon of "l'union libre."

- VOCABULAIRE
  Lexique de mots-clés
  Enrichissez votre vocabulaire
  Étude de mots

- STRUCTURE
  The Relative Clause
  Qui versus **que**
  Relative Pronouns as Object of a Preposition
  The Relative Pronouns **ce qui, ce que** and **ce dont**

- LECTURE: **Nouveaux couples**

VOCABULAIRE

Lexique de mots-clés

s'acheminer	to proceed, set on one's way
le chemin	road, way
bouleverser	to upset
briser	to break
constater	to affirm, ascertain
décevoir†	to disappoint
déçu	disappointed
un échec	failure
entraîner	to carry off; to cause, bring about
la liaison	link, love affair
le lien	tie, bond
lier	to join, tie, bind
lier connaissance	to become acquainted
la mairie	town-hall, municipal building
partager	to share, apportion
le partage	sharing, apportionment
la précarité	precariousness, instability
précaire	unstable
rompre	to break, break off (a relationship)
la rupture	break

EXERCICES

A.   Complétez les phrases suivantes en vous servant de la forme correcte d'un mot tiré du Lexique de mots-clés.

1. Il y a un très fort ____ entre la stabilité domestique et l'équilibre psychologique.
2. Marie et Jean-Jacques ne s'entendent plus; elle veut ____ avec lui.
3. Après avoir étudié les statistiques, le sociologue ____ que le mariage est une valeur en baisse.
4. Chaque personne est unique; il est impossible de trouver un partenaire avec lequel on peut tout ____.
5. Les nouvelles mœurs et surtout la tolérance de l'union libre ____ complètement la notion traditionnelle du mariage.
6. Les jeunes d'aujourd'hui ont beaucoup plus de liberté que ceux des générations précédentes; ils ont plusieurs ____ à suivre.
7. Liliane a toujours cru que Patrice lui était fidèle; quand elle a découvert sa liaison avec Claudine, sa meilleure amie, elle a été extrêmement ____.
8. En France, il y a généralement deux cérémonies de mariage: la première, civile, a lieu à ____, la seconde, religieuse, à l'église.
9. Leur mariage n'était pas du tout réussi, en fait, c'était ____ total.

10. Le courant _____ le petit bateau vers la grande mer.
11. Dans les relations sentimentales, la séparation et _____ sont difficiles à supporter.
12. *Les _____ dangereuses* est un roman célèbre du XVIIIe siècle qui traite du libertinage des mœurs et de la séduction.

B. Quel est le mot qui a un sens contraire à ceux-ci?

1. séparer
2. réparer
3. garder pour soi-même
4. calmer, rassurer
5. attacher
6. l'arrêt
7. une réussite
8. la stabilité

Enrichissez votre vocabulaire

1. **s'accrocher (à)**   to cling to, fasten to (**le crochet**   hook)
   I have a **crocheted** bedspread that my mother made.

2. **le claquement**   slamming (**claquer**   to slam)
   As a boy, Serge used to cut school to work as a **claque**[1] at the opera.

3. **convenir**† **de**   to agree upon
   According to the terms of the Geneva **Convention,** prisoners of war must be allowed to communicate with their families.

4. **le décès**   death (*legal terminology*)
   Since the **deceased** left no will, the estate was divided by law.

5. **différer**   to defer, put off
   It will be necessary to **defer** this purchase until we have more income.

6. **une entente**   international understanding providing for a common course of action
   Historians often speak of the *entente cordiale* between France and Great Britain at the beginning of the century.

7. **éphémère**   ephemeral, fleeting
   Their happiness was **ephemeral;** no sooner did they return from their honeymoon than they began to quarrel.

8. **se lasser**   to grow tired, weary
   After many long years of illness, **lassitude** overcame Madame Xavier and she lost the will to live.

9. **la liaison**   link, love affair
   Monsieur Bernier is a **liaison** person between union and management.

---

[1] A person paid to sit in the audience and lead the applause.

10. **le lien** tie, bond
   After buying the house, we discovered to our dismay that there was a **lien** on the title.
   His hostility **alienated** all those around him.

11. **la précosité** precociousness, earliness in development or occurrence
   Mozart was a **precocious** child; he composed a symphony at the age of six.

12. **le rendez-vous** appointment
   Étienne had a secret **rendez-vous** with the Soviet agents.

13. **le souffle** breath
   The chef made a perfect **soufflé;** it was as light as air.

14. **surgir** to happen suddenly, arise
   When she saw the lost child, she felt a **surge** of pity.

15. **vaciller** to sway, vacillate
   Raymond is a very **vacillating** person; he constantly changes his mind.

Étude de mots

A. **épouser** vs. **se marier avec, se marier** et **marier**

1. **épouser quelqu'un** to marry someone
   Elle **épouse** un homme riche. *She is marrying a rich man.*
   épouser must be used with a direct object.

2. **se marier avec quelqu'un** to marry someone
   Elle **se marie avec** un homme riche. *She is marrying a rich man.*
   se marier avec is interchangeable with **épouser.**
   BUT: if the direct object is not stated, use:

3. **se marier** to get married
   Elle **se marie.** *She is getting married.*

4. **marier quelqu'un** to marry someone off
   Monsieur Duby veut **marier** sa fille. *Monsieur Duby wants to marry off his daughter.*

EXERCICE

Complétez les phrases suivantes par la forme correcte du verbe **épouser, se marier avec, se marier** ou **marier.** (En certains cas, il peut y avoir plus d'une réponse possible.)

1. Gérard a tort de _____ si jeune.
2. Les parents de cette jeune fille espèrent la _____ à un homme riche.
3. Connaissez-vous le monsieur que Madame Beaulieu _____ en deuxième noces?
4. Colette adore Émile, pourtant elle veut _____ Jacques.
5. Après son divorce, Ève-Marie a dit qu'elle ne voulait plus jamais _____.

B. **divorcer (d'avec)**

Ils vont **divorcer.**   Elle a divorcé.
Anne ne s'entend plus avec son mari; elle veut **divorcer d'avec** lui.

C. «to leave»

1. **quitter quelqu'un ou quelque chose**   to leave someone or something
   quitter must be used with a direct object.
   Louis **a quitté** sa famille quand il avait seize ans.

2. **partir, partir de quelque lieu**   to leave, depart from
   Est-ce que Jacques **est** déjà **parti?**
   Votre avion **part d'**Orly à 14 h.

3. **s'en aller**   to leave, go away
   Il se fait tard; je dois **m'en aller** maintenant.
   Je ne veux plus vous voir. **Allez-vous-en!**

4. **sortir, sortir de quelque part**   to go out, go out of
   Ce jeune ménage **sort** tous les samedi soirs.
   Quand vous **sortez du** métro, le boulevard est à votre droite.

5. **laisser quelqu'un ou quelque chose**   to leave (behind)
   Nous **avons laissé** les enfants chez ma sœur.
   Ah, zut! J'ai dû **laisser** mes clés dans la voiture.

EXERCICE

Complétez les phrases suivantes par la forme correcte du verbe **quitter, partir, sortir, s'en aller** ou **laisser.** (En certains cas, il peut y avoir plus d'une réponse correcte.)

1. Nous ____ la bibliothèque vers quatre heures et nous sommes allés ensuite à la piscine.
2. À quelle heure ____ le train?
3. Ne ____ pas votre parapluie (*umbrella*), vous en aurez probablement besoin.
4. Au secours! Le tigre ____ de sa cage!
5. ____-moi ta nouvelle adresse avant de ____.
6. Ne restons pas ici. J'ai envie de ____ tout de suite.

D. **tant pis, tant mieux**

1. **tant pis**   so much the worse, too bad, never mind
   Il n'est pas là? **Tant pis,** je le verrai un autre jour.
   Hélène a quitté ce bon mari? **Tant pis** pour elle.
   Je vais faire ce que je veux et **tant pis** pour les conséquences.

2. **tant mieux**   so much the better, good, I'm glad
   Tant mieux si Estelle ne peut pas nous accompagner, car il n'y avait guère de place pour elle.
   Tu veux divorcer? **Tant mieux!** Je ne t'aime plus.

E. **en être**   to reach a certain point, to be up to
   Où **en sommes**-nous?   *What point are we up to?*

Une fête populaire.

Où **en est**-il dans ses recherches?   *How far has he gotten in his research?*
Nous **en sommes** à la page 236.   *We have reached page 236.*

STRUCTURE

The Relative Clause (*La Proposition relative*)

The relative pronouns **qui, que, lequel, laquelle, lesquels, lesquelles,** and
dont introduce a clause that provides information about a noun previously
mentioned in the sentence. (This noun is called the "antecedent.") Sentences
with a relative pronoun therefore have two distinct parts: a principal clause and
a relative clause. In the examples below, the relative clause is set off in parentheses:

> **La cohabitation est un phénomène (qui s'est répandu.)** *Cohabitation
> is a phenomenon (which has spread.)*

Elle s'est mariée jeune pour quitter un milieu (qu'elle détestait.)
She got married young to leave an environment (that she hated.)
La société (dans laquelle nous vivons) témoigne d'une certaine tolérance vis-à-vis des couples illégitimes. *The society (in which we live) demonstrates a certain tolerance towards illegitimate couples.*

«Qui» versus «que»

The use of **qui** or **que** is determined by the function of the relative pronoun within the relative clause.

A. **Qui** serves as subject:

un phénomène (qui s'est répandu)
antecedent   subject verb

B. **Que** serves as direct object:

un milieu (qu'elle détestait)
antecedent direct subject   verb
object

Que is frequently followed by the stylistic inversion of subject and verb:

Le bifteck **(qu'a mangé mon père)** était bon. *The steak (my father ate) was good.*
L'image des Français **(que présente cette enquête)** est optimiste. *The image of the French (that this study presents) is optimistic.*

REMARQUER:
1. **Qui** and **que** may refer to people or things.
2. **Que** becomes **qu'** before a vowel sound; **qui** is invariable.
3. While it is often acceptable to omit the relative pronoun in English, it must be used in French:

The sacrifices (he made) were surprising. Les sacrifices (**qu'**il a faits) étaient étonnants.

EXERCICES

A. Complétez les phrases suivantes par **qui** ou **que**.

1. Vous connaissez sans doute des couples _____ habitent ensemble sans être mariés.
2. Le mariage traditionnel est une institution _____ semble avoir perdu de son prestige.
3. Les enfants _____ il a eus avec sa première femme habitent avec leur mère.
4. Gilbert a épousé une femme _____ attendait un enfant.
5. L'erreur _____ font beaucoup de jeunes, c'est de croire qu'il existe quelque part le partenaire idéal.
6. Il est naïf de croire qu'on peut trouver un homme ou une femme _____ partage tous nos intérêts et tous nos goûts.
7. Au fond, la femme _____ Gilbert a épousée en deuxième noces n'était pas très différente de la femme _____ il venait de quitter.
8. Solange veut trouver un homme _____ l'aime et _____ elle aime.

B. Réunissez les deux phrases suivantes pour en faire une seule. Suivez le modèle.

> MODÈLE: C'est une question compliquée. Je ne comprends pas la question.
>
> **C'est une question compliquée que je ne comprends pas.**

1. J'ai récemment vu une pièce à la télévision. Cette pièce m'a beaucoup impressionné.
2. Il s'agissait d'une famille pauvre. La famille habitait un des quartiers misérables d'une grande ville.
3. Le père de famille avait des ennuis. Il ne pouvait pas confier ses ennuis aux autres.
4. Le grand-père venait de mourir. Il avait été fonctionnaire toute sa vie.
5. La grand-mère avait un peu d'argent. Elle avait reçu cet argent de l'assurance-vie (*life insurance*) de son mari.
6. Le père avait besoin d'argent pour payer des dettes. Il avait accumulé ces dettes au jeu. (*in gambling*)
7. Il voulait voler de l'argent à sa mère pour donner à un type (*a fellow*). Le type le menaçait.
8. La grand-mère comptait se servir de l'argent pour acheter une maison. La maison représentait pour elle la sécurité et le bonheur.
9. À la fin, la grand-mère a découvert le danger qui menaçait son fils. Elle aimait son fils plus que tout au monde.
10. Elle a sacrifié son rêve de posséder une maison pour aider son fils. Il était plus important.

Relative Pronouns as Object of a Preposition

We have seen that the relative pronouns **qui** and **que** serve, respectively, as subject and direct object of a relative clause. However, when a preposition introduces a relative clause, the decision as to which relative pronoun to use is less obvious. There are two factors to consider: Is the antecedent a person or a thing? Is the preposition **de?**

A. The antecedent is a person

1. If the preposition is *not* **de,** use **qui:**

   Christine n'a plus personne (avec **qui** elle peut partager sa vie).
   Connaissez-vous les gens (chez **qui** Josette habite)?

2. If the preposition is **de,** use the form **dont.** It is not incorrect to use **de qui,** but **dont** is preferable. It incorporates the preposition **de** and may be translated in a variety of ways depending upon the meaning of **de.** For example:

   parler de   to speak about
   Voilà le commerçant (**dont** ils ont parlé). *There is the merchant (**about whom** they spoke).*

avoir peur de   to be afraid of

Je ne connais pas le professeur (**dont** Jacques a peur).   *I don't know the teacher (**of whom** Jacques is afraid).*

When **de** indicates possession, **dont** means "whose":

J'ai un ami (**dont** les parents sont divorcés).   *I have a friend (**whose** parents are divorced).*

B.   The antecedent is an animal or a thing

1.   If the preposition is not **de**, use one of the following pronouns.   The pronoun must agree in gender and number with the antecedent:

	Masculine	Feminine
Singular	lequel	laquelle
Plural	lesquels	lesquelles

L'argent est l'unique point (**sur lequel** ce couple ne s'entend pas).
La fidélité et l'amour sont les valeurs (**auxquelles** les personnes interrogées donnent beaucoup d'importance).

REMARQUER:

The preposition **à** contracts with certain forms of this relative pronoun:

à + lequel	= **auquel**
à + lesquels	= **auxquels**
à + lesquelles	= **auxquelles**

2.   If the preposition is **de**, use the pronoun **dont.** Although the forms **duquel, de laquelle, desquels** and **desquelles** are sometimes used, **dont** is the preferred form:

Les problèmes (**dont** les Français ont parlé) sont universels.
L'Express a mené un sondage (**dont** on a publié les résultats).

REMARQUER:

1.   The word order with **dont** is:

dont	+	subject	+	verb	+	object

un sondage (**dont** on a publié les résultats)
*a poll (**whose** results they published)*

2.   In expressions such as **à côté de, au delà de, en face de, au moyen de,** etc., the preposition **de** is only a part of the expression and cannot be replaced by **dont:**

Nous nous réunissons dans la salle de classe (**à côté de laquelle** se trouve le laboratoire).
*We meet in the classroom (**next to which** the laboratory is located).*

C. «Où»

1. **Où** may be used in place of a preposition and relative pronoun that indicate location:

Voilà la maison (**dans laquelle** il habite).
Voilà la maison (**où** il habite).

Voici le bureau (**sur lequel** j'ai mis mes notes).
Voici le bureau (**où** j'ai mis mes notes).

2. **Où** may also take the place of prepositional expressions indicating time. In this case it means *when* or *that:*

C'est le mois (**pendant lequel** il a neigé).
C'est le mois (**où** il a neigé).

C'est l'heure (**à laquelle** j'ai rendez-vous).
C'est l'heure (**où** j'ai rendez-vous).

EXERCICE

Complétez les phrases suivantes en traduisant en français les mots indiqués.

1. Le bonheur est un état (*to which*) _____ tout le monde aspire. De nos jours, nous acceptons aussi l'idée que c'est une chose (*to which*) _____ tout le monde a droit. C'est une idée relativement moderne qui fut avancée par la Déclaration d'indépendance américaine (*by which*) _____ la Déclaration des droits de l'homme s'est inspirée. (s'inspirer de = *to be inspired by*)

2. *Manon Lescaut* est un roman (*of which*) _____ tous les Français connaissent l'histoire. Manon est une jeune fille de mœurs faciles (*with whom*) _____ le héros tombe éperdument amoureux. (être amoureux de: *to be in love with*) et (*for whom*) _____ il sacrifie tout. Les événements ont lieu à l'époque de la Régence, période (*during which*) _____ l'immoralité des mœurs était chose courante.

3. Brigitte Bardot, (*of whom*) _____ vous avez sans doute entendu parler, est une actrice française. Elle s'occupe maintenant de moins en moins de cinéma et de plus en plus d'animaux (*in which*) _____ elle s'intéresse beaucoup. (s'intéresser à = *to be interested in*) En 1980, elle est allée au Canada pour lutter contre le massacre des bébés-phoques (*baby seals*). C'est une cause (*for which*) _____ elle a fait beaucoup d'efforts.

4. Y a-t-il dans votre vie un ami (*on whom*) _____ vous pouvez compter? L'amitié et l'amour sont des sentiments (*without which*) _____ la plupart d'entre nous ne pourraient pas vivre heureux. Néanmoins, nous traversons tous des périodes (*during which, when*) _____ nous souffrons parce que nous avons été déçus en amitié ou en amour.

5. La dépression nerveuse est une maladie (*about which*) _____ on parle beaucoup ces jours-ci. Mais il y a certaines drogues (*by means of which*) _____ on peut la contrôler. (au moyen de = *by means of*)

The Relative Pronouns «ce qui», «ce que» and «ce dont»

A. All the relative pronouns discussed so far have had specific antecedents, that is, particular nouns to which they refer, identifiable by gender and number. Sometimes, however, the antecedent may be indefinite. If this is the case, **ce qui** is used as subject, **ce que** as object.

Je ne sais pas (**ce qui** est important). *I do not know* (*what is important*).
Les célibataires peuvent faire (**ce qu'**ils veulent). *Single people can do* (*what they want*).

COMPARE:

Je ne sais pas **la chose** (**qui** est importante). — Ils peuvent faire **les choses** (**qu'**ils veulent).

B. **Ce qui** and **ce que** may also be used if the antecedent is a whole idea:

Vingt pour cent des Français interviewés ne connaissent pas le peintre surréaliste Salvador Dali, (**ce qui** n'est pas étonnant).
Presque tous les Français reconnaissent la santé comme essentielle au bonheur, (**ce que** les enquêteurs avaient prévu).

C. If the relative clause is dependent upon the preposition **de,** and there is no specific antecedent, use **ce dont:**

avoir besoin de to need
Montrez-moi (**ce dont** vous avez besoin). *Show me* (*what you need*).

parler de to talk about
Je ne **comprends** pas (**ce dont** il parle). *I don't understand* (*what he is talking about*).

s'agir de to be a matter of, to be about
Voici (**ce dont** il s'agit). *Here's what it's about.*

EXERCICE

Complétez les phrases suivantes par **ce qui, ce que** ou **ce dont**.

1. Cet article traite de _____ se passe dans la société moderne.
2. _____ dit le journaliste de la fragmentation de la vie me semble assez juste.
3. _____ rend une personne heureuse dans le mariage n'est pas forcément _____ l'autre désire.
4. Je ne sais pas _____ j'aurais répondu à sa question.
5. _____ nous avons envie n'est pas toujours _____ est le plus apte à nous rendre heureux.
6. Quand vous aurez tout _____ vous désirez et tout _____ vous avez besoin, vous ne serez pas content car il n'y aura plus rien à espérer.
7. _____ m'intéresse, c'est _____ les Français pensent de l'amour.
8. Josette ne veut pas se marier, _____ est étonnant, car elle a des idées très traditionnelles.

Summary of Relative Pronouns			
	referring to a person	*referring to a thing*	*referring to something indefinite*
Subject	qui	qui	ce qui
Direct Object	que	que	ce que
Object of a Preposition	qui	lequel laquelle lesquels lesquelles	
Object of the Preposition **de**	dont (de qui)	dont (duquel) (de laquelle) (desquels) (desquelles)	ce dont

EXERCICE
RÉCAPITULATIF

Un Test de votre amabilité

Complétez les phrases suivantes par le pronom relatif convenable. Ensuite, indiquez *vrai, quelquefois vrai* ou *faux* pour chaque phrase. Calculez votre score selon les indications à la fin de l'exercice.

1. Vous écrivez à des amis _____ habitent très loin, même si vous n'avez rien de précis à leur dire.
2. Vous êtes aimable *a priori* avec les personnes _____ vous ne connaissez pas.
3. Vous ne contredisez pas _____ disent vos amis, même si vous n'êtes pas du tout d'accord.
4. Vous avez envie de partager _____ vous fait plaisir: sentiments, expériences ou choses matérielles.
5. Si une amie porte une robe _____ vous trouvez très vulgaire, vous ne le lui dites pas.
6. Vous gardez votre amitié pour un ami _____ la fiancée vous a insulté.
7. Un ami à _____ vous avez prêté de l'argent ne vous le rend pas. Vous le lui rappelez très délicatement, ou pas du tout.
8. Vous essayez d'apprécier _____ parlent vos amis, même si cela ne vous intéresse pas.
9. Vous ne refusez pas de prêter les affaires (*belongings*) _____ vous tenez.
10. Quand vous recevez un cadeau _____ ne vous plaît pas, vous faites semblant d'en être content.
11. Vous n'êtes pas jaloux d'un ami _____ vient d'acquérir quelque chose _____ vous avez envie depuis longtemps.
12. Vous exprimez votre admiration pour _____ vos amis admirent, même si vous n'êtes pas aussi enthousiaste qu'eux.

Votre score: 3 points pour chaque *vrai*
                      2 points pour chaque *quelquefois vrai*
                      1 point pour chaque *faux*

Si vous avez de 30 à 36 points, vous êtes très aimable.
Si vous avez de 18 à 29 points, vous êtes assez aimable.
Si vous avez moins de 18 points, vous n'êtes pas du tout aimable.

LECTURE   Nouveaux couples
...ou les vies successives du cœur

Jamais autant de ruptures, de divorces. Et jamais autant de cohabitations provisoires. Hier encore, l'amour liait pour une vie. De plus en plus, aujourd'hui, l'amour attache pour un temps. Le cœur a plusieurs vies successives.

Comme l'emploi, les couples deviennent précaires. Le mariage perd constamment de son crédit: ou bien on le brise, ou bien on l'évite avec le risque permanent d'une séparation. Jamais on n'a connu une telle instabilité sentimentale, jamais autant de ruptures, jamais autant de divorces demandés si tôt.

Prenons l'exemple de Gilbert, un décorateur parisien de 43 ans. Trois femmes lui ont donné quatre fils. L'aîné a 19 ans; le dernier, 8 mois. Ce qui est étonnant, c'est la tolérance sociale dont a bénéficié le désordre domestique de leur père. Voici son histoire, ou plus exactement cette succession d'histoires. Elle débute, en 1963, dans une mairie. Ils ont 20 ans tous les deux, mais ils n'aiment pas avec la même intensité. Lui, un peu; elle, passionnément. Si elle n'avait pas été enceinte, il ne l'aurait sans doute pas épousée. *«J'ai fait une bêtise»*, se dit-il en sortant de l'hôtel de ville.[1] Et, comme il a été élevé dans les écoles chrétiennes, il se prépare à porter le poids° de cette erreur pendant le reste de ses jours. Il n'imagine pas que, quatre ans plus tard, l'amour l'entraînera ailleurs, vers une autre femme. La séparation s'opère de façon progressive. D'abord, il s'absente un week-end sur deux, puis chaque jour de la semaine, et bientôt il ne reste plus dans son foyer qu'un week-end sur deux.

Éclate° Mai 68.[2] Gilbert participe à la révolte étudiante. S'il ne casse° rien, du moins brise-t-il cet ultime lien. La rupture est définitive. Il décide d'aller vivre dans une communauté,° à côté de Paris, avec sa deuxième femme, qui attend bientôt un enfant. Il est heureux, comblé.° Aussi ne s'explique-t-il pas[3] pourquoi, soudain, l'amour l'emporte° pour la troisième fois. C'est une jeune fille rencontrée par hasard.° Elle l'obsède si bien qu'il en perd le sommeil. Que faire? Il s'en ouvre° à sa compagne,° qui répond: *«D'accord, j'accepte que nous*

le poids   weight, burden

éclater   to break out, explode
casser   to break
une communauté   commune

comblé   fulfilled
emporter   to carry away
par hasard   by chance
il s'en ouvre   he confides in
la compagne   female companion

---

[1] **hôtel de ville:** city hall, where civil marriage ceremony must take place in France
[2] **Mai 68:** voir note en bas de la page 000
[3] **Aussi** + *inversion (verb-sujet):* Thus...

«La famille est haut placée parmi les composantes du bonheur.»

convenir de to agree upon
ignorer not to be aware of
une entente understanding
s'effectuer to be accomplished

nous quittions, mais auparavant je veux la connaître.» Les deux femmes conviennent° d'un rendez-vous, déjeunent ensemble et se plaisent. Gilbert ignore° ce qu'elles se sont «raconté»; il constatera simplement que, grâce à cette entente,° son départ s'effectuera° sans drame. Depuis lors, il a rétabli un certain ordre dans son remue-ménage.[4] Il a divorcé d'avec sa première femme, préservé l'amitié de

---

[4]**remue-ménage;** stir, "to-do," play on words with **le ménage** = household

la deuxième, épousé la troisième et organisé le partage des enfants.

Naturellement, tous les Français, de l'un ou l'autre sexe, ne se reconnaîtront pas dans ce personnage extravagant. Tous n'ont pas fait, à 43 ans, l'expérience d'un mariage, d'un divorce, de la cohabitation et d'un second mariage. Des couples légalement unis et qui résistent au temps, cela se voit encore. Gilbert appartient donc à une minorité, et même à un milieu social bien précis, dont Jacques Commailles a dessiné les contours. Selon ce sociologue, cette minorité se recrute parmi les représentants des *«nouvelles classes moyennes issues de la phase de croissance économique»:* techniciens, enseignants, publicitaires, journalistes... Mais les statistiques montrent que ce groupe, loin de diminuer, ne cesse de° grossir. En vérité, les Français sont de plus en plus nombreux à considérer que le bonheur à deux échappe aux règles. Libre à soi° d'en chercher la meilleure formule. Et tant pis pour les échecs!

La cohabitation? C'est déjà une coutume. Plus du tiers des jeunes de 22–23 ans la pratiquent, et les deux cinquièmes des 24–25 ans ont vécu ou vivent toujours de cette façon-là. Le mariage? C'est une valeur en baisse. En 1982, on en a enregistré 100.000 de moins qu'il y a dix ans. Le divorce? On en a compté près de 100.000 en 1982, dix fois plus qu'en 1972. (À ce rythme, un mariage sur quatre est promis à la destruction.) Ainsi, les familles à un seul parent tendent à se multiplier, donnant ainsi deux maisons à quelque 600.000 petits garçons et petites filles. *«Tu habites chez ton père ou chez ta mère?»,* demande-t-on dans les cours de récréation.°

Hier encore, jusque dans les années soixante-dix, si un homme et une femme venaient à° s'aimer, ils avaient la vision immédiate de leur destin: une trajectoire° commune sans fracture,° sinon celle apportée par le décès de l'un ou de l'autre. Des fiançailles, plus ou moins longues, précédaient le mariage. Les familles liaient connaissance. On déposait des listes[5] dans les magasins. Ensuite, il y avait les enfants. Si la mère travaillait à l'extérieur, elle abandonnait peut-être son emploi pour mieux veiller à° leur éducation. Puis ceux-ci partaient, laissant les parents s'acheminer vers la retraite.° Cette chronologie, qui ne variait guère, s'est trouvée brusquement bouleversée.

Le phénomène a surpris les spécialistes. Certes, ils avaient vu s'étendre la cohabitation, mais ils avaient d'abord cru à° des fiançailles modernisées qui se termineraient, après un an ou deux, à la mairie. Mais il est clair, en effet, que la cohabitation ne constitue plus nécessairement un état transitoire et qu'elle n'interdit° pas de fonder une famille. Avant 1975, les naissances illégitimes étaient assez rares. Elles n'excédaient pas 7% du total des naissances. Depuis cette époque, elles ont augmenté au point d'atteindre 13% en 1982.

---

ne cesser de   to continue to

libre à soi   it's up to you, to each individual

la cour de récréation   playground

venir à   to come to, happen to
une trajectoire   trajectory, path
la fracture   break

veiller à   to watch over, supervise
la retraite   retirement

ils avaient cru à   they thought it was

interdire   to prevent

---

[5] **On...listes:** practice of indicating in certain stores what wedding gifts would be appropriate, usually place settings of china and tableware

COMPRÉHENSION

1. Quelle évolution s'est produite dans l'institution du mariage, selon cet article?
2. Résumez le cas de Gilbert. Caractérisez l'attitude de la société vis-à-vis du désordre domestique de Gilbert.
3. Gilbert est-il typique ou représente-t-il une minorité?
4. Selon le sociologue Jacques Commailles, qui est-ce qui constitue cette minorité? Cette minorité est-elle en train de diminuer?
5. Citez quelques statistiques qui montrent que le mariage est en baisse.
6. Quelle était la chronologie traditionnelle du mariage?
7. Qu'est-ce qui prouve que la cohabitation ne constitue pas nécessairement un état transitoire?

2

tarder à to delay in

Cette liberté des mœurs conjugales ne nous vient pas des États-Unis, où jusque-là les époux, s'ils divorçaient, ne tardaient° pas à se remarier, même plusieurs fois de suite. Le mouvement est parti du nord de l'Europe pour toucher l'ensemble des pays industrialisés dans la seconde moitié des années soixante. Mais il les a affectés à des degrés divers. Par exemple, c'est en Scandinavie qu'on se marie le moins, en République fédérale d'Allemagne que la baisse des naissances dans le mariage est la plus forte, et en Grande-Bretagne qu'on divorce le plus. Quant à la France, elle n'est pionnière nulle part, et se contente d'accompagner la vague.°

la vague wave (of fashion), fad

S'agit-il d'une mode destinée à retomber aussi vite que la vague, ou bien d'une mutation radicale? Les sociologues, gens prudents, hésitent à se prononcer et préfèrent parler pour l'instant de «cycle». Mais ce cycle, constatent-ils aussi, n'est pas près de s'achever. Ils avaient pensé, en effet, que la crise économique internationale inciterait Français, Suédois ou Allemands à se réfugier de nouveau dans la famille. Or il n'en est rien.° La tendance s'est maintenue. On objectera que sans le secours° de certaines lois permissives elle se serait peut-être inversée. On l'a dit, par exemple, de la loi de 1975, introduisant le divorce par consentement mutuel. Mais c'est une sottise. Cette loi n'est pas une «briseuse de ménages». En vérité, tout s'est passé comme si les couples, les avocats et les magistrats en avaient eu assez au même moment.

il n'en est rien nothing of the sort
le secours help

Cette liberté se paie. Son prix, c'est la précarité. Les couples se forment, puis se défont pour se reformer avec d'autres partenaires sans jamais être assurés de leur solidité. D'où° une fragmentation des vies, qui deviennent une succession de séquences sentimentales plus ou moins longues. Ainsi Catherine qui, à 40 ans, en est à sa troisième «aventure».° «La dernière, affirme-t-elle. Maintenant, je suis sûre de moi.» Quand cette bibliothécaire° se retourne sur son passé, elle

d'où whence

une aventure interlude, love affair
la bibliothécaire librarian

les décombres (*m.*) debris
les dommages (*m.*) damage

pousser to push, incite

s'éprendre de to be taken with, fall in love with
orageux, -se stormy
mûrir to ripen, mature
flâner to stroll, drift aimlessly
le souffle breath
une équipée escapade
le chéquier checkbook
fugueur fickle
s'accrocher to hang on
lâcher to let go
la fugacité fleetingness
le crépuscule twilight, dusk
frapper to strike
survenir to arise, occur
s'allonger to grow longer

s'affoler to panic
vaciller to vacillate, sway

traduire *here*, to express

les méchantes langues (*lit.* evil tongues) malicious gossips
la réplique reply
se répandre to spread

la précocité prococity, state of being unusually early

C'est à peine si... It's just barely that...
le libertaire libertarian (one who believes in unrestricted personal freedom)
le comportement behavior
soutenir to maintain
différer to postpone

aperçoit des décombres,° mais ces dommages° lui paraissent dans l'ordre des choses. Là encore, l'histoire commence par une cérémonie.

Catherine a 18 ans lorsqu'elle se marie religieusement une heure après avoir fait baptiser sa fille. Elle divorcera dix mois plus tard. *«Pour moi, je m'en rends compte aujourd'hui, c'était un moyen de rompre avec ma famille et un milieu de petits commerçants que je détestais. Ma fille avait 1 an. C'est elle qui m'a poussée° à rompre si rapidement. Je me suis dit que si j'attendais plus longtemps, elle en souffrirait davantage.»* Ensuite, elle s'éprend° d'un Algérien. Liaison orageuse° qui se prolonge trois ans. *«C'était dur. Œil pour œil, dent pour dent. Mais ça m'a mûrie.»°* Après cet épisode mouvementé, elle s'offre cinq années de célibat. *«J'en avais besoin pour récupérer. J'ai flâné,° sans trop d'angoisse.»* Son souffle° recouvré, elle se sent enfin prête pour une équipée° plus sérieuse qu'elle tentera avec un journaliste. Voilà maintenant près de quinze ans qu'ils partagent le même chéquier.° Certes, son compagnon s'est révélé fugueur° à l'occasion, mais elle ne l'a pas quitté pour autant. *«Je m'accroche.° Je ne lâcherai° pas. C'est avec lui que je veux vieillir.»*

Ces quinze années qui ont la fugacité° d'un matin aux yeux de Catherine, imagine-t-elle qu'elles auraient annoncé le crépuscule° d'un couple au XVIIIᵉ siècle? La mort frappait° tôt à cette époque, vers 30 ans. À présent, elle ne survient° pas avant l'âge de 75 ans en moyenne. Et si la vie se fragmente, c'est aussi, et surtout, parce qu'elle s'est allongée.

Les amants de 20 ans ont toujours rêvé d'avoir l'éternité devant eux. Maintenant qu'ils l'ont — ou presque — ils s'affolent.° Devant la perspective de cinquante-cinq ans de vie commune, l'esprit vacille.° Ainsi, la panique qui saisit la plupart des amants à l'instant de se prononcer traduirait° moins une faiblesse de caractère que le refus instinctif de s'enchaîner à un destin interminable.

Au temps où Brigitte Bardot tournait «Et Dieu créa la femme», de méchantes langues° lui avaient reproché son amoralisme. *«Non, s'était-elle défendue. Je suis fidèle, mais j'ai des fidélités successives.»* Par cette seule réplique,° elle avait défini un mode de vie scandaleux pour l'époque, mais qui allait se répandre° ultérieurement, une fois tombées les barrières religieuses.

Une telle pratique explique en partie la précocité° des divorces: plus tôt on sera divorcé, plus tôt on reviendra «sur le marché». Dans les années cinquante, on attendait six ou sept ans. Maintenant, on approche des trois ou quatre ans. C'est à peine si° les Français gardent leur voiture plus longtemps (quarante-quatre mois en moyenne).

«La vie est trop longue pour n'aimer qu'une seule fois»: tel pourrait être le mot d'ordre des nouveaux libertaires.° On croirait en effet que nos comportements° sentimentaux empruntent à nos habitudes de consommation. Un psychiatre soutient° que *«nous tolérons de plus en plus mal les frustrations. Nous ne savons plus différer».°* Nous avons,

se lasser to tire

surgir to arise

le claquement slamming

un étouffoir stifler
s'émouvoir to be moved
(emotionally)

une revendication claim

bouder to pout (about)
l'éphémère ephemeral, thing of
short duration
une volonté will, desire
légiférer to legislate
fâcheux annoying, troublesome
le schéma pattern, schematic
diagram

un glissement slipping

s'appuyer to lean

la fiscalité tax structure
la subvention government
subsidy
les assurances insurance
un héritage inheritance
avantager to favor
tirer to draw
déconseiller to advise against,
dissuade from
la prime welfare subsidy

semble-t-il, l'impatience du consommateur qui se lasse° vite d'un objet et le jette dès qu'il a rempli son usage. Crise classique entraînant des attitudes infantiles de cet ordre: celle qui surgit° à la naissance du premier enfant, et qui, sitôt apparue, précipite le mari ou le concubin vers la porte, ses valises à la main. La tentation est forte de changer de vie comme on change de montre Kelton.[6]

Tous ces divorces, ces claquements° de porte et ces vagabondages ne constituent pas une insulte à l'amour. Au contraire, jamais l'amour n'a bénéficié d'un tel respect. C'est même pour lui conserver sa fraîcheur originelle que beaucoup en sont venus à rejeter le mariage, jugé contraignant, hypocrite, un étouffoir° de la spontanéité. Depuis que l'homme et la femme se sont émus° pour la première fois de se toucher seulement des doigts, ils ont cherché à prolonger cet instant de grâce. Mais ils n'ont pas tout de suite pensé que le mariage accomplirait ce miracle. Longtemps réduit à l'association de deux intérêts, le mariage d'amour est une revendication° tardive qui commence à s'exprimer au XVIIIe siècle pour obtenir satisfaction dans les années 1930–1970. Après quoi, l'amour et le mariage paraissent à certains incompatibles, et ils se séparent. Nous en sommes là, boudant° l'institution et privilégiant l'éphémère,° l'intensité donnant l'illusion de la durée.

Paradoxe: cette révolution explose au moment où se développe une volonté° de légiférer° sur tout. Pour le législateur, c'est fâcheux.° Il avait l'habitude de travailler sur le schéma° suivant, qui présentait l'avantage de la simplicité: le couple est le fondement de la famille, et la famille conjugale, le fondement de la société. Or, il y a aujourd'hui une multiplicité d'états de couple. Il faut donc moderniser des structures édifiées sur une conception unique du couple. Déjà, le vocabulaire s'est adapté aux mœurs, opérant un glissement° subtil qui fait de l'enfant illégitime un enfant hors mariage, de la fille-mère une mère célibataire, et des concubins, d'honorables cohabitants.

Mais organise-t-on l'instabilité? Non? Alors, sur quel modèle s'appuyer?° La sociologue Évelyne Sullerot a entrepris, pour le compte du Conseil économique et social, de relever les traductions administratives de ce bouleversement afin de montrer dans quelle direction elles l'orientaient. Son champ d'investigation: le logement, les prêts, la fiscalité,° les subventions,° les assurances,° l'héritage,° etc. Ce qu'elle a découvert jusque-là? Non pas une politique logique, mais un système incohérent qui à certaines occasions avantage° le mariage, et à d'autres l'union libre. Impossible d'en tirer° la moindre conclusion. Est-on en droit d'affirmer, par exemple, que les pouvoirs publics déconseillent° le mariage parce que la fiscalité favorise l'union libre? Ou bien qu'ils poussent un père à ne pas reconnaître son enfant, dans la mesure où la prime° de parent isolé est favorable à l'enfant placé dans cette situation?

---

[6]**montre Kelton:** montre bon marché qu'on jette facilement

un carrefour crossroads

Cette incohérence témoigne de notre immense perplexité. Nous sommes à un carrefour° et nous ne savons pas quel chemin choisir. Il y en a deux, selon Évelyne Sullerot. L'un conduit à une société dont la famille demeure la cellule de base. Les membres de cette famille sont tenus de s'entraider, même financièrement. L'autre mène à une société différente, fondée, sur l'individu, qui partage ses responsabilités avec l'État. L'individu abandonne à l'État le soin d'assurer sa sécurité matérielle et celle de ses enfants, pour se consacrer° à la seule gestion° de sa vie amoureuse. C'est sur cette seconde voie° que l'évolution des mœurs nous engage. Un mariage à trois, en quelque sorte. Mais, à coup sûr,° cette formule inédite° ne résisterait pas mieux que le mariage traditionnel. Car l'État, ce troisième comparse° accueilli° comme un bon parti, risquerait de décevoir.° Ses ressources s'épuiseraient° à fournir séparément au père, à la mère et à l'enfant l'assistance que, dans le monde ancien, ils se portaient naturellement, par solidarité familiale. Bref, il irait tout droit à la faillite.°

se consacrer à to dedicate oneself to

la gestion management

la voie the road, way

à coup sûr for certain, surely

inédite *here,* novel, new

le comparse silent actor

accueilli welcomed

décevoir to disappoint

s'épuiser to become exhausted

la faillite failure, bankruptcy

COMPRÉHENSION

1. Quel est le prix de la nouvelle liberté sociale que représente la tolérance envers la cohabitation?
2. Racontez le cas de Catherine.
3. Donnez une explication démographique à la «fragmentation» de la vie moderne. Pourquoi les amants de 20 ans s'affolent-ils, selon cet article?
4. Quel mode de vie Brigitte Bardot a-t-elle défini en se défendant contre les reproches qu'on lui faisait?
5. Quel pourrait être le mot d'ordre des nouveaux libertaires? Quelle attitude ce mot d'ordre traduit-il?
6. Selon le journaliste, «tous ces divorces, ces claquements de porte et ces vagabondages ne constituent pas une insulte à l'amour». Expliquez son raisonnement.
7. Quel problème cette évolution de mœurs présente-t-il pour le législateur?
8. En quoi le système administratif actuel est-il incohérent?
9. Quels sont les deux chemins que l'État peut suivre dans sa législation concernant le couple?
10. Quels sont les dangers si l'État, en protégeant la mère célibataire et l'enfant hors mariage, devient en quelque sorte le troisième comparse dans les «nouveaux couples»?

DISCUSSION

1. La cohabitation est-elle à votre avis immorale? Justifiez votre réponse.
2. La cohabitation représente-t-elle un danger pour la société?
3. Les enfants nés hors mariage ont-ils plus de difficultés dans la vie que les enfants de familles unies? Expliquez votre réponse.
4. Que pensez-vous de cette explication pour le foisonnement des unions libres: «La vie est trop longue pour n'aimer qu'une seule fois.»?

5. Êtes-vous d'accord que le mariage et l'amour sont incompatibles?

6. Faut-il distinguer entre «l'amour-passion» tel qu'on l'éprouve au début des rapports sentimentaux, et l'affection plus tranquille qui se développe au cours des années?

7. Que pensez-vous de la situation de Catherine? Pensez-vous qu'elle sera déçue à la longue dans son union libre avec le journaliste? Si elle avait épousé ce journaliste, aurait-elle de meilleures chances de trouver un bonheur stable avec lui? Expliquez votre réponse.

8. Quel doit être le rôle de l'État dans l'évolution des mœurs? Dans quelle mesure peut-on légiférer au sujet du comportement intime?

9. Estimez-vous que l'évolution récemment notée en France est différente de ce qui s'observe dans la société américaine?

COMPOSITION DIRIGÉE

Vous allez écrire un dialogue entre une jeune personne (jeune fille ou jeune homme) et son père ou sa mère. La jeune personne vient d'annoncer son intention de quitter la maison pour habiter avec une personne de l'autre sexe. Commencez à partir du dialogue suivant, le modifiant éventuellement.

> JEUNE PERSONNE: Maman (Papa), j'ai quelque chose d'important à te dire.
> PARENT: Oui, mon enfant, qu'est-ce qu'il y a?
> JEUNE PERSONNE: Eh bien, Maman (Papa), tu connais Pierre (Pierrette), ce jeune homme (cette jeune fille) avec qui je sors depuis quelque temps? Tu sais, nous nous aimons, et nous voulons louer une chambre ou un appartement ensemble.

14

Verbes

- STRUCTURE
  Pronominal Verbs (*Les Verbes pronominaux*)

Pronominal Verbs (*Les Verbes pronominaux*)

Pronominal verbs, as the name suggests, are verbs that are used with a pronoun, the so-called reflexive pronoun. The reflexive pronoun corresponds to the subject of the verb. Pronominal verbs may be regular or irregular in form, but they are always used with the reflexive pronoun.

FORMS

The Present Tense

The present tense of pronominal verbs differs from ordinary verbs only in the use of the reflexive pronoun.

se coucher *to lie down, to go to bed*	
je **me** couche	nous **nous** couchons
tu **te** couches	vous **vous** couchez
il / elle } **se** couche	ils / elles } **se** couchent

The Present Perfect (*Le Passé composé*)

In the present perfect, as in all compound tenses, pronominal verbs are conjugated with **être.** There is an agreement between the past participle and the reflexive pronoun if it is a direct object preceding the verb.

je **me** suis couch**é(e)**	nous **nous** sommes couch**é(e)s**
tu **t**'es couch**é(e)**	vous **vous** êtes couch**é(e)(s)**
il **s**'est couch**é**	ils **se** sont couch**és**
elle **s**'est couch**ée**	elles **se** sont couch**ées**

REMARQUER:

Compare: Elle s'est lavé**e.**
Elle s'est lav**é** les cheveux.

In the first sentence, **se** is the direct object. In the second sentence, however, **les cheveux** is the direct object; and since it does not precede the verb, there is no agreement.

The Negative

The position of the reflexive pronoun (**me, te, se, nous, vous**) is the same as that of any object pronoun, i.e., it directly precedes the verb (in compound tenses, it precedes the auxiliary verb **être**). If the sentence is negative, the verb and preceding pronoun form an inseparable core, with **ne** before and the second term of negation after:

Affirmative: je **me couche.** (simple tense)
je **me suis** couché. (compound tense)

Negative: je ne **me couche** pas. (simple tense)
je ne **me suis** pas couché. (compound tense)

		SIMPLE TENSES			
subject	**(ne)**	*reflexive pronoun*	*verb*	**(pas)**	
Ils	ne	se	couchent	pas	
subject	**(ne)**	**COMPOUND TENSES**			*past participle*
		reflexive pronoun	*aux. verb*	**(pas)**	
Ils	ne	se	sont	pas	couchés

Basic Word Order of Sentences with Pronominal Verbs

The Imperative

1. The Affirmative Imperative

   As with all other forms of pronominal verbs, the imperative must include the reflexive pronoun. Notice that the pronoun follows the verb, and the **te** in this position becomes **toi.**

   Couche-toi! *Go to bed!* (familiar)
   Couchez-vous! *Go to bed!* (polite or plural)
   Couchons-nous! *Let's go to bed!* (collective)

2. The Negative Imperative

   In the negative imperative, pronoun objects precede the verb. The pronoun and verb form a core that is enclosed by the negative.

   Ne te couche pas! *Do not go to bed!*
   Ne vous couchez pas! *Do not go to bed!*
   Ne nous couchons pas! *Let's not go to bed!*

chat steté

REMARQUER:
The reflexive pronoun used with a pronominal verb must always agree with the subject:

> **Il** va **se** coucher.
> **Nous** allons **nous** coucher.
> **Je** vais **me** coucher, etc.

CLASSIFICATION OF PRONOMINAL VERBS

Reflexive Pronominal Verbs

These are verbs whose subject performs the action upon itself. Almost any transitive[1] verb may be used as a pronominal verb. Compare:

> **Il le voit.** *He sees him.*
> **Il l'a vu.** *He saw him.*

BUT:

> **Il se voit.** *He sees himself.*
> **Il s'est vu.** *He saw himself.*

In these two sentences the subject and direct object are identical; the verb **voir** is being used as a reflexive pronominal verb.

Reciprocal Pronominal Verbs

These are verbs with plural subjects that act mutually upon each other. (**On,** though grammatically singular, is in effect plural when used with a reciprocal pronominal verb.)

> **Nous nous influençons.** *We influence each other.*
> **Ils s'aiment.** *They love each other.*
> **On se comprend.** *We (they) understand each other.*

Sometimes **mutuellement** or **l'un l'autre** may be added for emphasis or clarification:

> **Ils se détruisent mutuellement.** *They destroy one another.*
> **Ils s'adorent l'un l'autre.** *They adore each other.*

REMARQUER:
With reflexive and reciprocal pronominal verbs, the reflexive pronoun is translated. Almost any transitive verb may be used in both these ways.

Verbs Pronominal by Nature

These verbs may be subdivided into two groups:

---

[1] A transitive verb is one that governs a direct object: *to take* is transitive, *to go* is not (since one can "take" something but one cannot "go" something).

1. Those that have a non-pronominal counterpart whose meaning may be very different:

agir	to act	**s'agir de**	to be a matter of
attendre	to wait for	**s'attendre à**	to expect
demander	to ask	**se demander**	to wonder
douter	to doubt	**se douter de**	to suspect
passer	to pass by, spend (time)	**se passer**	to happen
tromper	to deceive	**se tromper**	to make a mistake

2. Those that exist only in pronominal form:

s'emparer de	to seize	**se dépêcher**	to hurry
se souvenir de	to remember	**se méfier de**	to mistrust

(There are no such verbs as "souvenir," "emparer," "dépêcher," or "méfier.")

— C'est un programme très séduisant, jeune homme, mais je dois à la vérité de vous prévenir que vous vous êtes trompé de numéro!

REMARQUER:
With verbs that are pronominal by nature, the reflexive pronoun is an integral part of the meaning and usually cannot be translated in itself.

Verbs Used Pronominally to Express the Passive Voice

1. Many pronominal verbs are close in meaning to their non-pronominal counterparts, but are passive. That is to say, the subject of these verbs is acted upon, rather than performing the action of the verb:

Active Meaning		*Passive Meaning*	
amuser	to amuse	**s'amuser**	to be amused, have a good time
ennuyer	to bore	**s'ennuyer**	to be bored
étonner	to surprise	**s'étonner**	to be surprised
intéresser	to interest	**s'intéresser à**	to be interested in
inquiéter	to worry	**s'inquiéter de**	to be worried about

2. Frequently, non-pronominal verbs are used pronominally to express passive actions that are habitual or of general truth:

> **Le français se parle au Canada.** *French is spoken in Canada.*
> **Les stylos se vendent dans une papeterie.** *Pens are sold in a stationery store.*
> **Certains mots ne se disent pas en bonne compagnie.** *Certain words are not said in polite company.*

EXERCICES

A. Complétez les phrases suivantes en employant la forme correcte du présent de l'indicatif d'un verbe pronominal choisi dans la liste ci-dessous. (Attention, il y a deux verbes de trop.)

s'accrocher à	to cling to	**s'étonner**	to be surprised
s'apercevoir de	to notice	**s'éveiller**	to awaken
s'arrêter	to stop	**se lever**	to get up
se cogner à	to bump into	**se mettre à**	to begin
se coucher	to go to bed	**se produire**	to occur, happen
se demander	to wonder	**se sentir**	to feel
s'emparer de	to seize	**se servir de**	to use

1. Presque tout le monde a un objet auquel il ＿＿ un peu comme le célèbre Linus a sa couverture.
2. Les révolutions ＿＿ quand il existe de grandes inégalités dans une société.
3. Je ＿＿ où j'ai laissé mon stylo.
4. Quand Jean-Marc ne peut plus écrire, il ＿＿ à boire, par désespoir.
5. En apprenant que sa femme de ménage écrit aussi bien que lui, cet écrivain célèbre ＿＿.
6. Nous devons ＿＿ de bonne heure demain matin pour prendre l'avion à sept heures.

7. Pour dactylographier ta lettre, tu peux ____ de ma machine à écrire.

8. Chaque matin, les fermiers ____ quand ils entendent le cri des coqs.

9. La femme de ménage boit le cognac du maître, mais il ne ____ pas de cela.

10. D'habitude, les étudiants ____ vers minuit, sauf s'il y a un examen le lendemain; dans ce cas-là, souvent ils ne dorment pas.

11. On m'a dit que vous étiez malade hier. Est-ce que vous ____ mieux aujourd'hui?

12. En rentrant de l'école, je ____ devant la vitrine du grand magasin pour regarder les beaux étalages.

B. En vous servant des verbes ci-dessous, composez un court paragraphe au passé composé dans lequel vous parlerez de ce que vous avez fait hier matin. Ajoutez quelques détails pour rendre votre paragraphe plus intéressant. Commencez:

Hier matin, comme d'habitude, je me suis réveillé à sept heures. Ensuite, . . .

se brosser les dents	se lever
se décider à	se maquiller
se dépêcher	se peigner
se doucher	se raser
s'habiller	se regarder dans le miroir

C. (*Exercice facultatif*) Refaites l'exercice précédent en substituant **elle** à **je**. Faites tous les autres changements nécessaires. (Attention aux accords.)

D. Répondez négativement aux questions suivantes.

1. Votre professeur de français se trompe-t-il souvent?
2. Les étudiants s'intéressent-ils à tout?
3. Vous demandez-vous ce que l'avenir vous réserve?
4. Dans cette leçon, s'agit-il d'adjectifs?
5. L'action s'est-elle passée en un seul jour?
6. Nous sommes-nous ennuyés dans la classe de français?
7. Vos amis se sont-ils moqués de vous quand vous avez fait cette erreur?
8. Est-ce que je me suis amusé pendant le week-end des examens?
9. Vos parents s'inquiètent-ils si vous ne téléphonez pas régulièrement?
10. Les petits enfants se sont-ils tus pendant le concert? (se taire = *to be quiet*)

E. Mettez au discours direct les phrases suivantes.

MODÈLE: Nina dit à son fils de se coucher.
              Elle lui dit: **Couche-toi!**

1. Marianne dit à son mari de s'occuper des enfants. Elle lui dit: ____
2. Nina dit à son fils de ne pas se coucher. Elle lui dit: ____
3. Nadine dit qu'elle et ses amis doivent tous s'unir. Elle dit: ____
4. Jean-Paul dit à sa fille de ne pas se peigner à table. Il lui dit: ____
5. Le reporter demande à Henri de s'expliquer. Elle lui dit: ____

6. La mère dit aux enfants de se laver. Elle leur dit: _____
7. Je dis que nous devons tous nous regarder dans le miroir. Je dis: _____
8. Mon meilleur ami me dit de ne pas me marier. Il me dit: _____
9. Les professeurs nous disent de nous souvenir des règles. Ils nous disent: _____
10. On lui dit de ne pas se tromper. On lui dit: _____

F. Refaites les phrases suivantes en employant un verbe pronominal réciproque.

   MODÈLE: Christine a regardé son fils et il a regardé Christine.
             Christine et son fils se sont regardés.

   1. Éric adorait Jeanne et Jeanne adorait Éric.
   2. Paul ne me parle pas et je ne lui parle pas.
   3. Picasso a influencé Braque et Braque a influencé Picasso.
   4. Vous respecterez les enfants et ils vous respecteront.
   5. Jean m'a vu et je l'ai vu.
   6. Thérèse vous a embrassé et vous l'avez embrassée.
   7. Sylvie a offert un cadeau à Simone et Simone lui a offert un cadeau.
   8. Martine ne dit pas bonjour à Pierre et Pierre ne dit pas bonjour à Martine.

G. Comparez et précisez (en anglais) le sens du verbe simple et du verbe pronominal dans les phrases suivantes.

   1. Comment *trouvez-vous* le restaurant qui *se trouve* près de Notre-Dame?
   2. Je voulais *rappeler* Pierre, mais je ne *me rappelais* plus son numéro de téléphone.
   3. Je *me demande* pourquoi le professeur *a demandé* à me voir après la classe.
   4. Tout le monde *attendait* une réforme du gouvernement, mais on ne *s'attendait* pas à une révolution.
   5. J'*ennuie* beaucoup ce professeur parce qu'il est évident que je *m'ennuie* dans sa classe.
   6. Ce jeune homme m'*intéresse* énormément et *je m'intéresse* à tout ce qu'il pense.
   7. Cette femme jalouse croyait que son mari la *trompait*, mais elle *s'est trompée*.
   8. Jacques m'*amuse* beaucoup et *nous nous amusons* toujours ensemble.
   9. Thierry *admirait* sa fiancée qui *s'admirait* dans le miroir.
   10. *J'ai lavé* la voiture et ensuite *je me suis lavé les mains.*

H. Refaites les phrases suivantes en employant des verbes pronominaux à sens passif.

   MODÈLE: On parle français au Canada.
             Le français se parle au Canada.

1. En France, on vend les timbres-poste dans les débits de tabac.[1]
2. On boit du vin blanc avec le poisson.
3. En français, on emploie la voix passive moins souvent qu'en anglais.
4. On mange les feuilles d'artichaut avec les doigts.
5. On ne dit pas «bon matin» en français.
6. On voit encore des costumes traditionnels à la campagne.
7. En France, on ferme les musées le mardi.
8. On achète le lait, la crème et le beurre dans une laiterie.

---

[1] **le débit de tabac:** a store that sells cigarettes and tobacco products.

15

Le Stylo

GÉRARD SIRE

Before his untimely death in 1977, Gérard Sire
earned a living as a commercial writer of radio
serials, advertising sketches, and movie scenarios.
In his leisure hours, however, he wrote short stories
with the verve, imagination and humor for which
the *Méridionaux* (people from the south of France)
are well known.

    The story that follows is drawn from a
posthumous anthology, *Le Clown et autres contes*.
«Le Stylo», like Gérard Sire's other stories and
those of many popular storytellers, O'Henry and
Damon Runyon, for instance, ends with an
unexpected and delightful twist.

■ LECTURE: Gérard Sire / **Le Stylo**

LECTURE Le Stylo

1

On s'accroche à ce qu'on peut: à un dieu, ou à une idée; à une femme, une ambition; à un rêve, une drogue, l'alcool. Ou à rien du tout.

Jean-Marc s'accrochait à son stylo.

Il était écrivain. C'est peut-être un grand mot: il publiait des histoires, des récits.° Le stylo était son principal instrument de travail mais il voyait en lui bien davantage° que cela.

Sans lui attribuer les vertus d'un talisman,° il l'avait paré° de pouvoirs mystérieux basés sur une série de constatations° irréfutables. Depuis qu'il avait acheté ce stylo, par exemple, ses ouvrages° se vendaient beaucoup mieux. Ou encore: les contrats qu'il signait avec ce stylo s'avéraient° infiniment plus fructueux° que les autres. Ajoutez à cela que le stylo possédait une plume° idéalement douce glissant° sur le papier sans jamais l'égratigner° et donnant à l'écriture° de Jean-Marc une légèreté qui se retrouvait dans le style des phrases.

Ce stylo avait pris dans la vie de Jean-Marc une grande importance. Il le dorlotait,° le mignotait,° avait pour lui des égards° que les hommes réservent généralement à leur auto ou à leur maîtresse. Avec le temps, et par un jeu de l'esprit absolument puéril,° il en était arrivé à° lui attribuer ses propres dons° d'écrivain. De cela, il n'avait soufflé° mot à personne.

Un soir, ayant bu plus que de raison au cours d'un cocktail où l'on célébrait un prix littéraire qu'il venait d'obtenir pour son dernier roman, Jean-Marc, égara° son stylo. Il ne s'en aperçut qu'une fois rentré chez lui. Malgré l'heure tardive, malgré son état de semi-ébriété°— ou peut-être à cause de cela —, il repartit pour le restaurant où s'était déroulé° le cocktail. Il s'en fit ouvrir les portes,[1] à force de tempêter,° de taper° sur les volets° fermés. Et, sous les yeux ébahis,° furieux, du tenancier° qu'il avait tiré de son premier sommeil, entreprit de visiter à quatre pattes° les moindres recoins° de l'établissement.

Au cours de ses recherches, il trouva, notamment, plusieurs boutons de manchettes° dépareillés,° un lacet de chaussure, un bréviaire,° un carnet de timbres,° un portefeuille et, même, un soutien-gorge° dissimulé° sous un tapis. Mais il ne put mettre la main sur son stylo. Il retourna chez lui fort désappointé et passa le reste de la nuit à se demander comment il ferait pour° continuer d'écrire. À tout hasard,° il prit un crayon à bille° qui traînait° au fond d'un° tiroir,° et tenta de traduire son état d'âme du moment: son angoisse, son

le récit narrative
davantage more
un talisman object with magical powers
parer to embellish
la constatation finding, observation
un ouvrage work
s'avérer to prove
fructueux, -se fruitful, profitable
une plume point (of a pen)
glisser to glide
égratiner to scratch
une écriture handwriting
dorloter to pamper
mignoter to fondle
un égard respect, consideration
puéril childish
en arriver à to reach the point of
le don gift
souffler to breathe, whisper

égarer to mislay, lose
la semi-ébriété half-drunkenness
se dérouler to take place, unfold
tempêter to storm, rage
taper to bang, knock
le volet shutter
ébahi flabbergasted
le tenancier proprietor
à quatre pattes on all fours
le recoin nook, recess
le bouton de manchette cuff link
dépareillé odd, mismatched
un bréviaire prayer book
un carnet de timbres booklet of postage stamps
un soutien-gorge brassiere
dissimulé hidden
comment il ferait pour how he would manage to
à tout hasard on the off chance
le crayon à bille ballpoint pen
traîner to lie around
au fond de in the back of
le tiroir drawer

---

[1]**Il s'en fit ouvrir les portes:** He had its doors opened for him. (This is the causative **faire** construction explained fully in Lesson 29.)

le désarroi dismay
demeurer to remain

conjurer le mauvais sort to exorcise ill fate
le papetier stationery dealer

la suavité smoothness

s'emparer de to seize, take over

Il…annonces He had advertisements appear
une forte récompense a large reward
le signalement official description

déclencher to set off
une étincelle spark
jadis formerly
mettre le feu à to fire
sombrer to sink
noyer to drown
le chagrin deep sorrow
puiser to draw (as from a well)
la dégringolade collapse
venir à to come to the point of
la boisson drink

une émission broadcast
rédiger to draft
débordé de swamped with
la voyante seer, fortune-teller

parvenir à to succeed in
joindre les deux bouts to make ends meet

épousseté dusted
renversé spilled
le cendrier ashtray
débordant de mégots overflowing with cigarette butts
la femme de ménage cleaning woman

désarroi.° Il fut incapable de tracer une ligne. Sa main demeurait° inerte.

Au lendemain matin, bien décidé de conjurer le mauvais sort,° Jean-Marc se rendit chez un papetier,° et acheta un stylo absolument identique à celui qu'il avait perdu. La plume en avait la même douceur, la même suavité.° Une fois devant sa table de travail, il ne retrouva pas son inspiration.

Il passa près d'une semaine face à une feuille blanche, son nouveau stylo à la main. Il avait oublié l'usage des mots et l'angoisse s'empara° de lui.

Retrouver son stylo devint la seule préoccupation de Jean-Marc. Il fit passer des annonces° dans la presse, promettant une forte récompense° à qui le lui rapporterait. Une trentaine de personnes se présentèrent chez lui, dans les heures qui suivirent, avec des stylos répondant rigoureusement au signalement° du sien. Il les essaya les uns après les autres, mais fut tout juste capable, à chaque fois, d'écrire une phrase banale dans le genre: *Le fond de l'air est frais.*

Aucun de ces stylos ne déclencha° en lui l'étincelle° magique qui, jadis,° mettait le feu à° son imagination. De plus en plus désespéré, Jean-Marc sombra° dans l'alcool, dans le double but de noyer° son chagrin° et d'y puiser° les idées qui se refusaient à lui. Son chagrin résista aux vapeurs du whisky, du cognac, du gin et du vin rouge. Quant aux idées, elles continuèrent de se refuser. Ce fut la dégringolade.° L'argent vint à° manquer.

Pour s'acheter les boissons° qui lui étaient devenues indispensables, Jean-Marc écrivit n'importe quoi: des slogans publicitaires, des émissions° de radio, des chansons pour Mireille Mathieu.[2] Il en vint même à rédiger° des horoscopes pour le compte d'une astrologue célèbre qui était débordée de° travail, en raison de son succès. La voyante° avait, en effet, annoncé la victoire de Frazier sur Cassius Clay,[3] et l'exactitude de sa prédiction lui avait fait une extraordinaire publicité.

Grâce à ces expédients, Jean-Marc parvint à° joindre les deux bouts.° Comme il était pris de boisson du matin au soir, son appartement offrait un aspect désolant: la vaisselle n'était jamais faite, les meubles jamais époussetés.° On trouvait des bouteilles vides partout, des verres renversés° sur les tapis ou des cendriers° débordant de mégots.° Dans un moment de lucidité, il décida de prendre une femme de ménage° afin de tenir son intérieur de célibataire. C'est ainsi qu'il engagea Marie.

---

[2] **Mireille Mathieu:** chanteuse célèbre
[3] **Cassius Clay:** now Muhammed Ali

COMPRÉHENSION

1. Pourquoi Jean-Marc s'accrochait-il à son stylo?
2. Comment se fait-il qu'il égare ce stylo?
3. Quels efforts fait-il pour récupérer son stylo égaré?
4. Que se passe-t-il quand Jean-Marc essaie d'écrire avec un crayon à bille?
5. Quelles sont les conséquences psychologiques de la perte de son stylo pour Jean-Marc?
6. De quelle façon Jean-Marc gagne-t-il de quoi acheter les boissons, maintenant qu'il a perdu son inspiration?
7. Décrivez l'appartement de l'écrivain devenu ivrogne.

2

une vingtaine de printemps about twenty youthful years
la joue cheek
éclatant dazzling
avenant comely, pleasing
sot, sotte silly, foolish
la vendeuse saleswoman
une hôtesse d'accueil receptionist
le nid nest
douillet, -te soft

Marie avait une vingtaine de printemps,° des joues° rouges, un sourire éclatant° et des formes avenantes.° Elle n'était pas sotte° et ne manquait pas d'ambition, c'est pourquoi elle avait décidé de faire des ménages plutôt que de travailler comme vendeuse° ou comme hôtesse d'accueil,° professions certes plus représentatives mais infiniment moins rémunérées.

En quelques jours, elle transforma l'appartement dévasté de Jean-Marc en un nid° douillet° et confortable. Elle entreprit alors de transformer aussi le maître des lieux. Elle mit de plus en plus d'eau dans les bouteilles de spiritueux dont abusait son patron, de façon à progressivement le désintoxiquer.

ingurgiter to gulp down
tituber to stagger
se cogner à to bump into
jurer comme un charretier to swear like a mule-driver
efficace efficient

Bientôt, le thé remplaça le whisky et la grenadine le vin rouge, sans que Jean-Marc s'en aperçut. Après avoir ingurgité° deux ou trois verres d'eau teintée de café ou de thé, il lui arrivait de tituber,° de se cogner° aux meubles et de jurer comme un charretier.° Marie, discrète mais efficace,° l'observait sans en avoir l'air, et le spectacle qu'il lui offrait était pour elle une source de méditations infinies.

en catimini stealthily
le bloc note pad

Un soir, une fois seule dans la petite chambre de bonne qu'elle occupait au sixième étage,[4] elle eut envie de noter quelques-unes de ses pensées. Comme elle n'avait rien pour écrire, elle descendit en catimini° jusqu'à l'appartement de Jean-Marc, et prit dans le tiroir de la table de la cuisine le stylo et le bloc° de papier qui lui servaient à tenir les comptes du ménage. Elle se mit à noter les phrases qui lui étaient venues à l'esprit durant ses heures de réflexion. Elle écrivit clairement, dans un style dénué° de toute prétention...

dénué de devoid of

un ivrogne drunkard
une goutte drop
une histoire à dormir debout an incredible tale

Au bout d'un mois, Marie avait écrit deux ou trois cents pages racontant la vie étrange d'un ivrogne° qui ne buvait pas une goutte° d'alcool. C'était, évidemment, une histoire à dormir debout° et il ne

---

[4] Dans beaucoup d'immeubles français, le dernier étage est divisé en petites chambres occupées traditionnellement par les domestiques qui travaillent pour ceux qui habitent les grands appartements des étages inférieurs. Généralement, ce dernier étage de chambres de bonne n'est accessible que par un escalier de service qui communique avec les cuisines des grands appartements.

ranger to put away
le placard closet
vaquer à to go about (a routine)
comme si de rien n'était as if nothing had happened

à jeun with an empty stomach, having fasted

se prendre à to begin to
à plusieurs reprises several times
revêtir to put on
grimper to climb

au petit matin in the early morning
indicible unspeakable
la gueule de bois hangover
étant donné given, in view of
la veille the night before
depuis belle lurette (*fam.*) for ages
mettre sur le compte de to attribute to

envoûté enchanted

bondir to start, jump
décapuchonner to uncap
sur-le-champ immediately, right away

cligner des yeux to blink

la doublure lining
le veston suit jacket
recoudre to sew up
des tas de (*fam.*) beaucoup de

on ne peut plus + *adj* as (*adj.*) as can be
fameux (*fam.*) celebrated (used ironically)

lui vint pas à l'esprit qu'elle pourrait faire l'objet d'un livre. Elle rangea° donc son manuscrit dans le placard° de sa chambre, et continua à vaquer° à ses occupations ménagères, comme si de rien n'était.°

À quelque temps de là, Jean-Marc fut invité à dîner. Il but considérablement, cette fois de vrais vins et d'authentiques alcools. En rentrant chez lui, il se trouvait dans un état avancé d'ébriété. Mais, comme il avait ingurgité moins de verres qu'il n'en prenait habituellement chez lui, il se crut pratiquement à jeun° et ne s'étonna pas de se sentir léger, en pleine forme.

Il devait être minuit quand il se coucha. Le sommeil ne le gagnant pas, il se prit à° rêver… Il rêva à Marie dont, à plusieurs reprises,° la grâce, la beauté, la fraîcheur l'avaient touché. Et l'envie de tenir la jeune fille dans ses bras s'empara de lui, au point qu'il revêtit° sa robe de chambre et grimpa° jusqu'au sixième étage. Marie ne dormait pas. Comme chaque nuit, elle attendait secrètement que le «miracle» se produisit. Elle ouvrit sa porte, le cœur battant, et…

Quand, au petit matin,° Jean-Marc s'éveilla dans les bras de Marie, il éprouva d'abord un indicible° bonheur. Puis, une abominable gueule de bois.° Ce qui était normal, étant donné° ce qu'il avait bu la veille.° Ignorant que Marie l'avait désintoxiqué depuis belle lurette,° il mit cette gueule de bois sur le compte de° l'amour. Il se leva sans faire de bruit, ouvrit le placard, dans l'espoir d'y trouver un tube d'aspirine, et découvrit le manuscrit que Marie avait enfermé là.

Curieux de nature, il le saisit, le feuilleta, puis, pris par le sujet, envoûté° par le style qui lui rappelait le sien, du temps qu'il avait du talent, il se mit à le lire de la première à la dernière ligne.

Marie dormait encore quand il arriva au mot fin. Était-ce possible que Marie ait pu l'écrire? Son regard allait de la jeune fille au manuscrit. C'est alors qu'il s'arrêta sur le stylo rangé, lui aussi, dans le placard dont la porte était restée ouverte: le stylo… Il bondit,° s'en empara, le décapuchonna,° écrivit quelques lignes. C'était son stylo; son cher et miraculeux stylo. Il réveilla Marie sur-le-champ.°

— Où l'as-tu trouvé, dis-moi? Où l'as-tu trouvé?

La petite bonne cligna des yeux,° sourit, embrassa Jean-Marc, puis se décida à répondre:

— Dans la doublure° d'un de tes vestons° que j'ai recousu°… Oh! il y a bien longtemps. Comme tu avais des tas° d'autres stylos, j'ai gardé celui-ci pour faire les comptes du ménage…

Aujourd'hui, Jean-Marc et Marie forment un des couples littéraires les plus célèbres de France. Ils publient des romans sous leur double signature, avec le succès que vous savez. Bien entendu, ils n'utilisent qu'un seul stylo: le fameux, l'unique stylo. Le stylo magique!

Du moins le croient-ils. En fait, ce stylo-là est un de ceux que Jean-Marc reçut après avoir fait passer son annonce. Il est on ne peut plus° banal. Si je vous dis cela, c'est que l'autre, le vrai, c'est moi qui le possède. Je l'ai volé à Jean-Marc le jour de ce fameux° cocktail littéraire, parce que j'en connaissais les vertus. Ce jour-là, en effet, un peu pris de boisson, Jean-Marc me les avaient révélées car je suis son meilleur ami.

Ce fameux stylo c'est moi qui l'ai. Et je vais vous dire une chose, je ne l'utilise jamais. Oh! je l'ai essayé, mais ça n'a rien donné. Alors, je l'ai fourré dans° un tiroir, à la maison. Je crois que Lucie, ma vieille bonne, s'en sert de temps à autre, pour faire ses comptes. Je n'ai pas les mêmes croyances que Jean-Marc.

fourrrer dans   to stuff into

Je tape toutes mes histoires directement à la machine à écrire. Une machine, c'est beaucoup plus pratique. Je ne risque pas de la perdre, ou de me la faire voler. Si pareille chose° m'arrivait, je me demande ce que je deviendrais, parce que ma machine n'est pas une machine comme les autres... Elle a, comment vous dire? Pourquoi riez-vous? Pourquoi donc?

pareille chose   such a thing

COMPRÉHENSION

1. Marie est-elle une femme de ménage typique? Expliquez votre réponse.
2. De quelle façon Marie a-t-elle transformé l'appartement de Jean-Marc?
3. Par quelle méthode compte-t-elle transformer Jean-Marc aussi?
4. Expliquez comment Marie se met à écrire et ce qu'elle écrit.
5. Que se passe-t-il un soir quand Jean-Marc rentre ivre?
6. Par quel hasard trouve-t-il le manuscrit de Marie? Quelle est sa réaction en le lisant?
7. Où Marie avait-elle trouvé le stylo «magique»?
8. Comment la découverte de ce stylo a-t-elle changé la vie de Jean-Marc et de Marie?
9. En quoi le dénouement de ce conte est-il inattendu?
10. En réalité, qu'est devenu le stylo originel?
11. Commentez les dernières phrases de ce texte.

DISCUSSION

1. Le stylo de Jean-Marc avait-il vraiment des pouvoirs mystérieux?
2. En quoi ce conte est-il humoristique? Y a-t-il un côté satirique? De quoi Gérard Sire se moque-t-il?
3. Connaissez-vous des gens qui croient au pouvoir de certains objets?
4. Avez-vous personnellement un objet auquel vous tenez plus que de raison?
5. Croyez-vous aux porte-bonheur (*good luck charms*)? Croyez-vous qu'il y ait des choses qui portent malheur? Décrivez quelques superstitions courantes concernant la chance (*good luck*) et le malheur.

COMPOSITION DIRIGÉE

Tout le monde a un objet qui lui est particulièrement cher, même si l'on ne croit pas aux pouvoirs magiques. Quel est cet objet pour vous? En revanche, vous avez aussi, probablement, un objet que vous détestez mais que vous êtes obligé de garder, ou dont vous êtes obligé de vous servir. En suivant le plan suggéré, vous allez parler de ces deux objets. (Si nécessaire, inventez deux objets imaginaires.)

Titre
(Choisissez un titre convenable)

I. Un objet auquel je tiens
   A. Description de l'objet
   B. Histoire de l'objet, comment vous l'avez acquis, pourquoi il a une importance particulière pour vous.

II. Un objet que je déteste
   A. Description
   B. Explication de la raison pour laquelle vous détestez cet objet
   C. La raison pour laquelle vous ne vous débarrassez pas de l'objet

III. Conclusion

Quelle est en général votre attitude vis-à-vis des objets inanimés? Êtes-vous particulièrement attaché à vos possessions? En prenez-vous soin? Seriez-vous très attristé d'en perdre ou de les voir s'abîmer? Les objets vous paraissent-ils avoir une âme? Ou estimez-vous que les objets sont plutôt indifférents?

16

Combat contre le cancer

Cancer, one of the most dreaded and widespread of all diseases, has thus far resisted the efforts of science to conquer it. Because this illness is often painful and sometimes terminal, it raises many important issues: Should victims be told they have only a short while to live? Should the life of a sufferer with no hope of recovery be sustained by extraordinary means? The following interview with one of France's foremost cancerologists seeks to answer these and other basic questions about the nature and treatment of cancer.

- VOCABULAIRE
  Lexique de mots-clés
  Enrichissez votre vocabulaire
  Étude de mots

- STRUCTURE
  Position of Adjectives
  Agreement of Adjectives

- LECTURE: **Combat contre le cancer**

VOCABULAIRE

Lexique de mots-clés

LES NOMS

le cerveau	brain
le dos	back
le foie	liver
la langue	tongue
la nuque	nape of the neck
le poumon	lung
le rein	kidney
le sein	breast

LES VERBES

avaler	to swallow
se débarrasser de	to get rid of
s'essouffler	to become short of breath
frapper	to strike, knock
fumer	to smoke
guérir	to cure, to be cured
menacer	to threaten
soigner	to care for
supporter	to bear, withstand
taire †	to silence
tousser	to cough
la toux	cough

EXERCICES

A. Complétez les phrases suivantes par la forme correcte d'un verbe tiré du Lexique de mots-clés.

1. Les gens qui fument trop _____ facilement, même s'ils n'ont pas fait beaucoup d'effort.
2. Il y a certaines formes du cancer dont on peut _____, et d'autres qui sont fatales.
3. Quand on est très enrhumé (**être enrhumé** = *to have a cold*), on éternue (**éternuer** = *to sneeze*) et on _____ beaucoup.
4. J'ai mal à la gorge; il m'est difficile d'_____.
5. Beaucoup de médecins préfèrent _____ la vérité, au lieu de dire à leurs patients qu'ils ont une maladie fatale.
6. Par ses mécanismes immunitaires, le corps est généralement capable de _____ des organismes nocifs (*harmful*).
7. Il y a des gens qui ne peuvent pas _____ d'apprendre qu'ils ont une maladie fatale.
8. Un hôpital est une institution où l'on _____ les malades.

9. Le cancer peut _____ n'importe qui; c'est une maladie qui _____ tout le monde.

10. Les gens qui _____ deux paquets de cigarettes par jour multiplient énormément le risque d'avoir un cancer du poumon.

B. Complétez les phrases suivantes par la forme correcte d'un nom tiré du Lexique de mots-clés.

1. Les dents, les lèvres et _____ jouent un rôle important dans le langage.
2. Quand vous subissez un examen physique, vous vous allongez sur _____, et le médecin vous ausculte (**ausculter** = *to examine by feel*).
3. Le _____, un organe important contenu dans l'abdomen, produit la bile.
4. Les _____ contiennent les glandes mammaires.
5. La pneumonie est une maladie des _____.
6. On n'a qu'un foie, mais on a deux _____. Ces deux organes jouent un rôle important dans la digestion et l'excrétion.
7. _____ est l'organe principal du système nerveux.
8. J'avais mal au cou et le médecin m'a massé (**masser** = *to massage*) _____.

Enrichissez votre vocabulaire

1. **bas, basse**   low
   Behind actions commonly hailed as heroic, there are sometimes **base** motives, such as greed and vanity.

2. **blanc, blanche**   white
   Please hand me that **blank** piece of paper.
   The new office manager was given *carte* **blanche** to reorganize everything as she saw fit.

3. **le cerveau**   brain
   Cerebral palsy is a disability resulting from damage to the brain before or during birth.

4. **le dos**   back
   "Observe this fish's **dorsal** fins," instructed the biology teacher.

5. **doux, douce**   sweet
   The **dulcet** tones of his mother's lullaby soothed the child to sleep.

6. **fumer**   to smoke
   While stalled in traffic, I was nauseated by all the exhaust **fumes.**

7. **la langue**   tongue
   How many **languages** do you speak?

8. **mou, molle**   soft
   Nothing you can say will **mollify** his anger.

9. **petit, petite**   small
   Finally the boss grew tired of Roger's **petty** complaints and fired him.
   (Note: The English word "pet" also derives from French "petit.")

10. **le poumon**   lung
    Pulmonary cancer is a disease that threatens all smokers.

11. **redouter**   to fear, dread
    The baron is a **redoubtable** adversary and not to be underestimated.

12. **le rein**   kidney
    The old man died of **renal** failure.

13. **sec, sèche**   dry
    Calcium chloride has the property of attracting and holding moisture; it is
    commonly used as a **desiccant.**

Étude de mots

A.   Étudiez les mots et les expressions suivants:

la médecine	the practice of medicine
le médecin	doctor
le médicament	medicine, medication
la maladie	illness, disease
le mal	evil, illness
le malaise	uneasiness, discomfort
le, la malade	sick person
malade, *adj.*	sick
mal, *adv.*	badly

avoir mal au dos (aux reins, à la tête, etc.)   to have a backache (kidney
   pain, headache, etc.)
avoir mal au cœur   to be nauseous

Centre médico-social Foch à Suresnes: laboratoire.

avoir du mal à + *inf.*
avoir de la peine à + *inf.* } to have difficulty in (doing something)

J'ai du mal (de la peine) à comprendre.
I have difficulty in understanding.

B. l'an   l'année
    le jour   la journée
         vs.
    le soir   la soirée
    le matin   la matinée

Les formes féminines s'emploient quand on veut insister sur l'activité qui a rempli cette période, ou sur la durée de cette période:

Nous avons passé **la soirée** ensemble.
Ce médecin propose **une journée** annuelle consacrée à la détection du cancer.
Ce traitement a duré pendant toute **l'année.**

On dit aussi:

une journée de travail
les saisons de **l'année**
une soirée agréable

Les formes masculines s'emploient généralement avec les chiffres ou pour marquer un certain moment (au lieu d'une période):

Quel **jour** avez-vous rendez-vous avec le médecin?
Ce **soir,** nous allons au cinéma, mais demain **soir** nous restons à la maison.
Pasteur a passé cinquante **ans** à étudier les maladies contagieuses.

Pourtant on dit:

Pasteur a passé **une cinquantaine d'années** à étudier...

STRUCTURE

Position of Adjectives (*La Place de l'adjectif*)

A. In French, adjectives usually follow the noun they modify:

une maladie **dangereuse**
la vie **moderne**

B. A group of short, common adjectives precedes the noun. A good way to retain them is by grouping in opposite pairs:

autre ≠ même   gros
                       grand } ≠ petit
gentil }
bon   } ≠ mauvais   long ≠ court, bref

$$\left.\begin{array}{l}\text{beau} \\ \text{bon} \\ \text{joli}\end{array}\right\} \neq \text{vilain}$$

jeune ≠ vieux

vrai ≠ faux
premier ≠ dernier
haut ≠ bas

une **grosse** exagération
un **bon** examen

une **courte** maladie
un **jeune** médecin

C. For emphasis, adjectives are sometimes placed in the position they do not usually have:

un **excellent** professeur

D. Certain adjectives have two meanings according to whether they precede or follow the noun. Usually the meaning is literal if the adjective follows, and figurative if it precedes:

	FIGURATIVE	LITERAL
ancien	un **ancien** professeur (*a former teacher*)	un livre **ancien** (*an ancient book*)
brave	un **brave** homme (*a fine man*)	un soldat **brave** (*a brave soldier*)
certain	un **certain** étudiant (*a particular student*)	un ami **certain** (*a sure friend*)
cher	mon **cher** François (*dear François*)	un bracelet **cher** (*an expensive bracelet*)
dernier	la **dernière** année de sa vie (*the last year of his life*) [final, last of a series]	l'année **dernière** (*last year*) [the one just passed]
même	la **même** gentillesse (*the same kindness*)	la gentillesse **même** (*kindness itself*)
pauvre	le **pauvre** enfant (*the unfortunate child*)	un enfant **pauvre** (*a poor [penniless] child*)
propre	mes **propres** mains (*my own hands*)	les mains **propres** (*clean hands*)
seul	la **seule** solution (*the only solution*)	une femme **seule** (*a lonely woman*)
simple	une **simple** activité (*just an activity*)	une activité **simple** (*an easy activity*)

E. When two or more adjectives modify the same noun:

1. Each adjective assumes its usual position:

la **première** découverte **scientifique**

2. If both adjectives have the same position, their placement becomes a

matter of style. No hard and fast rules may be laid down, but generally, if both adjectives have the same value, they may be linked by **et:**

une découverte **célèbre et importante**

Sometimes one of the adjectives seems to form a natural unit with the noun:

une **jolie jeune fille** (**jeune fille** forms a unit)
un **médecin français typique** (**médecin français** forms a unit)

Agreement of Adjectives (*L'Accord de l'adjectif*)

All adjectives agree in gender and number with the noun they modify.

Feminine Adjectives

1. The feminine of most adjectives is formed by the addition of a mute **e:**

Masculine	Feminine
grand	grand**e**
petit	petit**e**
vrai	vrai**e**
joli	joli**e**

If the masculine singular form of the adjective already ends in a mute **e,** the feminine singular form is identical:

Masculine and Feminine

jeun**e**   difficil**e**   autr**e**

2. Adjectives in **-eux** have the ending **-euse** for the feminine:

Masculine	Feminine
séri**eux**	séri**euse**
mystéri**eux**	mystéri**euse**

3. Some of the more common irregular feminine forms are:

ENDING

Masculine	Feminine		
-eau	**-elle**	un nouv**eau** médicament	une nouv**elle** science
-el	**-elle**	le sommeil natur**el**	une insomnie natur**elle**
-en	**-enne**	le taux moy**en**	la vitesse moy**enne**
-on	**-onne**	un b**on** exemple	une b**onne** idée
-ien	**-ienne**	un médecin paris**ien**	une cliente paris**ienne**
-er	**-ère**	le premi**er** jour	la premi**ère** heure
-et	**-ète**	un homme discr**et**	une femme discr**ète**
-teur	**-trice**	un esprit créa**teur**	une force créa**trice**
-if	**-ive**	un chercheur act**if**	une équipe act**ive**

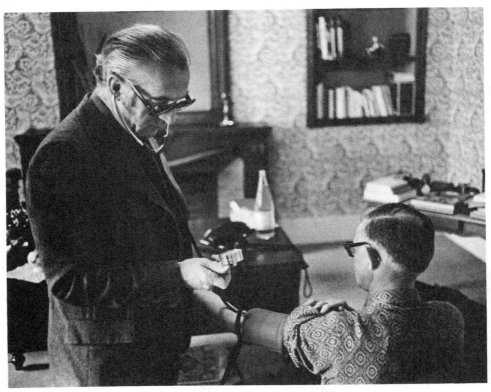

Un médecin de campagne vérifie la tension d'un patient.

Plural Adjectives

1. The plural of most adjectives is formed by the addition of **s** to the singular:

   un événement récent   des événements récent**s**
   une découverte récente   des découvertes récente**s**

2. If the singular form of the adjective already ends in **s** or **x,** the plural will be the same:

   un rêve mystérieu**x**   des rêves mystérieu**x**
   un chat gri**s**   des chats gri**s**

3. The plural of the adjectives ending in **-al** is **-aux:**

   l'art médic**al**   les arts médic**aux**

   Important exceptions: fin**al,** fin**als;** fat**al,** fat**als;** ban**al,** ban**als**

4. If the ending is **-eau** the plural will be **-eaux:**

   un nouv**eau** médicament   de nouv**eaux** médicaments

Common Irregular Adjectives

MASCULINE		FEMININE	
Singular	*Plural*	*Singular*	*Plural*
bas (*low*)	bas	basse	basses
blanc	blancs	blanche	blanches
franc	francs	franche	franches
doux	doux	douce	douces
épais (*thick*)	épais	épaisse	épaisses
faux	faux	fausse	fausses
favori	favoris	favorite	favorites
fou (*crazy*)	fous	folle	folles
frais	frais	fraîche	fraîches
gentil	gentils	gentille	gentilles
gras (*fat*)	gras	grasse	grasses
grec	grecs	grecque	grecques
gros (*big*)	gros	grosse	grosses
long	longs	longue	longues
mou (*soft*)	mous	molle	molles
public	publics	publique	publiques
turc	turcs	turque	turques
sec (*dry*)	secs	sèche	sèches
sot (*silly, stupid*)	sots	sotte	sottes

Special Forms

A. Five very common adjectives have a special form to be used before masculine singular words beginning with a vowel sound:

vieux	un **vieil** ami
beau	un **bel** homme
fou	un **fol** espoir
nouveau	un **nouvel** exemple
mou	un **mol** objet

B. Compound adjectives of color are invariable:

des yeux bleu-vert	blue-green eyes
des draps vert clair	light green sheets
des feuilles vert foncé	dark green leaves

EXERCICES

A. Répétez le nom avec chaque adjectif ou groupe d'adjectifs. Attention à la forme et à la position des adjectifs.

MODÈLE: une interprétation (faux / original / subtil, complexe)
une fausse interprétation
une interprétation originale
une interprétation subtile et complexe

1. une interprétation
   (bon / mauvais / dernier / mauvais, psychologique / absurde)

2. un rêve
   (naturel / petit / joli / mystérieux, troublant / long)

3. la découverte
   (final / médical / faux / même (*same*) / premier / grand)

4. le médecin
   (beau / jeune / français / gentil / important / actif)

5. la douleur
   (principal / autre / seul, certain / ancien)

6. les yeux
   (sec / grand / brillant / bleu / bleu-vert)

B. Traduisez en français.

1. a former patient 2. an ancient mystery 3. a dear colleague 4. an expensive instrument 5. the poor (unfortunate) man 6. a poor (economically) region 7. his last week before death 8. last week (i.e., *the one before this*) 9. my own bed 10. a clean bed

C. Qualifiez les noms de la colonne **B** en utilisant les adjectifs de la colonne **A**.

MODÈLE: l'œil sec   la langue
          la langue sèche

A	B
1. l'isolement profond	la solitude
2. le développement physique	l'évolution
3. un pouls régulier	la respiration
4. un médicament dangereux	une potion
5. un sentiment subjectif	une plainte
6. un bon examen	une expérience
7. l'âge moyen	la durée
8. un mal naturel	une douleur
9. l'intérêt médical	la curiosité
10. un hôpital public	une clinique
11. un liquide doux	une substance
12. un nouveau drame	une tragédie
13. un procédé favori	une technique
14. un individu créateur	une personne
15. un muscle mou	une substance
16. un faux besoin	une nécessité
17. un rêve fou	une hallucination
18. un chercheur travailleur	une équipe
19. le système européen	l'organisation
20. un drap blanc	une serviette

21. le lait frais   la crème
22. un gentil assistant social   une infirmière

D.   Mettez au pluriel les groupes de mots suivants:

1. cette maladie fatale
2. le cerveau normal
3. cet examen final
4. leur nouveau traitement
5. un beau visage
6. une douleur aiguë
7. notre organe vital
8. une stratégie médicale
9. la cellule nerveuse
10. un mal contagieux

Comparaisons pittoresques d'adjectifs

beau comme un ange (*angel*)
bête comme ses pieds
bon comme le pain
blanc comme neige
clair comme le jour
doux comme un agneau (*lamb*)
fort comme un Turc
frais comme une rose
heureux comme un poisson dans l'eau

nu (*naked*) comme un ver (*worm*)

orgueilleux (*proud*) comme un paon (*peacock*)

laid comme un pou (*louse*)
léger comme une plume (*feather*)
long comme un jour sans pain
malheureux comme les pierres

pâle comme un linge (*linen*)
rapide comme la flèche (*arrow*)
riche comme Crésus (roi de l'Antiquité)
sage comme une image
simple comme bonjour
sourd (*deaf*) comme un pot
têtu (*stubborn*) comme un mulet
triste comme un bonnet de nuit
vieux comme le monde

LECTURE   Combat contre le cancer

Le professeur Léon Schwartzenberg affronte quotidiennement le cancer à l'hôpital Paul-Brousse de Villejuif. Ses travaux lui valent° une notoriété internationale. Dans Changer la mort, *livre qu'il a publié avec Pierre Viansson-Ponté, ancien éditorialiste et conseiller de la direction du* Monde,[1] *il s'exprime, avec passion et courage, sur la douleur, le cancer, la mort. Le médecin décrit ce qu'il voit, raconte ce qu'il vit. Le journaliste regarde la médecine, scrute les malades. L'un et l'autre s'en prennent° aux fausses vérités et aux vrais mensonges. Le professeur Schwartzenberg a accepté d'aller plus loin pour* L'Express, *dans un entretien avec Pierre Accoce.*

valoir   *here,* to earn

s'en prendre à   to attack

1

L'EXPRESS: Vous fumez!

PR LÉON SCHWARTZENBERG: Une cigarette, de temps en temps, bien que ce soit interdit dans les services de cancérologie. On ne se déshabitue° jamais complètement. J'en fumais quarante par jour, il y a quinze ans.

se déshabituer   to lose a habit

L'EXPRESS: Pourquoi avez-vous arrêté?

L. SCHWARTZENBERG: Je ne pensais pas qu'un cancer ou qu'un accident cardiovasculaire me guettait,° mais je m'essoufflais.

guetter   to lie in wait for

L'EXPRESS: Le lien entre cancer et tabac est indiscutable?

L. SCHWARTZENBERG: La cigarette est impliquée dans 98% des cancers bronchiques — à cause de la fumée inhalée. Fumer deux paquets chaque jour pendant vingt ans, ça revient à° multiplier par cinquante le risque éventuel de faire un cancer du poumon.

revenir à   to amount to

L'EXPRESS: On prétend° que les fumeurs de pipe ou de cigare sont moins menacés…

prétendre   to claim

L. SCHWARTZENBERG: Ils n'inhalent pas la fumée: elle est trop forte, trop âcre.° Ils sont donc moins intoxiqués par le goudron.° Ils risquent quand même de faire un cancer de la langue. Mais tous ces dangers ne menacent pas tous les gros fumeurs. Tant que la science n'expliquera pas pourquoi certains sont frappés et d'autres pas, les drogués du tabac continueront à miser sur° leurs chances d'échapper au cancer.

âcre   pungent
le goudron   tar

miser sur   to bet on

L'EXPRESS: Fait-il moins peur qu'auparavant?°

auparavant   before

L. SCHWARTZENBERG: Je ne crois pas. C'est une des raisons qui nous a poussés, Pierre Viansson-Ponté et moi, à écrire ce livre sur les souffrances qu'entraîne° le cancer.

entraîner   to cause, entail

J'étais choqué par les campagnes que mènent des services pu-

---

[1] **Le Monde:** un des meilleurs journaux français

redouter to fear

blics et certains médecins à propos du cancer. On répète aux Français: «Vous avez tort de redouter° ce mal, c'est une maladie comme une autre. On vous vaccinera. Bientôt, vous en guérirez totalement.» C'est faux.

Ça ne marche pas! Les gens ne se laissent pas tromper. La réalité les frappe lorsqu'un parent ou un ami est touché: deux fois sur trois, il meurt. Ces gens ont raison d'avoir peur. On leur doit donc la vérité. Aujourd'hui, et cela restera vrai longtemps, le cancer est une maladie souvent mortelle.

honteux, -se shameful
la nécrologie obituary

L'EXPRESS: Maladie honteuse° aussi?

L. SCHWARTZENBERG: Du moins en France. Lisez les nécrologies° dans les journaux. On n'y meurt jamais du cancer, toujours d'une «longue et douloureuse maladie», surtout lorsque le disparu avait la Légion d'honneur.[2] Une fois, dans «Le Monde», j'ai lu qu'un homme était mort d'un cancer: c'était Jo Attia, un ancien truand!°

le truand vagrant

Cette mort par cancer est également masquée au Japon, en Union soviétique. Il paraît qu'on la «reconnaît» maintenant en Chine, comme on le fait depuis longtemps aux États-Unis.

la malédiction curse

L'EXPRESS: Le côté malédiction° du cancer disparaîtra-t-il quand on le connaîtra mieux?

qu'il soit solide whether it be solid (**que…que…** + *subj.* whether… or…)
charrié transported
le dérèglement disruption

L. SCHWARTZENBERG: Nous commençons à bien savoir ce que c'est, le cancer…qu'il soit solide,° sous la forme d'une tumeur plus ou moins bien localisée, ou qu'il navigue, charrié° dans les vaisseaux de l'organisme: c'est le produit d'un dérèglement° cellulaire. Chacun de nous est constitué par environ 75.000 milliards de cellules. À l'exception des cellules nerveuses, qui ne se reproduisent pas, toutes les autres se renouvellent périodiquement. Le

à partir de from

cancer naît à partir de° l'une d'elles, qui diverge de la programmation normale qu'elle devrait suivre. Parce qu'elle ne respecte plus ce code, devenue «indifférenciée», comme nous disons, elle pro-

abriter to shelter, harbor

lifère indépendamment du corps qui l'abrite.° Par leur extension anarchique, toutes ces cellules déviantes attaquent les organes. Elles perturbent les constituants chimiques vitaux de l'organisme.

enrayer to check, arrest
nocif, -ive harmful
le cobaye guinea pig

Quand on n'enraie° pas ce développement nocif,° il tue l'individu.

L'EXPRESS: On n'a jamais utilisé l'homme comme cobaye° pour étudier le cancer?

le détenu prisoner

L. SCHWARTZENBERG: Des Américains, vers 1947, dans des prisons civiles, ont injecté des cellules cancéreuses à des détenus° condamnés à mort, «volontaires», disait-on. On a infiltré aussi des cellules leucémiques° dans la moelle osseuse° de cinq ou six de ces hommes. C'est dégueulasse!° On aurait dû mettre ces médecins en prison. Leurs tests ont cependant montré que ces cancers-là n'étaient pas transmissibles. Aucune des greffes° n'a pris.

leucémique infected with leukemia
la moelle osseuse bone marrow
dégueulasse (*vulg.*) disgusting
la greffe graft

---

[2]**La Légion d'honneur:** la décoration accordée par l'ordre national du même nom créé par Napoléon en 1802 pour récompenser les services civils et militaires

Le Professeur Léon
Schwartzenberg,
cancérologue, au
cours d'une
interview.

L'EXPRESS: Le cancer n'est donc pas contagieux?

L. SCHWARTZENBERG: Ah, ce n'est pas clair! Toujours aux États-
Unis, on a constaté des faits troublants. Dans certaines écoles,
plusieurs enfants ont présenté des leucémies similaires, au même
moment. Mais aucun des cas, étudié de près, n'a permis d'étayer°
l'hypothèse de la contagion. Chez nous, de jeunes donneurs de
sang, qui ne se savaient pas leucémiques, n'ont jamais transmis
leur mal aux patients qui ont été transfusés.

étayer   to support, back up

COMPRÉHENSION

1. Pourquoi le professeur Léon Schwartzenberg a-t-il arrêté de fumer?
2. Quel est le lien entre la cigarette, les cancers bronchiques et les cancers du
   poumon?
3. Pourquoi les fumeurs de pipe et de cigare semblent-ils moins menacés par le
   cancer?
4. Le professeur Schwartzenberg croit-il que le cancer est une maladie comme
   une autre? En quoi le cancer est-il différent?
5. Quelle semble être l'attitude des Français vis-à-vis du cancer?
6. Comment une cellule cancéreuse agit-elle différemment d'une cellule normale?
7. Dans quelles circonstances a-t-on utilisé l'homme comme cobaye pour
   étudier le cancer? Quelle est l'attitude du professeur Schwartzenberg à
   l'égard de ces expériences?
8. Est-on sûr que le cancer n'est pas contagieux? Expliquez.

2

le centre de dépistage précoce
early detection center

exiger to demand

le généraliste general
practitioner
débordé overloaded, overworked

quêter pour to collect
contributions for

la radiographie X-ray
le crachat sputum
un amaigrissement loss of
weight
la grosseur lump
poussé extended

palper to feel
la règle (f.) menstrual period
à plat flat

grâce à thanks to
entraîner to entail

le bistouri lancet
la chirurgie surgery

L'EXPRESS: Combien y a-t-il de centres de dépistage précoce° en France?

L. SCHWARTZENBERG: Aucun! Le recours généralisé à la détection précoce exigerait° une stratégie médicale globale. Elle n'a jamais été conçue. Ce dépistage reste donc l'affaire des individus eux-mêmes. Quand ils présentent des troubles trop évidents, ils se décident à consulter un généraliste°— régulièrement débordé.°

L'EXPRESS: Que faudrait-il faire en France aujourd'hui?

L. SCHWARTZENBERG: Je propose que l'on remplace la journée annuelle consacrée à quêter pour° le cancer par une journée de détection, avec nos moyens actuels: elle mobiliserait tous les médecins, tous les hôpitaux. On a bien forcé les gens à se faire vacciner! Chaque individu et la collectivité y gagneraient.

L'EXPRESS: Tous les Français dans les hôpitaux et chez les médecins le même jour! Vous n'êtes pas réaliste...

L. SCHWARTZENBERG: Pas tous les Français. Viendraient d'abord ceux que certains signes physiques inquiètent.

L'EXPRESS: Que ferait-on pendant cette journée?

L. SCHWARTZENBERG: Aux hommes, surtout s'ils sont gros fumeurs, une radiographie° des poumons et l'examen éventuel des crachats.° Le diagnostic d'un cancer du poumon pris à son début offre une belle chance de survie. Les toux rebelles, les amaigrissements° importants et rapides, la perte de l'appétit, la plus faible hémorragie, une grosseur° anormale imposeraient ensuite des examens plus poussés.°

L'EXPRESS: Et les femmes?

L. SCHWARTZENBERG: On leur enseignerait comment palper° leurs seins, de dix à quinze jours après le début des règles.° Allongées sur le dos, à plat,° une main sous la nuque, elles sentent ainsi la plus petite anomalie sous la pression des doigts. Elles passeraient également un examen gynécologique. Chez celles qui pratiquent la contraception, le risque de cancer de l'utérus a déjà diminué. Pas à cause de la pilule, mais grâce° aux visites annuelles chez le médecin que son emploi entraîne:° elles mettent en évidence la moindre ulcération. Alors on peut traiter préventivement.

L'EXPRESS: Comment soigne-t-on le cancer aujourd'hui?

L. SCHWARTZENBERG: Il y a quatre types de traitement, et quatre seulement. D'abord, pour enlever les cellules depuis l'extérieur, à l'aide du bistouri:° c'est la chirurgie.° Ensuite, on les brûle depuis l'extérieur, à l'aide des rayons: c'est la radiothérapie. On peut aussi les tuer à l'intérieur, avec des médicaments: c'est la chimiothérapie. Finalement, on aide l'organisme à s'en débarrasser lui-même: c'est l'immunothérapie. En résumé: couper, brûler, empoisonner, éliminer.

L'EXPRESS: Lorsque vous découvrez un cancer chez un consultant, vous lui dites la vérité?

Hôpital Antoine
Beclere à
Clamart — bloc
opératoire.

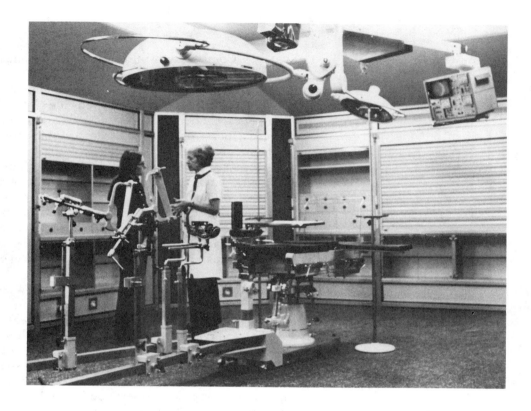

il convenait de it was
  appropriate
prôner to extol

le pair peer
se tirer de to get out of
la rechute relapse
la métastase metastasis, change
  in site of a tumor
le désarroi dismay
trancher to resolve

semer to sow
une infirmière nurse
cotoyer to keep close to

une sale angine a nasty
  tonsillitis
en vouloir à to have a grudge
  against
abuser to deceive
l'œsophage (*m.*) esophagus,
  throat

L. SCHWARTZENBERG: Pendant des années, j'ai pensé qu'il convenait° de la taire, suivant ainsi le système médical français: il prône° le silence. Je ne me contentais pas d'accepter ce comportement, je le justifiais. «Dire à un être qu'il a un cancer, nous répétaient nos pairs,° c'est lui apprendre qu'il peut en mourir bientôt. S'il s'en tire,° l'angoisse dont il aura été la victime ne s'effacera pas. Il redoutera toujours la rechute.° Et, si son mal s'aggrave, puis donne des métastases,° son désarroi° ne pourra que grandir. Le médecin ne doit donc pas trancher° ce dilemme. Il ne doit pas devenir le messager du désespoir.» J'ai suivi ce credo, longtemps. Puis le doute a germé.

L'EXPRESS: Semé° par qui?

L. SCHWARTZENBERG: Par les infirmières.° Elles côtoient° les malades. Elles mesurent toutes leurs souffrances. L'une d'elles, un jour, m'a reproché de mentir au jeune comédien que je traitais pour une leucémie. Je lui racontais qu'il avait une sale angine.° Une autre infirmière m'en a voulu° d'abuser° la victime d'un cancer de l'œsophage.° Il se plaignait d'avoir mal, de ne plus pouvoir avaler. Un de mes assistants lui répondait: «Ça va passer.» Cela m'a troublé. Maintenant, je donne cette vérité à la demande: à qui peut la supporter.

L'EXPRESS: Quand avez-vous vraiment changé?

L. SCHWARTZENBERG: Il y a cinq ans, pendant un voyage aux États-Unis. On disait alors beaucoup de mal des Américains, parce qu'ils assenaient,° brutalement, répétait-on, cette vérité à leurs patients. On les traitait de sadiques. Je les ai vus au travail, à Bethesda, puis à Houston. J'ai constaté qu'ils n'étaient pas des bourreaux.° Ils passaient beaucoup de temps avec leurs malades. Ils m'ont enseigné comment ils leur apportaient la vérité. Cela me paraît nécessaire aujourd'hui, quand c'est possible, pour faire de la bonne médecine.

assener to hit (a blow)

le bourreau torturer

L'EXPRESS: Que voulez-vous dire par [le titre de votre livre] «changer la mort»?

L. SCHWARTZENBERG: Sa définition a évolué à travers les siècles. Pour les biologistes, la mort reste l'état qui succède à l'arrêt de toutes les fonctions vitales. Pour les théologiens, c'est encore le moment où l'âme quitte le corps. Aux yeux de la loi, c'est l'instant où l'on vous élimine des registres.°

les registres records

Pour la médecine, ce sont les plumes de l'électro-encéphalogramme qui signent la mort d'un homme, lorsqu'elles ne tracent plus que des lignes droites. Le cœur bat encore, le sang circule aussi, mais le cerveau ne vit plus, l'esprit n'est plus. À la famille du disparu, les médecins savent mal expliquer que cette vie qui palpite toujours n'est plus celle du mort, qu'il n'est plus un être, mais une plante. Cette famille voudrait le garder encore. Et, pourtant, c'est l'ultime occasion favorable pour les dons d'organes, dont la chirurgie a besoin pour tenter de sauver d'autres hommes…

Que vient faire, ensuite, le prétendu respect des corps? Si l'on peut vraiment amputer un corps de son cœur, de ses yeux, de ses reins, de son foie, alors, à quoi bon garder le reste, à quoi bon les nécropoles,° la pompe des funérailles? Un petit paquet de cendres° ne suffirait-il pas?

la nécropole elaborate cemetery
la cendre ash

La mort est, tout simplement, inscrite dans notre destin, ni bonne ni mauvaise, ni belle ni laide. Inéluctable.° Faire comprendre cela, c'est déjà changer la mort.

inéluctable inevitable

COMPRÉHENSION

1. En général, de quelle façon le dépistage se déroule-t-il en France?
2. Comment le professeur Schwartzenberg propose-t-il d'améliorer le dépistage du cancer en France?
3. Que ferait-on aux hommes qui présentent des signes inquiétants pendant cette journée de détection?
4. Quels sont les symptômes qui imposent un examen plus poussé?
5. Que ferait-on aux femmes pendant la journée de détection proposée?
6. Pourquoi le risque du cancer de l'utérus a-t-il diminué pour les femmes qui pratiquent la contraception?

7. Décrivez les quatre méthodes par lesquelles on soigne le cancer au-jourd'hui.
8. Autrefois, pourquoi le professeur Schwartzenberg ne disait-il pas à ses patients qu'ils avaient un cancer?
9. Comment son attitude a-t-elle changé?
10. Quelles sont les diverses définitions de la mort?
11. Quelle est l'attitude du professeur Schwartzenberg vis-à-vis de la mort?

DISCUSSION

1. Si vous aviez un cancer et qu'il ne vous restait pas longtemps à vivre, voudriez-vous le savoir?
2. Devrait-on maintenir en vie les personnes dont le cerveau est mort mais dont le cœur bat encore?
3. Pensez-vous que l'attitude vis-à-vis du cancer aux États-Unis est vraiment comme le professeur Schwartzenberg la décrit?
4. Devrait-on continuer à prendre des mesures extraordinaires pour maintenir en vie les personnes qui souffrent horriblement et qui n'ont aucune possibilité de rémission?
5. Fumez-vous? Si oui, pouvez-vous expliquer pourquoi vous le faites? Voudriez-vous abandonner cette habitude?
6. Lisez la capsule sur le «footing». Faites-vous du footing? Que faites-vous pour vous tenir en forme?

COMPOSITION DIRIGÉE

(Avant de faire cette composition, consultez la leçon suivante sur le conditionnel.)

Ce que je ferais s'il ne me restait qu'un an à vivre.

I. Introduction

Décrivez en termes simples quelle sorte de vie vous menez maintenant.

II. Développement
   A. Expliquez ce que vous voudriez faire avant de mourir que vous n'avez pas encore eu l'occasion de faire.
   B. Expliquez comment vous vous arrangeriez pour faire ce dont vous avez envie.
   C. Dites ce que vous ne feriez pas.

III. Conclusion

Analysez la différence entre la vie que vous menez maintenant et ce que vous feriez s'il ne vous restait pas longtemps à vivre. Organisez-vous votre vie actuelle en fonction du présent ou de l'avenir? Devriez-vous peut-être vous comporter autrement même si vous avez une longue vie devant vous?

Mes Conseils pour courir longtemps et sans fatigue

MICHEL JAZY*

C'est la grande mode. On court. Partout. Dans les bois, dans les parcs, dans les rues. C'est ce que les Américains appellent le «jogging» et les Français le «footing». Une fois au moins, vous avez sans doute déjà pensé en voyant courir un adepte[1] amateur dans le bois de Boulogne:** «Je devrais en faire autant».[2]

Si le manque de temps ou ce que vous croyez être un manque d'aptitude physique vous décourage, les conseils que vous donne aujourd'hui Michel Jazy doivent vous montrer que le footing est à votre portée.[3] Jazy, comme les médecins de l'Institut national des sports, est catégorique: toute personne de santé moyenne peut courir. Il suffit d'adapter sa course — foulées,[4] respiration, distance, parcours[5]— aux capacités de son organisme.

Débutez avec prudence

Vous devrez, dans les premiers jours, vous contenter d'un parcours d'un kilomètre ou un kilomètre et demi au plus. Vous devez être assez raisonnable pour allonger très progressivement la distance de sortie en sortie.

Et surtout, pour éviter les crampes, buvez beaucoup d'eau après votre effort. Vous ne grossirez pas: l'eau contient zéro calorie. Au contraire, vous éliminez les toxines.

Trouvez la position confortable

Michel Jazy sourit lorsqu'on lui demande s'il existe une foulée idéale. Parmi les plus grands champions, certains courent sur la pointe des pieds, d'autres attaquent le sol du talon,[6] d'autres encore courent les pieds à plat. Tout ce que vous devez chercher à faire c'est de trouver une position «confortable». Les bras devraient, dans l'idéal, rester assez ouverts. Mais là encore, rien de très strict.

La respiration, en revanche, est primordiale. Vous devez inspirer[7] et expirer[8] au rythme de vos foulées. Donc, plus la foulée est brève, plus les temps d'inspiration et d'expiration seront brefs. On inspire à la fois par le nez et la bouche et on expire par la bouche. Sachez surtout que vous rejetterez toujours assez d'air. Ce qu'il faut travailler, c'est l'inspiration.

Choisissez bien vos chaussures

La base de votre équipement sera une paire de bonnes chaussures et des chaussettes de laine ou de coton. Le choix des chaussures, très important, est fonction du terrain sur lequel vous courez.

---

[1] **un adepte**   fan, follower   [2] **en faire autant**   to do as much
[3] **à votre portée**   within your reach, capacity   [4] **la foulée**   stride
[5] **le parcours**   run, route   [6] **le talon**   heel
[7] **inspirer**   inhale   [8] **expirer**   exhale

* **Michel Jazy:** athlète qui fut recordman du monde (en 1966) des 2.000 mètres et 3.000 mètres. Il jouit aujourd'hui encore d'un grand prestige dans les milieux d'athlétisme.

** **le Bois de Boulogne:** vaste parc de l'ouest de Paris.

Pour ce qui est de votre tenue de course[9] proprement dite, plus elle sera légère, mieux cela vaudra. En été, un short et un tee-shirt vous suffiront.

Si vous courez en ville, par discrétion, vous pourrez passer un survêtement[10] léger, de préférence en coton (à défaut, optez pour les mélanges coton et synthétiques mais évitez le synthétique intégral qui absorbe mal la sueur). Surtout, choisissez un pantalon de survêtement étroit du bas. Il ne vous gênera pas dans votre course.

Sachez aménager votre emploi du temps

Le lieu et l'heure où courir, ce sont évidemment les conditions clés. En France, le mode de vie n'est pas fait pour faciliter les tentatives sportives. En Amérique, toutes les entreprises ou presque mettent à la disposition de toutes leurs catégories de personnels des douches et des vestiaires.[11] On peut donc laisser une chemise et un costume au bureau, arriver après un footing de dix kilomètres, se changer. Ce n'est pas le cas en France. Si vous avez la chance de pouvoir vous changer sur votre lieu de travail, l'idéal sera pour vous d'aller courir à l'heure du sacrosaint déjeuner, la circulation[12] est moindre. Vous pourrez gagner[13] sans trop de difficulté le jardin public, le bois ou l'espace vert le plus proche de votre bureau. Et n'ayez crainte si l'on se retourne encore sur votre passage quand vous courez dans la rue: d'ici à quelques mois, au rythme auquel se recrutent les adeptes du footing, vous n'étonnerez plus personne.

Cela dit, courir entre midi et deux heures est une sorte de privilège et cela impose de votre part une discipline: prendre un très solide petit déjeuner le matin et remplacer le repas de midi par un casse-croûte[14] au retour du footing.

La course matinale avant le travail pose, elle aussi, de gros problèmes. Partir de chez soi, aller courir, revenir se doucher, tout cela n'est permis qu'à ceux qui ont des horaires relativement élastiques. Cependant, si vous courez le matin, prenez une boisson sucrée avant votre footing, et déjeuner solidement après. Reste la course après le travail. Dans ce cas, vous aurez intérêt à choisir un terrain d'exercice proche de votre domicile. Ceci pour ne pas risquer de vous refroidir au cours d'un trop long trajet[15] après la course.

Prenez un petit déjeuner solide

Quant à la diététique, le seul conseil que l'on puisse donner est de remplacer la tasse de café du matin par un solide déjeuner. Il faut absolument déjeuner solidement, «à l'anglaise» (œufs, jambon, confitures,[16] fromage ou corn-flakes) et, au contraire, alléger le repas de midi. Quant aux cigarettes et à l'alcool, inutile de chercher à les supprimer avant de commencer à courir. C'est au contraire après quelques séances de footing que vous découvrirez que votre organisme «purifié» reprend goût à l'eau claire et que vos nerfs dénoués[17] ne vous poussent plus à allumer une cigarette à l'autre.

---

[9]**la tenue de course** running outfit   [10]**le survêtement** track suit   [11]**le vestiaire** locker room   [12]**la circulation** traffic   [13]**gagner** to reach   [14]**le casse-croûte** snack   [15]**le trajet** trip   [16]**la confiture** jam, jelly   [17]**dénoué** untied, relaxed

17

Verbes

■ STRUCTURE
The Conditional (*Le Conditionnel*)
The Past Conditional (*Le Conditionnel passé*)
The Future Perfect (*Le Futur antérieur*)

The Conditional (*Le Conditionnel*)

FORMATION

The conditional mood, expressed by the auxiliary "would" in English, is translated in French by a single verb with a stem and an ending:

> **je parlerais**   I would speak
> **tu irais**   you would go
> **il se coucherait**   he would go to bed

The Conditional Stem

The stem of the conditional is the same as that of the future tense.

For the sake of review, give the future stem of the following common regular and irregular verbs, then check your answers against the forms given in Chapter 4.

aller	falloir	recevoir
avoir	finir	savoir
courir	mourir	tenir
envoyer	parler	venir
être	pouvoir	voir
faire	prendre	vouloir

The Conditional Endings

The endings of the conditional are the same as those of the imperfect tense. They are consistent for all verbs, as shown in the table below:

The Conditional			
Stem	*Endings*		
	endings of imperfect tense		
	(je) _____**ais**	(nous) _____**ions**	
stem of future tense	(tu) _____**ais**	(vous) _____**iez**	
	(il, elle) _____**ait**	(ils, elles) _____**aient**	

USE OF THE CONDITIONAL

1. Just as in English, the conditional mood expresses an action that has not occurred and whose realization depends upon certain conditions. In this sense, the conditional often occurs in sentences of the "if...then..." type:

> **Si vous ne fumiez pas, vous vivriez plus longtemps.**
>   (imperfect)   (conditional)
>
> *If you didn't smoke, you would live longer.*

Note that the **si** (*if*) clause is in the imperfect, when the result is conditional. Sometimes the conditions are not explicit:

Je ne ferais pas cela.   *I wouldn't do that.*
Elle pense qu'il viendrait.   *She thinks he would come.*

2. The conditional tense expresses an action that is future in relation to another action in the past:

Il a dit (*past action*) **qu'il viendrait** (*future in relation to* **il a dit**).   *He said that he would come.*

3. The conditional is used to soften a question, a request, or a wish:

Pourriez-vous me dire où se trouve le cabinet du docteur Caligari?
Could you tell me where Dr. Caligari's office is?
Je voudrais voir le directeur, s'il vous plaît.   *I should like to see the director, please.*
J'aimerais vivre cent ans.   *I should like to live a hundred years.*

4. The conditional is often used, especially in journalistic style, to express something that is hypothetical, or about which there is no absolute certainty:

Selon les chercheurs, une partie du cerveau contrôlerait le sommeil.   *According to researchers, a part of the brain* (probably) *controls sleep.*

REMARQUER:

When *would* in English is equivalent to *used to,* it is the imperfect tense that is called for in French.

After the experiments, the researchers would (used to) compare results.
Après les expériences, les chercheurs comparaient les résultats.
(imperfect)

EXERCICES

A. Donnez la forme du conditionnel qui correspond aux verbes suivants.

1. je parle
2. tu vieillis
3. il se rend compte
4. nous ouvrons
5. vous connaissez
6. on va
7. je me lève
8. ils font
9. elle meurt
10. nous pouvons
11. elles reçoivent
12. tout le monde sait
13. il vaut mieux
14. on vient
15. tu vois
16. elle veut
17. je dors
18. nous rêvons
19. nous nous réveillons
20. j'ai

B. Complétez les phrases suivantes d'une façon imaginative.

1. Si j'étais riche...
2. Si vous aviez le temps...
3. Si mon meilleur ami était malade...
4. Si nous étions invisibles...
5. Si je pouvais vivre à n'importe quelle autre époque de l'histoire...
6. Si je pouvais voler comme un oiseau...
7. Si je n'avais qu'un mois à vivre...
8. Si notre professeur était très gentil...

C. Transformez les phrases suivantes du discours direct au discours indirect en les introduisant par **il a dit que...**

MODÈLE: «J'irai consulter un psychologue.»
          Il a dit qu'il irait consulter un psychologue.

1. «Le patient guérira tout à fait de sa maladie.»
2. «Ils feront une expérience révélatrice.»
3. «J'enverrai mes clients au laboratoire.»
4. «Les savants apprendront le secret de la vie.»
5. «Elles découvriront bientôt la solution.»
6. «Je ne courrai pas le risque de subir cet examen.»
7. «Elle se souciera de la santé de l'enfant.»
8. «Il se débarrassera de ce vieux médicament.»

D. Transformez les phrases suivantes en atténuant la force du verbe par l'emploi du conditionnel.

1. Je veux un remède pour les maux de tête.

2. Pouvez-vous m'aider?
3. Avez-vous les petites pilules blanches dont tout le monde parle?
4. Savez-vous si l'action de ce médicament est rapide?
5. Je désire voir les résultats.

E. Transformez les phrases suivantes selon le modèle.

> MODÈLE: Le président est malade.
> **Selon les journalistes, le président serait malade.**

1. Cette actrice aime un aristocrate français.
2. L'argent qu'on a découvert caché dans un arbre appartient à quelque millionnaire excentrique.
3. Le premier ministre de cette nation arabe a quinze femmes et cinquante-deux enfants!
4. Les chercheurs sont sur le point de découvrir un remède pour le cancer.
5. Un homme politique important contrôle une grande compagnie pétrolière.

The Past Conditional (*Le Conditionnel passé*)

FORMATION

The *conditionnel passé* is a compound tense. It consists of:

conditional tense of **avoir** or **être**	+	past participle of the verb

j'aurais parlé *I would have spoken.*
il serait allé *he would have gone*
elle se serait couchée *she would have gone to bed*

USE

The use of the *conditionnel passé* closely parallels that of the present conditional:

1. In *"If…then…"* sentences, when the "**si**" clause is in the pluperfect, the result clause will use the past conditional:

> **Si elle n'avait pas été enceinte, il ne l'aurait pas épousée.**
> pluperfect   past conditional
>
> *If she had not been pregnant, he would not have married her.*

The condition is not always stated:

> **Elle t'aurait aidé.**
> *She would have helped you.*

Here is the diagram for the most common tense sequences in sentences with a "**si**" (if) clause:

Condition (**si**)	Result
(a) Present	Present Future Imperative
(b) Imperfect	Present Conditional
(c) Pluperfect	Past Conditional

(a) **Si** la science **triomphe**, la vie **est** meilleure.
    Si la science **triomphe**, la vie **sera** meilleure.
    Si la science **triomphe, réjouissons-nous!** (se réjouir = *to rejoice*)
(b) **Si** la science **triomphait**, la vie **serait** meilleure.
(c) **Si** la science **avait triomphé**, la vie **aurait été** meilleure.

2. The past conditional expresses an action that would have been realized, relative to another action in the past:

    Il a dit qu'il serait venu.   *He said that he would have come.*
    <small>past action</small>

3. The past conditional is often used to soften a question or wish:

    Auriez-vous vu un petit chat jaune?   *Would you have seen a little yellow cat?*
    J'aurais voulu partir.   *I would have liked to leave.*

4. The past conditional may express an action in the past about which there is an element of doubt:

    Selon les anthropologues, les peuples primitifs auraient cru au pouvoir prophétique des rêves.   *According to anthropologists, primitive peoples* (probably) *believed in the prophetic power of dreams.*

REMARQUER:
The conditional tenses of **devoir** are translated by *ought* or *should*.

    Je **devrais** consulter un médecin.   *I should (ought to) see a doctor.*
    J'**aurais dû** consulter un médecin.   *I should have (ought to have) seen a doctor.*

EXERCICES   A. Donnez la forme du conditionnel passé qui correspond aux verbes suivants.

    1. j'ai découvert
    2. ils ont mis
    3. elles se sont trompées
    4. vous avez appris
    5. nous nous sommes endormis
    6. tu es venu
    7. elle a détruit
    8. il est descendu
    9. on a revu
    10. ils sont devenus
    11. vous avez dû
    12. je suis parti

    B. Refaites les phrases suivantes selon le modèle.

    MODÈLE: Je demanderais des renseignements à tous les passants.

**Si j'avais perdu mon chat, j'aurais demandé des renseigne-
ments à tous les passants.**

1. _____ Je ferais paraître des annonces dans le journal.
2. _____ Je consulterais la Société Protectrice des Animaux.
3. _____ J'interrogerais tous les voisins.
4. _____ Je m'adresserais aux enfants.
5. _____ Personne ne le verrait.
6. _____ Je le trouverais peut-être dans un arbre.
7. _____ Je serais triste.
8. _____ Je m'en achèterais un autre.

C. Complétez les phrases suivantes d'une façon imaginative en employant le conditionnel passé.

1. Si je m'étais couché de bonne heure…
2. Selon les bruits qui courent, Marguerite… (les bruits = *the rumors*)
3. Si mon père avait été riche…
4. Selon ma grand-mère, nos ancêtres…
5. L'autre soir, mon ami m'a dit qu'il…
6. Si Marianne avait suivi un régime…
7. Si nous avions fait attention en classe…
8. Si je n'avais pas lu cet article…

The Future Perfect (*Le Futur antérieur.*)

FORMATION

The *futur antérieur* is a compound tense. It consists of:

the future tense of **avoir** or **être** + the past participle

J'aurai parlé.   *I shall have spoken.*
Tu seras venu.   *You will have come.*
Elle se sera lavée.   *She will have washed.*

USE

1. The *futur antérieur* is used much like the English future perfect, to express the completion of a future action in relation to a future time:

    Avant l'an 2000, les savants auront découvert un traitement pour le
    future time   action to have been completed

    cancer.
    Before the year 2000, scientists will have discovered a treatment for cancer.

2. If the future perfect is implied after **quand, lorsque, aussitôt que, dès que** and **après que,** it must be used, although the present perfect is used in English:

    Vous pouvez partir **quand vous aurez fini** l'examen.
                                           futur antérieur

    *You can leave **when you have finished** the exam.*
                               present perfect

3. The *futur antérieur* may express the probability of an action that occurred in the past:

Il n'a pas téléphoné. Il aura perdu le numéro. *He hasn't phoned. He must have lost the number.*

A. Mettez les verbes suivants au futur antérieur.

1. il diminuera
2. je réfléchirai
3. nous entendrons
4. elle conduira
5. vous tomberez
6. ils se marieront
7. tout le monde verra
8. ils naîtront
9. je mourrai
10. vous serez
11. on aura
12. nous affaiblirons

B. Refaites les phrases suivantes en les introduisant par **En l'an 2000.** Mettez le verbe au futur antérieur et traduisez la phrase.

MODÈLE: Il y aura une révolution sociale.
En l'an 2000, il y aura eu une révolution sociale.

1. La durée de vie moyenne augmentera.
2. La décadence de l'âge avancé disparaîtra.
3. On réduira le taux de maladies fatales.
4. La science vaincra le cancer.
5. Les chercheurs pénétreront les mystères de la vie.
6. Le monde s'améliorera.   (s'améliorer = *to improve*)
7. Plusieurs nouvelles générations naîtront.
8. Certains d'entre nous mourront.

C. Traduisez en français les phrases suivantes.

1. He will phone as soon as he has arrived.
2. When they have done the experiments, the scientists will write reports.
3. When we have seen it, we shall believe it.
4. As soon as you have finished, you may leave.

D. Refaites les phrases suivantes en employant le futur antérieur.

1. Le petit chat s'est probablement égaré.   (s'égarer = *to stray*)
2. Paul s'est acheté une Citroën de luxe.   Il a probablement hérité de quelque oncle riche.
3. Le professeur est absent aujourd'hui.   Il est probablement allé à une réunion.

L'HUMOUR DE CHAVAL

1

— Pardon, Monsieur, vous
n'auriez pas vu un petit chat
gris avec un collier jaune ?

2

— Excusez-moi, Monsieur, mais
n'auriez-vous pas vu un petit
chat gris avec un collier jaune ?

3

— S'il vous plaît, Monsieur l'Agent,
auriez-vous vu un petit chat gris
avec un collier jaune ?

4

— Dis-moi, mon mignon,
as-tu vu un petit chat gris
avec un collier jaune ?

5

— Dites, mon ami,
auriez-vous vu un petit chat gris
avec un collier jaune ?

6

— Par hasard,* vous
n'auriez pas vu un petit chat
gris avec un collier jaune ?

7

... un petit chat gris...

8

— ! ! ! ! !

* **par hasard**   by chance

9

— Ce monsieur voudrait savoir si
nous n'avons pas vu un petit chat
gris avec un collier de couleur

10

— Non, c'est pour savoir si
des fois vous n'auriez pas vu
un petit chat gris avec
un collier jaune ?

11

— Vous n'auriez pas vu passer un
petit chat gris avec un collier jaune ?

12

— Votre Majesté aurait-elle daigné
s'apercevoir de la présence
d'un petit chat gris
avec un collier jaune ?

13

— Vous pas avoir vu
petit little cat
with un yellow collar, non ?

14

— J'espère, mon brave, que
vous n'avez pas rencontré un petit
chat gris avec un collier jaune ?

15

— Puis-je vous demander ce que
vous transportez dans ce
panier, Monsieur ?

16

... un petit chat jaune
avec un collier gris

18

Français, comme vous avez changé!

The decade between 1973 and 1983 produced major changes in French attitudes and lifestyles. Some of the changes are fundamental and far-reaching: the growing disintegration of respect for all established authority, for instance. Others, such as the physical-fitness boom, are perhaps more obvious but of lesser consequence. The following article examines ten major currents that are stirring the French national psyche today.

- VOCABULAIRE
  Lexique de mots-clés
  Enrichissez votre vocabulaire
  Étude de mots

- STRUCTURE
  The Demonstrative Pronouns: **celui, ceux, celle, celles**
  The Demonstrative Pronouns: **ceci, cela (ça)** and **ce**
  Adverbs
  Comparison of Adverbs
  Position of Adverbs
  Adverbial Expressions

- LECTURE: **Français, comme vous avez changé!**

VOCABULAIRE

Lexique de mots-clés

LES NOMS

le bien-être	well-being
le code de la route	traffic laws
une école maternelle	kindergarten, nursery school
le feuilleton	story told in serial form
une industrie de pointe	high-tech industry
le prêt-à-porter	ready-to-wear clothing (as opposed to custom made)
la technique	technology

LES VERBES

brancher	to plug in, to tune into (*colloquial*)
céder	to yield
demeurer	to stay, remain
dépasser	to exceed
foisonner	to proliferate, abound
refouler	to repress
ressentir[†]	to feel (emotion or pain)

IDIOTISMES

être bien dans sa peau	to be well adjusted, well rounded
faire de la gymnastique	to do exercises
faire du chemin	to make inroads, progress
faire du footing	to jog
faire plaisir (à quelqu'un)	to please, give pleasure to
se faire plaisir	to please oneself

EXERCICES

A. Refaites les phrases suivantes en substituant une expression tirée du Lexique de mots-clés aux mots en italique:

1. Les athlètes doivent *s'entraîner* tous les jours.
2. Michel Jazy *courait dans les rues* presque tous les jours; on dit que cela fait beaucoup de bien pour le système cardio-vasculaire.
3. Autrefois, les Français estimaient qu'il était important d'être riche; aujourd'hui, ce qui compte, c'est *d'être bien équilibré et en bonne forme.*
4. L'idéal du retour à la nature régresse au fur et à mesure que la technique *avance.*
5. Aujourd'hui, on participe aux sports non pas pour la compétition, mais pour *la satisfaction personnelle.*

B. Identifiez les mots-clés qui s'associent aux éléments suivants:

1. les télécommunications, l'informatique, l'aéreo-spatial...
2. priorité à droite, s'arrêter au feu rouge, limite de vitesse...
3. une histoire d'amour, les scandales de famille, l'incertitude au sujet de ce qui va arriver...
4. des enfants, une cour de recréation, des jouets...
5. les jeans Lévi-Strauss, les chemises Yves Saint-Laurent, les tricots Sonia Rykiel...
6. la santé, la nourriture, l'esprit calme...

C. Complétez les phrases suivantes par la forme correcte d'un verbe tiré du Lexique de mots-clés.

1. Le nombre d'enfants illégitimes d'aujourd'hui _____ de loin le nombre d'enfants illégitimes des années cinquante.
2. Aujourd'hui, l'esprit de compétition _____ la place à une notion plus hédoniste.
3. L'homme moderne n'est plus obligé de _____ ses instincts de tendresse et de douceur.
4. Parmi tous les changements dans les conditions sociales, un seul facteur _____ le signe de l'inégalité: c'est l'habitat.
5. Se figurer à la place de ses amis est une façon de se _____ sur les autres.
6. Après une période de pluie, les champignons _____ dans les bois.
7. Au lieu de mal juger les autres, il vaut mieux faire un effort pour comprendre ce qu'ils _____.

Enrichissez votre vocabulaire

1. **une ambiance**   atmosphere
   Henri does not like the **ambiance** in this restaurant; he says it's pretentious.
2. **le champ**   field
   Originally, "**champion**" was a title given to a combattant who fought to defend a special cause on an enclosed field.
3. **douer**   to endow
   doué de   endowed with
   The wealthy and eccentric **dowager** fed expensive chocolates to her pet cat.
4. **l'enfer, les enfers** (*m.*)   hell
   Some parents think that punk rock is an **infernal** form of music.
5. **un éventail**   *lit.* fan (*from* **le vent** wind); *also,* range, spread
   He **vented** his fury by slamming the door behind him.
6. **le mouton**   sheep
   Unlike lamb, **mutton** has a strong flavor and is not readily available in American markets.
7. **nettement**   clearly
   We **netted** 3000 francs after taxes.

8. **pêle-mêle**   in confusion, helter-skelter
The merchandise was displayed **pell-mell** in the shop window.

9. **primer**   to excel, take precedence
la primauté   primacy, quality of being first or best
The boxer, who was well past his **prime,** was knocked out in the second round.

Étude de mots

A.   autrui

Autrui est un pronom qui signifie un(e) autre, ou bien les autres en général.

Ne fais pas à **autrui** ce que tu ne voudrais pas qu'on te fasse.
Le respect d'**autrui** est la première qualité de l'humanisme.

B.   Noms composés

Dans la lecture qui suit, on trouve le mot «casse-tête», qui signifie *riddle* ou *puzzle* (literally, *brain-breaker*).   Voici quelques autres noms composés d'un verbe et de son complément.   Pouvez-vous expliquer leur sens littéral?

un abat-jour	lamp shade
un couvre-lit	blanket, bedspread
un tire-bouchon	corkscrew
un porte-monnaie	change purse
une garde-robe	wardrobe
un gratte-ciel	skyscraper
un couvre-feu	curfew
un casse-croûte	snack
un casse-cou	stunt man, daredevil

STRUCTURE

The Demonstrative Pronouns: celui, ceux, celle, celles

FORMS

		Masculine	*Feminine*
Singular		**celui** (this, that) one	**celle** (this, that) one
Plural		**ceux** (these, those)	**celles** (these, those)

USE

The demonstrative pronouns **celui, celle, ceux,** and **celles** take the place of a noun already mentioned.   They are used to avoid tedious repetition.   Compare:

Le Marathon de Paris: culte du bien-être

Les Français d'aujourd'hui sont plus individualistes que **les Français** d'hier.

Les Français d'aujourd'hui sont plus individualistes que **ceux** d'hier.

The demonstrative pronouns must be followed by:

1. **-ci** or **-là** (*this one, that one, these, those,* or *the latter, the former*):

   — Lequel de ces articles préférez-vous?
   — Je préfère **celui-ci** (*this one*).
   Connaissez-vous Catherine Deneuve et Françoise Sagan? **Celle-ci** (*the latter*) est romancière, **celle-là** (*the former*) est actrice.

2. **de** + *noun* (comparable to English possessive *-'s*)

   Préférez-vous l'ambiance de la Tour d'Argent ou **celle du** restaurant universitaire (*the student restaurant's*)?
   Veux-tu qu'on prenne ma voiture ou **celle de Michel** (*Michel's*)?

3. a relative clause introduced by **qui, que, dont** or **où** (*those, the one, the ones*).

   Les gens qui sont actifs vivent plus longtemps que **ceux qui** (*those who*) ne le sont pas.

Que pensez-vous de ces changements? Avez-vous entendu parler de **ceux dont** (*the ones about which*) parle cet article?

Dans quel pays est-on le plus heureux? Est-ce dans **celui où** (*the one where*) il y a le plus de liberté?

The Demonstrative Pronouns: ceci, cela (ça) and ce

Ceci, cela

Celui, celle, etc., take the place of a specific noun. **Ceci** (*this*) and **cela (ça)** (*that*) replace an indefinite expression that cannot be identified by gender or number. **Cela** (**ça** in informal style) is used when the expression or idea has already been mentioned:

En l'an 2000, l'âge moyen sera de cent vingt ans; **cela** semble miraculeux.

Ceci is used to introduce an idea:

Ceci va vous étonner; cet homme a cent vingt ans!

Ce

Ce is used before the verb **être:**

1. to replace an indefinite expression:

   Nous allons tous mourir, **c'est** certain.

2. before a noun modified by an article:

   C'est un chirurgien célèbre.   (BUT: **Il est chirurgien.**
   Il est célèbre.)

3. before a proper name:

   C'est Jacques.

4. before pronouns:

   C'est moi.

REMARQUER:
1. **C'est** may be translated as *this, that, he, she, it is.*
   Ce sont may be translated as *those, they are.*
2. **C'est** becomes **ce sont** before a plural except before **nous** and **vous:**

   C'est nous. C'est vous.   BUT: **Ce sont eux.**

3. **C'est** vs. **il, (elle) est:**

   C'est + *pronoun:*   **Il (elle) est** + *adj.:*

C'est lui.   **Elle est** gentille.

C'est + *modified noun:*   **Il (elle) est** + *noun designating religion, nationality, profession:*

C'est un bon médecin.   **Il est** catholique (médecin, français).

EXERCICES

A. Vous êtes dans un magasin qui s'appelle "Habitat," où l'on vend tout ce qu'il faut pour le ménage. Votre compagnon indique certains articles en demandant vos préférences. Répondez en employant les pronoms démonstratifs avec **-ci** ou **-là.**

MODÈLE: — Quel canapé préfères-tu?
  — **Je préfère celui-ci** (or **celui-là**).

1. Quel lit préfères-tu?
2. Quels fauteuils préfères-tu?
3. Quel électrophone préfères-tu?
4. Quelles chaises préfères-tu?
5. Quelle table de chevet préfères-tu?
6. Quelle machine à laver préfères-tu?
7. Quel tapis préfères-tu?
8. Quels tableaux préfères-tu?

B. Substituez un pronom démonstratif aux mots en italique.

1. L'obsession du bien-être a détrôné *l'obsession* du standing.
2. Le «petit mariage» est une expression qui remplace *l'expression* de «concubinage».
3. Les modes de vie des jeunes femmes de milieu populaire ressemblent *aux modes de vie* des femmes plus aisées.
4. La machine à laver d'une ouvrière ne diffère pas de *la machine à laver* d'une femme riche.
5. Le Français d'hier acceptait la conformité sociale; *le Français,* d'aujourd'hui entend d'abord s'exprimer personnellement.
6. C'est la victoire du désir d'autonomie sur *le désir* de sécurité.
7. On dit que l'intuition des femmes est plus fine que *l'intuition* des hommes.
8. Les feuilletons américains, tels que «Dallas» et «Dynasty», sont aussi populaires que *les feuilletons* qui sont produits en France.
9. Voilà Marianne et Lise. *Lise* aime faire de la gymnastique en chambre tandis que *Marianne* fait du footing au jardin du Luxembourg.
10. On dit que *les gens* qui rient les derniers rient le mieux.

C. Complétez la narration suivante par **ceci, cela, ce, il** ou **elle.**

— Qui est ce vieux monsieur?
— _____ est le philosophe célèbre, Henri Savant. _____ est hongrois.

Autrefois ＿＿ était épicier (un épicier = *grocer*). ＿＿ est étonnant, n'est-ce pas? Maintenant ＿＿ est un des hommes les plus distingués de la ville. ＿＿ va vous amuser: savez-vous comment il est devenu philosophe? Il est tombé amoureux d'une cliente. ＿＿ était une femme riche. Et ＿＿ était aussi intelligente que riche. M. Savant a voulu être digne d'elle, ＿＿ l'a obsédé. Il passait donc tout son temps à lire et à réfléchir. ＿＿ me paraît invraisemblable, mais on dit qu'au bout de cinq ans il s'est transformé en philosophe. ＿＿ est une histoire extraordinaire, n'est-ce pas?

Adverbs (*L'Adverbe*)

Form and Function

A. Adverbs are invariable; that is to say, they do not change form as do adjectives, for example.

B. Adverbs may be single words: **toujours, bien, très;** or they may be expressions: **tout de suite, à peu près, à droite.**

C. An adverb modifies a verb, an adjective or another adverb:

>   **La société se modifie profondément.** (**Profondément** modifies the verb **se modifier.**)
>   **Ces changements sont vraiment sensibles.** (**Vraiment** modifies the adjective **sensibles.**)
>   **On voit très nettement la différence.** (**Très** modifies the adverb **nettement.**)

Classification of Adverbs

A. Adverbs of quantity answer the question **combien?** (*how much? how many?*):

beaucoup (de)	trop (de)	peu (de)
assez (de)	tant (de),	etc.

B. Adverbs of place answer the question **où?** (*where?*):

là	dedans	partout
ici	derrière	au-dessous
ailleurs	dehors	au-dessus, etc.

C. Adverbs of time answer the question **quand?** (*when?*):

hier	toujours	aujourd'hui
désormais	souvent	immédiatement
dorénavant	rarement	maintenant, etc.

D. Adverbs of manner answer the question **comment?** (*how?*):

bien	difficilement	habilement
mal	facilement	maladroitement, etc.

Formation of Adverbs of Manner

A. Most adverbs of manner are formed by adding the suffix **-ment** to the feminine of an adjective. (This suffix is equivalent to the English *-ly*.)

ADJECTIVE	ADVERB
égal, égale	égale**ment**
(*equal*)	(*equally*)
heureux, heureuse	heureuse**ment**
(*happy, fortunate*)	(*fortunately*)
essentiel, essentielle	essentielle**ment**
(*essential*)	(*essentially*)

EXCEPTIONS:

The following adjectives are slightly irregular:

bref, brève: **brièvement**
gentil, gentille: **gentiment**

B. Some adjectives become **-ément:**

| énorm**ément** | profond**ément** | confus**ément** |
| immens**ément** | obscur**ément** | précis**ément** |

C. Adjectives ending in **-ant** become **-amment;** adjectives ending in **-ent** become **-emment:**

| brillant | brillamment | évident | évidemment |
| élégant | élégamment | récent | récemment |

D. Adjectives ending in a vowel form their adverbs on the masculine singular:

| absolu | absolument | vrai | vraiment |
| poli | poliment | infini | infiniment |

Comparison of Adverbs (*La Comparaison des adverbes*)

Regular Comparisons

Adverbs, like adjectives, are compared with **plus, moins** or **aussi.** In the superlative the definite article will always be **le** since adverbs are invariable:

	Comparative	*Superlative*
souvent	**plus souvent**	**le plus souvent**
	moins souvent	**le moins souvent**
	aussi souvent	

Selon les enquêtes, les Parisiens mangent **souvent** au restaurant; ils mangent **moins souvent** dans un self-service, et **le plus souvent,** ils mangent chez eux.

Irregular Comparisons

A few adverbs have irregular comparisons:

	Comparative	*Superlative*
peu	**moins**	**le moins**
	aussi peu	
beaucoup	**plus (davantage)**[1]	**le plus**
bien	**mieux**	**le mieux**
	moins bien	**le moins bien**
	aussi bien	
mal	**pis (plus mal)**	**le pis (le plus mal)**
	aussi mal	**le moins mal**

Position of Adverbs (*La Place des adverbes*)

With Adjectives and Other Adverbs

A. Adverbs that modify an adjective or another adverb precede the word they modify:

tellement difficile   *so difficult*   **si rarement**   *so rarely*
assez souvent   *rather often*   **trop brièvement**   *too briefly*

With Verbs

B. There are no hard and fast rules about the position of adverbs that modify a verb, but, in general, the following may be used as a guide:

1. In the *simple tenses* the adverb directly follows the verb: (Note how this often deviates from English word order.)

Il **parle rarement.**   *He **rarely speaks.***
La pollution des mers **affecte indirectement** les oiseaux marins.
*Pollution of the seas **indirectly affects** marine birds.*

REMARQUER:
In French, the adverb *never* falls between the subject and the verb, as it often does in English:

COMPARE:

Gérard *often* goes jogging.
Gérard fait **souvent** du footing.

2. In the *compound tenses* most adverbs follow the auxiliary verb:

---

[1] **Davantage** and **plus** as comparative adverbs are practically interchangeable:
Julien fume beaucoup, mais sa femme fume encore **plus (davantage).**

La pollution des mers **a indirectement** affecté les oiseaux marins.

Note especially short adverbs of manner and time **(bien, mal, trop, beaucoup, bientôt, déjà, souvent)** in compound tenses:

Il **est souvent** venu.   Elle **est déjà** sortie.
J'**ai beaucoup** vu.   J'**aurai bientôt** fini.
Vous **avez trop** travaillé.   Nous **avons bien** dansé.

Adverbs of time and place are not positioned systematically. They may occur after the past participle, at the end or at the beginning of a sentence:

Il est souvent venu **ici.**
Ici, j'ai beaucoup apprécié la cuisine.

The best judge of the correct position of an adverb is your ear. By this point, you have probably developed a sensitivity to what sounds right and what sounds wrong.

Adverbial Expressions (*Les Expressions adverbiales*)

Very often French avoids a long, heavy adverb in favor of an adverbial expression. Here are a few important ones:

avec courage   courageously
avec patience   patiently
avec passion   passionately

d'une façon (manière) négligente   carelessly
d'une façon (manière) élégante   elegantly
d'une façon (manière) agréable   pleasantly

par conséquent   consequently
par accident   accidentally
par mégarde   inadvertently

sans cesse ⎫
sans arrêt ⎬   incessantly

EXERCICES

A.   Donnez l'adverbe qui correspond aux adjectifs suivants.

1. patient	6. certain	11. naïf	16. net
2. précis	7. innocent	12. courant	17. sérieux
3. énorme	8. absolu	13. suffisant	18. profond
4. inconscient	9. vrai	14. bref	19. essentiel
5. deuxième	10. doux	15. particulier	20. grave

B.   Refaites les phrases suivantes en traduisant les mots entre parenthèses.

1. Michel joue (*well*) de la guitare, mais il joue (*better*) de l'orgue et il joue (*the best*) du piano.

2. L'autorité est (*little*) respectée aujourd'hui. Ce sont surtout les règles touchant au comportement personnel que l'on respecte (*the least*).

3. En France, les grand-parents s'occupent (*a lot*) des bébés. Les pères s'en occupent (*more*), mais ce sont les mères qui s'en occupent (*the most*).

4. Moi, je parle (*badly*) l'allemand et ma sœur le parle (*even worse*). Dans notre famille, Papa le parle (*the worst*) de tous.

5. Marise a étudié le code de la route (*so recently*) qu'il est (*rather difficult*) de comprendre comment elle a déjà tout oublié.

C. Complétez la phrase française en traduisant l'adverbe en italique dans la phrase anglaise, et en le plaçant correctement.

MODÈLE: Pollution *often* has killed fish.
La pollution a tué les poissons.
La pollution a **souvent** tué les poissons.

1. Some think that the problem of pollution has been exaggerated *enormously*.
Certains croient que le problème de la pollution a été exagéré.

2. Others think it is too late *already* to save the sea.
D'autres pensent qu'il est trop tard pour sauver la mer.

3. People *generally* are unconscious of such problems until there is a crisis.
On est inconscient de tels problèmes jusqu'à ce qu'il y ait une crise.

4. Everybody *naturally* wants to preserve ocean life.
Toute le monde veut conserver la vie en mer.

5. Ecologists have done *much* to combat pollution.
Les écologistes ont fait pour combattre la pollution.

6. National governments have tried *often* to control pollution, but sometimes their efforts are received *badly*.
Les gouvernements nationaux ont essayé de contrôler la pollution, mais quelquefois leurs efforts sont compris.

LECTURE 1973—1983: Français, comme vous avez changé!

Dix ans de crise. Dix ans qui ont modifié les attitudes et les modes de vie. Voici dix grands courants socioculturels: des changements fondamentaux ou des bouleversements en douceur; dix courants qui influent sur les nouveaux Français.

La forme d'abord

détrôner to dethrone
le standing status
régner to reign

L'obsession du bien-être a détrôné° celle du standing.° Une nouvelle trinité «forme-beauté-santé» règne° sur la société. Être bien dans sa peau devient plus important qu'être riche. Voilà sans doute l'une des

la décennie decade

révolutions les plus sensibles de la décennie.° Un chiffre le souligne: le nombre de Français faisant de la gymnastique ou du footing a doublé en dix ans.

revêtir to take on

Cette explosion revêt° les formes les plus diverses, du jogging au marathon, de l'aérobic aux arts martiaux, sans oublier la renaissance de la bicyclette. Sport en solitaire, exercice en commun, détente° en musique, le succès est général. Les nouveaux sportifs ne sont pas amoureux des records. Chez eux, l'esprit de compétition a cédé la place à une notion plus hédoniste:° se faire plaisir, voilà la règle.

la détente relaxation

hédoniste hedonistic, pleasure-
   seeking

Le corps et le cerveau

le citoyen citizen

Les citoyens° du pays de Descartes[1] aimaient se percevoir comme le peuple le plus intelligent du monde. Le linéaire, le logique, le rationnel avaient, comme le visuel, une primauté° dans le fonctionnement intellectuel.

la primauté primacy

une idée reçue popular notion

Le triomphe du corps et la redécouverte des sens tendent à changer cette idée reçue.° La sensualité ouvre de nouveaux champs° à l'intelligence. Le corps et le cerveau se sont réconciliés, une interdépendance que même nos jeux° mettent aujourd'hui en évidence. Ainsi, les casse-tête° posés par le Rubik cube se résolvent autant avec les doigts qu'avec la tête.

le champ field
le jeu game
le casse-tête puzzle

l'affectivité (*f.*) feelings
une ambiance atmosphere

De plus en plus, le Français se montre sensible aux émotions, à l'affectivité,° au contact avec l'environnement extérieur. Il réagit plus volontiers aux ambiances° qu'aux arguments.

le comportement behavior

L'idéologie, le discours ont moins d'influence sur le comportement° du Français. Les gestes, les émotions, les humeurs pèsent davantage. L'opinion publique tend à devenir une affectivité publique, ce qui n'est pas sans danger. Les manipulations des émotions n'en sont, sans doute, qu'à leurs débuts.

En avant° la musique

en avant forward! (*a command*)

Les Français, en dix ans, ont acquis une passion pour la musique. Cette révolution mélodieuse se lit d'abord dans les statistiques. En 1976, un ménage sur dix possédait une chaîne haute fidélité; aujourd'hui, on compte une chaîne pour trois foyers. La vente des cassettes a été multipliée par vingt en dix ans. Le nombre des auditeurs réguliers de France Musique a augmenté de 50% en un an. Les nouveaux mélomanes° se recrutent tout particulièrement parmi les jeunes et les ouvriers spécialisés. La musique a un rôle croissant° dans les films comme dans les chansons.

le mélomane music lover
croissant growing

Mais les Français ne se contentent pas d'écouter de la musique ou de la lire. Mieux, ils la font. En 1970, trois millions de personnes

---

[1] **Descartes:** grand philosophe du XVIIe siècle, fondateur de la doctrine du rationalisme

possédaient un instrument de musique. En 1983, leur nombre atteint cinq millions…

Branché sur les autres

Cette variété de sensations et d'émotions, recherchées, provoquées, analysées, modifie les rapports avec autrui. Nous nous «branchons» différemment sur les autres. C'est sans doute l'une des évolutions majeures de la décennie. En 1974, 45% des Français interrogés expliquaient: «J'aime me mettre à la place des autres et imaginer ce que j'aurais ressenti dans leur situation.» En 1982, ils sont 60%. Au jugement objectif porté sur autrui succèdent une compréhension personnelle, des relations intuitives, encouragées par les techniques de notre environnement quotidien: les gros plans° de la télévision, la généralisation du téléphone, par exemple, encouragent cette nouvelle intimité. Le téléphone ne fait-il pas sauter° les barrières du respect humain? Résurgence inattendue du divan° psychanalytique.

Cette nouvelle sensibilité dépasse le domaine des seules relations avec autrui, elle s'étend° à notre compréhension du monde dans son ensemble. Plutôt que de juger les événements, les phénomènes sociaux, on est davantage enclin à les ressentir.

le gros plan close-up

Le téléphone…sauter Doesn't the telephone destroy
le divan couch
s'étendre à to extend to

L'autorité déboulonnée°

L'autorité est une valeur en baisse. Dans toutes les cellules° de la société, de la famille à l'armée, de l'entreprise à l'administration. Sanctionnée plus souvent qu'elle n'est confortée par les nouvelles lois, elle se dilue ou, plutôt, change de forme.

Dans la famille, d'abord. En 1974, un Français sur deux (exactement 53%) estimait que le père de famille devait commander chez lui. En 1982, un Français sur trois seulement (35%) partage° cette conviction. Le pouvoir n'est plus ce qu'il était. La loi l'a d'abord partagé entre les deux époux. Elle l'a rogné° lorsqu'elle a accordé la majorité aux enfants dès 18 ans. Elle a modifié les règles du jeu en assouplissant° le divorce (1975). Le «petit mariage» — expression plus gracieuse que celle de concubinage — a acquis droit de cité° et respectabilité, la Sécurité sociale elle-même en prenant acte,° en 1978, lorsqu'elle a reconnu des droits° aux concubins. Toute cette évolution du droit° recouvre un changement des mœurs: à l'autorité d'un seul s'est substituée peu à peu l'influence de plusieurs.

Ce phénomène de dilution est sensible à tous les niveaux° de la société. Les mots d'ordre des centrales syndicales,° qui contrôlent moins étroitement° leur base, sont moins écoutés. Le code de la route est moins respecté. Les ordonnances médicales, elles-mêmes, ne sont plus scrupuleusement suivies. La mode n'est plus imposée par les seuls «grands»: à côté du style dicté par les collections foisonnent des modes nées dans la rue. Une manière de se dérober° à la règle, de

déboulonné debunked
la cellule cell, segment

partager to share

rogner to trim away

assouplir to soften
le droit de cité *i.e.* legitimacy
prendre acte to record formally
le droit right
le droit *here,* the law

le niveau level
la centrale syndicale labor union
étroitement narrowly
se dérober to evade

Jeunes musiciens ambulants
au Jardin des Tuileries

délaissé abandoned

rester libre de son choix. Il s'agit moins de contester l'autorité établie, comme en 1968, que d'y échapper, pour préserver son autonomie. Bref, l'autorité est désormais moins combattue qu'inefficace, moins refusée que délaissée.°

COMPRÉHENSION

La forme d'abord

1. Quelle obsession a remplacé celle du standing et comment se manifeste-t-elle?
2. Quelle notion est devenue plus importante que l'esprit de compétition?

Le corps et le cerveau

3. Comment «les citoyens du pays de Descartes» aiment-ils se percevoir?
4. Qu'est-ce qui tend à changer l'image cartésienne que les Français ont d'eux-mêmes?

5. Quel jeu semble mettre en évidence l'interdépendance entre le corps et le cerveau?
6. À quelles influences les Français semblent-ils se montrer de plus en plus sensibles?

En avant la musique

7. Citez plusieurs statistiques qui indiquent qu'en dix ans les Français ont découvert une passion pour la musique.
8. Branché sur les autres dans leurs rapports avec autrui et leur façon de «se brancher» sur les autres, comment les Français ont-ils changé?
9. Quels facteurs technologiques ont encouragé ce développement?

L'Autorité déboulonnée

10. En quoi l'attitude des Français vis-à-vis de l'autorité a-t-elle changé?
11. Dans quels domaines ce changement d'attitude se manifeste-t-il?
12. Citez quelques exemples de la nouvelle attitude vis-à-vis de l'autorité.

Le prêt-à-porter social

le livreur delivery boy
déceler to disclose
le coup d'œil glance
la tâche task
un éventail range
se resserer to contract

afficher to display
aisé well-to-do

un hôtel particulier private town house

Ne...fond There remains basically

flou blurred
le nivellement leveling

chez *here*, among

Autrefois, l'imagerie populaire faisait de l'avocat d'affaires un membre éminent de la «grande bourgeoisie», de l'employé de banque un «petit-bourgeois», du chauffeur-livreur° un «travailleur». Il était aisé de déceler° au premier coup d'œil° qui était ingénieur, cadre moyen, ouvrier spécialisé. Chacun portait son uniforme, les marques de sa condition. Tâche° infiniment plus délicate aujourd'hui. Explication simple: l'éventail° des styles de vie s'est resserré avant l'éventail des salaires.

Une étude récente portant sur les modes de vie des jeunes femmes (21–35 ans) de milieu populaire fait ainsi apparaître de surprenantes similitudes avec ceux qui sont affichés° par des femmes plus aisées,° chez les unes comme chez les autres, le nombre de voitures est à peu près identique; la machine à laver la vaisselle d'un F-4[1] de Bagnolet[2] ne diffère pas de celle d'un hôtel particulier° de Neuilly;[3]° la durée comme le type de vacances se ressemblent de plus en plus. Ne demeure, au fond,° qu'un seul véritable facteur d'inégalité sociale: l'habitat. Pour le reste, les petits signes extérieurs (voiture, vêtement), qui faisaient hier la différence, deviennent de plus en plus flous.° Ce nouveau nivellement° touche d'ailleurs le domaine de l'imaginaire, la pensée, la parole. Le feuilleton «Dallas», le magazine «Paris-Match» recrutent aussi bien leurs fans chez° les cadres que chez les ouvriers. Les idées émises, les mots employés, les tournures de phrase utilisées dans une conversation, une interview, ne permettent plus de dis-

---

[1] **F-4:** catégorie de travail: ouvrier ou employé modeste
[2] **Bagnolet:** banlieue parisienne populaire
[3] **Neuilly:** banlieue parisienne élégante

en clair in plain language

tinguer avec certitude qui est encore «bourgeois» et qui est «prolétaire», et seule l'intonation permet de localiser un peu mieux qui est des «beaux quartiers» et qui n'en est pas.

En clair,° la population française voit se créer une immense classe moyenne.

Les pères la douceur

le biberon baby bottle

la progéniture progeny, offspring

faire la part belle to accord special consideration

Il ne le quitte pas, le cajole, le caresse, le change et l'habille, lui donne son biberon° ou lui fait prendre l'air en l'emportant dans la rue sur son dos ou sur son ventre. Il a tous les gestes d'une maman avec son bébé. Mais c'est un homme. De la moindre différenciation entre les sexes, d'un sens nouveau de l'éducation est né ce «nouveau père», qui ne refoule plus ni tendresse ni sensualité lorsqu'il s'occupe de sa progéniture.°

La formation des jeunes enfants s'est aussi transformée: à la maison, les adultes accordent plus d'importance aux gestes de tendresse qu'à la parole. À l'école maternelle — en raison d'une préscolarisation[4] qui s'est généralisée — les méthodes pédagogiques font la part belle° à l'expérience corporelle.

La place grandissante occupée par les femmes dans la société a d'ailleurs eu des répercussions sur l'appareil éducatif tout entier. Elle entraîne plus une féminisation de l'éducation des garçons qu'une masculinisation de celle des filles.

Bonjour technique

le retour à la terre "back to nature" movement
le tissage weaving
élever to raise (children or animals)
le mouton sheep
honni disgraced
pêle-mêle helter-skelter
les enfers (*m.*) hell
la vague vogue, wave
nettement clearly

forcément necessarily

Fini le retour à la terre,° réel ou symbolique. Hier encore, la nostalgie de la nature, menacée par l'industrie, l'urbanisation, le progrès, provoquait des flots de lyrisme: on découvrait les joies du tissage° et de la poterie, on rêvait d'élever° des moutons° et de faire de «vrais» fromages. On ne voulait manger que des produits absolument naturels. Honnis° à tout jamais semblaient l'artificiel, le chimique, la grande ville, la technologie, tous jetés pêle-mêle° aux enfers.° Cette vague° écologique s'est amplifiée pendant dix ans, saisissant, comme une révélation, les plus snobs comme les plus humbles. Depuis 1976, elle régresse. Nettement° et régulièrement, même si la défense de la nature demeure pour la majorité des Français un impératif, et l'écologie, une conquête précieuse.

Plus profondément, bien des idées auxquelles l'écologie avait donné un label de vérité se révèlent contestables: le produit «naturel» n'est pas forcément° le meilleur; le régime biologique n'assure pas toujours la forme; le progrès n'est pas logiquement l'ennemi de la

---

[4]En France, les écoles maternelles, subventionnées par le gouvernement, reçoivent la vaste majorité des enfants de deux à cinq ans. De six à seize ans, la scolarité est obligatoire.

inéluctablement inevitably
faire mauvais ménage to make a
   bad match
d'autant que all the more so,
   because

avant-coureur forerunner

nature; écologie et développement ne font pas inéluctablement°
mauvais ménage.° Bref, on redécouvre que la technique a du bon: elle
peut, bien utilisée, créer les conditions d'une vie plus humaine que
l'état de nature. L'idée fait son chemin. D'autant que° les industries
de pointe, et d'abord l'électronique, apparaissent moins polluantes
que celles d'hier. Signes avant-coureurs° d'une nouvelle alliance entre
l'homme et la technique.

Hip, hip, hip, ego!

la conduite behavior
le souci concern
entendre to expect, want

rien de tel nothing of the kind

freiner to slow down, brake
un élan enthusiasm, impetus

primer to take precedence

une autonomie autonomy,
   independence
Quoi qu'il en soit Whatever the
   case may be

Le triomphe du «moi» est un des phénomènes les plus intéressants de
la dernière décennie. Si le Français, autrefois, a longtemps vu sa
conduite° dictée par on ne sait quel souci° de conformité sociale,
soumission, obéissance à «une morale», celui d'aujourd'hui entend°
d'abord «s'exprimer personnellement». Avant 1960, «avoir de la
personnalité» signifiait essentiellement se sentir fort intérieurement,
savoir s'imposer aux autres. Rien de tel° en 1983. Il devient primor-
dial d'affirmer son caractère, de s'accomplir, d'être «créatif».
   Curieux, mais la crise économique n'a en aucune manière freiné°
cet élan.° On aurait en effet pu imaginer que ce désir, ce besoin ne
résisterait pas à la dureté des temps, devant le spectre du chômage,
par exemple. Erreur! 1974: 40% des Français interrogés avouaient
que le besoin de sécurité économique primait° tout; 1980: ils ne sont
plus que 30%. Durant la même période, la proportion de ceux pour
qui le besoin de s'accomplir paraissait essentiel est passée de 15 à
30%. Étonnant. C'est la victoire du désir d'autonomie° sur celui de
sécurité.
   Quoi qu'il en soit,° ce besoin d'expression ne cesse de s'affirmer, de
s'étendre. Consommateur, l'homme moderne change ses habitudes,
varie ses modes d'achat. Dans une production de masse, il cherche
une identité. Vivent les produits semblables mais «personnalisés»!
Ce n'est pas un hasard si le nombre des modèles proposés par
Renault, Peugeot et Citroën est passé, entre 1968 et 1978, de 63 à 115.

Vivre l'imprévu°

l'imprévu (*m.*) unexpected,
   unforeseen
une incertitude uncertainty

balayer to sweep away
la donnée notion

le bouleversement upheaval
entraîner to bring about
doué de endowed with

Dernière, mais non la moindre, des révolutions dans les esprits:
l'irruption de l'incertitude.° Les longues années d'expansion avaient
progressivement imposé une équation simple pour l'avenir: progrès
+ richesse = bonheur. Les événements de la dernière décennie ont
contredit puis balayé° cette donnée.° Chacun, désormais, a l'impression qu'on a quitté un monde ordonné, capable d'être maîtrisé par
l'intelligence, pour un univers où tout, ou presque, est imprévisible.
Curieusement, ce bouleversement° n'a entraîné° ni montée de
l'angoisse ni demande nouvelle de sécurité. Le Français, au contraire
semble doué° d'un pouvoir d'adaptation inattendu.
   Dans ce climat les grands choix de la vie, et même ceux, plus

épargner to save, economize
planifier to plan

modestes, de la vie quotidienne, sont devenus difficiles. On sait moins ce qu'on veut et, lorsqu'on le sait, on discerne mal les moyens de l'obtenir. Faut-il économiser pour acheter une maison ou vaut-il mieux dépenser ce qu'on a dès aujourd'hui? Épargner° pour les enfants ou consommer immédiatement? On planifie° moins, les vacances comme les achats: en pénétrant dans un supermarché, on ignore souvent la somme qu'on est prêt à y dépenser et ce que sera le

le chariot shopping cart

quitte à even if it means
une disponibilité possibility
un piment spice

contenu du chariot.° On s'habitue à vivre à court terme; à laisser une marge à l'imprévu lorsqu'il s'agit d'envisager des projets plus lointains. Quitte à° prendre un risque et à faire jouer, le moment venu, des réactions de défense. Une disponibilité° qui n'exclut pas la vigilance. Un nouveau piment° dans l'existence.

COMPRÉHENSION

Le prêt-à-porter social

1. Autrefois, comment la profession et la condition sociale étaient-elles liées à un style de vie? Comment cela déterminait-il les jugements?
2. Comment peut-on expliquer ce phénomène?
3. En quoi le mode de vie d'une femme du milieu populaire ressemble-t-il aujourd'hui à celui d'une femme plus aisée?
4. Qu'est-ce qui demeure le seul véritable facteur d'inégalité sociale?
5. Dans quel sens l'évolution des classes semble-t-elle aller?

Les pères la douceur

6. Comment le rôle du père dans l'éducation des enfants a-t-il évolué?
7. Comment la formation des jeunes enfants et les méthodes pédagogiques se sont-elles transformées?
8. Quelle semble être la conséquence de la place grandissante occupée par les femmes dans la société?

Bonjour technique

9. La nostalgie de la nature est-elle aussi forte qu'elle l'était au début des années soixante-dix? Expliquez votre réponse.
10. Quelle semble être aujourd'hui l'attitude vis-à-vis de la technique?

Hip, hip, hip, ego!

11. Quelles attitudes révèlent le triomphe du «moi»?
12. Citez une statistique qui indique que le désir d'autonomie chez les Français d'aujourd'hui est plus fort que celui de sécurité.
13. En quoi cette attitude se manifeste-t-elle chez le consommateur français?

Vivre l'imprévu

14. Quelle équation simple avait été établie au cours des longues années d'expansion économique? Pourquoi cette équation n'est-elle plus valable?
15. Comment les Français se sont-ils adaptés à l'incertitude?

DISCUSSION

1. Estimez-vous que le souci du bien-être est obsessionnel aux États-Unis? Justifiez votre réponse.
2. Le public semble-t-il davantage influencé par des facteurs affectifs plutôt qu'intellectuels? Expliquez votre réponse.
3. La musique est-elle très importante pour vous? A-t-elle une place importante pour la plupart des Américains?
4. «J'aime me mettre à la place des autres et imaginer ce que j'aurais ressenti dans leur situation.» Êtes-vous capable de dire cela? Par quels moyens jugez-vous les autres?
5. L'autorité est-elle une valeur en baisse aux États-Unis aussi? Justifiez votre réponse. Pourriez-vous citer quelques facteurs historiques dans l'évolution de cette attitude vis-à-vis de l'autorité dans les dernières décennies?
6. Y a-t-il aux États-Unis une nette distinction entre les diverses classes sociales? Peut-on au premier coup d'œil distinguer un commis d'avec un ingénieur, par exemple?
7. Croyez-vous que le rôle du père a sensiblement changé depuis l'époque où vous étiez bébé?
8. Trouvez-vous qu'il existe une nouvelle alliance entre l'homme et la technique? La nostalgie de la nature existe-t-elle actuellement aux États-Unis?
9. Avez-vous entendu parler du «me generation»? Que signifie cette expression? Que pensez-vous de ce phénomène?
10. L'incertitude et l'imprévu sont-ils deux facteurs tout particuliers à la société contemporaine ou ont-ils toujours existé au même degré?

COMPOSITION
DIRIGÉE

Quand j'étais petit...
Parents et grand-parents adorent raconter aux jeunes comment le monde était différent quand ils étaient jeunes. En adoptant le point de vue d'un membre de la génération de vos parents ou de vos grand-parents, faites une composition sur les contrastes entre la société de leur jeunesse et celle d'aujourd'hui. Vous pourrez, entre autres, considérer les aspects suivants: les loisirs, l'attitude envers le corps et la sexualité, le souci du bien-être, la nourriture (ce qu'on mange et la façon de préparer les repas), les attitudes envers l'autorité (chefs de gouvernement, médecins, professeurs, etc.), la façon d'élever les enfants, la place de la technique, le rôle de la famille, etc. Si vous manquez d'inspiration, vous n'avez qu'à demander à n'importe quelle personne âgée «comment c'était autrefois».

QUATRIÈME PARTIE

La Société

Human society is a complex phenomenon, an intricate web of institutions, traditions, customs and rituals. The first reading in this section is an extract from a French manual of etiquette concerning table manners. What is etiquette, after all, if not an effort to codify and systematize certain forms of social behavior? *Le Vin et le lait*, by the distinguished scholar Roland Barthes, presents an analysis of wine as an institution in French society. In an interview entitled *Les Français épinglés*, Laurence Wylie, a Harvard professor and lifelong student of French society, makes some astute observations about French gestures, facial expressions, and way of walking. These nonverbal forms of communication, he believes, reveal significant traits of the French national character.

19

Savoir-Vivre

NICOLE GERMAIN

The French attach singular importance to good food and good manners, and their refinement in these areas is highly reputed. It is not surprising, therefore, that table manners are strongly stressed and considered a measure of good breeding. This extract from a manual of etiquette presents many of the basic rules governing French table manners. Some of these may seem arbitrary or even silly. Nevertheless, a person who violates them is marked as an uncultivated outsider, at the very best, or as *une personne mal élevée* (an ill-bred individual), which, to the French, is one of the worst things to be.

- VOCABULAIRE
  Lexique de mots-clés
  Enrichissez votre vocabulaire
  Étude de mots

- STRUCTURE
  The verb **devoir**
  The verb **falloir**
  Possessive Pronouns

- LECTURE: **Savoir-Vivre**

VOCABULAIRE

Lexique de mots-clés

LE COUVERT (PLACE SETTING)

une assiette	plate
le couteau	knife
la cuiller	spoon
la fourchette	fork
la nappe	tablecloth

LES METS (M.) (DISHES, KINDS OF FOOD)

un artichaut	artichoke
les asperges (f.)	asparagus
le brie	kind of cheese
la confiture	jam
les crudités (f.)	vegetables eaten raw (carrots, radishes, celery, cucumbers, etc.)
le gibier	game animals
le hors-d'œuvre	appetizer
un œuf à la coque	soft-boiled egg
la coquille	eggshell
le pamplemousse	grapefruit
le poisson	fish
une arête	fishbone
la tarte	pie
la volaille	poultry
un os	bone

LES VERBES

avaler	to swallow
couper	to cut
cueillir	to gather, pick
éplucher	to peel
éviter	to avoid
mordre dans	to bite into
ramasser	to pick up
ranger	to put back in place
récurer	to wipe clean
sucer	to suck
se tenir†	to remain, stay

chat seur

EXERCICES

A. En vous servant autant que possible du vocabulaire du Lexique de mots-clés, répondez aux questions suivantes.

1. Expliquez comment mettre le couvert (*to set the table*).
2. Qu'est-ce qu'on prend comme petit déjeuner aux États-Unis? Savez-vous ce que, d'habitude, on prend en France comme petit déjeuner?
3. Quels légumes aimez-vous? Lesquels ne vous plaisent pas?
4. Que peut-on manger comme hors-d'œuvre?
5. À quoi faut-il faire attention quand on mange du poisson?
6. Qu'est-ce qu'on peut prendre comme dessert?
7. Si le bifteck et le porc sont des viandes, la sole et le thon (*tuna*) des poissons, qu'est-ce que c'est que le dindon et le poulet?
8. Avez-vous jamais mangé du gibier? Si oui, l'aimez-vous?

B. Employez chacun des verbes du Lexique de mots-clés dans une phrase qui révèle sa signification.

MODÈLE: avaler
En mangeant des artichauts, il ne faut pas avaler les feuilles.

Enrichissez votre vocabulaire

1. **de biais** crosswise
This skirt was cut on the **bias** so that it drapes well.
François' opinion of Americans is very **biased.**

Tenue à table à la française.

2. **le couteau**   knife
   We found some excellent **cutlery** at the Galeries Lafayette.

3. **les crudités** (*f.*)   vegetables served uncooked (from **cru** raw)
   The cost of **crude** oil has been declining.
   Gaston is not merely uncouth; he is downright **crude.**

4. **éviter**   to avoid
   The consequences of deficit spending are **inevitable:** inflation and, eventually, bankruptcy.

5. **n'importe**   it does not matter
   One cannot fully realize the **import** of this decision.

6. **la nappe**   tablecloth
   A "**napkin**" is, etymologically at least, a small tablecloth.

7. **piqué**   pricked (as by a fork)
   When Louis gave her the cold shoulder, Henriette was very **piqued.**

8. **servir**[†]   to serve
   What kind of past has made Mario so meek and **servile?**

Étude de mots

A.   **servir** vs. **servir à** vs. **se servir de**

   servir   to serve
   Puis-je vous **servir** du vin?
   En France, on ne **sert** jamais de confiture à la menthe avec le gigot (*leg of lamb*).

   servir à + *infinitive*   to serve to do something, to be used for
   Un couteau **sert à** couper la viande.
   Les règles de la politesse **servent à** systématiser le comportement social.

   se servir de quelque chose   to use something
   Il ne faut pas **se servir d'**une cuiller pour manger les petits pois.
   Le sommelier (*wine steward*) **s'est servi d'**un tire-bouchon pour ouvrir la bouteille de vin.

B.   Idiotismes

   1. **changer de**   to change

      changer de main   to change hands
      changer de profession   to change professions
      changer d'avis   to change one's mind

   2. **n'importe**   it does not matter

      n'importe comment   any which way
      n'importe où   no matter where
      n'importe quand   any time at all
      n'importe qui   anyone at all

| **n'importe quoi** | no matter what |
| **n'importe quel** | …whatever (**n'importe quel Français** any Frenchman at all) |

3. **tel quel** just as is

On ne sert pas le pamplemousse **tel quel,** mais coupé en deux.
Monsieur Leblanc a acheté la vieille maison **telle quelle.**

4. **savoir-vivre** good manners, knowledge of the world

Cette femme sait juger des vins. Elle a beaucoup de **savoir-vivre.**

savoir-faire ability, tact

Ce garçon est trop jeune pour avoir acquis du **savoir-faire.**

STRUCTURE

The Verb «devoir» (*Le Verbe* devoir)

FORMS

devoir	
je dois	nous devons
tu dois	vous devez
il / elle } doit	ils / elles } doivent

Future Stem: **devr-**
Past Participle: **dû**

MEANING

A. If followed by a noun, **devoir** means *to owe:*

Je dois vingt francs à un ami. I owe 20 francs to a friend.

B. If followed by an infinitive, the meaning varies according to the context and the tense. **Devoir** may express obligation or necessity, expectation, or probability.

1. Obligation or necessity:

Il **doit** travailler. (*Présent*) *He **has to** work. He **must** work.*

Il **a dû** travailler pour réussir. (*Passé composé*) *He **had to** work to succeed.*

Il **devra** travailler pour réussir. (*Futur*) *He **will have to** work to succeed.*

Il **devrait** travailler. (*Conditionnel*) *He **should** (**ought to**) work.*

Il **aurait dû** travailler. (*Conditionnel passé*) *He **should have** (**ought to have**) worked.*

REMARQUER:

In the conditional tenses, **devoir** is translated by *ought* or *should*.

2. Expectation:

> **Je dois partir demain.** (*Présent*) *I am (supposed) to leave tomorrow.*
> **Il devait partir hier, mais il est resté.** (*Imparfait*) *He was (supposed) to leave yesterday, but he stayed.*

3. Probability:

> **Vous devez être fatigué. Vous avez beaucoup travaillé.** (*Présent*) *You must be tired. You have worked a lot.*
> **Vous avez dû être fatigué quand vous avez travaillé.** (*Passé composé*) *You must have been tired when you worked.*
> **Vous deviez être fatigué hier.** (*Imparfait*) *You must have been tired yesterday.*

The Verb «falloir» (*Le Verbe* falloir)

FORMS

il faut   (*présent*)
il faudra   (*futur*)
il fallait   (*imparfait*)
il a fallu   (*passé composé*)
il faudrait   (*conditionnel*)
il aurait fallu   (*conditionnel passé*)

MEANING AND USE

The verb **falloir** (*it is necessary*) is an impersonal verb. That is, it can only be used with **il,** meaning *it,* as subject, just like the verb **pleuvoir** (*to rain*). (It is impossible to say "I rain," "you rain," etc.)

Falloir may be used interchangeably with **devoir** to express obligation or necessity:

> **Je dois** être poli.   **Il me faut** être poli.

Notice that the subject of the English sentence becomes the indirect object of the verb **falloir:**

> Il **me** faut être poli.   *I must be polite.* (*It is necessary **for me** to be polite.*)
> Il **lui** faut être poli.   *He has to be polite.* (*It is necessary **for him** to be polite.*)

It is also possible to use a **que** clause with the verb in the subjunctive (See Lesson 21):

> **Il faut que je sois poli.**
> **Il faut que Georges soit poli.**

Une poignée de main
devant l'Opéra.

EXERCICES   A.   Traduisez les phrases suivantes.

1. Chaque enfant doit apprendre les règles de la politesse. 2. Nanine a un rendez-vous avec Richard. Ils doivent sortir ce soir. 3. **Devoir** est un verbe que vous devez apprendre. 4. Il doit être difficile de quitter sa famille. 5. Nous devrons prendre l'autocar demain à trois heures. 6. Quand vous êtes rentré si tard, votre père a dû vous punir. 7. En Afrique, il doit faire chaud. 8. Mon père devait faire un voyage en Europe cet été, mais il n'est pas parti. 9. Les jeunes filles ont dû s'enfuir pour échapper à une situation pénible. 10. Je devais être fatigué quand j'ai fait cette erreur. 11. Vous auriez dû faire attention; vous auriez évité cet accident. 12. Nous devrions envoyer des fleurs à notre hôtesse.

B.   Refaites les phrases suivantes en vous servant du verbe **devoir** à la place du verbe **falloir.** Faites tous les autres changements nécessaires. (Attention au temps du verbe!)

MODÈLE: Il me faudrait tenir la porte ouverte pour la personne qui me
                   suit.

                   **Je devrais tenir la porte ouverte pour la personne qui me
                   suit.**

Étiquette traditionnelle pour les hommes:

1. Dans le métro et dans l'autobus, il leur faudra céder leur place à une femme debout.
2. Il leur faut demander la permission de fumer un cigare dans un compartiment de chemin de fer.
3. Autrefois, il leur fallait baiser la main des dames.

Étiquette pour les femmes:

4. Il ne lui faudrait pas porter un grand chapeau au théâtre ou au cinéma.
5. Autrefois, il ne lui fallait jamais inviter un homme, mais aujourd'hui le M.l.f.[1] a aboli ce vieil usage.
6. Certains disent qu'il lui faut payer sa part quand elle sort avec un homme.

Étiquette pour vous:

7. En France, il vous faudra serrer la main en rencontrant un ami et en le quittant.
8. Il ne faut pas que vous gardiez une main sur les genoux (*on the lap*) pendant que vous mangez.
9. En mangeant de la soupe, il vous aurait fallu introduire la cuiller dans votre bouche de face et non pas de côté.

Étiquette pour moi:

10. Il ne faudra pas que je téléphone trop tard ou trop tôt à un ami.
11. Si je me heurte contre quelqu'un dans la rue, il me faut dire «Pardon, monsieur» ou «Pardon, madame».
12. Quand je suis allé à l'opéra, il m'a fallu éviter toute conversation et tout commentaire pendant le spectacle.

C. Traduisez les phrases suivantes.

1. One has to respect French etiquette when one is in France.
2. You should use your knife and your fork in the French manner.
3. Jean-Jacques was supposed to dine with us tonight.
4. He must have forgotten.
5. He should have written the date in his engagement book (*son agenda*).
6. We will have to forgive him this time.
7. He is probably very embarrassed (*gêné*).
8. The guests (*les invités*) ought to clink glasses (*trinquer*) before drinking their wine.
9. I had to explain this custom to them.
10. That man must have been drunk (*ivre*).

---

[1] Mouvement de libération des femmes

Possessive Pronouns (*Le Pronom possessif*)

FORMS

	Singular		Plural	
	Masculine	*Feminine*	*Masculine*	*Feminine*
	le mien	la mienne	les miens	les miennes
	le tien	la tienne	les tiens	les tiennes
	le sien	la sienne	les siens	les siennes
	le nôtre	la nôtre	les nôtres	
	le vôtre	la vôtre	les vôtres	
	le leur	la leur	les leurs	

USE

A. The possessive pronoun takes the place of a possessive adjective and a noun:

> Ma mère et **sa mère** font partie du même club.
> Ma mère et **la sienne** font partie du même club.

REMARQUER:

Possessive pronouns, like possessive adjectives, agree in gender and number with the thing possessed and not with the possessor:

> **sa sœur** *his, her sister*   **la sienne** *his, hers*

B. The possessive pronoun may be used to refer to the members of a group collectively:

> **Joyeux Noël à vous et aux vôtres.** *Merry Christmas to you and your family.*
> **Nous allons dîner ensemble au restaurant. Serez-vous des nôtres?**
> *We are going to dine together in a restaurant. Will you join us?*

EXERCICE

Refaites les phrases suivantes en remplaçant les mots en italique par un pronom possessif.

1. À *votre santé!*
2. L'étiquette française est assez différente de *notre étiquette.*
3. Les amis de mon mari et *mes amis* ne s'entendent guère.
4. Thierry est très gentil pour ses parents. Il oublie parfois son propre anniversaire, mais il fête toujours *l'anniversaire de ses parents.*
5. On a annoncé vos fiançailles et *leurs fiançailles* le même jour.
6. Ma maison est grande et belle, mais *la maison d'Ève-Marie* est magnifique.
7. Avez-vous des cigarettes? J'ai perdu *mes cigarettes.*
8. Certains rites français nous paraissent ridicules, mais *nos rites* ne valent guère mieux.

9. Chacun a des habitudes sacrées. J'ai *mes habitudes* et tu as *tes habitudes*.
10. Ma famille est conservatrice, mais *sa famille* est réactionnaire.

LECTURE Savoir-Vivre
NICOLE GERMAIN

La Tenue° à table

la tenue conduct, manners

Une fois assis à table, il faut encore savoir s'y tenir. De préférence, on s'assied face à la table, et l'on garde le dos droit.°

droit straight

La tenue à table

En France, les enfants doivent mettre les mains sur la table; par contre, en Angleterre, le savoir-vivre veut qu'on tienne ses mains sur ses genoux, sous la table, lorsqu'on ne s'en sert pas pour manger.

le coude elbow
dégagé relaxed

Quoi qu'on en dise, on peut mettre un coude° sur la table: cela donne un air dégagé° à la conversation. Mais dès que l'on se sert de ses mains, les coudes doivent disparaître de la nappe et se serrer contre le corps. Écarter les coudes en mangeant est à la fois inesthétique et gênant pour les voisins.

On ne mord jamais dans son pain, on le brise par petits morceaux. On n'utilise le couteau que pour couper, et il ne faut jamais couper plus d'un morceau à la fois. S'il faut couper continuellement, comme par exemple un bifteck, on mange en tenant sa fourchette de la main gauche et en gardant le couteau dans la main droite. Il n'y a peut-être pas de justification précise à ce commandement: c'est un de ces cas où se manifeste l'arbitraire du savoir-vivre. Les Anglo-Saxons, après s'être servis de leur couteau, le reposent de biais° sur l'assiette et changent la fourchette de main.

de biais crosswise

En principe, on emploie la fourchette pour tous les aliments à peu près solides. Pour une raison inexplicable, et d'ordre probablement esthétique, on ne se sert de la cuiller que lorsque l'on ne peut pas utiliser la fourchette. Il n'y a toutefois pas lieu° de pousser le raffine-

Il n'y a toutefois pas lieu de However, there's no need to

ment jusqu'à vouloir ramasser les crèmes avec une fourchette ou se condamner à les laisser dans l'assiette. Ce serait ridicule, et la cuiller est là pour cet usage. On tient celle-ci de la main droite et on l'introduit dans la bouche de face. Inutile d'avoir l'air° de l'avaler. Les Anglo-Saxons considèrent cet usage français comme de mauvais ton. Ils se servent de leurs cuillers de côté. Là encore, il n'y a pas de jugement de valeur à porter, il s'agit de deux usages différents. Restons-en au nôtre.° Mais, ici comme là, toute dégoulinade° de liquide est à éviter.

Dans tous les cas, il est expressément recommandé de se nourrir sans faire le moindre bruit.

Inutile…avaler No point in seeming to swallow

Restons-en au nôtre Let's keep to ours
la dégoulinade dribbling

on ne mord jamais dans son pain

lap lap lap

se nourrir sans faire le moindre bruit

Règles particulières à certains mets

Les œufs à la coque. Les œufs à la coque posent un problème délicat et controversé. Comment les ouvrir? Selon les uns, uniquement avec une cuiller. Selon les autres, on peut les fendre° avec un couteau et soulever° le chapeau avec la cuiller. Louis XV était un virtuose en la matière et ouvrait son œuf d'un seul coup de couteau. Le repas du roi était public, et son adresse une attraction devant laquelle s'ébaudissaient° les badauds.°

À moins d'être° Louis XV, ce tour° de prestidigitation est à éviter, mais, entre les deux méthodes proposées, il n'y a pas lieu de choisir. L'une et l'autre se font. Une fois l'œuf vidé° avec l'aide de mouillettes° de pain beurré, on écrase ou on n'écrase pas la coquille: cela dépend des usages familiaux.

fendre break, split
soulever to lift up

s'ébaudir to gawk
le badaud gaper
À moins d'être Unless you are
le tour trick
vidé emptied
la mouillette sippet, bit

Louis XV ouvrait son œuf d'un seul coup de couteau.

Le poisson. Sauf quand il est servi en tranches, le poisson demande une certaine adresse. On ne doit pas l'attaquer n'importe comment. Il faut, en principe, lever les filets et ranger aussi proprement que possible sur le côté de l'assiette tête et arêtes. Pour ce faire, d'ailleurs, il existe des couverts à poisson.

Les volailles. La volaille ne pose aucun problème particulier. Toutefois,° dans l'intimité, il est admis que l'on puisse sucer certains petits os, surtout lorsqu'il s'agit de petit gibier: faisans,° perdrix,° cailles,° par exemple. Il faut évidemment le faire aussi délicatement que possible, en utilisant deux doigts au maximum, et sans se couvrir de sauce. Depuis le XVIIIᵉ siècle, c'est la règle, on ne prend pas un pilon° à pleines mains, mais on peut suçoter une aile° de perdreau.°

Toutefois However
le faisan pheasant
la perdix partridge
la caille quail

le pilon drumstick
une aile wing
le perdreau young partridge

certains légumes crus se mangent avec les doigts

Les crudités. Certains légumes crus se servent tels quels, simplement lavés, par exemple les radis;° on les mange avec les doigts, comme si l'on venait de les cueillir au jardin.

le radis radish

Les asperges et les artichauts. La plupart des légumes cuits n'appellent aucun commentaire. Seuls font exception les asperges et les artichauts. Traditionnellement, les asperges se servent avec une sauce et l'on mange la partie comestible avec la fourchette.

Les artichauts se consomment feuille à feuille, trempées une par une dans la sauce; mais on ne mange pas la feuille entière. On range les feuilles consommées sur le côté de l'assiette. Une fois le fond entièrement déshabillé et débarrassé du foin,° on le coupe et on le mange avec la fourchette.

le foin fiber surrounding heart of an artichoke

Les sauces. En règle générale, une sauce se consomme avec le plat qu'elle accompagne, et non pour elle-même, si succulente qu'elle

si succulente qu'elle soit
  however succulent it may be
piqué pricked

carré square

la languette small slice

la bouchée bite-size

soit.° Il est pourtant toléré, dans l'intimité, de saucer discrètement à l'aide d'un petit morceau de pain piqué° au bout de la fourchette, jamais avec les doigts. Et n'oubliez pas que saucer ne signifie pas récurer son assiette.

Les fromages. Les fromages se présentent sous certaines formes, ronds, carrés° ou en triangle, comme une pointe de brie. On doit, en se servant, respecter la forme du fromage, ne pas le défigurer pour que la base reste appétissante. Dans un fromage rond, on coupe des triangles qui correspondent à des sections de la circonférence; dans les fromages carrés, des morceaux carrés ou rectangulaires, mais toujours à angles droits. Dans les morceaux en pointe, du brie par exemple, on coupe du côté de la pointe des languettes° triangulaires, de façon, à respecter plus ou moins la forme du morceau. On ne coupe jamais le nez du fromage, c'est un des tests les plus précis du savoir-vivre, malgré son importance très relative à première vue.

on ne coupe jamais le nez du fromage

Le fromage se mange à l'aide d'un couteau, tenu de la main droite et d'une bouchée° de pain tenue de la main gauche. On pose le fromage sur le pain, et l'on porte le tout à sa bouche. En France, on ne se sert pas d'une fourchette pour le fromage, contrairement à l'usage des pays anglo-saxons.

Les fruits. Les fruits se consomment en général de la façon la plus naturelle. Il n'existe que peu d'exceptions.

En principe, on ne sert pas le pamplemousse tel quel, mais coupé en deux et préparé aussi bien en hors-d'œuvre qu'en dessert.

Pour éplucher une pomme, on la coupe en quartiers et on épluche chaque quartier, que l'on tient dans sa main gauche, avec le couteau à fruits tenu dans la main droite, puis on mord dans le quartier épluché.

Pour les poires, après les avoir coupées en quartiers dans l'assiette, on les pique avec une fourchette que l'on tient de la main gauche, et on les épluche avec un couteau. On les repose dans son assiette, puis on les coupe en morceaux que l'on mange ensuite avec la fourchette. Cela est une simple règle de bon sens: la poire est juteuse, la pomme

une fourchette pour les poires

ne l'est pas. À l'étranger, en règle générale, il faut manger la pomme comme on mange la poire.

Les gâteaux. À l'exception de la galette des Rois[1] ou du biscuit de Savoie, servi avec une crème, tous les gâteaux, y compris les tartes, se mangent avec la fourchette: cette règle est absolue à table. À goûter,° au contraire, on peut se servir de la main, à condition de ne pas se couvrir de confiture ou de crème.

le goûter   here, afternoon tea

COMPRÉHENSION

1. Comment les enfants français doivent-ils se tenir à table? Leur tenue est-elle différente de celle qu'on enseigne aux enfants américains?
2. De quelle façon doit-on manger son pain? Qu'est-ce qu'il ne faut pas faire?
3. Faites une petite pantomime pour montrer comment un Américain fait pour manger un bifteck. Ensuite, montrez comment un Français s'y prend.
4. Faites une pantomime pour montrer comment un Américain mange sa soupe. Ensuite montrez comment un Français se sert de sa cuiller.
5. Est-il permis de faire du bruit en mangeant?
6. Quel problème les œufs à la coque posent-ils? Comment Louis XV s'y prenait-il pour les ouvrir?
7. Généralement, en France, quand on commande du poisson, on le sert avec la tête et la queue. Que faut-il faire avant de manger du poisson?
8. Que faut-il éviter en mangeant de la volaille, sauf dans l'intimité?
9. De quelle façon mange-t-on les artichauts?
10. Quelle est la règle concernant les sauces? Qu'est-ce qu'il est permis de faire en famille, qu'on ne doit pas faire au restaurant?
11. Dessinez (au tableau ou sur une feuille de papier) les formes sous lesquelles les fromages se présentent. Ensuite, indiquez comment on doit les couper.
12. De quelle façon mangez-vous d'habitude une pomme ou une poire? Expliquez comment il faut manger de tels fruits en France.
13. Comment doit-on manger les gâteaux?

DISCUSSION

1. Quelles semblent être les différences principales entre les règles de la politesse française et les nôtres?
2. Trouvez-vous que certaines règles de la tenue à table sont arbitraires ou ridicules? Si oui, lesquelles?
3. Avez-vous jamais entendu parler de Emily Post ou de Amy Vanderbilt? Que pensez-vous des manuels de politesse? Sont-ils des guides utiles, ou les trouvez-vous artificiels et formalistes?
4. Un code d'étiquette est-il nécessaire à l'harmonie sociale? Existe-t-il des sociétés où il n'y a pas de règles de conduite?

---

[1]**la galette des Rois:** gâteau que l'on mange à l'occasion de la Fête des Rois (*Twelfth Night, Epiphany*)

Les Formules de politesse

Le français abonde en formules de politesse pour toute occasion. En voici quelques-unes des plus utiles:

UNE PRÉSENTATION:

— Permettez-moi de vous présenter Monsieur un tel (*Mr. so and so*), *or* Madame une telle (*Mrs. so and so.*).
— Monsieur. (Madame.) Je suis enchanté de faire votre connaissance.

UN REMERCIEMENT:

— Merci beaucoup. (*or:* Mille mercis.)
— Je vous en prie. (*or:* Il n'y a pas de quoi, *or:* De rien.)

UN COMPLIMENT:

— Que vous êtres beau/belle aujourd'hui!
— Vous êtes trop aimable. (*or:* Vous êtes gentil, *or:* Vous trouvez?)

DE BONS VOEUX:

— Joyeux Noël! Joyeux anniversaire! Bonnes vacances! Bon boyage! Bon appétit!
— Et à vous de même.

UNE INVITATION:

— Pourrais-je avoir le plaisir de votre compagnie lundi soir pour dîner? (*or:* Pourrions-nous dîner ensemble lundi soir?)
— Je suis désolé, mais je suis pris ce soir-là.
— Voulez-vous prendre un verre (un pot) avec moi?
— Avec plaisir. (*or:* Très volontiers.)

POUR FAIRE UNE DEMANDE POLIE, ON COMMENCE:

— Auriez-vous la bonté de + *infinitif*....
— Voulez-vous bien + *infinitif*....
— Veuillez + *infinitif*....
— Auriez-vous l'obligeance de + *infinitif*....

POUR TERMINER UNE LETTRE:

Lettre amicale:

Bien amicalement à vous.	Amical souvenir.
Meilleures amitiés.	Bon souvenir.
Je vous embrasse.	Cordialement à vous.

Lettre d'affaires:

Je vous prie, Monsieur, d'agréer l'expression de mes sentiments les plus distingués (*or:* respectueux).

OR

Croyez, je vous prie, à mes sentiments les meilleurs.

DIVERS

Puis-je me joindre à vous?
Serez-vous des nôtres? (*Will you join us?*)

COMPOSITION
DIRIGÉE

Imaginez que vous avez été élevé par des missionnaires dans une forêt sauvage. Vous n'avez jamais eu de contact avec la société américaine; vous n'avez jamais vu de revues américaines ni regardé la télévision. Un jour, vous quittez votre village primitif où la vie est simple et naturelle, et vous faites un séjour aux États-Unis. Décrivez, sous forme d'un journal intime (*diary*), votre réaction aux mœurs américaines. Commencez:

Cher Journal,

Aujourd'hui je suis arrivé à (New York, Chicago, San Francisco, etc.). Mes hôtes américains étaient venus me chercher à l'aéroport. Tout me paraissait étrange:...

20

Le Vin et le lait

ROLAND BARTHES

During the last thirty years Roland Barthes (1915–1980) has been one of the leading intellectual influences in France. A social scientist as well as a literary critic, he has borrowed from psychoanalysis, structural linguistics, and ethnology to create semiotics, the science of signs.

His *Mythologogies* (1957), which gained him a wide audience, brings to light many a significant structure of contemporary civilization. Barthes' astute analyses of popular fads cover a wide range. He addresses such diverse topics as films, advertisements, political discourse, the art of strip-tease, the search for UFO's and the belief in astrology. "Le Vin et le lait," which like his "Le Bifteck et les frites" is now regarded as a classic text, provides us with a fascinating, though difficult, introduction to Barthes' semiotics.

■ LECTURE: Roland Barthes / **Le Vin et le lait**

LECTURE   Le Vin et le lait
ROLAND BARTHES

propre characteristic
au même titre que by the same
  token as
la boisson drink

le suc sap, juice

vivace hardy, long-lived

galvanique stimulating, galvanic
le désaltérant thirst-quencher

l'hypostase essential nature
humoral having to do with body
  fluids

plastique capable of being
  molded
un usager user

démiurgique creative

Le vin est senti par la nation française comme un bien qui lui est propre,° au même titre que° ses trois cent soixante espèces de fromages et sa culture. C'est une boisson°-totem,[1] correspondant au lait de la vache hollandaise ou au thé absorbé cérémonialement par la famille royale anglaise. Bachelard[2] a déjà donné la psychanalyse substantielle de ce liquide, à la fin de son essai sur les rêveries de la volonté, montrant que le vin est suc° de soleil et de terre, que son état de base est, non pas l'humide, mais le sec, et qu'à ce titre, la substance mythique qui lui est le plus contraire, c'est l'eau.

À vrai dire, comme tout totem vivace,° le vin supporte une mythologie variée qui ne s'embarrasse pas des contradictions. Cette substance galvanique° est toujours considérée, par exemple, comme le plus efficace des désaltérants,° ou du moins la soif sert de premier alibi à sa consommation («il fait soif»). Sous sa forme rouge, il a pour très vieille hypostase,° le sang, le liquide dense et vital. C'est qu'en fait, peu importe sa forme humorale;° il est avant tout une substance de conversion, capable de retourner les situations et les états, et d'extraire des objets leur contraire; de faire, par exemple, d'un faible un fort, d'un silencieux, un bavard; d'où sa vieille hérédité alchimique, son pouvoir philosophique de transmuter ou de créer *ex nihilo*.[3]

Étant par essence une fonction, dont les termes peuvent changer, le vin détient des pouvoirs en apparence plastiques:° il peut servir d'alibi aussi bien au rêve qu'à la réalité, cela dépend des usagers° du mythe. Pour le travailleur, le vin sera qualification, facilité démiurgique° de la tâche («cœur à l'ouvrage»). Pour l'intellectuel, il aura la fonction inverse: le «petit vin blanc» ou le «beaujolais» de l'écrivain seront chargés de le couper du monde trop naturel des cocktails et

Source: Roland Barthes, *Mythologies.*
[1] **totem:** dans l'ethnologie, un animal ou une chose qui a une puissance protectrice.
[2] **Gaston Bachelard** (1884–1962): philosophe français, auteur d'ouvrages épistémologiques et psychanalytiques. Ici, Barthes fait allusion à son essai *L'Eau et le rêve.*
[3] **ex nihilo:** en latin: *out of nothing*

boissons d'argent expensive drinks

ôter to take away

égaler to render equal

le prolétaire proletarian, working class

la malédiction curse

en avoir to be virile

Pressurage des raisins à l'ancienne

des boissons d'argent° (les seules que le snobisme pousse à lui offrir); le vin le délivrera des mythes, lui ôtera° de son intellectualité, l'égalera° au prolétaire;° par le vin, l'intellectuel s'approche d'une virilité naturelle, et pense ainsi échapper à la malédiction° qu'un siècle et demi de romantisme continue à faire peser sur la cérébralité pure (on sait que l'un des mythes propres à l'intellectuel moderne, c'est l'obsession «d'en avoir»°).

se saouler to become intoxicated
une ivresse intoxication
la finalité *here,* purpose
un étalement extension
le philtre magic potion

aux suites with consequences

à l'égard de with respect to
menu minor

vicieux, -se given to vice
quiconque whoever
un diplôme...intégration
    figuratively, membership diploma
    (in society)
décerné bestowed

racheté redeemed

la perfidie treachery, perfidy

orner embellish
le casse-croûte snack
le gros rouge ordinary red table
    wine
quels...soient whatever they
    may be
la canicule dog-days (hot
    summer days)
le dépaysement homesickness

un exotisme something exotic,
    foreign
le septennat seven-year term

Mais ce qu'il y a de particulier à la France, c'est que le pouvoir de conversion du vin n'est jamais donné ouvertement comme une fin: d'autres pays boivent pour se saouler,° et cela est dit par tous; en France, l'ivresse° est conséquence, jamais finalité;° la boisson est sentie comme l'étalement° d'un plaisir, non comme la cause nécessaire d'un effet recherché: le vin n'est pas seulement philtre,° il est aussi acte durable de boire: le *geste* a ici une valeur décorative, et le pouvoir du vin n'est jamais séparé de ses modes d'existence (contrairement au whisky, par exemple, bu pour son ivresse «la plus agréable, aux suites° les moins pénibles», qui s'avale, se répète, et dont le boire se réduit à un acte-cause).

Tout cela est connu, dit mille fois dans le folklore, les proverbes, les conversations et la Littérature. Mais cette universalité même comporte un conformisme: croire au vin est un acte collectif contraignant; le Français qui prendrait quelque distance à l'égard du° mythe, s'exposerait à des problèmes menus° mais précis d'intégration, dont le premier serait justement d'avoir à s'expliquer. Le principe d'universalité joue ici à plein, en ce sens que la société *nomme* malade, infirme ou vicieux,° quiconque° ne croit pas au vin: elle ne le *comprend* pas (aux deux sens, intellectuel et spatial, du terme). À l'opposé, un diplôme de bonne intégration° est décerné° à qui pratique le vin: *savoir* boire est une technique nationale qui sert à qualifier le Français, à prouver à la fois son pouvoir de performance, son contrôle et sa sociabilité. Le vin fonde ainsi une morale collective, à l'intérieur de quoi tout est racheté:° les excès, les malheurs, les crimes sont sans doute possibles avec le vin, mais nullement la méchanceté, la perfidie° ou la laideur; le mal qu'il peut engendrer est d'ordre fatal, il échappe donc à la pénalisation, c'est un mal de théâtre, non un mal de tempérament.

Le vin est socialisé parce qu'il fonde non seulement une morale, mais aussi un décor; il orne° les cérémoniaux les plus menus de la vie quotidienne française, du casse-croûte° (le gros rouge,° le camembert), au festin, de la conversation de bistrot au discours de banquet. Il exalte les climats, quels qu'ils soient,° s'associe dans le froid à tous les mythes du réchauffement, et dans la canicule° à toutes les images de l'ombre, du frais et du piquant. Pas une situation de contrainte physique (température, faim, ennui, servitude, dépaysement°) qui ne donne à rêver le vin. Combiné comme substance de base à d'autres figures alimentaires, il peut couvrir tous les espaces et tous les temps du Français. Dès qu'on atteint un certain détail de la quotidienneté, l'absence de vin choque comme un exotisme;° M. Coty,[4] au début de son septennat,° s'étant laissé photographier devant une table intime où la bouteille Dumesnil[5] semblait remplacer par extraordinaire le

---

[4] **René Coty** (1882–1962): président de la République de 1954 à 1959.
[5] **Dumesnil:** marque de bière

le litron litre-sized bottle
le rouge *i.e.* red wine
entrer en émoi to be upset

dévolu fallen to

une allure bearing, character

la morphologie science of word forms
sopitif, -ve soporific, sleep-inducing
la nappe *here*, creamy layer
accoucher to deliver, give birth

le colt justicier the justice-dealing Colt revolver

le dur tough-guy

la gouape *pop.*, hooligan
la grenadine reddish syrup made from pomegranate juice

les bouilleurs de crû those having a monopoly on distilling
le colon colonial settlers

dont…que faire for which he has no good use

litron° de rouge,° la nation entière entra en émoi;° c'était aussi intolérable qu'un roi célibataire. Le vin fait ici partie de la raison d'État.

Bachelard avait sans doute raison de donner l'eau comme le contraire du vin: mythiquement, c'est vrai; sociologiquement, du moins aujourd'hui, ce l'est moins; des circonstances économiques ou historiques ont dévolu° ce rôle au lait. C'est maintenant le véritable anti-vin: et non seulement en raison des initiatives de M. Mendès-France[6] (d'allure° volontairement mythologique: lait bu à la tribune comme le *spinach* de Mathurin),[7] mais aussi parce que dans la grande morphologie° des substances, le lait est contraire au feu par toute sa densité moléculaire, par la nature crémeuse, et donc sopitive,° de sa nappe;° le vin est mutilant, chirurgical, il transmute et accouche;° le lait est cosmétique, il lie, recouvre, restaure. De plus, sa pureté, associée à l'innocence enfantine, est un gage de force, d'une force non révulsive, non congestive, mais calme, blanche, lucide, tout égale au réel. Quelques films américains, où le héros, dur et pur, ne répugnait pas devant un verre de lait avant de sortir son colt justicier,° ont préparé la formation de ce nouveau mythe parsifalien:[8] aujourd'hui, encore, il se boit parfois à Paris, dans des milieux de durs° ou de gouapes,° un étrange lait-grenadine,° venu d'Amérique. Mais le lait reste une substance exotique; c'est le vin qui est national.

La mythologie du vin peut nous faire d'ailleurs comprendre l'ambiguïté habituelle de notre vie quotidienne. Car il est vrai que le vin est une belle et bonne substance, mais il est non moins vrai que sa production participe lourdement du capitalisme français, que ce soit celui des bouilleurs de crû° ou celui des grands colons° algériens qui imposent au Musulman,[9] sur la terre même dont on l'a dépossédé, une culture dont il n'a que faire,° lui qui manque de pain. Il y a ainsi des mythes fort aimables qui ne sont tout de même pas innocents. Et le propre de notre aliénation présente, c'est précisément que le vin ne puisse être une substance tout à fait heureuse, sauf à oublier indûment qu'il est aussi le produit d'une expropriation.

COMPRÉHENSION

1. Comment la nation française considère-t-elle le vin?
2. À quoi le vin correspond-il en tant que boisson-totem?

---

[6] **Pierre Mendès-France:** homme politique qui, dans les années cinquante, fit un effort pour encourager la consommation du lait à la place du vin, surtout pour les jeunes.

[7] **Mathurin:** Popeye

[8] **parsifalien:** comme Perceval, chevalier médiéval qui chercha le Saint-graal, symbole de la pureté absolue.

[9] Le Coran, livre sacré des musulmans, interdit la consommation du vin. Pourtant, dans les pays musulmans que les Français ont colonisés (l'Algérie et la Tunisie, par exemple), la culture française plante des vignes destinées à la production de vin.

Chez le marchand
de vins

3. Selon Bachelard, quelle substance est le contraire du vin et à quel titre?
4. À quoi peut-on comparer le vin sous sa forme rouge?
5. En quoi le vin est-il «une substance de conversion»?
6. Donnez quelques exemples des différents pouvoirs du vin pour le travailleur et pour l'intellectuel.
7. Selon Barthes, qu'y a-t-il de particulier à la France concernant l'attitude vis-à-vis du rôle du vin?
8. L'attitude vis-à-vis du vin étant quasi universelle, à quels problèmes le Français non-conformiste, qui ne croit pas au vin, s'exposerait-il?
9. Qu'est-ce qui sert à «qualifier» le Français, selon Barthes; c'est-à-dire, comment gagne-t-il «un diplôme de bonne intégration»?
10. Décrivez la morale collective dont le vin est la base, selon Barthes.
11. Donnez quelques exemples de la fonction du vin en tant que «décor» dans la société française.
12. En quoi une certaine photographie de René Coty a-t-elle jadis choqué les Français?
13. Si l'eau est le contraire mythologique du vin, quel est son contraire sociologique, selon Barthes?
14. En quoi le lait est-il «le véritable anti-vin»?
15. Comment le vin peut-il faire comprendre aux Français l'ambiguïté habituelle de leur vie quotidienne?

DISCUSSION

1. Si le vin est la boisson-totem des Français et le thé celle des Britanniques, quelle est, à votre avis, la boisson-totem des Américains? Que représente cette boisson?

2. Appréciez-vous personnellement le vin? Estimez-vous que le vin ou d'autres boissons alcooliques sont indispensables dans certaines situations sociales?

3. Trouvez-vous que le vin et les autres boissons alcooliques représentent une menace pour la société?

4. Vous est-il arrivé de vous enivrer? Avez-vous jamais conduit dans un état d'ivresse?

5. Doit-on obligatoirement jeter en prison une personne qui, après avoir trop bu, conduit quand-même une voiture?

21

Verbes

- STRUCTURE
  The Subjunctive (*Le Subjonctif*)

The Subjunctive (*Le Subjonctif*)

USE OF THE SUBJUNCTIVE MOOD (*L'Emploi du mode subjonctif*)

The subjunctive is what grammarians call a "mood." (The indicative, the conditional, the infinitive and the imperative are also classified as moods.) Whereas the indicative is the mood of fact, reality or objectivity, the subjunctive is the mood of verbs colored by doubt, emotion, wish or desire, opinion or judgment, obligation or necessity. Compare:

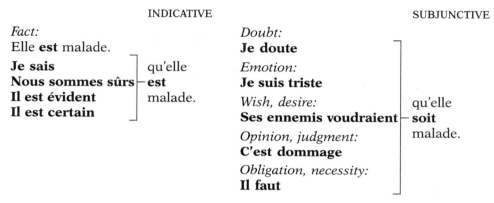

| INDICATIVE | | SUBJUNCTIVE |

Fact:
Elle **est** malade.

Doubt:
Je doute

Je sais
Nous sommes sûrs ⎱ qu'elle
Il est évident **est**
Il est certain ⎰ malade.

Emotion:
Je suis triste

Wish, desire:
Ses ennemis voudraient ⎱ qu'elle
 soit
 malade.

Opinion, judgment:
C'est dommage

Obligation, necessity:
Il faut

As in the above examples, the subjunctive occurs most frequently in subordinate clauses (**que** clauses) after certain verbs and expressions.

verb or *expression*	+	**que**	+	*subject*	+	*verb in subjunctive*

While the subjunctive does occur in English, it is relatively rare and takes on a variety of forms, for example: She thinks *he may come.* It is important that *you be* on time. We wish *he would speak.* In French, however, the subjunctive is used systematically and extensively.

Impersonal Expressions of Necessity, Uncertainty and Judgment

Il faut qu'on apprenne le subjonctif. *It is necessary that you learn the subjunctive.*

Il est douteux que des étudiants de deuxième année aient déjà étudié ce mode en détail. *It is doubtful that second year students have already studied this mood in detail.*

Il est important qu'on sache l'employer. *It is important that one know how to use it.*

Here is a list of commonly used impersonal expressions that introduce the subjunctive:

il est bon que

il est (c'est) dommage que (*it's a shame*)

il est douteux que

il est essentiel que

il est étrange que

il faut que

il est important que

il est impossible (possible) que

il est inutile (utile) que

il est naturel que

il est préférable que

il est regrettable que

il semble que

il se peut que (*it is possible*)

il est temps que

il vaut mieux que (*it is better*)

REMARQUER:

1. Impersonal expressions that imply certainty or probability, such as **il est vrai, il est certain, il est évident, il est probable, il est indiscutable,** etc., are followed by the indicative. Compare:

> **Il est douteux** que la victime du kidnapping **soit** morte.
> **Il est sûr** que la victime **est** morte.

2. **Il semble que** introduces the subjunctive. **Il me (te, lui, nous, vous, leur) semble** introduces the indicative. Compare:

> **Il semble que** le subjonctif **soit** important.
> **Il me semble que** le subjonctif **est** important.

3. With the expression **il faut,** it is possible to avoid the subjunctive by using an infinitive construction with an indirect object:

Il faut que + *subjunctive.*   **Il** (*i.o.*) **faut** + *infinitive.*

Il faut que je comprenne.   **Il me faut comprendre.**
Il faut qu'ils comprennent.   **Il leur faut comprendre.**

Expressions of Feeling or Emotion

> **Le professeur est heureux que vous vous intéressiez au subjonctif.**
> *The teacher is happy that you are interested in the subjunctive.*
> **Cette mère a peur que son enfant ne soit malade.**[1]   *This mother is afraid that her child is ill.*

Here is a list of commonly used expressions of feeling or emotion governing the subjunctive:

aimer que

aimer mieux que (*to prefer*)

s'attendre à ce que (*to expect*)

avoir honte que (*to be ashamed*)

avoir peur que (ne)

craindre que (ne) (*to fear*)

être content que

être désolé que (*to be very sorry*)

être étonné que

être fâché que (*to be angry*)

être fier que

être furieux que

être heureux que

être ravi que (*to be delighted*)

---

[1] Expressions of fear like **avoir peur** and **craindre** require **ne** before the subjunctive verb they introduce. This **ne** is not a negative and is not translated. While it appears to be superfluous, good usage requires the so-called "*expletive ne*."

être surpris que

être triste que

préférer que

regretter que

tenir à ce que (*to be anxious that*)

REMARQUER:

When the subject of the main clause and the subjunctive clause would be the same, avoid the subjunctive. For example, instead of saying **"Je suis triste que je parte,"** use *expression* + **de** + *infinitive:* **"Je suis triste de partir."** Instead of **"Yvonne est contente qu'elle** (Yvonne) **aille en France,"** say **"Yvonne est contente d'aller en France."**

Expressions of Doubt or Negation

Nous doutons que vous ayez des difficultés avec cette leçon. *We doubt that you will have difficulties with this lesson.*

Les auteurs nient que le subjonctif soit difficile. *The authors deny that the subjunctive is difficult.*

Verbs of thinking and believing and expressions implying certainty are considered to be expressions of doubt when used in the negative or interrogative:[1]

Je pense que Robert **est** malade.   (*Affirmative*)

BUT:

Je ne pense pas que Robert **soit** malade.   (*Negative*)

Pensez-vous que Robert **soit** malade?   (*Interrogative*)

Here is a list of commonly used expressions of doubt or negation governing the subjunctive:

douter que

nier que (*to deny*)

être incertain que

ce n'est pas sûr que

être certain (sûr) que

croire

penser

trouver

} when used in the negative or interrogative

Verbs or Expressions Implying Wish or Command

Nous voulons que vous fassiez ces exercices. *We want you to do these exercises.*

Le professeur exige que tous les étudiants apprennent par cœur les formes du subjonctif. *The teacher requires that all students memorize the forms of the subjunctive.*

---

[1] Strangely enough, the converse is not true. That is, expressions of doubt used in the negative govern the subjunctive in good usage: **Je ne doute pas que Robert soit malade.**

Le Président de la République veut que tous les Français fassent du sport.

Here is a list of commonly used expressions of wish or command governing the subjunctive:

désirer	permettre que
exiger	souhaiter (*to wish*)
s'opposer à ce que	vouloir

EXCEPTION: While the verb **espérer** may be construed to be either an expression of emotion or of wish, it governs the indicative:

> **Nous espérons que vous vous souviendrez de cette exception.** *We hope you will remember this exception.*

FORMS

The Present Subjunctive

	Stem	Ending
je		**-e**
tu		**-es**
il elle }	stem of the **ils** form of present indicative	**-e**
ils elles }		**-ent**
nous vous	stem of the **nous** form of present indicative	**-ions** **-iez**

A.   Endings

The subjunctive endings are the same for all verbs, regular and irregular, excepting **avoir** and **être**.

B.   Stem

1. One-stem verbs: The stem of the subjunctive is derived from the **nous** and **ils** forms of the present indicative. If these two forms have the same stem in the indicative, that stem is used throughout the subjunctive. A conjugation model follows:

		finir		
Present Indicative:		nous **finiss**ons		
		ils **finiss**ent		
Present Subjunctive:	que je **finiss**e	que nous **finiss**ions		
	que tu **finiss**es	que vous **finiss**iez		
	qu' il } qu' elle } **finiss**e	qu' ils } qu' elles } **finiss**ent		

All regular verbs and many irregular verbs follow this pattern.

2. Two stem verbs: If, in the present indicative, a verb has a different stem for the **nous** and **ils** forms, the **nous** stem is used for the **nous** and **vous** forms of the subjunctive; the **ils** stem is used for the others. A conjugation model follows:

		venir		
Present Indicative:		nous **ven**ons		
		ils **vienn**ent		
Present Subjunctive:	que je **vienn**e	que nous **ven**ions		
	que tu **vienn**es	que vous **ven**iez		
	qu' il } qu' elle } **vienn**e	qu' ils } qu' elles } **vienn**ent		

3. Verbs that do not follow the above patterns:

COMPLETELY IRREGULAR

avoir		être	
que j'	aie	que je	sois
que tu	aies	que tu	sois
qu'il } qu'elle }	ait	qu'il } qu'elle }	soit
que nous	ayons	que nous	soyons
que vous	ayez	que vous	soyez
qu'ils } qu'elles }	aient	qu'ils } qu'elles }	soient

ONE STEM

pouvoir		savoir		faire	
que je	puisse	que je	sache	que je	fasse
que tu	puisses	que tu	saches	que tu	fasses
qu'il qu'elle }	puisse	qu'il qu'elle }	sache	qu'il qu'elle }	fasse
que nous	puissions	que nous	sachions	que nous	fassions
que vous	puissiez	que vous	sachiez	que vous	fassiez
qu'ils qu'elles }	puissent	qu'ils qu'elles }	sachent	qu'ils qu'elles }	fassent

TWO STEMS

aller		vouloir	
que j'	aille	que je	veuille
que tu	ailles	que tu	veuilles
qu'il qu'elle }	aille	qu'il qu'elle }	veuille
que nous	**all**ions	que nous	**voul**ions
que vous	**all**iez	que vous	**voul**iez
qu'ils qu'elles }	aillent	qu'ils qu'elles }	veuillent

The Past Subjunctive

The past subjunctive consists simply of the subjunctive of the auxiliary verb **avoir** or **être** and the past participle:

> **que j'aie parlé**
> **que tu sois venu**
> **qu'il se soit trompé**

USES OF THE SUBJUNCTIVE TENSES

The Present Subjunctive

The present subjunctive expresses an action that takes place at the same time or in the future with respect to the tense of the main verb. There is no future subjunctive; the present subjunctive is used. Note how it is translated in the following cases:

1. With the main verb in the present tense:

Je doute qu'il **vienne.**
{ *I doubt that he **is coming.***
 *I doubt that he **will come.*** }

2. With the main verb in the past tense:

Je doutais qu'il **vienne.**
{ *I doubted that he **was coming.***
 *I doubted that he **would come.*** }

The Past Subjunctive

The past subjunctive expresses an action that takes place *before* the action of the main verb. Note how it is translated in the following cases:

1. With the main verb in the present tense:

   Je doute qu'il **soit venu.**   *I doubt that **he came.***

2. With the main verb in the past tense:

   Je doutais qu'il **soit venu.**   *I doubted that he **had come.***

The Imperfect and the Pluperfect Subjunctive

These are relatively rare literary tenses. They are most likely to be encountered in classical French writing. In elegant style, when the principal verb is in the past tense, the imperfect subjunctive replaces the present subjunctive, and the pluperfect subjunctive replaces the past subjunctive:

Je doutais qu'il **vienne.**
(*present subj.*)
Je doutais qu'il **vînt.**
(*imperfect subj., elegant style*)

*I doubted that he **would come.***
*I doubted that he **was coming.***

Je doutais qu'il **soit venu.**
(*past subjunctive*)
Je doutais qu'il **fût venu.**
(*pluperfect subjunctive, elegant style*)

*I doubted that he **had come.***

All the forms of these tenses may be found in the Appendix of Verb Forms.

EXERCICES

A. Donnez le présent du subjonctif des verbes suivants.

1. parler: que je _____
2. vendre: que tu _____
3. dire: qu'il _____
4. écrire: qu'elle _____
5. lire: que nous _____
6. connaître: que vous _____
7. mettre: qu'ils _____
8. partir: qu'elles _____
9. conduire: que tout le monde _____
10. choisir: que je _____

B. Donnez la conjugaison entière des verbes suivants au présent du subjonctif.

devoir   **prendre**   **croire**   **voir**

C. Donnez le présent du subjonctif qui correspond aux formes suivantes.

1. il a
2. nous avons
3. vous êtes
4. ils sont
5. je peux
6. nous savons
7. il va
8. vous allez
9. je veux
10. vous voulez

D. Refaites les phrases suivantes en mettant le verbe au passé du subjonctif. Traduisez les deux phrases.

MODÈLE: Je doute qu'elle vienne.   *I doubt that she is coming* (or *will come*).
Je doute qu'elle soit venue.   *I doubt that she came.*

1. Je doutais qu'elle vienne.
2. Vous êtes fâché que votre ami ne téléphone pas.
3. Tout le monde a été surpris que ces candidats perdent l'élection.
4. Chantal a peur que Pierre ne reçoive une mauvaise note.
5. Je suis heureux que vous puissiez me rendre visite.
6. Il est regrettable que Janine ait tant d'ennuis.
7. Les journalistes ne sont pas certains que le président arrive à l'heure.
8. C'était dommage que ce beau cheval se casse la patte.

Le Subjonctif après les expressions impersonnelles d'opinion ou de jugement

E. Complétez les phrases suivantes par la forme correcte du verbe en italique.

1. Il faut (Il est nécessaire) que j'(*apprendre*) le subjonctif.
2. Il est important (essentiel) qu'on (*savoir*) l'employer.
3. Il est possible (Il se peut) que le professeur (*être*) en retard aujourd'hui.
4. Il est impossible que le directeur (*connaître*) tout le monde.
5. Il vaut mieux (Il est préférable) que nous (*faire*) nos devoirs au lieu d'aller au cinéma.
6. Il semble que tu (*dormir*) mal; tu as toujours l'air fatigué.
7. Il est utile (inutile) que vous (*voir*) ce film.
8. Il est (C'est) dommage qu'Étienne (*venir*) trop tard.
9. Il est temps que ce jeune homme (*choisir*) un métier.
10. Il est étrange (naturel) que Brigitte ne (*vouloir*) pas épouser Roger.

F. Faites une phrase complète en employant l'expression indiquée.   (Attention: les phrases ne seront pas toutes au subjonctif.)

MODÈLE: Vous arrivez toujours en retard. (Il semble…)
Il semble que vous arriviez toujours en retard.

1. Roland va mieux. (Il semble…)
2. Roland va mieux. (Il me semble…)
3. Je vendrai ma voiture. (Il est vrai…)
4. Je vendrai ma voiture. (Il est douteux…)
5. Vous vous servez souvent du subjonctif. (Il est probable…)
6. Vous vous servez souvent du subjonctif. (Il est possible…)
7. Ce monsieur est honnête. (Il n'est pas certain…)
8. Ce monsieur est honnête. (Il est sûr…)

G. Refaites les phrases suivantes en suivant le modèle.

MODÈLE: Il faut que je parte.
Il me faut partir.

1. Il faut qu'il dise la vérité.
2. Il faut qu'elles fassent des économies.
3. Il faut que je mette mes lunettes.
4. Il faut que nous parlions au professeur.
5. Il faut que vous répondiez aux questions.
6. Il faut que tu étudies bien cette leçon.

Le Subjonctif après des expressions de sentiment

H. Complétez les phrases suivantes par la forme correcte du verbe en italique. («**p**» indique que le verbe est au passé.)

1. Il est content (heureux) que nous l'(*accompagner*).
2. Mon père est fâché (furieux) que j'(*échouer* **p**) à l'examen.
3. Les joueurs de football étaient fiers que leur équipe (*gagner* **p**).
4. La police est étonnée (surprise) que le détenu (*s'évader* **p**).
5. Nous sommes ravis que tu (*pouvoir*) accepter notre invitation.
6. Toute le monde est désolé (triste) que votre chien (*mourir* **p**).
7. Sylvie a honte que ses vêtements (*être*) sales.
8. J'ai peur (Je crains) que l'inspecteur ne (*venir*).
9. Quand j'étais plus jeune, ma mère n'aimait pas que je (*sortir*) après la tombée de la nuit.
10. Mon mari et mon fils préfèrent (aiment mieux) que je (*faire*) la cuisine moi-même.
11. L'hôtesse s'attend à ce que tous ses invités (*être*) à l'heure.
12. Je tiens à ce que vous (*dîner*) chez moi ce soir.

I. Faites une phrase complète en employant l'expression indiquée. Attention: les phrases ne seront pas toutes au subjonctif.

MODÈLE 1:   Vous êtes mon ami. (Je suis fier…)
Je suis fier que vous soyez mon ami.

MODÈLE 2:   Je suis votre ami. (Je suis fier…)
Je suis fier d'être votre ami.

1. Christian perd son portefeuille. (Elle a peur…)
2. Elle perd son portefeuille. (Elle a peur…)
3. Tu es obligé de partir. (Nous sommes désolés…)
4. Nous sommes obligés de partir. (Nous sommes désolés…)
5. Georges a oublié le parapluie. (Claudine est vexée…)
6. Claudine a oublié le parapluie. (Claudine est vexée…)
7. Les étudiants font consciencieusement leurs devoirs. (Les étudiants sont fiers…)
8. Les étudiants font consciencieusement leurs devoirs. (Le professeur est fier…)
9. Vous faites une croisière en Méditerranée. (Je suis heureux…)
10. Je fais une croisière en Méditerranée. (Je suis heureux…)

Le Subjonctif après des expressions de doute ou de négation

J.   Complétez les phrases suivantes par la forme correcte du verbe en italique.

1. Je doute que vous (*avoir*) le temps de partir en vacances cet été.
2. Ce témoin nie que le jeune homme (*dire*) la vérité.
3. Je ne crois pas qu'Henri (*vouloir*) quitter sa femme.
4. Pensez-vous que nos parents (*devoir*) payer nos études?
5. L'évêque trouve-t-il que la cathédrale (*être*) belle?
6. Es-tu certain (*sûr*) que les invités (*ne pas oublier* **p**) la date du dîner?

K.   Mettez les phrases suivantes au négatif.

MODÈLE: Je crois que Pierre est bien élevé.
Je ne crois pas que Pierre soit bien élevé.

1. Je crois que vous avez tort.
2. Elle pense que je suis beau.
3. Nous trouvons que vous apprenez vite.
4. Il est certain que vous savez la réponse.
5. Ils sont sûrs que leurs amis peuvent les accompagner.

L.   Répondez affirmativement et négativement aux questions suivantes.

MODÈLE: Trouvez-vous que cette tâche soit facile?
Oui, je trouve que cette tâche est facile.
Non, je ne trouve pas que cette tâche soit facile.

1. Trouvez-vous que le subjonctif soit un peu compliqué?
2. Êtes-vous sûr que cet étudiant comprenne les principes?
3. Croyez-vous qu'on doive avoir patience?

4. Êtes-vous certain qu'on mette un accent sur ce mot?
5. Pensez-vous qu'on construise un hôpital ici?

Le Subjonctif après des expressions de volition

M. Complétez les phrases suivantes par la forme correcte du verbe en italique.

1. L'Organisation des Nations unies voudrait que tous les pays du monde (*faire*) la paix.
2. La maîtresse de maison désire que la bonne (*servir*) le dîner tout de suite.
3. Ma mère souhaite que je (*vivre*) comme elle et mon père.
4. Le général exige que les soldats (*revenir*).
5. La mère de Catherine s'oppose à ce qu'elle (*sortir*) avec ce jeune homme.

N. Traduisez les phrases ci-dessus. Remarquez bien la différence entre les constructions françaises et anglaises.

O. En prenant comme modèles les phrases de l'Exercice M, traduisez les phrases suivantes.

1. My parents would like me to be polite.
2. We wish the guests would come.
3. I want my brother to understand me.
4. The teacher wants us to know this construction.
5. Madame Sénéchal does not want her friends to leave.

22

«Les Français épinglés» Interview avec Laurence Wylie

For almost half a century, Laurence Wylie, a professor of French civilization at Harvard University, has studied the French and their ways. He has published a guide to French "body language" called *Beaux Gestes*.[1] We present here part of the interview with *L'Express* prompted by this publication. Wylie explains how a French person can identify an American from a hundred yards away merely by his or her stance. He shows how gestures, facial expressions, posture and movement reveal an underlying concept of social organization.

- VOCABULAIRE
  Lexique de mots-clés
  Enrichissez votre vocabulaire
  Étude de mots

- STRUCTURE
  The Gender of Nouns
  The Plural of Nouns
  The Infinitif (*L'Infinitif*)

- LECTURE: **Les Français épinglés**

---

[1] Laurence Wylie, *Beaux Gestes* (Cambridge, Mass.: The Undergraduate Press, Dutton, 1977).

VOCABULAIRE

Lexique de mots-clés

LES NOMS

le comportement	behavior
le contenu	content, substance
la démarche	way of walking
le discours	speech
le geste	gesture
le malentendu	misunderstanding
la paresse	laziness
le propos	remark, statement
le regard	look, gaze

LES VERBES

glisser	to slip
se glisser dans	to slip into
faire horreur à	to horrify
licencier	to fire, dismiss
être licencié	to be fired
réprouver	to disapprove of

LES ADJECTIFS

convenable	proper, appropriate
étroit	narrow, straight, tight
raide	stiff

EXERCICES

A. Quel est le mot, tiré du Lexique de mots-clés, qui correspond aux définitions suivantes?

1. manière de marcher
2. paroles dites, mots échangés au cours d'une conversation
3. la substance, ce qui est dans un récipient
4. se déplacer d'un mouvement continu, passer doucement, graduellement
5. attitude, conduite, manière
6. mouvement du corps, volontaire ou involontaire, révélant un état psychologique ou exprimant quelque chose
7. action ou manière de diriger les yeux vers un objet, expression des yeux

B. Quel est le mot, tiré du Lexique de mots-clés, qui a un sens contraire aux termes suivants?

1. large, grand, spacieux
2. embaucher
3. énergie, ambition
4. mou, élastique, souple
5. approuver
6. silence, manque de communication

7. plaire à   9. incorrect, malséant, déplacé
8. entente, compréhension

Enrichissez votre vocabulaire

1. **le comportement**   behavior
   During the crisis, Philippe **comported** himself admirably.
2. **le discours**   speech, address
   There are many forms of **discourse,** both formal and informal.
3. **se pencher**   to lean
   Maurice has a **penchant** for modern architecture.
4. **plissé**   puckered
   Camille has bought a lovely summer dress made of cotton **plissé.**
5. **réprouver**   to disapprove of
   The children were **reproved** for forgetting to say thank you.
6. **respirer**   to breathe
   The wounded animal had shallow **respiration.**
7. **tendu**   tense (from **tendre** to stretch)
   Did you know that the president is about to **tender** his resignation?
8. **terne**   dull, dim
   Josephine's image was **tarnished** when her husband was convicted of embezzlement.

Étude de mots

A.   Les Interjections

Quand un Anglo-Saxon se fait mal, il dit «*ouch!*» Un Français dirait «**Aïe!**».
Ce sont des interjections. Une interjection est une sorte de cri qui, dans le
discours, exprime un mouvement de l'âme, un état de pensée, un avertisse-
ment ou un appel. Sans être toujours traduisibles, les interjections portent
néanmoins une signification précise et jouent un rôle important dans la
communication, surtout dans la langue parlée. Voici quelques-unes des
interjections les plus employées en français:

Ah!	Ah! que cela est beau!
Bah!	Bah! C'est impossible!
Ben (Uh…)	Ben, je ne sais pas.
Boum!	Une bombe explose. Boum!
Chut! (*Shh*)	Chut! Voici le professeur qui arrive.
Gare! (*Look out!*)	Gare! Une voiture arrive à toute vitesse.
Eh bien! (*Well*)	Eh bien! Te voilà enfin!
Hé! (*Hey!*)	Hé! Georges! Viens ici!
Hein? (*Huh?*)	Qu'en dites-vous, hein?
Hourra!	Notre équipe a gagné. Hourra!

Ouf! (*Whew!*)	Ouf! Ce travail est enfin terminé!
Paf! (*Slap, bang!*)	Obélix a donné un bon coup. Paf!
Pouah! (*Ugh!*)	Cette pomme est infecte. Pouah!
Toc! (*bang, knock!*)	Il a planté le clou, toc, toc, toc!
Zut! (*Darn!*)	Zut! J'ai oublié mon portefeuille.

B. Les Exclamations

1. Les phrases exclamatives:

Comme elle est belle! ⎤ langage
Qu'elle est belle! ⎦ soigné   = *How beautiful she is!*

Ce qu'elle est belle! ⎤ langage
Qu'est-ce qu'elle est belle! ⎦ populaire

Notez que l'ordre des éléments d'une phrase exclamative en français n'est pas différent de celui d'une phrase affirmative.

2. Les adjectifs exclamatifs:

	Masculin	*Féminin*
Singulier	**Quel** examen!	**Quelle** idée!
Pluriel	**Quels** examens!	**Quelles** idées!

Notez que l'on n'emploie pas l'article indéfini dans ces exclamations comme en anglais:

Quelle idée! What *an* idea!

3. Exclamations de quantité:

Que de travail! *What a lot of* work!
Que de questions! *What a lot of* questions!

STRUCTURE

The Gender of Nouns (*Le Genre des noms*)

There are certain means by which one can identify the gender of a noun. Here are the most useful:

Masculine Nouns

A. Identification by Meaning

1. People or animals that are masculine by nature:

le fils, le père, le frère, le roi, le coq, le taureau

2. Names of countries, provinces, mountains and rivers that do not end in mute **e:**

le Canada, le Moyen-Orient, le Languedoc, le mont Blanc, le Rhin

3. Languages:

le français, l'allemand, le suédois, le russe

4. Colors:

le bleu, le rouge, le vert, le noir, le blanc, le marron

5. Metals:

l'argent, l'or, l'étain (*tin*)**, le bronze, le fer, le plomb** (*lead*)

6. Days of the week and seasons:

le printemps, l'hiver, l'été, l'automne, le jeudi, le vendredi

7. Trees:

le chêne (*oak*)**, le poirier, le figuier, le pommier, le cerisier**

B. Identification by Endings

1. vowel (other than **e**):

				Common Exceptions
le ciném**a**	le mar**i**	le numér**o**	le châtea**u**	**la peau**
un opér**a**	un am**i**	le pian**o**	le cadea**u**	**une eau**
le com**a**	le tax**i**	le styl**o**	le burea**u**	**la radio**

2. vowel + consonant:

le papi**er**	le n**ez**	le ref**us**	un avi**on**	words ending in:
un ateli**er**	le pi**ed**	le jar**din**	le cami**on**	**-son -sion**
le courri**er**	le dî**ner**	le plai**sir**	le t**on**	**-çon -gion**
				-tion

3. two consonants:

le restaur**ant**	le mouvem**ent**	le dése**rt**	**la dent**
le diam**ant**	le gouvernem**ent**	le passepo**rt**	
le ga**nt**	le bâtim**ent**	le pa**rc**	

4. **-isme** and **-asme:**

le commun**isme**	un enthousi**asme**
le détermin**isme**	le fant**asme**
le tour**isme**	un org**asme**

5. vowel + **ge:**

le gar**age**	le coll**ège**	**la page**	**une image**
le nu**age**	le prest**ige**	**la cage**	**la neige**
un or**age**	le j**uge**	**la plage**	

6. **-ème:**

le th**ème**	le stratag**ème**
le probl**ème**	le syst**ème**

7. **-eur** nouns designating an occupation or an activity:

un ingéni**eur**   le fact**eur**
le doct**eur**   le spectat**eur**
le profess**eur**   le lect**eur**

Feminine Nouns

A. Identification by Meaning

1. People or animals that are feminine by nature:

la mère, la fille, la sœur, la poule, la dinde

2. Names of countries, provinces, mountains and rivers that end in mute **e**:

la France, la Bourgogne, les Alpes, la Seine

3. Sciences:

la chimie, la physique, l'astronomie, la biologie

B. Identification by Endings

**Common
Exceptions**

1. vowel + **e** or **é**:

la r**ue**	la part**ie**	une arm**ée**	**le lycée**
une aven**ue**	la cop**ie**	une id**ée**	**le musée**
la stat**ue**	la v**ie**	une arriv**ée**	

la bo**ue**   la vo**ie**   la piti**é**
la ro**ue**   la so**ie**   une amiti**é**
la jo**ue**   la jo**ie**   la plu**ie**

2. double consonant + **e**:

la ba**lle**   la servie**tte**   une envelo**ppe**   **le squelette**
la prome**sse**   la rece**tte**   la pre**sse**   **le programme**
la gue**rre**   une adre**sse**   la po**mme**   **le beurre**

3. **-té**:

la beau**té**   une autori**té**   la nationali**té**
la clar**té**   une identi**té**   la liber**té**
la véri**té**   la san**té**   la fraterni**té**

4. **-son** or **-çon**:

la rai**son**   la mai**son**   la fa**çon**   **le garçon**
la sai**son**   la le**çon**   la ran**çon**

5. **-tion** or **-sion** or **-gion**:

une ac**tion**   la pas**sion**   la reli**gion**
la défini**tion** la ten**sion**   la ré**gion**
la généra**tion** la dimen**sion**   la lé**gion**

6. **-ence** or **-ance:**

la sci**ence**   la résist**ance**
la perman**ence** la connaiss**ance**
la récomp**ense** la croy**ance**

7. **-tude** or **-ade:**

		Common Exceptions
une habi**tude**	la limon**ade**	**le grade**
une é**tude**	la par**ade**	
la certi**tude**	la ball**ade**	

8. **-se:**

la ceri**se**   la dan**se**
la ro**se**   la chai**se**
une excu**se**   la chemi**se**

9. **-eur,** nouns designating abstract qualities:

la chal**eur**	une ampl**eur**	**le bonheur**
la longu**eur**	une épaiss**eur**	**le malheur**

Nouns Having Two Genders

Some nouns have two genders, with a different meaning in each. Here are the most common:

le critique critic		**la critique** criticism	
le livre book		**la livre** pound	
le manche handle		**la manche** sleeve	
le manœuvre laborer		**la manœuvre** maneuver	
le mémoire dissertation, memoirs		**la mémoire** memory	
le mode manner		**la mode** fashion	
le poste job		**la poste** post office	
le tour turn, trip		**la tour** tower	
le vase vase		**la vase** mud	
le voile veil		**la voile** sail	

Recognizing the Gender of a Noun	
BY MEANING	
Masculine	*Feminine*
Geographical names not ending in mute **e**	Geographical names ending in mute **e**
Languages	
Colors	Sciences
Metals	
Days of the week	
Seasons	
Trees	

BY ENDINGS

Masculine	*Feminine*
vowel (other than **e**)	vowel + **e** or **é**
vowel + consonant	double consonant + **e**
two consonants	**-té**
-isme, -asme	**-son, -çon**
vowel + **ge**	**-tion, -sion, -gion**
-ème	**-ence, -ance**
-eur (occupations or activities)	**-eur** (abstract qualities)
	-se
	-tude, -ade

EXERCICES

A. Dans les passages suivants, choisissez le mot qui convient selon le genre, ou bien indiquez si le nom est du masculin ou du féminin.

1. (Le / La) langage est (un / une) système de signes permettant (le / la) communication entre les êtres humains. (Un / Une) chercheur (américain / américaine) a établi que dans les situations qu'il a (étudiés / étudiées), seulement 7% (du / de la) contenu est donné par (le / la) sens des mots, 38% par (le / la) façon de les prononcer et 55% par l'expression (m / f) (du / de la) visage.

2. (Le / La) langage (du / de la) corps varie (d'un / une) personne à l'autre, d'(un / une) classe (social / sociale) à l'autre, de région en région (m / f), de pays en pays (m / f). Même lorsqu'on parle parfaitement (un / une) langue (étranger / étrangère), (un / une) partie (du / de la) message est intransmissible à cause des différences (nationaux / nationales) dans l'usage (m / f) (du / de la) corps. En Occident (m / f), (le / la) politesse veut qu'on regarde (le / la) personne qui vous parle tandis qu'en Afrique (m / f) et (au / en) Japon, on ne fixe pas (un / une) personne qu'on respecte. (Ce / Cette) attitude a persisté longtemps chez les Noirs américains.

B. Donnez l'article défini qui convient aux noms suivants. Si le mot commence par une voyelle, employez l'article indéfini pour bien marquer le genre.

MODÈLE: vie **la vie**   institution **une institution**

1. latin	11. courage	21. secret
2. géologie	12. couleur	22. promenade
3. vitesse	13. créateur	23. village
4. rouge	14. magnitude	24. ville
5. scepticisme	15. gâteau	25. défense
6. aristocratie	16. contagion	26. théorème
7. opinion	17. lit	27. détail
8. acier	18. droit	28. revenu
9. violence	19. âge	29. amour
10. philosophie	20. supériorité	30. arrivée

C. Dans les phrases suivantes, indiquez le genre qui convient selon le sens des mots:

1. Donnez-moi (un / une) livre de pommes, s'il vous plaît.
2. J'ai très (mauvais / mauvaise) mémoire; j'oublie tout.
3. Les gestes constituent (un / une) mode de communication non verbale.
4. Notre facteur a perdu (son / sa) poste (au / à la) poste.
5. Quand je suis allé à Paris, j'ai visité (le / la) tour Eiffel.
6. Cette dame est en deuil; elle porte (un / une) voile (noir / noire).
7. Je cherche une chemise à manches (courts / courtes).
8. Sainte-Beuve était un romancier et (un / une) critique littéraire.

The Plural of Nouns (*Le Pluriel des noms*)

A. Most nouns form their plural by adding **s** to the singular. However, if the singular ends in **s, x,** or **z,** the singular and plural are identical:

Singulier: la fête   l'enterrement
Pluriel: les fête**s**   les enterrement**s**

BUT:

Singulier: le fils   l'époux   le nez
Pluriel: les fils   les époux   les nez

B. Most nouns ending in **au** or **eu** form their plural in **x:**

Singulier: le chapeau   le neveu   le bateau   le jeu
Pluriel: les chapeau**x**   les neveu**x**   les bateau**x**   les jeu**x**

C. Seven nouns ending in **ou** have their plural in **x:**

les bijou**x** (*jewels*)   les genou**x** (*knees*)   les joujou**x** (*toys*)
les caillou**x** (*pebbles*)   les hibou**x** (*owls*)   les pou**x** (*lice*)
les chou**x** (*cabbages*)

D. Most nouns ending in **al** or **ail** become **aux** in the plural:

Singulier: le journ**al**   le trav**ail**   Common exception:
Pluriel: les journ**aux**   les trav**aux**   **les détails**

E. Proper names, except those of dynasties, do not take an **s** in the plural:

Nous avons rendu visite **aux Garnier.**

BUT:

Les Bourbons étaient des rois importants.

F. Certain nouns exist only in the plural, although their English equivalent may be singular:

les vacances   **les noces** (*wedding*)
les fiançailles (*engagement*)   **les mathématiques**
les ténèbres (*darkness*)   **les gens**

G.   Some nouns have plurals that are irregular in spelling or pronunciation:

Singulier: un œil   le ciel   un œuf
Pluriel: **des yeux**   **les cieux**   **des œufs** (silent **f**)
Singulier: madame   monsieur   mademoiselle
Pluriel: **mesdames** **messieurs** **mesdemoiselles**

EXERCICE   Mettez au pluriel les expressions suivantes.

1. un animal féroce
2. le beau château
3. un maréchal de France
4. un œil vert
5. le jeu enfantin
6. un jeune époux
7. son bijou précieux
8. un caillou rond
9. un journal régional
10. son travail mystérieux
11. ce monsieur distingué
12. la fête nationale
13. le vitrail médiéval
14. leur général principal
15. une eau minérale
16. le ciel bleu

The Infinitive (*L'Infinitif*)

FORMS

A.   The Present Infinitive

This is the basic form by which all verbs are identified:

parler *to speak*   **venir** *to come*   **se tromper** *to make a mistake*

B.   The Past Infinitive

The past infinitive consists of the infinitive of the auxiliary verb + the past participle. In pronominal verbs, the reflexive pronoun precedes the auxiliary verb:

avoir parlé   **être venu**   **s'être trompé**
to have spoken   *to have come*   *to have made a mistake*

C.   The Negative Infinitive

The infinitive is negated by prefixing **ne pas:**

ne pas parler   **ne pas venir**   **ne pas se tromper**
not to speak   *not to come*   *not to make a mistake*

ne pas avoir parlé   **ne pas être venu**   **ne pas s'être trompé**
not to have spoken   *not to have come*   *not to have made a mistake*

USES OF THE INFINITIVE

A.   The Infinitive as a Noun

The infinitive is often used as a noun where English would use the present participle:

Voir, c'est croire. *Seeing is believing.*
Le connaître, c'est l'aimer. *Knowing him is loving him.*

B. The Infinitive in Instructions

In instructions, such as recipes and official forms, the infinitive is often used where English would use the imperative:

Crêpes (*French pancakes*)
Pour faire 20 crêpes, **prendre** 500 grammes de farine (*flour*), une pincée de sel, trois œufs et un demi-litre de lait. Bien **tourner** (*stir*). **Enduire** (*grease*) une poêle (*frying pan*) de beurre, **verser** une cuillerée (*spoonful*) du liquide...etc.

C. The Infinitive as Complement of a Verb

1. When the infinitive complements the meaning of a verb (as, for example, **danser** in the expression **j'aime danser**), it may be preceded by the prepositions **de** or **à,** or it may follow the verb directly. The use or omission of the preposition is determined by the verb. Here are the most common verbs that introduce an infinitive. (A more complete list appears in the Appendix.)

verb + infinitive		*verb +* **à** *+ infinitive*	
aimer	préférer	aider à	hésiter à
aller	savoir	apprendre à	se mettre à
désirer	sembler	commencer à (*or* de)	réussir à
devoir	souhaiter	continuer à	
espérer	vouloir		
pouvoir			

verb + **de** *+ infinitive*	
accepter de	finir de
arrêter de	oublier de
cesser de	permettre de
craindre de	promettre de
décider de	refuser de
empêcher de	regretter de
essayer de	risquer de

2. Some verbs may have more than one construction with the infinitive, depending upon the meaning:

finir de + *infinitive*   to finish doing something
finir par + *infinitive*   to end up by doing something
commencer à + *infinitive* }
commencer de + *infinitive* }   to begin doing something
commencer par + *infinitive*   to begin by doing...
venir + *infinitive*   to come to do something
venir de + *infinitive*   to have just done something

3. French verbs expressing the senses are complemented by the infinitive (without a preposition). In this construction English uses the present participle, and the word order may also be different:

J'écoute chanter les oiseaux.   *I listen to the birds singing.*
J'ai vu Martin sortir de l'église.   *I saw Martin leaving the church.*

Other verbs of the senses that can be complemented by the infinitive without a preposition are: **entendre, voir, regarder, sentir, observer,** etc.

4. **avoir** + *noun* + **de** + *infinitive*

There are many idioms of **avoir** with a noun that introduce the infinitive. With these idioms the infinitive is preceded by **de:**

J'ai l'intention de voir ce film.   *I intend to see this film.*

Other such idioms:

avoir besoin de	to need	**avoir raison de**	to be right
avoir envie de	to feel like	**avoir tort de**	to be wrong
avoir peur de	to fear	**avoir l'intention de**	to intend
avoir honte de	to be ashamed	**avoir l'air de**	to appear
avoir le temps de	to have the time		

5. **être** + *adjective* + **de** + *infinitive*

Je suis enchanté de faire votre connaissance.   *I am delighted to make your acquaintance.*

Here are just a few other such constructions: **être heureux de, être fâché de, être pressé de, être obligé de, être désolé de,** etc.

REMARQUER:

1. If an adjective or a noun is linked to an infinitive by the idea of purpose or use, the infinitive is preceded by **à:**

J'ai du **travail à faire.** (*work to do*)
Nous avons **des idées à présenter.** (*ideas to present*)
Ce sont des **exercices faciles à faire.** (*easy exercises to do*)
Cette leçon est **difficile à comprendre.** (*difficult to understand*)

2. After impersonal expressions there is a basic pattern:

C'est + *adjective* + **à** + *infinitive*

C'est difficile à montrer.

Il est + *adjective* + **de** + *infinitive* + *complement*

Il est difficile de montrer cette différence.

3. Remember that French requires the infinitive after all prepositions (except **en**), whereas in English the present participle is often used:

Il est parti **sans dire** un mot. (*without saying*)
Réfléchis **avant de parler.** (*before speaking*)

D. The Infinitive with Object Pronouns

1. Object pronouns usually precede the complementary infinitive:

J'aime lire le journal. J'aime **le** lire.
Il veut aller en Europe. Il veut **y** aller.

2. With the **faire** + *infinitive* construction, **laisser** + *infinitive*, and *verbs of the senses* + *infinitive*, the object pronoun precedes the conjugated verb:

Maman me fait manger des légumes. Maman **m'en fait** manger.
Hélène laisse entrer le chat. Hélène **le laisse** entrer.
J'ai vu Jacques sortir de l'église. Je **l'en ai vu** sortir.

EXERCICES

A. Faites une phrase avec une proposition infinitive. Faites attention au temps de l'infinitif.

MODÈLE: Elle est contente. Elle est une femme.
Elle est contente d'être une femme.

Elle est contente. Elle a gagné le concours de beauté.
Elle est contente d'avoir gagné le concours de beauté.

1. Ce professeur est fier. Il a publié des livres importants.
2. Louis a tort. Il tutoie le président.
3. Je suis gêné. Je suis arrivé en retard.
4. Marianne a honte. Elle n'a pas aidé la vieille dame.
5. Vous avez raison. Vous ne parlez pas aux étrangers dans la rue.
6. Le chauffeur de camion est fatigué. Il a conduit toute la nuit.
7. Je suis triste. J'ai perdu mon chat.
8. Les Américains sont heureux. Ils font un voyage en France.
9. Nous sommes étonnés. Nous avons tout compris.
10. Tu es fâché. Tu es licencié.

B. Complétez les phrases suivantes par une préposition s'il le faut.

Aujourd'hui j'ai beaucoup de travail _____ faire et je n'ai pas le temps _____ sortir. J'avais l'intention _____ achever ce travail hier soir, mais j'ai commencé _____ parler avec une amie au téléphone et nous n'avons pas cessé _____ bavarder pendant trois heures! Pour moi, c'est facile _____ faire. J'aime _____ parler au téléphone. Mais il faut que j'apprenne _____ me discipliner. Par exemple, je n'hésite jamais _____ accepter une invitation _____ sortir, alors que je devrais _____ étudier. Maintenant, c'est la fin du semestre, et je suis obligé _____ travailler sans arrêt parce que je ne peux pas _____ perdre un instant. Je risque _____ me faire coller (*fail*) si je ne résiste pas à la tentation _____ sortir. Il est triste _____ rester enfermé tout seul dans sa chambre alors qu'on préférerait _____ s'amuser avec des amis. Je vais _____ essayer _____ finir mes devoirs aussitôt que possible, et si je réussis _____ tout faire avant dix heures, je demanderai à un ami _____ venir me voir. Il sera ravi _____ avoir ma compagnie.

C. Traduisez les phrases suivantes.

1. To be or not to be, that is the question.
2. Speaking correctly is important.
3. The professor listens to the French speak.
4. I see the children playing.
5. He looked at me without saying "hello."

D. Refaites les phrases suivantes en remplaçant les mots en italique par un pronom. (Attention à la place du pronom!)

1. Un Français peut identifier *les Américains* par leur démarche.
2. On ne doit pas tutoyer *les étrangers*.
3. Les linguistes écoutent parler *les autochtones* (*native speakers*).
4. Les linguistes font enregistrer *leurs propos*.
5. Laurence Wylie a consacré son année sabbatique à étudier *les gestes français caractéristiques*.
6. Il regarde vivre *les Français*.
7. Votre éducation vous enseigne à ne pas faire *de gestes*.
8. Une mère française ne laisse pas *son enfant* s'avachir (*slouch*).

LECTURE   Les Français épinglés°

épinglé pinned down

Comment un Américain voit-il les Français? Laurence Wylie, professeur de civilisation française à l'université Harvard, nous regarde vivre depuis près d'un demi-siècle. Ce fils de pasteur, élevé à Vincennes, dans l'Indiana, a découvert la France en 1929, à 19 ans. En 1950, il partage pendant un an la vie des habitants de Roussillon et publie une remarquable étude qui l'a rendu célèbre: «Village en Vaucluse». Quelques années plus tard, il renouvelle l'expérience à Chanzeaux, en Anjou. En 1965, il est nommé attaché culturel à Paris. En 1973, il consacre son année sabbatique à étudier les gestes caractéristiques des Français. Dans un entretien avec Sophie Lannes, il brosse notre portrait.° Non sans malice.

brosser un portrait to paint a portrait

L'EXPRESS: Vous vous intéressez beaucoup, depuis quelques années, à la communication non verbale: le langage du corps et des gestes. Vous allez même publier, en septembre, un guide des attitudes françaises. Qu'avez-vous découvert, en nous regardant vivre?

hiérarchique hierarchical, related to an order of formal ranks

collégial collegial, characterized by equal sharing of authority

se déplacer to move about

la peau skin

à cent mètres from a hundred meters away

ballant dangling, swinging

le relâchement relaxation, slackening

se balancer to sway, rock

la bulle bubble, frame (as in a comic strip)

le bassin pelvis

bouger to budge, move

tendu tense

la coupe cut (of a garment)

une emmanchure armhole

ajusté closely fitting

le fond de pantalon seat of trousers

un exutoire outlet

LAURENCE WYLIE: Je pense qu'il y a une relation étroite entre le modèle d'organisation des Français et leur conception du corps. Le corps est le modèle essentiel d'organisation sociale. C'est vrai de tous les peuples. Quand Durkheim[1] a écrit son livre sur la division du travail, c'était une réponse aux traités anglais sur l'organisation sociale. Pour les Anglais, toutes les parties du corps social, considérées comme égales, devaient coopérer à l'intérieur de cet ensemble. Et Durkheim a répondu: «Pas du tout. La tête contrôle l'ensemble. C'est sous sa direction que s'établit la coopération entre les différentes parties.» Vous avez ici la différence fondamentale entre la conception hiérarchique° et la conception collégiale° de l'organisation. Regardez un Français se déplacer,° un Américain se déplacer, et vous avez immédiatement une idée de ces deux modes d'organisation.

L'EXPRESS: Mais encore?

L. WYLIE: Ah, c'est plus facile à montrer qu'à expliquer!

L'EXPRESS: Il est vrai que vous avez suivi pendant un an, à Paris, les cours d'expression corporelle de Jacques Lecoq.

L. WYLIE: Une étonnante école de psychologie. Ce sont ces cours qui m'ont permis d'illustrer moi-même le guide dont vous parlez: «Beaux Gestes».

L'EXPRESS: Vous vous êtes glissé dans notre peau?°

L. WYLIE: Exactement! Donc les Français peuvent reconnaître à cent mètres° un Américain à sa façon de marcher, les bras ballants,° en remuant les épaules, à l'espèce de relâchement° de tout son corps. S'il reste debout, il se balance° d'un pied sur l'autre. Il a besoin de plus d'espace pour se mouvoir qu'un Français, dont la «bulle»° est plus étroite. Ce sont des attitudes que les Français réprouvent, qui ne sont pas convenables. Un peu celles de Jean-Paul Belmondo,[2] à ses débuts, quand il jouait précisément les mauvais garçons. Votre démarche, à vous autres Français, est beaucoup plus contrôlée; le buste reste droit, le bassin° horizontal, les épaules ne bougent° pas, les bras sont proches du corps. On a assez répété aux enfants français: «Tiens-toi droit, ne traîne pas les pieds, ne t'avachis pas!»

Il y a quelque chose d'un peu raide, d'un peu tendu° dans la démarche française. Et qui se retrouve dans le vêtement. Nous ne sommes pas à l'aise dans les coupes° françaises: les emmanchures° sont trop étroites, les pantalons trop ajustés.° Vous voyez, moi, j'ai besoin d'un fond de pantalon° très ample, de vastes chemises! Plus contrôlés dans leur corps, les Français ont besoin de l'exutoire° de la parole.

L'EXPRESS: Accompagnée de gestes...

---

[1] **Emile Durkheim** (1858–1917): sociologue français, un des fondateurs de l'école sociologique française.

[2] **Jean-Paul Belmondo:** acteur français connu pour ses rôles de voyou (*hooligan*).

une éducation upbringing

pour…soit however controlled it
  may be

un avant-bras forearm

balayer to sweep

piqué (*fam.*) slightly daft

les doigts dans le nez (*vulg.*)
  without difficulty

arrondi rounded

plissé puckered

au poil! = (*fam.*) **parfait**

L. WYLIE: En principe, votre éducation° vous enseigne à ne pas faire de gestes. Mais votre corps, pour contrôlé qu'il soit,° ne peut pas résister à amplifier l'effet de la parole. Ce ne sont pas des gestes larges auxquels le corps participe tout entier, ce sont essentiellement des gestes des mains, de l'avant-bras.° Vous vous en lavez les mains. Vous balayez° un argument.

Votre souci de rationalité vous fait attacher aussi une grande importance à la tête. Nous avions observé, à l'école de Jacques Lecoq, que les gestes français les plus caractéristiques sont toujours en relation avec la tête: cerveau, nez, bouche, yeux. Pour signifier que quelqu'un est piqué.° Que ça lui est passé sous le nez. Qu'il l'a fait les doigts dans le nez.° Que vous ne vous laisserez pas faire: «Mon œil!» Les Français expriment beaucoup avec leur bouche, le plus souvent arrondie,° plissée,° sans cesse en mouvement: c'est avec la bouche que vous exhalez le mépris, le dégoût: «Peuh!», que vous exprimez le doute: «Bof!», l'admiration: «Au poil!»°

L'EXPRESS: Chez nous, en somme, tout est dans la tête…

L. WYLIE: Regardez Jacques Tati,[3] dans «M. Hulot»! Le haut du corps avance rapidement, le bas traîne derrière. C'est la tête qui entraîne le corps! C'est la caricature du Français, qui exagère la fonction de l'intelligence.

L'EXPRESS: Finalement, pour vous, c'est le discours qui complète le geste?

---

[3] **Jacques Tati:** acteur français célèbre pour sa caricature d'un Français imaginaire, Monsieur Hulot.

C'est un cas! Il est fou!

La barbe! Que c'est ennuyeux!

Comme ci, comme ça!

Extra! Excellent!

Bof! (So what!)

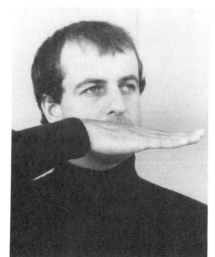

Ça t'a passé sous le nez. (You missed your opportunity.)

Mon œil! (You can't fool me!)

Au poil! Parfait!

L. WYLIE: Absolument. Un chercheur américain a établi que, dans les situations qu'il a étudiées, 7% du contenu de la communication est donné par le sens des mots, 38% par la façon de les prononcer, 55% par l'expression du visage. L'être humain n'a pas d'organe spécifique de communication, d'organe dont la fonction première soit la communication.

L'EXPRESS: Et la voix?

L. WYLIE: L'histoire de l'évolution nous apprend que les cordes vocales ont servi, d'abord, à empêcher des corps étrangers de pénétrer dans la gorge. Les dents et les lèvres avaient, à l'origine, d'autres fonctions que la parole. La communication, en réalité, est une sorte de danse à laquelle deux personnes participent avec le corps tout entier et où le regard joue un rôle essentiel, parce que c'est là qu'est concentré le plus grand nombre de nerfs. Il a tant de force qu'on ne peut pas supporter longtemps le regard d'un autre. Il faut briser cette tension. Baisser le rideau.° La communication, c'est tout cet ensemble d'éléments. J'ai très bien vu, depuis le début de cette conversation, à votre façon de vous caler° dans votre fauteuil, à votre regard qui est devenu plus terne,° que, deux ou trois fois, vous n'aviez pas l'air très convaincue par mes propos. Et j'ai pensé, un peu inquiet, que j'avais dû dire une stupidité. Tandis que, lorsque vous vous penchez en avant, l'œil brillant, je respire: la communication s'établit bien, nous pouvons continuer notre danse.

L'EXPRESS: Ce qui signifie que le langage du corps peut être la source de graves malentendus… Peut-être avais-je une crampe!

L. WYLIE: D'autant plus que ce langage du corps varie d'une personne à l'autre, d'une classe sociale à l'autre, de région à région, de pays à pays. Même lorsque l'on comprend ou l'on parle parfaitement une langue étrangère, une partie du message est intransmissible, à cause de ces différences nationales dans l'usage du corps. En Occident, la politesse veut que l'on regarde la personne qui vous parle. En Afrique, au Japon, on ne fixe pas du regard une personne qu'on respecte. Cette attitude a persisté longtemps chez les Noirs américains. Ce qui faisait dire aux Blancs: «On ne peut se fier aux Noirs, ils ne vous regardent jamais en face.» Et aux Noirs: «Les Blancs veulent nous humilier en violant notre personnalité.»

Un chercheur américain. Edward Hall, s'est attaché à étudier l'utilisation de l'espace par les Américains et par les Arabes. Il a constaté que les Arabes ont besoin d'être très proches de leurs interlocuteurs. Ce comportement fait horreur aux Américains, pour lesquels la distance normale est celle d'un bras entier. D'où incompréhension mutuelle et difficulté d'établir la communication. Quand l'Arabe avance, l'Américain fuit!°

Autre exemple très intéressant. Dans une usine où les contremaîtres° étaient d'origine polonaise et la main-d'œuvre° noire, on s'est étonné que les Noirs soient perpétuellement licenciés pour

le rideau curtain

se caler to settle comfortably (into an armchair)

terne dull, dim

fuir to retreat, withdraw

le contremaître foreman
la main-d'œuvre labor force

la caisse crate

prendre à bras-le-corps to grapple

paresse. On s'est aperçu qu'ils accomplissaient autant de travail que les autres, mais différemment. Pour soulever une caisse,° un Polonais la prend à bras-le-corps,° en faisant un effort visible. Le Noir, lui, la fait glisser, dans un mouvement très souple, très gracieux, qui ressemble plus à une danse qu'à un effort physique. D'où l'impression de paresse.

L'EXPRESS: À vous entendre, certaines attitudes raciales, certains malentendus dans la vie quotidienne seraient dus à la méconnaissance de ce langage?

L. WYLIE: Nous nous concentrons obstinément sur ce faible pourcentage de l'expression que représente le sens des mots. Combien de fois protestons-nous: «Mais je n'ai pas dit ça!» En réalité, nous l'avons dit, et avec quelle force, par tous nos moyens de communication non verbale!

COMPRÉHENSION

1. Qui est Laurence Wylie? Décrivez les différentes phases de son expérience avec la France et les Français.
2. Selon Wylie, quelle est la conception anglo-saxonne de la relation existant entre les diverses parties du corps? Comment la conception française est-elle différente?
3. Quelle est la différence entre la conception française de l'organisation sociale et celle des Anglo-Saxons?
4. À quoi un Français peut-il reconnaître un Américain à cent mètres?
5. Décrivez la démarche française. De quelle façon est-elle différente de la démarche américaine?
6. Comment la coupe des vêtements français est-elle différente de celle des vêtements américains?
7. Quelles sortes de gestes sont caractéristiques des Français?
8. Selon l'analyse du chercheur américain cité par Laurence Wylie, en quoi consiste le contenu de la communication?
9. Selon Wylie, à quoi les cordes vocales étaient-elles d'abord destinées à servir?
10. Quelle image Laurence Wylie évoque-t-il pour décrire la communication?
11. Comment Monsieur Wylie prétend-il avoir compris quand son interlocutrice, la journaliste de *l'Express*, n'était pas convaincue par ses propos?
12. Pourquoi la communication non verbale peut-elle être la source de graves malentendus?
13. Quelle est la différence entre l'attitude vis-à-vis du regard en Occident et celle de l'Afrique et du Japon?
14. Selon Edward Hall, quelle est la différence entre l'utilisation de l'espace dans la conversation par les Américains et par les Arabes?
15. Citez un autre exemple de malentendu créé par les différences de comportement corporel.
16. À quoi peut-on attribuer certaines attitudes raciales et certains malentendus de la vie quotidienne?

DISCUSSION
ET ACTIVITÉ

1. Imitez quelques gestes français et expliquez leur signification. (Consultez les illustrations dans le texte.)

2. Montrez les gestes ou les expressions de visage par lesquels vous exprimez les idées ou les sentiments suivants:

Je ne sais pas.   Il est très intelligent.
Je m'en fous! (*I don't give a damn*)   Il est fou!
Ç'en est fini pour lui. (*He's done for*)   Venez ici!
Donnez-moi de l'argent!   Oui!
Allez-vous-en!   Non!
Je vous en supplie. (*I beg you*)   Comme ci, comme ça.
C'était délicieux!

3. Quels gestes ou expressions de visage expriment

l'impatience?   la surprise?
la colère?   le désespoir?
le bonheur?   l'inquiétude?
le désir?   la déception?

4. Pouvez-vous montrer ou expliquer d'autres exemples de communication non verbale ou de langage du corps?

COMPOSITION
DIRIGÉE

Qu'est-ce que c'est que la communication?

I. Introduction

Résumez brièvement les idées concernant le langage et l'importance de la communication non verbale présentées dans cette interview.

II. Analyse

Faites un effort pendant quelques jour pour observer la façon dont les gens se parlent. Quelle semble être l'importance de leurs gestes, de leurs expressions de visage, du ton de leur voix et d'autres facteurs non verbaux dans le discours quotidien? Citez des exemples précis de la façon dont la communication a lieu.

III. Conclusion

Dressez une liste des facteurs les plus importants qui affectent la communication et indiquez l'importance relative de ces facteurs.

23

Verbes

- STRUCTURE
  The Subjunctive (*Le Subjonctif*) continued
  «Tableau de récapitulation de l'emploi du
  subjonctif»

The Subjunctive (*Le Subjonctif*), continued

The Subjunctive after Certain Conjunctions

The subjunctive is used after certain conjunctions expressing purpose. For example: **afin que, pour que;** concession, for example: **quoique, bien que;** condition, for example: **à condition que, pourvu que;** and anticipation, for example: **avant que, jusqu'à ce que, en attendant que,** among others.

> **Le professeur donne beaucoup d'exemples pour que vous compreniez mieux.** *The teacher gives a lot of examples so that you will better understand.*
>
> **Le subjonctif n'est pas compliqué, quoiqu'il ait l'air de l'être.** *The subjunctive is not complicated, though it may appear to be so.*
>
> **Pierrot nous aidera pourvu que nous lui donnions quelque chose.** *Pierrot will help us, providing we give him something.*
>
> **Venez voir mes gravures, avant que les autres n'arrivent.** *Come see my etchings before the others arrive.*

Here is a list of conjunctions governing the subjunctive:

à condition que	provided that	**de sorte que**	so that
afin que	in order that	**en attendant que** ⎫	
à moins que (ne)	unless	**jusqu'à ce que** ⎬	until
autant que	as far as	**non que**	not that
avant que (ne)	before	**pour que**	in order that
bien que	although	**pourvu que**	provided that
de façon que ⎫	in such a way	**que...que...**	whether...or
de manière que ⎬	that	**quoique**	although
de peur (crainte) que (ne)	for fear that	**sans que**	without

REMARQUER:

1. The following conjunctions require an expletive **ne** before the verb in the subjunctive: **à moins que, avant que, de crainte que, de peur que.** (Remember, the **ne** is not translated, but good usage requires it.)

    Je passerai vous voir ce soir, **à moins que** vous **ne** comptiez sortir.

2. With the following conjunctions that govern the subjunctive, one should avoid the subjunctive by using an infinitive construction if the subject of the main clause and the subordinate clause are the same:

afin que	**de peur que**	**sans que**
pour que	**de crainte que**	**avant que**

    Incorrect: **Je** travaille afin que **je** réussisse.
    Correct: **Je travaille afin de réussir.**

    Incorrect: **Nous** tenons ferme de peur que **nous** ne tombions.
    Correct: **Nous tenons ferme de peur de tomber.**

3. Do not forget that the following common conjunctions introduce the *indicative:* **parce que, puisque, depuis que, pendant que, dès que, après que.**

© 1967 United Feature Syndicate

The Subjunctive in Relative Clauses

A.   The subjunctive is used in a relative clause following a superlative or restriction expression such as **le plus, seul, unique, suprême, premier, dernier.**

> **C'est le plus beau garçon que je connaisse.**   *He's the handsomest boy I know.*
>
> *Un Adolescent d'autrefois* **est le dernier roman que François Mauriac ait écrit.**   Un Adolescent d'autrefois *is the last novel François Mauriac wrote.*

B.   The subjunctive is used in a relative clause to describe the qualities of something whose existence is hypothetical.   It is also used if the antecedent is **rien** or **personne.**

> **Nous cherchons des exemples qui puissent éclairer le problème.**   *We are looking for examples that can clarify the problem.*
>
> **Il n'y a personne qui sache faire les crêpes comme Louise.**   *There's no one who knows how to make French pancakes like Louise.*

But, if the existence of the antecedent is certain (except, of course, after a superlative), the relative clause will be indicative.

> **Je cherche un homme qui sache le russe.**   *I'm looking for a man who knows Russian.*
>
> BUT:
>
> **Je cherche l'homme que j'ai rencontré, celui qui sait le russe.**   *I'm looking for the man I met, the one who knows Russian.*

The Subjunctive as Imperative of the Third Person

The subjunctive is used after **que** as the imperative of the third person to express an order or a wish:

> **Qu'il parte!**   *Let him leave!*
> **Que tous vos vœux soient exaucés!**   *May all your wishes be fulfilled!*

The Subjunctive after Expressions like «où que», «qui que», etc.

Note the use of the subjunctive after the following expressions:

où que   *wherever*
Où que vous alliez, je vous suivrai.   ***Wherever*** *you go, I shall follow.*

qui que   *whoever*
Qui que vous soyez, n'entrez pas.   ***Whoever*** *you may be, don't come in.*

quoi que   *whatever*
Quoi qu'il fasse, il ne réussira pas.   ***Whatever*** *he does, he will not succeed.*

quelque + *adj* + **que**   *however*
Quelqu'intelligent **qu'**il soit, je ne l'admire pas.   ***However*** *intelligent he may be, I do not admire him.*

One may also say: **Pour** intelligent **qu'**il soit..., or **Si** intelligent **qu'**il soit...:
However *intelligent he may be...*

quelque + *noun* + **que**   *whatever*
Quelque difficulté **que** vous ayez, ne vous découragez pas.   ***Whatever*** *difficulty you may have, don't be discouraged.*

quel que + *subjonctif* ⎫
(quels) (quelle) (quelles) que + *subjonctif* ⎭ whatever
Quel que soit votre avis, ⎫
Quels que soient vos sentiments, ⎬parlez!   ***Whatever*** *your opinion (feelings, etc.) may be, speak!*
Quelle que soit votre opinion, ⎪
Quelles que soient vos idées, ⎭

EXERCICES

A.   Complétez les phrases suivantes par la forme correcte du verbe en italique.

1. Nous faisons ces exercices afin que (pour que) vous (*apprendre*) à employer le subjonctif.
2. Autant que je (*savoir*), Jean-Paul Sartre n'a jamais écrit de poèmes.
3. À moins que vous n'(*avoir*) des questions, vous pouvez partir.
4. Bien que (quoique) tout le monde me (*dire*) que je le regretterai, je vais prêter de l'argent à Roland.
5. Ne faites pas cela sans que le directeur le (*savoir*).
6. Je ne bougerai pas jusqu'à ce que (en attendant que) Louis (*s'en aller*).
7. Nous réussirons pourvu que (à condition que) vous n'(*offenser*) personne.
8. J'irai à sa soirée, non que je (*vouloir*) y aller, mais parce qu'il le faut.
9. Quand j'étais petit, ma mère attachait mes gants à mes manches de peur que (de crainte que) je ne les (*perdre*).
10. Votre oncle voudrait que vous passiez le voir avant que vous ne (*partir*).
11. Qu'il (*faire*) beau, qu'il (*faire*) mauvais, cette vieille dame va au parc tous les jours.

B.   Composez des phrases avec **avant que** et **avant de, de peur que** et **de peur de, sans** et **sans que.**

C. Complétez les phrases suivantes par la forme correcte du verbe en italique. Attention, les phrases ne seront pas toutes au subjonctif. («**p**» indique le passé du subjonctif.)

1. Maurice est le seul homme qui (*vouloir*) faire cette tâche.
2. Il n'y a personne qui (*connaître*) Paris comme lui.
3. Madame Jaxe est la plus belle dame que j'(*voir* **p**).
4. Je connais une jeune fille qui (*gagner* **p**) une médaille olympique.
5. Le médecin ne connaît rien qui (*pouvoir*) m'aider.
6. Il n'y a que vous qui m'(*aimer*) véritablement.
7. Mon père est l'homme le plus intelligent qui (*être*).
8. Paris est la ville la plus charmante que nous (*visiter* **p**).
9. Il n'y a aucun auteur qui (*savoir*) mener une intrigue comme Mérimée.
10. Xavier est le dernier qui (*s'en aller* **p**).
11. Ce garçon est le seul qui (*finir*) toujours tout le travail.
12. Henriette cherche un poste qui (*être*) intéressant et bien rémunéré.
13. Nous cherchons le vendeur qui (*s'occuper* **p**) de nous hier.
14. Connaissez-vous quelqu'un qui (*comprendre*) la théorie de la relativité?
15. J'ai envie de lire un roman qui (*avoir*) un commencement, un milieu et une fin.
16. Nous avons besoin d'une substance qui (*détruire*) les cellules malignes.
17. Les chercheurs ont découvert un médicament qui (*rendre*) la douleur moins aiguë.
18. C'est le meilleur film que vous (*voir* **p**).

D. Traduisez en anglais.

1. Les invités sont déjà arrivés? Qu'ils attendent encore un peu!
2. Qu'ils prennent un verre.
3. Jean Valjean a commis un crime? Alors, qu'il paie!
4. Seigneur, que Votre volonté soit faite.

E. Traduisez en français.

1. Let her wait!
2. May they be happier than I!
3. Let him try!
4. God bless you!
5. Let them leave!
6. May your life be long and peaceful.

F. Complétez les phrases suivantes en traduisant les mots entre parenthèses.

1. (Whatever your profession may be,) il est utile de connaître une langue étrangère.
2. (Whatever Eugene wants,) ses parents le lui donnent.
3. (Wherever one goes,) on voit à Paris quelque chose de beau ou d'historique.
4. (However tired you may be,) il faut finir cette leçon ce soir.
5. (Whatever decision he may make,) Rodrigue doit perdre Chimène.
6. (Whatever Jacques says,) il faut faire semblant d'être d'accord avec lui.

Récapitulation de l'emploi du subjonctif

Après certaines expressions impersonnelles

il est bon que

il est (c'est) dommage que

il est étrange que

il faut que

il est important que

il est impossible que

il est naturel que

il est possible que

il est préférable que

il semble que

il se peut que

il est temps que

il est utile que

il vaut mieux que

Remarquez:

Il est certain que

il est sûr que $\left.\right\}$ + *indicatif*

il est probable que

il *me* semble que

Après des expressions de sentiment

aimer que

aimer mieux que

s'attendre à ce que

avoir honte que

avoir peur que (ne)[1]

craindre que (ne)

être content que

être désolé que

être étonné que

être fâché que

être fier que

être furieux que

être heureux que

être ravi que

être surpris que

préférer que

regretter que

tenir à ce que

Remarquez:

espérer que + *indicatif*

Après des expressions de doute ou de négation

douter que

nier que

être incertain que

ce n'est pas que

être certain (sûr)

croire

penser $\left.\right\}$ au négatif et à l'interrogatif

trouver

Après des expressions de volition

désirer que

exiger que

s'opposer à ce que

permettre que

souhaiter que

vouloir que

Après certaines conjonctions

à condition que

afin que

à moins que (ne)

autant que

avant que (ne)

bien que

de façon que

de manière que

de peur (crainte) que (ne)

de sorte que

en attendant que

jusqu'à ce que

non que

pour que

---

[1] (ne) indicates required use of expletive **ne**.

Récapitulation de l'emploi du subjonctif

Après certaines conjonctions (cont.)

pourvu que	REMARQUEZ:
que…que…	parce que
quoique	puisque
sans que	pendant que $\Big\}$ + *indicatif*
	après que
	etc.

Dans les propositions relatives qui décrivent les qualités d'un antécédent négatif ou indéfini

Je cherche quelqu'un ou quelque chose qui…
Il n'y a personne / rien qui…
Y a-t-il quelqu'un ou quelque chose qui…?

Dans les propositions relatives que décrivent les qualités d'un antécédent qualifié par un superlatif

le plus	le seul
le moins	l'unique
le meilleur	le premier
le pire	le dernier

Comme impératif de la troisième personne

Qu'il parte!
Que Dieu vous bénisse!
Que votre volonté soit faite!

Après des expressions comme:

où que	quel (quels, *etc.*) que
qui que	quelque, si, pour + *adjectif* + que
quoi que	

LE SUBJONCTIF: EXERCICES DE RÉCAPITULATION

A. Expliquez l'emploi du subjonctif dans les phrases suivantes:

1. En Angleterre, le savoir-vivre veut qu'on *tienne* les mains sur les genoux.
2. Quoi qu'on *dise*, on peut mettre un coude sur la table.
3. Je fume de temps en temps, bien que ce *soit* interdit à l'hôpital.
4. Nous commençons à comprendre le cancer, qu'il *soit* solide, sous la forme d'une tumeur localisée, ou qu'il *navigue*.
5. Voulez-vous qu'on *aille* au restaurant?
6. Elle l'entraîne vers une vitre pour qu'il s'y *voie*.
7. Qu'est-ce que vous voulez que je *fasse* maintenant?
8. Le père exige que l'enfant *soit* couché.

9. Une femme a droit à un congé de maternité afin qu'elle *puisse* s'occuper du nouveau-né.

10. La délinquance se rencontre dans tous les milieux quelles que *soient* les occupations de la mère.

11. Une sauce se consomme avec le plat qu'elle accompagne, et non pour elle-même, si succulente qu'elle *soit*.

12. L'être humain n'a pas d'organe dont la fonction première *soit* la communication.

13. Elle rit sans qu'on *puisse* l'entendre.

14. Votre corps, pour contrôlé qu'il *soit*, ne peut pas résister à amplifier l'effet de la parole par des gestes.

15. Les employeurs veulent que les jeunes *aient* déjà une certaine expérience.

16. Elles ont transgressé la loi? Alors, qu'elles *paient!*

17. Il n'existe pratiquement aucun produit qui ne *puisse* être fabriqué dans les usines françaises.

B. Faites une phrase complète en utilisant l'indicatif, le subjonctif ou l'infinitif, selon le cas.

MODÈLES: Il est douteux   Ce monsieur est honnête.
Il est douteux que ce monsieur soit honnête.

Il est certain   Ce monsieur est honnête.
Il est certain que ce monsieur est honnête.

Je suis heureux!   J'ai gagné le prix.
Je suis heureux d'avoir gagné le prix.

1. a. Il est évident   Ce monsieur est honnête.
   b. Il est vrai
   c. Il semble
   d. Il me semble

2. a. Il se peut   Mon ami finira ses études.
   b. Je crois
   c. Je ne pense pas
   d. J'affirme

3. a. Leurs parents sont désolés   Ces jeunes gens veulent se marier.
   b. Le professeur ne croit pas
   c. On s'attend à ce que
   d. Alain est étonné

4. a. Il est possible   Il fera beau demain.
   b. Il est probable
   c. Il faut
   d. Nous tenons à ce que

5. a. Le consul nie   L'ambassadeur a commis une indiscrétion.
   b. Tout le monde a peur
   c. Nos ennemis espèrent
   d. Les citoyens sont gênés

6. a. Marie est désolée   Marie a perdu son sac.
   b. Son père est fâché
   c. Pensez-vous que
   d. Je sais que
7. a. Il est improbable   Le professeur comprend nos problèmes.
   b. Il est indiscutable
   c. J'aimerais
   d. Nous ne sommes pas sûrs
8. a. Nous sommes certains   Nous irons à Paris.
   b. Les enfants sont contents
   c. Je sais que
   d. Je veux

UN JEU VERBAL

Voici des expressions courantes, parfois proverbiales. Traduisez-les littéralement et identifiez leurs équivalents anglais. (Attention: il y a un équivalent anglais supplémentaire.)

1. Un point à temps en épargne cent.
2. Paris ne s'est pas fait en un jour.
3. Pas de nouvelles, bonnes nouvelles.
4. Qui ne risque rien, n'a rien.
5. Qui se ressemble, s'assemble.
6. J'ai un chat dans la gorge.
7. Rira bien qui rira le dernier.
8. Tel père, tel fils.
9. Tout vient à point à qui sait attendre.
10. Faire d'une pierre deux coups.
11. Vouloir, c'est pouvoir.
12. Faire les quatre cent coups.
13. C'est une autre paire de manches.
14. Il n'y avait pas un chat.
15. Avoir la chair de poule.
16. Vendre la peau de l'ours.
17. Ce sont de grosses légumes.
18. Qui vivra verra.
19. C'est blanc bonnet et bonnet blanc.
20. Plus on est de fous, plus on rit.

a. To sow one's wild oats.
b. Rome wasn't built in a day.
c. Like father, like son.
d. Where there's a will, there's a way.
e. Nothing ventured, nothing gained.
f. That's a horse of another color.
g. Birds of a feather flock together.
h. No news is good news.
i. To have goose bumps.
j. All things come to those who wait.
k. If the hat fits, wear it.
l. A stitch in time saves nine.
m. He who laughs last laughs best.
n. There wasn't a single soul.
o. To kill two birds with one stone.
p. To count one's chickens before they're hatched.
q. The more the merrier.
r. It's six of one and half a dozen of another.
s. They are big wheels.
t. Live and learn.
u. I have a frog in my throat.

CINQUIÈME PARTIE

La Femme

Our world is rapidly changing, and not only from the standpoint of technology. Customs and traditions, dating back perhaps to the origins of human society, are today being called into question. The feminist revolution is stirring Western Culture: women are forsaking the subordinate role to which society has long relegated them; they are demanding recognition as individuals.

The texts that follow examine several aspects of the question of woman's role: "Le Dilemme de la femme d'aujourd'hui" analyses the plight of the working woman. Next, Marie Cardinal's excerpt presents a personal account of this plight. An extract from *Le Deuxième Sexe* focuses on the factors affecting a woman's conception of her role in society. The final reading, "Le Petit Chaperon Rouge," recounts a familiar tale. When one keeps the themes of the preceding texts in mind, however, this seemingly innocent story takes on symbolic overtones.

24

Le Dilemme de la femme d'aujourd'hui

One of the most deeply ingrained traditions of Western society is that the woman's place is in the home and that it is the man's responsibility to earn the family income. Yet, in France, there are almost nine million women, or 40% of the working population, who violate this unwritten law and leave their homes to take a job. Almost universally, they are met with discrimination: fewer opportunities, lower wages and less respect than men of the same competence. The following essay by Pierrette Sartin discusses some of the social and economic factors that have altered the role of today's woman and the reluctance of society to help her adapt to this new role by easing her triple burden: motherhood, housekeeping and paid employment.

- VOCABULAIRE
  Lexique de mots-clés
  Enrichissez votre vocabulaire
  Étude de mots

- STRUCTURE
  The Feminine Form of Nouns
  Comparisons of Adjectives

- LECTURE: **Le Dilemme de la femme d'aujourd'hui**

VOCABULAIRE

Lexique de mots-clés

LES NOMS

le congé	leave
un équilibre	balance
le foyer	home, hearth
la grossesse	pregnancy
la tâche	task

LES VERBES

se consacrer à	to be devoted to
se débrouiller	to manage (difficulties), get along
empêcher de	to hinder, keep from
insister sur	to emphasize
jouir de	to have the enjoyment of
s'occuper de	to take care of
pousser à	to induce to
renoncer à	to give up, renounce
se soucier de	to be concerned about

EXERCICE   Complétez les phrases suivantes par la forme correcte d'un mot, tiré du Lexique de mots-clés, qui correspond à la définition indiquée.

1. travail déterminé qu'on doit exécuter, besogne

   Le grand problème auquel doit faire face la femme qui travaille est de concilier sa responsabilité professionnelle avec les _____ ménagères et la maternité.

2. inciter, décider

   Plus encore que la nécessité économique, c'est l'isolement de la femme moderne dans son foyer qui la _____ à trouver un emploi.

3. accentuer, souligner

   On ne peut trop _____ sur les changements sociologiques dans le monde d'aujourd'hui.

4. état d'une femme enceinte, période pendant laquelle une femme porte un enfant

   Les progrès de la médecine ont permis aux femmes d'aborder sans trop de troubles les mois de leur _____.

5. s'attacher, se dévouer

   Il y a des gens traditionalistes qui croient que les femmes devraient _____ entièrement à leur mari et à leurs enfants.

Des avocates au
Palais de Justice.

6. autorisation de partir

   En France, toute femme qui travaille a droit à un _____ de maternité.

7. domicile, maison

   Beaucoup d'hommes pensent que la place de la femme est au _____.

8. se tirer facilement d'une difficulté

   Les enfants dont la mère travaille apprennent à _____ plus tôt que les autres.

9. égalité de force entre deux ou plusieurs choses qui s'opposent

   L'affection et la disponibilité (*availability*) de la mère est indiscutablement un des facteurs importants d'adaptation et d'_____ de l'enfant.

10. prendre soin, surveiller

    Pendant que leurs parents sont absents, nous devons _____ des enfants.

11. abandonner, sacrifier

    Bien des femmes qui veulent poursuivre une profession croient qu'il est nécessaire de _____ à la maternité.

12. rendre impossible, interdire

    La maternité et ses obligations demeure l'argument suprême brandi pour _____ les femmes d'accéder à une vie professionnelle.

13. bénéficier de, profiter de, goûter

   Il existe pourtant de nombreuses femmes qui _____ d'un bonheur domestique et maternel et de la satisfaction d'une vie professionnelle.

14. s'inquiéter, se préoccuper

   Notre société ne _____ pas de la femme qui se trouve toute seule après s'être
   consacrée entièrement à ses enfants.

Enrichissez votre vocabulaire

1. **le coiffeur, la coiffeuse**   hairdresser
   Marilyn turned out for the party very well dressed and elegantly **coiffed.**

2. **se consacrer à**   to devote oneself to
   The new cathedral was **consecrated** by a cardinal.

3. **la crèche**   child care center
   Every year our family puts a **crèche** under the Christmas tree.

4. **se débrouiller**   to manage (difficulties), to get along (from **brouiller** to
   mix, scramble; hence **dé—brouiller,** unscramble)
   Through poor judgement, the president became **embroiled** in a great
   scandal.

5. **équilibre**   balance
   The tightrope walker lost his **equilibrium** and pitched into the net.

6. **pousser à**   to incite, induce to (do something)
   The car stalled and we had to **push** it off the road.

7. **le roi**   king
   The **royal** palace is situated on the right bank of the river.

8. **le sorcier, la sorcière**   sorcerer, witch
   Have you ever heard the "**Sorcerer's** Apprentice"?

9. **se soucier de**   to be concerned about
   Do not be taken in by Henri's air of **insouciance;** underneath it all, he is
   deeply troubled.

10. **le vendeur, la vendeuse**   salesclerk
    Are there any **vending** machines in this building?

Étude de mots

A.   Le Préfixe «**sous**»

   Étudiez les expressions suivantes:

sous-rémunéré	underpaid
sous-développé	underdeveloped
la sous-alimentation	undernourishment
le sous-entendu	innuendo

le sous-marin	submarine
le sous-officier	noncommissioned officer
le sous-sol	basement
le sous-titre	subtitle (as in a movie)
le sous-vêtement	undergarment

B. **Aussi** + *inversion*

Quand le mot **aussi** vient au début d'une phrase ou d'une proposition, il signifie *thus,* et il est suivi de l'inversion du sujet et du verbe:

Les jeunes filles ne savent pas si l'homme qu'elles épouseront acceptera qu'elles exercent un métier. **Aussi** (*Thus*) **sont-elles** peu enclines à acquérir une formation professionnelle sérieuse.

REMARQUER:

Pour traduire *also* au début d'une phrase ou d'une proposition, employez **de plus, en outre** ou **d'autre part:**

Héloïse est devenue enceinte; **en outre (de plus, d'autre part),** elle a perdu sa place. *Héloïse became pregnant; **also,** she lost her position.*

C. **Peut-être que...** *or* **Peut-être** + *inversion*

When **peut-être** occurs as the first element in a sentence or a clause, it must be followed by **que** or by the inversion of subject and verb:

Peut-être que la situation changera.
Peut-être la situation **changera-t-elle.**

D. Les Adverbes de quantité

1. Presque tous les adverbes de quantité sont suivis de la préposition **de** + un nom sans article:

assez de temps	*enough* time
autant de difficultés	*as many* difficulties
autant de temps	*as much* time
beaucoup de femmes	*many* (*a lot of*) women
combien de tâches	*how many* tasks
combien de temps	*how much* time
davantage de problèmes	*more* problems
moins d'enfants	*fewer* children
moins de temps	*less* time
peu de ménages	*few* households
peu de temps	*little* (*not much*) time
	(implies "unfortunately")
un peu de temps	*a bit of* time
plus de solitude	*more* loneliness
tant de responsabilités	*so many* responsibilities
tant de temps	*so much* time
trop de tâches	*too many* tasks
trop de temps	*too much* time

REMARQUER:

L'article défini s'emploie avec ces expressions de quantité seulement si le nom est déterminé:

> Il y a **beaucoup de femmes** qui travaillent.   (indéterminé)
> many women

> **Beaucoup des femmes** qui travaillent ont des enfants.   (déterminé)
> many of the women

2. Il y a trois expressions de quantité qui, par exception, s'emploient avec **de** plus l'article: **bien de, la plupart de, encore de:**

bien des Françaises	*many* Frenchwomen
bien du travail	*much* work
bien de la chance	*much* luck
la plupart des jeunes[1]	*most* young people
encore du café	*some more* coffee
encore des ennuis	*some more* troubles
encore de l'eau	*some more* water

3. Notez l'emploi de **plusieurs** (*several*) et de **quelques** (*a few, some*):

> Il y a **plusieurs** raisons pour lesquelles les femmes travaillent. (indéterminé)
> *There are **several** reasons for which women work.*

> **Plusieurs de** ces raisons sont économiques.   (déterminé)
> *Several of these reasons are economic.*

> J'ai **quelques** problèmes.   *I have **some** (**a few**) problems.*

COMPAREZ:

> J'ai **peu de** problèmes.
> *I have **few** (**not very many**) problems.*

> **Quelques-uns de** mes problèmes sont sérieux.
> *Some of my problems are serious.*

STRUCTURE

The Feminine Form of Nouns (*La Forme féminine du nom*)

A. Most nouns form their feminine counterpart by adding an **e:**

cousin	cousin**e**	marié[2]	marié**e**[3]	étudiant	étudiant**e**
fiancé	fiancé**e**	ami	ami**e**	avocat	avocat**e**

---

[1] Pour traduire *"most of the"* avec un nom au *singulier*, employez **la plus grande partie de** + *article*: la plus grande partie de la jeunesse, de la leçon, du travail, etc. *Exception:* la plupart du temps.
[2] **marié:** groom   [3] **mariée:** bride

B. Some nouns alter the final consonant:

lou**p**[4] lou**ve**   veu**f**[6] veu**ve**
jui**f**[5] jui**ve**   épou**x** épou**se**

C. Nouns that end in **-er** become **-ère:**

fermier fermi**ère**   ouvrier ouvri**ère**
étranger étrang**ère**   romancier[7] romanci**ère**
infirmier infirmi**ère**   boulanger[8] boulang**ère**

chat teaubriant

D. Some nouns double their final consonant:

chat chat**te**   criminel criminel**le**
paysan paysan**ne**   musicien musicien**ne**

E. Most nouns ending in **-eur** become **-euse:**

voleur[9] vol**euse**   nageur nag**euse**   voyageur voyag**euse**
vendeur[10] vend**euse**   coiffeur coiff**euse**   chanteur chant**euse**

F. Nouns ending in **-teur** become **-trice:**

acteur ac**trice**   lecteur lec**trice**
admirateur admira**trice**   observateur observa**trice**
directeur direc**trice**   instituteur[11] institu**trice**

G. Some nouns ending in mute **e** become **-esse:**

comte comt**esse**   maître maît**resse**   prince princ**esse**
hôte hôt**esse**   poète poét**esse**   traître[12] traît**resse**

H. Some nouns remain the same; only the article changes:

un / une athlète   un / une journaliste
un / une dentiste   un / une propriétaire[13]
un / une élève   un / une psychologue
un / une enfant   un / une secrétaire

---

[4]**loup:** wolf [5]**juif:** Jewish [6]**veuf:** widower [7]**romancier:** novelist [8]**boulanger:** baker
[9]**voleur:** thief [10]**vendeur:** salesman [11]**instituteur:** elementary school teacher [12]**traître:**
traitor [13]**propriétaire:** owner

Une femme, pilote professionnel, commandant de bord sur un Mystère 20.

I.   Some nouns are of a fixed masculine gender but may be made feminine by
     inserting the word **femme** before the noun:

     un écrivain   **une femme écrivain**
     un professeur   **une femme professeur**
     un médecin   **une femme médecin**
     un philosophe   **une femme philosophe**

J.   Some nouns alter their root:

compagnon	**compagne**	neveu	**nièce**	**serviteur**	**servante**
dieu	**déesse**	roi	**reine**	**copain**	**copine**
héros	**héroïne**				

K.   Some nouns have different feminine counterparts:

le fils	**la fille**	l'homme	**la femme**	le mâle	**la femelle**
le père	**la mère**	le mari	**la femme**	(of animals)	
l'oncle	**la tante**	le garçon	**la fille**	le coq	**la poule**
le frère	**la sœur**	le monsieur	**la dame**	le taureau	**la vache**

EXERCICES

A.   Mettez les mots en italique au genre contraire; faites les changements nécessaires et traduisez.

1. *Un sorcier* est *un homme* qui pratique la magie.
2. *Un avocat* est *un homme* qui assiste ou représente *ses clients* en justice.
3. *Un veuf* est *un homme* dont *la femme* est morte.
4. *Un chat* est un petit animal domestique à poil doux qui aime chasser les oiseaux et les souris.
5. *Un coiffeur* est une personne[13] qui fait le métier d'arranger les cheveux.
6. *Un nageur* est *un sportif* qui fait de la natation.
7. *Un traître* est une personne qui trahit, qui est déloyale.
8. *Votre neveu* est *le fils* de *votre frère.*
9. *Un professeur* est *un homme* qui enseigne.
10. *Un comte* est *un aristocrate.*
11. *Un enfant* est une jeune personne.
12. *Votre cousin* est *le fils* de *votre oncle.*
13. *Un infirmier* est une personne qui, par profession, soigne les malades sous la direction des médecins.
14. *Un directeur* dirige une entreprise.
15. *Un berger* est *un garçon* qui garde les moutons.
16. *Un boulanger* est *un homme* qui fait et vend du pain.
17. *Un écrivain* est *un homme* qui écrit.
18. *Un spectateur* est une personne qui regarde ce qui se passe.
19. *Le roi* fut la victime[1] de la colère des *paysans.*
20. *Un marié* est *un monsieur* qui vient de se marier; «*le mari*» désigne une personne qui est mariée depuis quelque temps.

B.   Donnez l'équivalent féminin des expressions suivantes.

1. un marié nerveux
2. les ouvriers pauvres
3. le pauvre veuf
4. mon meilleur ami
5. un taureau espagnol
6. son petit copain
7. leur chat gris
8. ce prince allemand
9. un observateur impartial
10. les voyageurs indiens
11. son nouveau mari
12. cet étranger mystérieux

---

[13] **Une personne** and **une victime** are invariable. These nouns are always feminine no matter what the antecedent. Un **personnage** (*character*) is always masculine.

Comparison of Adjectives (*La Comparaison des adjectifs*)

The Comparative Degree

A.   With a noun:

If an adjective normally precedes or follows the noun, its usual position will be respected in the comparative degree. All adjectives, of course, agree in gender and number with the noun they modify.

Positive	*Comparative*

une grande tâche
  adj.   noun

- une **aussi** (*as*) grande tâche
- une **plus** (*more*) grande tâche
- une **moins** (*less*) grande tâche

une tâche difficile
  noun   adj.

- une tâche **aussi** difficile
- une tâche **plus** difficile
- une tâche **moins** difficile

B.   With a second term of comparison:

La maternité est { **aussi** / **plus** / **moins** } difficile **que** la responsabilité professionnelle.

C.   Irregular forms:

1. The comparative of **bon** is **meilleur:**

   Connaissez-vous une **meilleure** solution?

2. The comparative of **mauvais** is **plus mauvais** or **pire** (These two forms are often interchangeable):

   La condition de la femme professionnelle est **mauvaise,** mais celle de l'ouvrière est **plus mauvaise** (**pire**).

3. The comparative of **petit** is **plus petit** (concrete) and **moindre** (abstract):

   Solange est **plus petite** (*smaller*) que Chantal.
   Mes problèmes sont **moindres** (*fewer*) que ceux des autres.

D.   Emphasis:

The comparisons may be reinforced by an adverb such as **beaucoup** or **bien:**

Cette femme est **bien / beaucoup** plus intelligente que Jean.

E.   Expletive **ne:**

If the second part of the comparison is an expression of opinion, **ne** is used before the verb. The **ne** is not translated:

Cette femme est plus intelligente qu'il **ne** le pense. *This woman is more intelligent than he thinks.*

The Superlative Degree

A. With a noun:

Comparative	*Superlative*
une **plus** grande tâche	**la plus grande** tâche
une **moins** grande tâche	**la moins grande** tâche

If the adjective normally follows the noun, the definite article will be repeated:

une tâche **plus** difficile	la tâche **la plus** difficile
une tâche **moins** difficile	la tâche **la moins** difficile

B. With the group to which the superlative belongs, use **de** to mean *of* or *in:*

Être mère de famille, dit-on, est le plus beau **des** métiers. *To be a mother, they say, is the finest **of** professions.*

Jacqueline est l'étudiante la plus intelligente **de** la classe. *Jacqueline is the most intelligent student **in** the class.*

Summary: The Comparison of Adjectives

Comparison of Adjectives		
Positive	*Comparative*	*Superlative*
REGULAR		
adjective	**plus** **aussi** } + adjective + **que** **moins**	**le** **la** } + { **plus** **moins** } + adjective + **de** **les**
IRREGULAR		
bon	**meilleur**	**le meilleur**
mauvais	{ **plus mauvais** { **pire**	{ **le plus mauvais** { **le pire**
petit	{ **plus petit** (*concrete*) { **moindre** (*abstract*)	{ **le plus petit** { **le moindre**

EXERCICES

A. Faites une comparaison en vous servant des termes suivants. (Attention à l'accord de l'adjectif.)

MODÈLE: difficile: le rôle de la femme dans notre société, celui de l'homme

Le rôle de la femme dans notre société est plus (moins, aussi) difficile que celui de l'homme.

1. intelligent: les hommes, les femmes
2. nombreux: les femmes qui travaillaient au début du siècle, celles qui travaillent aujourd'hui

3. élevé: le salaire des hommes, celui des femmes
4. intéressant: une carrière, le ménage
5. petit: les chances de promotion des femmes, celles des hommes
6. pénible: les travaux de ferme, le travail d'usine
7. injuste: les patrons, les maris
8. important: la vie familiale, la vie professionnelle
9. indépendant: les enfants dont la mère travaille, ceux dont la mère reste à la maison
10. mauvais: la santé des hommes, celle des femmes
11. isolé dans son foyer: la femme d'aujourd'hui, la femme d'autrefois
12. fréquent: l'absentéisme féminin, celui des hommes

B.   Faites une phrase superlative selon le modèle.

MODÈLE: L'asservissement des femmes est une grande injustice. (l'histoire)

L'asservissement des femmes est la plus grande injustice de l'histoire.

1. Anne prétend que Simone de Beauvoir est une femme écrivain célèbre.   (l'Europe)
2. Mon travail est pénible.   (l'entreprise)
3. Pour moi, sept heures du matin est un mauvais moment.   (la journée)
4. Josette est une étudiante consciencieuse.   (la classe)
5. Pierre prétend que le baron de Rothschild est un homme riche.   (la France)
6. Ma mère est une bonne cuisinière.   (la famille)
7. Madame Gilles est une femme occupée.   (le bureau)
8. Certains affirment que le Château Lafite est un bon vin.   (le monde)
9. Pour certaines femmes, la période de la maternité est difficile.   (la vie)
10. La crèche municipale de notre quartier est mauvaise.   (la ville)

LECTURE   Le Dilemme de la femme d'aujourd'hui: Cumuler° travail, tâches ménagères et maternité

cumuler   to combine (a plurality of functions)

incomber à   to be the responsibility of

Ces mères qui — malgré des enfants en bas âge — sont de plus en plus nombreuses à travailler rencontrent un lourd handicap: comment concilier la journée de travail avec la tenue d'une maison, les soins et l'éducation des enfants, qui, dans notre société, incombent° aux seules femmes? Ne faudrait-il pas remettre en question la sacro-sainte division du travail entre hommes et femmes et faire en sorte que les hommes, moins «dévorés» par leur profession, jouissent de plus de temps à consacrer à leur famille?

Source: Pierrette Sartin, *Vivre au féminin* (Cahiers français No. 171).

Une tâche ménagère: faire le marché.

1

Une évolution des modes de vie pousse les femmes à travailler

Depuis une vingtaine d'années, la situation des femmes, dans leur rôle d'épouse et de mère, a considérablement évoluée. Dans la plupart des pays industrialisés, les femmes d'aujourd'hui ont moins d'enfants que celles des générations précédentes et elles les ont plus tôt. Dans les décennies précédentes, les femmes étaient souvent enceintes jusqu'à 40 ans et voyaient leurs tâches éducatives se prolonger jusqu'à la cinquantaine.

planifier to plan by stages

Les générations actuelles planifient° les naissances. L'âge moyen de la femme à la naissance de son dernier enfant est de 31 ans en France et de 26 ans aux États-Unis. Quand le dernier enfant devient autonome,° la femme n'a donc guère plus de 35 ans. Ainsi les années consacrées à la maternité n'occupent-elles plus que le septième de la vie totale d'une femme.

autonome autonomous, independent

Par ailleurs, les soins du ménage ne suffisent plus à l'occuper. L'équipement ménager plus développé, les logements plus confortables et d'un entretien plus facile, l'extension de la journée con-

supprimer to do away with
important sizeable

tinue qui supprime° le repas de midi au foyer, lui laissent pour la première fois de son histoire un temps libre important.°

le collatéral relative (*legal terminology*)
le grand ensemble apartment complex
exigu tiny
accru increased
la cité housing project
une agglomération urban center
nouer des liens to make ties
étroit close
meubler to furnish, fill in

Mais elle est aussi, dans son foyer, plus isolée qu'autrefois. Les jeunes quittent plus tôt le foyer, le mari est absent 12 ou 13 heures par jour, parfois des journées ou des semaines entières; les grands-parents et collatéraux° n'ont plus de place dans les grands ensembles° et dans les logements exigus.° Les femmes connaissent ainsi une solitude accrue° dans des cités° anonymes où il est plus difficile que dans les petites agglomérations° de nouer des liens° avec ses voisins.

D'où le désir de changer de mode de vie, et de trouver un emploi qui leur apporte non seulement un complément de ressources souvent nécessaire, mais aussi un milieu social, une relation plus étroite° avec le monde extérieur, une occupation qui meuble° les heures de solitude et d'ennui dans un foyer qui se réduit désormais au seul couple.

on ne saurait = on ne pourrait pas

Il s'agit là d'un changement sociologique fondamental sur lequel on ne saurait° assez insister.

Mais concilier vie familiale et vie professionnelle est difficile

En dépit de In spite of
sévir to be severe, to be widespread

En dépit de° cette évolution, l'antagonisme entre vie professionnelle et vie familiale continue à sévir,° notamment pour les femmes âgées de moins de 35 ans qui doivent — pour des raisons diverses mais dans 70% de cas environ pour des raisons économiques — cumuler les maternités, les soins aux jeunes enfants et l'exercice d'un métier ou d'un emploi. Aujourd'hui, 54% des travailleuses sont mariées et mères de famille. En 1970, 50,7% d'entre elles avaient un enfant; 26,6% en avaient deux; 11,6% en avaient trois ou plus.

prétendu alleged

aborder to approach, confront

Grossesse et absentéisme: deux prétendus° handicaps pour l'emploi des femmes. Dans la majorité des cas les progrès de la médecine ont permis aux femmes d'aborder° sans trop de troubles les mois de leur grossesse. Mais celle-ci n'en constitue pas moins pour elles un sérieux handicap devant l'emploi. La crainte de la maternité est un des obstacles le plus fréquemment invoqué au recrutement des femmes, et l'absentéisme féminin est mis en avant° par les employeurs pour justifier leur sous-rémunération et l'inégalité des salaires.

mettre en avant to advance, put forward

Or Now, however
valable valid

Or° si l'on étudie les rares statistiques valables° que l'on possède, on s'aperçoit que les congés de maternité proprement dits n'entrent que pour une faible part dans l'absentéisme féminin. Ils sont, selon H. Desoille, de l'ordre de 9 pour mille chez les ouvrières et de 12 pour mille chez les employées.[1] La maternité n'entraîne pour la femme

---

[1] En France, tous ceux qui travaillent sont classés en catégories professionnelles. Parmi les salariés, il y a les ouvriers qui travaillent de leurs mains, les employés qui travaillent dans un bureau ou dans un magasin, les cadres moyens et supérieurs qui dirigent les ouvriers ou les employés et les fonctionnaires qui sont les cadres et les employés de l'État.

s'étendre sur to extend over

l'infarctus heart attack

sensiblement appreciably,
   noticeably
subalterne subordinate

la démarche step to be taken

la modicité slenderness

jusqu'ici until now
mettre en œuvre to put into
   operation
alléger to lighten

soit…soit… either…or…

qu'une absence de 14 semaines, et rares sont les travailleuses qui ont une famille nombreuse. Les congés de maternité ne représentent donc guère plus de 6 à 8 mois dans une vie professionnelle qui s'étend° sur 25 à 30 ans. C'est beaucoup moins que le service militaire; moins que les congés de maladie de beaucoup d'hommes, victimes d'infarctus,° de dépression nerveuse ou des conséquences de l'alcoolisme, pour lesquels les employeurs ne songent pas à les pénaliser! La reconnaissance de la maternité comme fonction sociale s'impose non seulement dans les déclarations de principe mais dans les faits: elle ne devrait plus constituer un obstacle au recrutement des femmes.

Le double fardeau de la femme qui travaille. Si l'absentéisme féminin reste sensiblement° plus élevé que celui des hommes, tout au moins dans les emplois subalternes° d'ouvrières et d'employées, c'est en grande partie en raison du manque de crèches et d'équipements sociaux qui oblige l'un des parents à quitter le travail dès qu'un incident se produit dans la vie familiale (maladie, démarches,° etc.). C'est aussi en raison de la faiblesse des salaires féminins. Actuellement, les deux tiers des smicards[2] sont des femmes. La modicité° de leur salaire ne permet donc pas aux mères de se faire aider et elles doivent cumuler le double fardeau de la vie professionnelle et de la vie domestique.

Jusqu'ici° aucun ensemble cohérent de mesures n'a été mis en œuvre° pour alléger° le travail domestique et la fatigue des mères et permettre à celles qui travaillent de cumuler dans de meilleures conditions la fonction maternelle et la fonction professionnelle. Faute de solution efficace, l'antagonisme entre vie familiale et vie professionnelle subsiste et contraint les femmes: soit° à renoncer à la maternité; soit à quitter le travail pendant 8 à 10 ans pour satisfaire à leurs obligations maternelles, ce qui perturbe leur vie professionnelle, diminue leurs chances de promotion et gêne les employeurs; soit à sacrifier leur santé et leur équilibre en cumulant des rôles que notre organisation rend trop souvent incompatibles.

COMPRÉHENSION

1. Comment la situation des femmes a-t-elle évolué depuis une vingtaine d'années?
2. Quels sont les effets de ces changements sur la période de la maternité dans la vie d'une femme?
3. Pour quelles autres raisons la femme d'aujourd'hui a-t-elle plus de temps libre?
4. Pourquoi la femme d'aujourd'hui est-elle plus isolée dans son foyer que la femme d'autrefois?

---

[2] **le smicard:** quelqu'un qui travaille pour le SMIG, salaire minimum interprofessionnel garanti, salaire minimum obligatoirement payé à tout travailleur.

5. Quels sont les attraits d'un emploi hors de la maison pour une femme moderne?

6. Pour quel groupe de femmes est-il particulièrement difficile de concilier la vie familiale et la vie professionnelle? Pourquoi?

7. Quelles sont les deux raisons mises en avant par les employeurs pour justifier un fréquent manque d'enthousiasme dans le recrutement des femmes et leur sous-rémunération?

8. Ces raisons sont-elles valables? Expliquez votre réponse.

9. Mentionnez quelques-unes des raisons à l'origine de l'absentéisme des hommes. Cet absentéisme des hommes est-il pénalisé par les employeurs?

10. Pendant quelle période de leur vie le taux (*rate*) d'absentéisme des femmes est-il le plus élevé?

11. Citez deux facteurs qui obligent les femmes à quitter le travail dès qu'un incident se produit dans la vie familiale.

12. Quel choix les femmes sont-elles contraintes de faire, faute d'une solution efficace à l'antagonisme entre vie familiale et vie professionnelle?

2
À la source de ces difficultés: des blocages socio-culturels

en cours taking place

La prédominance du rôle maternel. Malgré les évolutions en cours,° notre société reste fortement marquée par la prédominance masculine qui a joué pendant des siècles la mère contre la femme. En glorifiant et en idéalisant la première, elle a trouvé le meilleur moyen d'asservir° la seconde. En s'efforçant° de convaincre la mère que sur elle seule reposaient l'équilibre et l'avenir des enfants, que sa présence était indispensable 24 heures sur 24 — ce qui est loin d'être prouvé — notre société ne s'est souciée ni de ce qu'elle exigerait de la femme ni de la situation dramatique dans laquelle celle-ci se trouverait le jour où ses enfants deviendraient adultes, dans une organisation sociale qui ne laisse plus de place aux grands-parents. En effet, la femme, qui voyait autrefois peu de changements intervenir dans ses occupations et qui passait du rôle de mère à celui de grand-mère, suivant une ligne continue et sans heurt,° se voit brusquement reléguée, le troisième âge venu, dans la solitude et dans l'inutilité, sauf dans les cas assez rares où la proximité de logement lui permet de jouer le rôle de gardienne.

asservir to reduce to servitude
s'efforcer de to strive to

le heurt bump, shock

Mais il faut signaler que les jeunes générations de femmes refusent de plus en plus de se laisser enfermer uniquement dans leur rôle maternel. Elles revendiquent non seulement le droit d'être des mères, et de l'être dans les meilleures conditions, mais encore celui d'être des femmes à part entière, participant par leur activité à la vie économique et politique du pays et exerçant des rôles jusque-là unique-

dévolu à fallen to

la charge responsibility

aigu, aiguë sharp
Qu'elles travaillent ou non
Whether or not they work
aisé well-to-do

un éloignement distance

brandir to hold up (as a weapon)

les frais (*m.*) expenses

tant…étranger in France as well
as abroad

quelles que soient whatever may
be

nocif, nocive harmful
éclairé enlightened
la disponibilité availability

déposer to drop off

la scolarité schooling

ment dévolus° aux hommes. Elles continuent à vouloir des enfants mais elles pensent qu'elles ne doivent plus — comme c'est trop souvent le cas aujourd'hui — être seules à en assumer la charge° et l'éducation tandis que le père s'occupe exclusivement de la réussite matérielle de la famille. Elles vont jusqu'à demander que l'on accorde aux hommes des congés de paternité pour qu'ils puissent à leur tour s'occuper du nouveau-né et prendre ainsi une conscience plus aiguë° de leur rôle. Qu'elles travaillent ou non,° les femmes, surtout dans les milieux urbains ou aisés,° sont en effet de plus en plus souvent seules devant l'enfant. Les impératifs de la vie professionnelle, l'inorganisation des transports et l'éloignement° du domicile au lieu de travail font que l'homme est de plus en plus absent de son foyer et qu'il laisse de plus en plus souvent à la femme le soin et la responsabilité des enfants.

Le travail de la mère accusé de tous les maux. La maternité et ses obligations demeurent l'argument suprême brandi° pour empêcher les femmes d'accéder à une vie professionnelle où elles seraient à égalité avec les hommes, en même temps que pour dispenser la nation de faire les frais° des équipements sociaux indispensables. Mais cet argument ne résiste pas aux études et enquêtes faites tant en France qu'à l'étranger.°

Quant à la délinquance juvénile, si souvent imputée avec légèreté au fait que la mère travaille, les travaux faits pour l'U.N.E.S.C.O. par les docteurs Serin et Lesterlin prouvent que le nombre de jeunes délinquants n'est pas plus élevé dans les ménages où la mère exerce une activité professionnelle que dans les autres. Le manque de tendresse et d'affection, qui est l'un des facteurs de la délinquance juvénile, se rencontre dans tous les milieux, quelles que soient° les occupations de la mère.

Les observations médicales montrent que l'enfant accepte généralement bien que sa mère travaille, s'il sait où elle est, l'heure à laquelle elle rentre, etc. Il est en revanche perturbé par son absence si celle-ci a des causes qui lui paraissent futiles et non obligatoires.

De même on a accusé les crèches d'être nocives° pour les enfants. Mais là-dessus les avis les plus éclairés° sont contradictoires. La qualité de la présence maternelle, la disponibilité° de la mère, sont indiscutablement pour l'enfant des facteurs importants d'adaptation et d'équilibre. Si la mère n'a pas le temps de s'occuper suffisamment de l'enfant avant de le déposer° ou de le reprendre à la crèche, si elle est trop fatiguée ou nerveuse, si le père exige que l'enfant soit couché quand il rentre, il est à peu près certain que des troubles apparaîtront. Mais ce n'est pas obligatoirement la crèche qu'il faudra incriminer.

En ce qui concerne la scolarité° des enfants, toutes les enquêtes faites en France, au Royaume-Uni ou au Danemark montrent que les enfants des femmes qui travaillent ne sont pas en retard sur les autres; au contraire, leurs succès scolaires sont souvent plus grands. Ils apprennent à lire plus vite du fait qu'ils sont plus tôt obligés de se débrouiller seuls et de faire un effort profitable. Une enquête du *British Women's Council* révèle que les enfants des femmes actives sont plus exacts et plus assidus° que ceux des femmes qui ne travaillent pas; ils ont aussi plus d'initiative. Néanmoins, un nouveau problème social est apparu et ne cesse de s'aggraver: celui des enfants livrés à eux-mêmes à la sortie de la classe en l'absence des deux parents (on les appelle les «enfants à la clef» parce que souvent la mère leur accroche autour du cou la clef du logis familial où ils viennent regarder la télévision).

assidu   assiduous, steady

Hors le mariage, point de salut. La vie professionnelle des femmes reste encore étroitement liée et conditionnée par le mariage. Dans la quasi-totalité des cas, la carrière du mari passe avant celle de la femme. Celle-ci reste dépendante de celle du mari et soumise à ses aléas.° Le changement de poste ou de ville du mari oblige la femme à quitter son emploi et parfois à résider dans des régions qui n'offrent pour elle aucune possibilité de travail. Certaines grandes entreprises, notamment en province, font encore pression sur leurs cadres pour que les femmes renoncent à toute activité professionnelle.

un aléa   risk, hazard

De plus, aujourd'hui encore, de nombreux parents et bien des jeunes filles continuent à envisager l'avenir sous l'angle du mariage bien plus que sous celui d'un métier auquel il faut se préparer sérieusement avec l'idée de l'exercer pendant des années parce qu'il deviendra, autant que le mari et les enfants, l'un des éléments fondamentaux de la vie.

Les mentalités masculines n'ont pas évolué autant qu'on pourrait le croire chez les jeunes. Certains, qui acceptent bien que leur femme travaille pour leur permettre de terminer leurs études, les poussent à abandonner leur emploi dès qu'eux-mêmes ont atteint une situation suffisante.° Les jeunes filles ne savent jamais si l'homme qu'elles épouseront acceptera qu'elles exercent le métier auquel elles se sont préparées ou si les circonstances leur permettront de le faire. Aussi° sont-elles peu enclines à acquérir une formation professionnelle sérieuse. De leur côté, les employeurs et les Pouvoirs publics, qui supportent le coût élevé de la formation, sont parfois réticents à en faire bénéficier les femmes et à leur ouvrir les écoles professionnelles, sachant qu'elles quitteront le travail à la première ou à la deuxième maternité. On peut s'étonner de l'incohérence d'une pratique qui permet d'accueillir° les filles dans les universités et dans les écoles techniques et les incite ensuite à ne pas utiliser la formation reçue, mais à se consacrer uniquement à leur foyer et qui prévoit enfin pour elles une deuxième formation (sous forme de recyclage), formation qui sera peut-être aussi inutile que la première... C'est qu'en réalité notre société n'a pas encore admis comme un droit, et moins encore comme un devoir, le travail de la femme à côté de son devoir maternel.

suffisant   satisfactory, sufficient

Aussi (+ *inversion*)   thus

accueillir   to receive, welcome

Au jardin du Luxembourg, une jeune mère surveille ses enfants.

COMPRÉHENSION

1. Quelles ont été les conséquences pour les femmes de la glorification de la maternité?
2. Quelle est la situation «dramatique» dans laquelle la femme moderne risque de se trouver le jour où ses enfants n'ont plus besoin d'elle?
3. Comment l'attitude des femmes vis-à-vis de la responsabilité des enfants a-t-elle évolué?
4. Quels sont les facteurs qui tendent à imposer à la mère toute la responsabilité des enfants?
5. Quel est l'argument suprême brandi souvent par les hommes pour empêcher les femmes d'accéder à une vie professionnelle où elles seraient à égalité avec les hommes?
6. Quels maux sont imputés au fait que la mère travaille? En quoi ces imputations sont-elles injustifiées?
7. Qu'est-ce que c'est que «les enfants à la clef»?
8. Comment le mariage affecte-t-il la vie professionnelle des femmes?
9. Selon l'auteur de cet article, la mentalité masculine a-t-elle beaucoup évo-

lué? Et l'attitude des jeunes filles et des parents vis-à-vis du mariage a-t-elle beaucoup changé?

10. Quelle est la conclusion de l'auteur?

DISCUSSION

1. Dans l'état actuel de notre société, les responsabilités des femmes sont-elles vraiment plus lourdes que celles des hommes?

2. Votre mère travaillait-elle quand vous étiez enfant, ou était-elle toujours à la maison? Si elle travaillait, pensez-vous avoir souffert de son absence? Si elle ne travaillait pas, pensez-vous que vous auriez souffert si elle avait travaillé?

3. Quels sont, aux États-Unis, les métiers «féminins»? Quels sont les métiers masculins? Y a-t-il une bonne explication à cette division des rôles? Les femmes sont-elles particulièrement qualifiées pour les métiers considérés comme féminins et peu aptes aux métiers généralement réservés aux hommes?

4. Connaissez-vous personnellement des cas de discrimination contre les femmes?

5. Le gouvernement américain a-t-il pris des mesures pour rendre plus équitable la condition professionnelle des femmes?

6. La loi exige qu'un certain nombre de postes soient assignés à des personnes minoritaires (femmes, noirs, chicanos, etc.). Êtes-vous pour ou contre cette loi?

7. Les femmes sont-elles partiellement, au moins, responsables de la position subordonnée où elles se trouvent aujourd'hui?

8. Lisez la capsule, *La Visite d'embauche*, et faites-en un commentaire.

DIALOGUE DIRIGÉ

Les femmes sont-elles supérieures ou inférieures aux hommes? Vous allez imaginer un débat entre un «phallocrate»[1] et une femme militante:

Le phallocrate commence par énumérer tous les défauts que l'on impute traditionnellement aux femmes et il en donne des exemples: instabilité émotionnelle, fragilité physique, irrationalité, etc.

La femme se moque de ces idées, elle prétend le contraire: que les femmes sont effectivement les plus fortes parce qu'elles résistent mieux à la douleur, à certaines maladies, aux extrêmes de température, à la tension, etc. Elle prétend que les femmes sont douées d'intuition et d'une intelligence plus fine, d'une sensibilité plus raffinée...

L'homme demande alors pourquoi il n'y a pas eu de femmes philosophes, par exemple; pourquoi dans tant de domaines—l'histoire, la littérature, les sciences, etc.—les personnes les plus importantes sont des hommes?

La femme cite plusieurs exemples de femmes importantes—Jeanne d'Arc, Madame Curie, etc., mais elle admet qu'il y a moins de femmes célèbres que

---

[1] **phallocrate** (*neologism*): "male chauvinist"

d'hommes, expliquant ce phénomène par des raisons sociologiques: l'oppression par les hommes, le rôle secondaire imposé aux femmes, l'éducation, etc.

L'homme affirme que les femmes n'ont ni curiosité ni ambition comme les hommes, parce que toute leur énergie s'applique à la maternité.

La femme dit qu'il ne s'agit pas de manque d'énergie mais de manque de temps libre. Si les hommes partageaient les responsabilités des enfants et du ménage, les femmes auraient le temps de se développer.

L'homme est scandalisé. Il dit qu'il ne se salira jamais les mains pour laver la vaisselle ni pour changer les couches[2] d'un bébé.

La femme lui dit qu'il est ignoble.

Les répliques deviennent très courtes, chargées d'émotion plutôt que de raisonnement, jusqu'à ce que le phallocrate et la femme militante refusent de se parler.

Des interjections pour animer le dialogue:

Quoi!   **Comment!**
Ça alors!   **Ah ça!**

---

[2] **les couches:** diapers

M.L.F*…iction

La Visite d'embauche[1]

«C'est pour la petite annonce,[2] madame.
— Bien, dit la chef du personnel. Asseyez-vous. Votre nom?
— Batier, Bernard Batier.
— C'est monsieur ou mondamoiseau?[3]
— Monsieur.
— Alors donnez-moi aussi votre nom de jeune homme.[4]
— Duplat, madame, époux Batier.

— Je dois vous dire, Monsieur Batier, que notre direction n'aime pas beaucoup engager des hommes mariés actuellement. Dans le service de Mme Palonceau, pour lequel nous recrutons, il y a déjà plusieurs personnes en congé de paternité. Il est bien légitime que les jeunes couples désirent avoir des enfants (et notre entreprise, qui fabrique de la layette,[5] les y encourage très vivement), mais les absences des futurs pères et des jeunes pères constituent un lourd handicap pour la marche d'une maison.
— Je comprends, madame, mais nous avons déjà deux enfants et je n'en veux pas d'autre. D'ailleurs (Batier rougit et baisse la voix), je prends la pilule.
— Bien. Dans ce cas, nous pouvons poursuivre. Quelles études avez-vous faites?

Source: France De Lagarde, *Le Monde*, 28 septembre 1975.

* **M.l.f.:** Mouvement de libération des femmes
[1] **la visite d'embauche**   job interview
[2] **la petite annonce**   classified ad
[3] **mondamoiseau**   masculine equivalent of *mademoiselle* (never used!)
[4] **nom de jeune homme**   play on *nom de jeune fille*, maiden name

[5] **la layette**   linens for infants

— J'ai mon brevet[6] et un C.A.P.[7] de sténo-dactylo.[8] J'aurais bien voulu continuer jusqu'au bac,[9] mais nous étions quatre à la maison, et mes parents ont poussé les filles, ce qui est normal, bien sûr. J'ai une sœur officière et une autre mécanicienne.

— Et où avez-vous travaillé dernièrement?

— J'ai surtout fait des intérims,[10] parce que cela me permettait de m'occuper un peu plus des enfants quand ils étaient petits.

— Quel métier exerce votre femme?

— Elle est chef de chantier[11] dans une entreprise de construction métallique. Mais elle poursuit des études d'ingénieur car elle remplacera un jour sa mère qui a créé l'affaire.[12]

— Revenons à vous. Quelles sont vos prétentions?[13]

— Eh bien ! euh…

— Évidemment, avec un poste comme celui de votre épouse et ses perspectives d'avenir, il ne s'agit pour vous que d'un salaire d'appoint.[14] Une sorte d'argent de poche, comme tout jeune homme aime en avoir pour ses petites dépenses personnelles, ses costumes, etc. Treize cents francs pour débuter, voilà ce que nous offrons. Plus le treizième mois,[15] la cantine à 5 francs et une prime d'assiduité.[16]

[6] **le brevet**   vocational school diploma
[7] **C.A.P.**   certificat d'apitude professionnelle
[8] **sténo-dactylo**   stenographer-typist
[9] **le baccalauréat**   equivalent of high school diploma
[10] **faire des intérims**   hold temporary replacement positions
[11] **chef de chantier**   building site supervisor
[12] **l'affaire**   business
[13] **les prétentions**   claims, demands
[14] **la salaire d'appoint**   supplementary income
[15] **le treizième mois = un mois de salaire supplémentaire (en décembre) exigée par la loi en France**
[16] **une prime d'assiduité**   an attendance bonus

«J'attire votre attention sur ce point, monsieur Batier: l'assiduité est absolument indispensable à tous les postes. Notre directrice a tenu à créer une prime pour inciter le personnel à ne pas manquer pour un oui ou pour un non. Nous avons réussi à faire diminuer de moitié l'absentéisme masculin, cependant, il y a toujours des messieurs qui manquent sous prétexte que bébé tousse un peu ou qu'il y a une grève[17] à l'école. Quel âge ont vos enfants?

— La fille six ans, et le garçon quatre ans. Ils vont tous deux en classe et je les reprends le soir en sortant du travail, avant de faire les courses.

— Et s'ils sont malades, qu'avez-vous prévu?

— Leur grand-père peut les garder. Il n'habite pas loin.

— Parfait, je vous remercie, monsieur Batier. Nous vous ferons connaître notre réponse définitive d'ici quelques jours.»

Batier sortit du bureau, plein d'espoir. La chef du personnel le regardait marcher. Il avait les jambes courtes, le dos un peu voûté[18] et le cheveu rare.[19] «Mme Palonceau déteste les chauves»[20] se rappela la responsable de l'embauche. Et elle m'a bien dit: «Plutôt un grand, blond, présentant bien et célibataire…» Et Mme Palonceau sera directrice du groupe l'an prochain.

Duplat Bernard, époux Batier, reçut trois jours plus tard une lettre qui commençait par: «Nous avons le regret…»

[17] **la grève**   strike
[18] **voûté**   curved
[19] **le cheveu rare**   thin hair
[20] **le chauve**   bald man

25

Les Mots pour le dire (*extrait*)

MARIE CARDINAL

Marie Cardinal, born and raised in French Algeria, had written several books before publishing *Les Mots pour le dire,* which immediately became a best-seller in France. This autobiographical novel, an account of the author's psychoanalysis, has been widely translated. Hailed as an eloquent feminist plea, it has recently been made into a movie.

The narrator of the novel, as she strives to overcome mental illness, is led to reexamine her life. In our excerpt she denounces the natural and social burdens which women must endure. After a sudden outburst of revolt, she finally comes to the realization that her quest for identity is part of the feminine struggle for independence and self-fulfillment.

■ LECTURE: Marie Cardinal / **Les Mots pour le dire (*extrait*)**

LECTURE Les Mots pour le dire (*extrait*)
«C'est ça être une femme!»
MARIE CARDINAL

mettre en cause to question
maquillé made-up
coquin mischievous
mignon, -ne cute
le poussin baby chick
vert mousse seafoam green
le guerrier warrior
paré bedecked
orné adorned
la châsse reliquary, sacred vessel

le repassage ironing
le raccomodage mending
le petit matin early morning
une aurore daybreak
la forcenée madwoman
trier to sort
le linge sale dirty laundry
humecter to dampen
récurer to clean by wiping

la cantine school lunchroom
qu'elle...mère she must feel the
  warm presence of her mother

C'est en effet à l'extérieur, dans la rue, dans les magasins, au bureau, à la maison, que j'ai compris ce que c'était que...d'être une femme. Jusque-là je n'avais jamais mis en cause° la notion de féminité, cette qualité spécifique de certains êtres humains qui ont des seins, des cheveux longs, des visages maquillés,° des robes et d'autres avantages coquins° et mignons° dont on parle peu ou pas du tout. Certains êtres qui évoluent dans les tons pastels, le rose surtout, le bleu pâle, le blanc, le mauve, le jaune poussin,° le vert mousse.° Certaines personnes dont le rôle sur la terre est d'être la servante du seigneur, le divertissement du guerrier[1]° et la maman. Parées,° parfumées, ornées° comme des châsses,° fragiles, précieuses, délicates, illogiques, avec des cervelles d'oiseau, disponibles,...toujours ouvert, toujours prêt à recevoir et à donner...

C'était faux! Moi, je savais ce que c'était qu'une femme. J'en étais une. Je savais ce que c'était que de se lever le matin avant les autres, de préparer le petit déjeuner, d'écouter les enfants qui veulent tous dire quelque chose en même temps, vite. Les repassages° de l'aube, les raccommodages° du petit matin,° les devoirs et les leçons de l'aurore.° Puis la maison vide et une heure à travailler comme une forcenée° pour faire un minimum de ménage, trier° le linge sale,° humecter° le linge propre, préparer les légumes des repas de la journée, récurer° les W.-C. Se laver, se coiffer, se maquiller, s'arranger—si on ne le fait pas, on a mauvaise conscience: «Une femme doit toujours être propre et agréable à regarder.» Accompagner les plus petits à la crèche ou à la maternelle. Ne pas oublier le panier[2] pour faire les courses tout à l'heure. Aller au travail. Le seul travail qui compte, celui pour lequel on est payée, celui sans lequel ce serait la misère noire. Revenir pour le repas de midi. Les plus vieux restent à la cantine,° la plus jeune est là. Il faut lui donner de l'affection, qu'elle sente la présence chaude de sa mère.° Les plus vieux s'occuperont d'elle dans la soirée. Pourvu

---

[1] **le divertissement du guerrier:** allusion à la doctrine de Nietzsche, selon laquelle la femme n'est que «le repos du guerrier»

[2] **le panier:** *shopping basket.* Autrefois, en France, on ne fournissait pas de sacs en papier pour les provisions; une ménagère devait porter un panier ou un filet (*net bag*) pour y mettre ses achats.

le sou   farthing, old coin worth a fraction of a franc

ronger   to gnaw away
les reins   *here*, lower back
étendre   to spread out

rissoler   to brown
le beignet aux pommes   apple fritter
la nouille   noodle

à quatre pattes   on all fours

se faire baiser = expression vulgaire pour «faire l'amour»

les règles (*f.*)   menses

Est-ce que j'y arriverai?   Will I make it?

la rougeole   measles
je vais…voir   I'm going to end up having people think I'm goofing off
jaillir   to jump up
se dresser   to stand up
le béton   concrete
la chasse (d'eau)   flushing (of a toilet)
soûl   drunk
gueuler   (*pop.*) to holler, bawl
un asile   nursing home
gâtifier   to treat as though senile
la mémé   grandma (*slang*)
un arc-en-ciel   rainbow
le caca   (*pop.*) excrement
les couches (*f.*)   diapers
le slip   brief, panties

qu'ils ne fassent pas de bêtises, qu'ils ne jouent pas avec les allumettes, qu'ils ne traversent pas sans regarder. Repartir avec les paniers. Les ordres des supérieurs reçus et exécutés le plus vite possible, le mieux possible. Les courses du soir. Pas un sou° dans la poche. Ça ne fait rien. Se débrouiller pour faire tout de même un repas appétissant et bon: «Un bon repas ça fait passer toutes les misères.» Les paniers qui tirent les bras. La fatigue qui commence à ronger° la tête et les reins.° Aucune importance: «Les femmes doivent payer par de la peine le bonheur de mettre des enfants au monde.» Rentrer. Écouter tout le monde. Préparer le dîner. Étendre° le linge. Laver les enfants, surveiller leur travail. Mettre sur la table la bonne soupe fumante. Faire rissoler° les beignets aux pommes° pendant qu'ils finissent leurs nouilles.° Les jambes lourdes. Le sommeil plein la cervelle. La vaisselle. Voir comme autant de reproches les marques de doigts sur les murs et les portes, les vitres poussiéreuses, le tricot qui n'avance pas: «Comme on fait son lit on se couche, ma fille. À femme sale, maison sale.» Je ferai tout ça dimanche, je ferai tout ça dimanche. Le lendemain ça recommence: tirer les meubles, à quatre pattes° pour nettoyer le sol, porter les paniers, soulever les petits, courir, compter et recompter sans cesse les quelques sous sans lesquels on ne peut rien acheter. Regarder dans la vitrine la belle robe qui vaut plus d'un mois de salaire… Et se faire baiser° quand on n'a envie que de dormir, de se reposer. Avoir mauvaise conscience à cause de cela, jouer le jeu, regretter de ne plus pouvoir en profiter, craindre une autre grossesse. Chasser ces mauvaises pensées égoïstes: «Il faut être autant épouse que mère si tu veux avoir un bon mari.» Combien de jours avant mes règles?° Est-ce que je ne me suis pas trompée dans mes calculs, est-ce qu'il a fait attention? Combien de jours avant la fin du mois? Est-ce que j'aurai assez d'argent? Est-ce que j'y arriverai?° Mon Dieu, un enfant qui crie! c'est la plus petite. Pourvu qu'elle ne soit pas malade, j'ai déjà trop manqué cette année au bureau avec la rougeole° de l'aîné et la grippe de l'autre, je vais finir par me faire mal voir.° Jaillir° du sommeil, se dresser° dans la nuit. La nuit des immeubles de béton,° les pleurs, au loin, d'autres enfants qui font des cauchemars, la chasse° des voisins qui rentrent tard, les éclats de voix au troisième du monsieur qui est soûl° et qui gueule° après sa femme. Dormir. Dormir.

…C'est ça être une femme: servir un homme et aimer des enfants jusqu'à la vieillesse. Jusqu'à ce qu'on vous conduise à l'asile° où l'infirmière vous recevra en vous parlant petit nègre, comme on parle aux enfants, aux innocents, en gâtifiant:° «Elle va être bien là la mémé!° C'est pas vrai la mémé?»

C'est vrai que, dans la vie de la vieille femme, il y a eu souvent l'arc-en-ciel° du rire de ses enfants, le vieil or de l'amour, parfois le rose de la tendresse. Mais il y a eu surtout le rouge de son sang, le noir de sa fatigue, le marron-caca° et le jaune-pisse des couches° et des slips° de ses petits et de son homme. Et puis le gris de la lassitude et le beige de la résignation.

la **conscience...belles** the consciousness of my feminine identity made me discover some fine things
le **château de cartes:** image métaphorique pour un édifice fragile
se **débarrasser** to get rid of
lancer to hurl
merde, crottes, chieries vulgar expletives
abattu knocked down

sans broncher without flinching
effrayant frightening

Ah oui, vraiment, la conscience de ma spécificité féminine m'en avait fait découvrir de belles!° Le château de cartes° dont je me moquais il n'y a pas si longtemps, dont je croyais m'être débarrassée° en lançant° (un peu maladroitement) des «merde» et des «crottes» et des «chieries»,° ce château que je croyais abattu,° tenait toujours bon, ses bases étaient intactes! C'est maintenant seulement que je me rendais compte que je n'avais jamais vraiment lu un journal, jamais vraiment écouté les nouvelles, que j'avais pris la guerre d'Algérie pour une affaire sentimentale, une triste histoire de famille digne des Atrides.[3] Et pourquoi cela? Parce que je n'avais aucun rôle à jouer dans cette société où j'étais née et où j'étais devenue folle. Aucun rôle sinon donner des garçons pour faire marcher les guerres et les gouvernements et des filles pour faire, à leur tour, des garçons aux garçons. Trente-sept ans de soumission absolue. Trente-sept ans à accepter l'inégalité et l'injustice sans broncher,° sans même les voir!

C'était effrayant!° Par où commencer! Est-ce que je ne perdais pas de nouveau la tête?

COMPRÉHENSION

1. Quels sont, selon le texte, les attributs que l'on prête traditionnellement aux femmes?
2. Quel tableau contraire la narratrice dépeint-elle?
3. Qu'est-ce qui indique que la narratrice a des ennuis d'argent?
4. Le texte est parsemé de préceptes populaires que la narratrice cite pour donner les idées traditionnelles sur le rôle de la femme. Relevez ces préceptes. La narratrice semble-t-elle les accepter? Expliquez votre réponse.
5. En dépit de tous ses efforts pour être la maman et la femme parfaite, la narratrice semble accablée d'un sentiment de culpabilité. Dans quels passages ce sentiment est-il évident?
6. À part ses ennuis d'argent, la narratrice a toutes sortes d'inquiétudes. De quoi se soucie-t-elle, par exemple?
7. Quels détails révèlent le côté sordide de la vie quotidienne de cette femme?
8. Quelle évocation de la vieillesse la narratrice présente-t-elle?
9. Quelle explication la narratrice propose-t-elle pour n'avoir «jamais vraiment lu un journal»?

DISCUSSION

1. Dans ce texte, les images de couleur forment un leitmotiv important. Relevez ces images et essayez de les classer selon l'impression qu'elles évoquent. Quel contraste est mis en relief par les images de couleur?
2. Étudiez la structure des phrases dans cet extrait. Par quelle méthode stylistique l'écrivain arrive-t-elle à traduire l'impression d'une routine accablante et sans relâche?

---

[3] **les Atrides:** personnages de la mythologie grecque

3. Commentez la présence ou l'absence du mari dans ce texte. Quelle impression cela produit-il?

4. Quelle est votre réaction personnelle à ce texte? Estimez-vous que la narratrice exagère, ou avez-vous plutôt de la sympathie pour elle?

DIALOGUE
DIRIGÉ

Imaginez que la narratrice de ce texte assiste à une réunion du M.l.f. (Mouvement de libération des femmes). Elle y rencontre une femme militante à laquelle elle avoue être très malheureuse. Imaginer le dialogue entre la narratrice, qui raconte tous ses maux, et la femme militante qui essaie de lui donner des conseils et de la pousser à changer sa vie.

26

Le Deuxième Sexe

SIMONE DE BEAUVOIR

Simone de Beauvoir is one of the most famous French writers of today. Many, of course, are familiar with her name because of her life-long attachment to Jean-Paul Sartre. But it is as a thinker and writer that she is admired and discussed, sometimes criticized, always respected. Her works include novels, essays, literary criticism and a four-volume autobiography, which is a fascinating personal and historical document.

Simone de Beauvoir was one of the first theorists of the feminist movement. *Le Deuxième Sexe*, published in 1949, is an exhaustive analysis of the feminine condition. In the extract presented here, the author reconstructs a little girl's developing awareness of the different roles assigned to men and women. Having explained the child's emulation of her seemingly all-powerful mother, the author goes on to show how the mother as an object of admiration is quickly supplanted by the father, and by men in general.

- VOCABULAIRE
  Lexique de mots-clés
  Enrichissez votre vocabulaire
  Étude de mots

- STRUCTURE
  The Accented Pronoun
  Emphasis

- LECTURE: Simone de Beauvoir / **Le Deuxième Sexe (*extrait*)**

VOCABULAIRE

Lexique de mots-clés

LES NOMS

la bergère	shepherdess
un éclat	splendor, brilliance
la fillette	little girl
le mépris	scorn
la puissance	power
la sorcière	witch

LES VERBES

s'agenouiller	to kneel
se blottir	to snuggle up to, hug
se complaire (à + *inf.*)†	to take pleasure (in doing something)
s'élargir	to widen
entourer	to surround
mûrir	to mature
punir	to punish
récompenser	to reward
revêtir† **(il revêt)**	to take on
saisir	to grasp
subir	to undergo

ADJECTIFS

attrayant	attractive
comblé	fulfilled, satisfied
tout-puissant	omnipotent

DIVERS

à travers	through

EXERCICES

A. Quels sont les mots qui correspondent aux définitions suivantes?

1. personne qui pratique la magie
2. petite fille
3. personne qui garde les moutons
4. dédain, sentiment par lequel on considère quelqu'un comme indigne d'estime
5. caractère de ce qui est brillant, magnifique
6. caractère de celui qui a beaucoup de force
7. en passant par, par l'intermédiaire de

B. Refaites les phrases suivantes en substituant aux mots en italique la forme correcte d'un verbe synonyme tiré du Lexique de mots-clés.

1. Au fur et à mesure que la fillette *grandit*, elle *comprend* la puissance et le prestige des hommes.
2. Quand elle *se serre* contre son père, elle admire sa force. Quand elle reçoit son approbation, elle se sent comblée.
3. Peu à peu, son amour filial *acquiert* un caractère d'adoration.
4. Elle grandit; elle quitte la maison; son monde *est devenu plus vaste*, mais elle n'a pas cessé de *se prosterner* spirituellement devant l'idole de la masculinité.
5. Une femme qui *trouve sa satisfaction* dans cette attitude est un exemple classique du «deuxième sexe».
6. Tout ce qui *encercle* la fillette témoigne de l'apparente supériorité masculine.
7. Pendant toute leur vie, les femmes *sont sujettes à* des influences qui semblent confirmer la supériorité des hommes.
8. Notre société tend à *châtier* les femmes qui ne sont pas «féminines», mais elle ne *favorise* pas celles qui s'accrochent à la tradition.

Enrichissez votre vocabulaire

1. **un anneau** ring
   Annelids are a phylum of invertebrates with ringlike segments, such as earthworms.

2. **un arbre** tree
   If you join the National **Arbor** Society, they will give you twenty evergreen seedlings.

3. **charnellement** physically   (**la chair** flesh)
   "**Carnal** knowledge" is a euphemism for sexual intimacy.

4. **un éclat** splendor, brilliance
   "Won't you come to my party," said the social climber to the movie star, "and lend it your **éclat?**"

5. **exiger** to require, demand
   It is almost indispensable to be computer literate in order to meet the **exigencies** of life in a technological society.

6. **le marin** sailor   (**la mer** sea)
   There are many forms of **marine** life.

7. **récompenser** to reward
   If you have homeowner's insurance, they will **compensate** you for the storm damage.

8. **à travers** through   (**traverser** to cross)
   The bridge **traverses** a brook.

Étude de mots

A. **à descriptif**

La préposition **à** s'emploie souvent avec une valeur descriptive:

une jeune fille **aux yeux bleus**   a girl **with blue eyes**
un homme **à la longue barbe blanche**   a man **with a long white beard**
la boîte **à malheur**   the box **of evil** (Pandora's box)
le tissu **à fleurs**   the **flowered** material
la brosse **à dents**   toothbrush

B. **on ne sait (trop)**   one doesn't know (too well)

Les verbes **savoir, oser, pouvoir** et **cesser** s'emploient souvent au négatif sans *pas*:

Je **ne sais.**   I don't know.
Il **ne cesse** de parler.   He doesn't stop talking.

C. **il ne saurait** + *infinitif*

Le verbe **savoir** au conditionnel est synonyme de **pouvoir**:

Je **ne saurais** vous le dire.   I couldn't tell you.

D. Expressions idiomatiques

1. **Plus...plus...**   The more...the more...

   Plus l'enfant mûrit, **plus** son univers s'élargit.

   Moins...moins...   The less...the less...

   Moins il m'écrit, **moins** je pense à lui.

   Moins...plus...   The less...the more...

   Moins je le vois, **plus** je suis heureux.

2. **ne faire que** + *infinitif*

   Blanche Neige **ne fait que** rêver au prince Charmant.   *All Snow White does is dream about Prince Charming.*
   Ruth **n'a fait que** se marier.   *All Ruth did was get married.*

E. Il y a de nombreux verbes en **-ir,** dérivés d'adjectifs. En voici quelques exemples, tirés de nos lectures:

mûr, mûre mature	**mûrir**	to become mature
vieux, vieille old	**vieillir**	to grow old
pauvre poor	**appauvrir**	to impoverish
moindre least	**amoindrir**	to lessen
faible weak	**affaiblir**	to enfeeble, weaken
large wide	**s'élargir**	to widen

EXERCICE   Donnez la signification des adjectifs suivants et des verbes qui en sont dérivés et
                  employez le verbe dans une phrase.

1. blanc, blanche   blanchir   7. riche   enrichir
2. noir   noircir   8. sale   salir
3. rouge   rougir   9. pâle   pâlir
4. jaune   jaunir   10. brun   brunir
5. grand   grandir   11. dur   durcir
6. jeune   rajeunir   12. raid   raidir

STRUCTURE

The Accented Pronoun (*La Forme tonique des pronoms personnels*)

FORMS

	Singular	Plural
	moi	nous
	toi	vous
	lui, elle	eux, elles

USES

1. As object of a preposition (except, in most cases, **à.** See *Remarquer* below.):

   avec moi   **contre eux**
   sans lui   **à côté d'elles**

2. In one word answers:

   Qui parle? — **Moi.**
   Qui avez-vous vu? — **Lui.**

3. After **être:**

   C'est elle qui règne, mais **c'est lui** qui a l'air d'être le maître.

4. After **que** in **ne...que** and comparisons:

   Ma mère **n'**aime **que lui.**
   Il est **plus grand que moi.**

5. In a compound subject or direct object.

   Eux et **moi** admirons cet auteur.
   J'ai interviewé le président et **lui.**

6. When followed by **aussi** or **seul**:

> **Toi** seul comprendras.
> **Lui** aussi est d'accord.

7. For emphasis (See p. 424).

Soi (*oneself, himself, herself*)

Soi is an accented pronoun used reflexively with a subject that is indeterminate:

> **Chacun pour soi.** *Everyone for himself.*
> **Quand on n'a pas confiance en soi, tout est difficile.** *When one doesn't have confidence in oneself, everything is difficult.*
> **Tout le monde pense à soi-même.** *Everybody thinks of himself.*

REMARQUER:
In most cases, the accented pronoun cannot replace **à** + *noun.*

A. When the antecedent is a person, the indirect object pronoun **lui** or **leur** will generally be used before the verb:

> La bergère parle **à la sorcière.**
> La bergère **lui** parle.

> La fillette obéit **à ses parents.**
> La fillette **leur** obéit.

In the following special cases, however, an accented pronoun may be the object of the preposition **à:**

1. With pronominal verbs that require **à** before a complement:

> Simone s'intéresse **à Michel.**
> Simone s'intéresse **à lui.**

> Je m'adresse **aux femmes.**
> Je m'adresse **à elles.**

2. With certain idiomatic expressions:

> **penser à**   to think about
> Quand je suis loin de ma mère, je **pense à elle.**

> **rêver à**   to muse on, dream of
> Blanche Neige rêve au prince; elle **rêve** toute la journée **à lui.**

> **faire attention à**   to pay attention to
> Il faut faire attention aux professeurs; il faut **faire attention à eux.**

> **tenir à**   to be attached to
> Monsieur Duby **tient à ses filles;** il **tient à elles** plus qu'à ses fils.

être à   to belong to
La maison appartient à ces jeunes gens; elle **est à eux.**

3. With verbs of motion:

La petite fille court **à son père.**
La petite fille court **à lui.**

B.   When the object of the preposition **à** is an inanimate thing, the adverbial pronoun **y** is substituted:

J'obéis **à la loi**   Simone s'intéresse **à la science.**
J'**y** obéis.   Simone s'**y** intéresse.

COMPARE:

Je lui obéis. vs. **J'y obéis.**
I obey him.   *I obey it.*

Simone s'intéresse à lui. vs. **Simone s'y intéresse.**
Simone is interested in him.   *Simone is interested in it.*

EXERCICES   A.   Substituez un pronom aux mots en italique.

1. Pour qui une petite fille a-t-elle le plus d'admiration, pour *son père* ou pour *sa mère*? Pour *son père*.
2. C'est *son père* qui représente le monde et l'aventure.
3. Elle comprend vite la place privilégiée des hommes. Dans les contes, dans les histoires d'aventure, ce sont *les hommes* qui sont héroïques.
4. S'il y a aussi des héroïnes, elles n'existent que pour être sauvées par *les hommes.*
5. Les héros sont toujours plus importants que *les héroïnes.*
6. Qui est-ce qui a besoin de protection? *Les héroïnes.*
7. Qui est-ce qui tue les dragons? *Les héros.*
8. Il y a quelquefois une femme importante, mais alors c'est une vieille sorcière méchante. C'est *la sorcière* qui persécute l'héroïne.
9. Il n'y a que *les héros* qui soient dignes d'admiration.
10. À la fin, *le héros* et ses chevaliers s'en vont à la recherche d'une nouvelle aventure, alors que *la belle dame* et ses compagnes attendent leur retour.
11. *Mes amis* et moi adorons les contes de fée.
12. Je les lis souvent avec *mon frère.*

B.   Refaites les phrases suivantes en substituant **lui, leur, y** ou **à** + *pronom accentué* aux mots en italique.

1. La bergère répond *à la sorcière.*
2. Elle répond *à sa question.*
3. La princesse pense *au château enchanté.*
4. La princesse pense *au roi.*
5. Les fillettes tiennent *à leurs poupées (dolls).*

6. Les fillettes tiennent *à leur mère.*
7. Au carrefour (*intersection*), il faut faire attention *au feu rouge* (*traffic signal*).
8. Au carrefour, il faut faire attention *au gendarme.*
9. Ève dit *à Adam* de manger le fruit défendu.
10. Elle pense *à Adam.*
11. Les soldats s'habituaient *au combat.*
12. Les soldats s'habituaient *à Jeanne d'Arc.*

Emphasis (*La Mise en relief*)

To stress one part of a sentence or another in English, one need only change the normal inflection:

My father gave it to me.   (normal inflection)
My *father* gave it to me.   (*i.e.*, not someone else)
My father gave it to *me*.   (*i.e.*, not to another)

In French, patterns of inflection are more rigorous, and emphasis is usually achieved structurally:

A. To emphasize the subject, add the corresponding accented pronoun at the beginning, the end or after the subject itself:

Lui, mon père, me l'a donné.
Mon père me l'a donné, **lui.**
Mon père, **lui,** me l'a donné.

Sometimes the accented pronoun may simply be used in place of the subject:

Lui me l'a donné.

For additional emphasis, **-même** may be affixed to the pronoun:

Il me l'a donné **lui-même.**

Or *pronoun* + **même** may be used as the subject:

Lui-même me l'a donné.

B. To emphasize or clarify an indirect object or a possessive pronoun when there is possible ambiguity, use **à** + *the accented pronoun:*

Mon père le lui a donné, **à elle.**   *My father gave it to **her.*** (i.e., *not to him*)
Son père **à lui** me l'a donné.   ***His** father gave it to me.* (i.e., *not her father*)

C. To put any element of a sentence in relief, place it after **c'est** or **ce sont** followed by **qui** or **que** and a clause:

C'est mon père qui me l'a donné.   **C'est à moi qu'**il l'a donné.

Notice that after **c'est…qui** and **ce sont…qui…**, the verb agrees with the antecedent:

C'est **moi** qui **ai** fait cela.
C'est **nous** qui **avons** fait cela.
Ce sont **eux** qui **ont** fait cela.

EXERCICES

A. Refaites les phrases suivantes en vous servant d'un pronom tonique pour mettre en relief les mots en italique. (Parfois il y a plus d'un ordre correct.)

1. Cendrillon[1] était gentille, mais *ses trois sœurs* étaient méchantes.
2. Grâce à une fée, sa marraine, Cendrillon se rend au bal du prince. Elle porte des pantoufles de verre que la fée *lui* a données.
3. Quand le prince arrive avec la pantoufle d'une petitesse extraordinaire, les trois sœurs ont crié: «C'est *ma* pantoufle!»
4. Mais Cendrillon savait bien que c'était *sa* pantoufle.
5. Les trois sœurs étaient très surprises, mais *le prince* avait tout de suite reconnu Cendrillon.
6. Les méchantes sœurs n'en étaient pas du tout heureuses, mais *les amis de Cendrillon* étaient bien contents.

B. Refaites les phrases suivantes en mettant les mots en italique en relief. Employez **c'est…qui / que…**

MODÈLE: *Simone de Beauvoir* a écrit «Le Deuxième Sexe».
         C'est Simone de Beauvoir qui a écrit «Le Deuxième Sexe».

1. Dans l'histoire de France, il y a plusieurs femmes importantes: *Sainte Geneviève* a sauvé Paris, alors que la région parisienne était envahie par Attila et les Huns.
2. Mais *Jeanne d'Arc* (1412–1431) est l'héroïne la plus célèbre.
3. Elle a commandé les troupes françaises contre les Anglais *pendant la Guerre de cent ans*.
4. Elle a été brûlée *à Rouen*.
5. *Des Français* l'avaient vendue à l'ennemi.
6. *J'*ai joué le rôle de Jeanne d'Arc dans une représentation de «l'Alouette», la pièce d'Anouilh.
7. *Valéry Giscard d'Estaing* a créé le poste de Ministre des affaires féminines en 1974 et y a nommé Françoise Giroud.
8. *Françoise Sagan* a écrit son premier roman, «Bonjour tristesse» à l'âge de 17 ans.
9. Alain aime ce roman. *Il* m'a dit qu'il l'a beaucoup influencé.
10. Beaucoup de femmes françaises se sont distinguées *dans le cinéma*: Brigitte Bardot, Jeanne Moreau, Simone Signoret et Catherine Deneuve, entre autres.

---

[1] «**Cendrillon**», comme «Le Petit Chaperon rouge», «La Belle au bois dormant» et «le Petit Poucet», est un conte de l'auteur français Perrault (1628–1703).

LECTURE Le Deuxième Sexe (*extrait*)
SIMONE DE BEAUVOIR

Photo Jerry Bouer
Droits Réservés

1

ils...préféré they would have preferred
un rejeton (*fam.*) offspring

on...droits one grants them more rights

se découvrir to be revealed

si l'autorité...sentir if the father's authority is not the one that is most often felt
galvaudé besmirched

charnellement physically

la valorisation recognition of excellence or value

La fillette n'accepte pas sans regret le destin qui lui est assigné; en grandissant, elle envie aux garçons leur virilité. Il arrive que parents et grands-parents cachent mal qu'ils eussent préféré° un rejeton° mâle à une femelle; ou bien ils marquent plus d'affection au frère qu'à la sœur: des enquêtes ont montré que la majorité des parents souhaitent avoir des fils plutôt que des filles. On parle aux garçons avec plus de gravité, plus d'estime, on leur reconnaît plus de droits;° eux-mêmes traitent les filles avec mépris, ils jouent entre eux, ils n'admettent pas de filles dans leur bande, ils les insultent. Plus l'enfant mûrit, plus son univers s'élargit, et plus la supériorité masculine s'affirme.

La hiérarchie des sexes se découvre° d'abord à elle dans l'expérience familiale; elle comprend peu à peu que si l'autorité du père n'est pas celle qui se fait le plus quotidiennement sentir,° c'est elle qui est souveraine; elle ne revêt que plus d'éclat du fait qu'elle n'est pas galvaudée,° même si c'est en fait la mère qui règne en maîtresse dans le ménage, elle a d'ordinaire l'adresse de mettre en avant la volonté du père; dans les moments importants, c'est en son nom, à travers lui qu'elle exige, qu'elle récompense ou punit. La vie du père est entourée d'un mystérieux prestige: les heures qu'il passe à la maison, la pièce où il travaille, les objets qui l'entourent, ses occupations, ses manies ont un caractère sacré. C'est lui qui nourrit la famille, il en est le responsable et le chef. Habituellement il travaille dehors et c'est à travers lui que la maison communique avec le reste du monde: il est l'incarnation de ce monde aventureux, immense, difficile et merveilleux; il est la transcendance, il est Dieu. C'est là ce qu'éprouve charnellement° l'enfant dans la puissance des bras qui la soulèvent, dans la force de ce corps contre lequel elle se blottit. Par lui, la mère se trouve détrônée. La situation de l'enfant est alors profondément changée: elle était appelée à devenir un jour une femme semblable à sa toute-puissante mère—elle ne sera jamais le père souverain; le lien qui l'attachait à sa mère était une active émulation—du père elle ne peut qu'attendre passivement une valorisation.° Le garçon saisit la supériorité paternelle à travers un sentiment de rivalité: tandis que la fillette la subit avec une admiration impuissante.

Source: Simone de Beauvoir, *Le Deuxième Sexe,* Éditions Gallimard.

«Tout contribue à confirmer
aux yeux de la fillette la supériorité de son père.»

détenir to hold, possess
il...lieu de there is no reason to

en tant...hommes inasmuch as
they are men

témoigner to show
jucher to hoist

bercer to rock (a child)

Si le père manifeste de la tendresse pour sa fille, celle-ci sent son existence magnifiquement justifiée; elle est dotée de tous les mérites que les autres ont à acquérir difficilement; elle est comblée et divinisée. Il se peut que toute sa vie elle recherche avec nostalgie cette plénitude et cette paix. Si cet amour lui est refusé, elle peut se sentir à jamais coupable et condamnée; ou elle peut chercher ailleurs une valorisation de soi et devenir indifférente à son père ou même hostile. Le père n'est d'ailleurs pas le seul à détenir° les clés du monde: tous les hommes participent normalement au prestige viril; il n'y a pas lieu de° les considérer comme des «substituts» du père. C'est immédiatement, en tant qu'ils sont hommes,° que grand-pères, frères aînés, oncles, pères de camarades, amis de la maison , professeurs, prêtres, médecins, fascinent la petite fille. La considération émue que les femmes adultes témoignent° à l'Homme suffirait à le jucher° sur un piédestal.

Tout contribue à confirmer aux yeux de la fillette cette hiérarchie. Sa culture historique, littéraire, les chansons, les légendes dont on la berce° sont une exaltation de l'homme. Ce sont les hommes qui ont fait la Grèce, l'Empire romain, la France et toutes les nations, qui ont découvert la terre et inventé les instruments permettant de l'exploiter, qui l'ont gouvernée, qui l'ont peuplée de statues, de tableaux, de livres. La littérature enfantine, mythologie, contes, récits, reflète les mythes créés par l'orgueil et les désirs des hommes: c'est à travers les yeux des hommes que la fillette explore le monde et y **déchiffrer** to decipher, read   déchiffre° son destin. La supériorité mâle est écrasante: Persée, **que d'hommes** what a lot of   Hercule, David, Achille, Lancelot, Napoléon, que d'hommes° pour une Jeanne d'Arc; et derrière celle-ci se profile la grande figure mâle de saint Michel archange! Rien de plus ennuyeux que les livres retraçant des vies de femmes illustres: ce sont de bien pâles figures à **baigner** to bathe, steep   côté de celles des grands hommes; et la plupart baignent° dans l'ombre de quelque héros masculin. Ève n'a pas été créée pour elle-même mais comme compagne d'Adam et tirée de son flanc; dans la Bible il y a peu de femmes dont les actions soient notoires: Ruth n'a fait que se trouver un mari. Esther a obtenu la grâce des Juifs en **encore n'était-elle que** and even   s'agenouillant devant Assuérus, encore n'était-elle° qu'un instrument at that she was only   docile entre les mains de Mardochée; Judith a eu plus d'audace mais elle aussi obéissait aux prêtres et son exploit a un arrière-goût louche:[1] on ne saurait le comparer au pur et éclatant triomphe du jeune David. Les déesses de la mythologie sont frivoles ou capricieuses et toutes tremblent devant Jupiter; tandis que Prométhée dérobe superbement le feu du ciel, Pandore ouvre la boîte à malheur. Il y a bien quelques sorcières, quelques vieilles femmes qui exercent dans les contes une puissance redoutable. Mais ce ne sont pas là des personnages attrayants.

COMPRÉHENSION

1. Par quels signes la fillette saisit-elle d'abord la situation privilégiée des garçons?
2. Qu'est-ce qui lui découvre la hiérarchie des sexes?
3. Comment la fillette s'imagine-t-elle le rôle de son père?
4. Caractérisez l'attitude de la petite fille vis-à-vis de son père.
5. Qu'est-ce qui constitue pour une petite fille une valorisation suprême?
6. Les rapports de la fillette avec son père servent de modèle pour le rôle féminin. Comment l'auteur décrit-elle ce rôle?
7. Quels autres facteurs renforcent chez la fillette l'idée de la supériorité masculine?
8. Identifiez plusieurs de ces héros et racontez leurs exploits: Persée, Hercule, David, Achille, Lancelot, Napoléon, Jupiter, Prométhée.
9. Nommez quelques femmes illustres — historiques, bibliques et mythologiques. Racontez leurs exploits à elles. Sont-ils aussi éclatants que ceux des hommes?

---

[1] **un arrière-goût louche:** *a sinister aftertaste.* Pour sauver son peuple, Judith séduisit Holophernes et ensuite l'assassina pendant qu'il dormait.

2

le marin sailor

un arbre à pain breadfruit tree

par suite because of

un homme...d'os a flesh-and-blood person

un évêque bishop
un anneau ring

la Belle...dormant Sleeping Beauty

pourfendre to cleave in two

insuffler to breathe into, inspire

fondre sur to swoop down upon

Dans les récits contemporains comme dans les légendes anciennes, l'homme est le héros privilégié. Dans les romans d'aventures ce sont les garçons qui font le tour du monde, qui voyagent comme marins° sur des bateaux, qui se nourrissent dans la jungle du fruit de l'arbre à pain.° Tous les événements importants arrivent par les hommes. La réalité confirme ces romans et ces légendes. Si la fillette lit les journaux, si elle écoute la conversation des grandes personnes, elle constate qu'aujourd'hui comme autrefois les hommes mènent le monde. Les chefs d'État, les généraux, les explorateurs, les musiciens, les peintres qu'elle admire sont des hommes; ce sont des hommes qui font battre son cœur d'enthousiasme.

Ce prestige se reflète dans le monde surnaturel. Généralement, par suite° du rôle que joue la religion dans la vie des femmes, la petite fille qui est plus que son frère dominée par la mère subit aussi davantage les influences religieuses. Or, dans les religions occidentales, Dieu le Père est un homme, un vieillard doué d'un attribut spécifiquement viril: une opulente barbe blanche. Pour les chrétiens, le Christ est plus concrètement encore un homme de chair et d'os° à la longue barbe blonde. Les anges selon les théologiens n'ont pas de sexe; mais ils portent des noms masculins et se manifestent sous la figure de beaux jeunes gens. Les émissaires de Dieu sur terre: le pape, les évêques° dont on baise l'anneau,° le prêtre qui dit la messe, celui qui prêche, celui devant qui on s'agenouille dans le secret du confessionnal, ce sont les hommes. Pour une petite fille pieuse, les rapports avec le père éternel sont analogues à ceux qu'elle soutient avec le père terrestre.

Elle apprend que pour être heureuse il faut être aimée; pour être aimée, il faut attendre l'amour. La femme c'est la Belle au bois dormant,° Cendrillon, Blanche Neige, celle qui reçoit et subit. Dans les chansons, dans les contes, on voit le jeune homme partir aventureusement à la recherche de la femme; il pourfend° des dragons, il combat des géants; elle est enfermée dans une tour, un palais, un jardin, une caverne, enchaînée à un rocher, captive, endormie: elle attend. *Un jour mon prince viendra...Some day he'll come along, the man I love...* les refrains populaires lui insufflent° des rêves de patience et d'espoir. La suprême nécessité pour la femme, c'est de charmer un cœur masculin; même intrépides, aventureuses, c'est la récompense à laquelle toutes les héroïnes aspirent; et le plus souvent il ne leur est demandé d'autre vertu que leur beauté. On comprend que le souci de son apparence physique puisse devenir pour la fillette une véritable obsession; princesses ou bergères, il faut toujours être jolie pour conquérir l'amour et le bonheur; la laideur est cruellement associée à la méchanceté et on ne sait trop quand on voit les malheurs qui fondent sur° les laides si ce sont leurs crimes ou leur disgrâce que le destin punit.

«Barbe-Bleue la traîne
par les cheveux...»

entrelacer to intermingle

qu'il...Dieu whether it's a matter
  of God
la démission renunciation

gisant lying
le cercueil coffin
évanoui expired, fainted away
meurtri bruised

le païen pagan
traîner to drag
son front...gloire her brow
  becomes haloed with glory

Souvent les jeunes beautés promises à un glorieux avenir commencent par apparaître dans un rôle de victime; les histoires de Geneviève de Brabant, de Grisélidis, ne sont pas aussi innocentes qu'il semble; amour et souffrance s'y entrelacent° d'une manière troublante; c'est en tombant au fond de l'abjection que la femme s'assure les plus délicieux triomphes; qu'il s'agisse de Dieu° ou d'un homme la fillette apprend qu'en consentant aux plus profondes démissions° elle deviendra toute-puissante: elle se complaît à un masochisme qui lui promet de suprêmes conquêtes. Sainte Blandine, blanche et sanglante entre les griffes des lions, Blanche Neige gisant° comme une morte dans un cercueil° de verre, la Belle endormie, Atala[2] évanouie,° toute une cohorte de tendres héroïnes meurtries,° passives, blessées, agenouillées, humiliées, enseignent à leur jeune sœur le fascinant prestige de la beauté martyrisée, abandonnée, résignée. Il n'est pas étonnant, tandis que son frère joue au héros, que la fillette joue si volontiers à la martyre: les païens° la jettent aux lions, Barbe-Bleue la traîne° par les cheveux, le roi son époux l'exile au fond des forêts; elle se résigne, elle souffre, elle meurt et son front se nimbe de gloire.°

---

[2] **Atala:** héroïne romantique d'une œuvre de Chateaubriand.

COMPRÉHENSION

1. Quel rapprochement Simone de Beauvoir fait-elle entre les légendes anciennes, les récits d'aventures et l'actualité contemporaine?
2. Montrez comment la hiérarchie des sexes se manifeste dans le domaine de la religion.
3. Nommez quelques héroïnes de contes de fée et racontez leurs histoires.
4. Quel rôle est suggéré aux filles (et aux garçons) par l'exemple de ces héroïnes?
5. Dans le rôle que la petite fille est appelée à jouer, quelle est la qualité la plus importante?
6. Comment Simone de Beauvoir explique-t-elle le masochisme féminin?

DISCUSSION

1. Expliquez le titre de l'ouvrage dont cet extrait est tiré: *Le Deuxième Sexe*.
2. Y a-t-il un rôle instinctif ou naturel pour chaque sexe? Dans quelle mesure la culture et l'éducation définissent-elles la masculinité et la féminité?
3. Les femmes sont-elles naturellement passives alors que les hommes sont toujours agressifs?
4. Comment jugez-vous l'analyse de Simone de Beauvoir? Justifiez votre réponse.
5. Essayez de remonter à votre enfance pour y retrouver les sources de vos propres idées sur le rôle des sexes. Quels facteurs vous semblent y avoir été le plus importants?
6. Estimez-vous que les femmes ont raison de se révolter contre le rôle qu'on leur impose?

IMPROVISATION

Toute la classe va collaborer pour composer un conte (une histoire). En commençant par les débuts suggérés, chacun va ajouter une phrase ou deux à tour de rôle, jusqu'à ce qu'une histoire complète ait été développée.

1. Il était une fois une jolie princesse...
2. Marie souffrait de ce qui est le plus grand malheur pour une jeune fille de son âge: elle n'était pas belle...
3. Germaine se croyait une femme moderne, libérée...

COMPOSITION DIRIGÉE

Le Rôle des sexes

Complétez les phrases suivantes et développez vos idées:

1. Quand j'étais enfant, j'ai remarqué que les femmes, elles,...alors que les hommes, eux,...
2. Voici les traits que l'on considère comme masculins: l'agressivité,...
3. Les traits féminins, selon l'opinion populaire, sont: la passivité,...
4. Si un homme ou une femme manifeste trop des traits de l'autre sexe,...
5. Maintenant je me rends compte que...
6. La définition traditionnelle du rôle des femmes et des hommes s'écroule aujourd'hui. Je pense que...

Le Petit Chaperon rouge

Tout enfant connaît Le Petit Chaperon rouge, *conte classique de Charles Perrault. Lisez le texte qui suit et expliquez en quoi* Le petit Chaperon rouge *justifie la thèse de Simone de Beauvoir. Commentez aussi le symbolisme.*

eût su = pourrait

seyait = allait

une galette flat cake

le bûcheron woodsman

le moulin mill

la noisette hazelnuts

heurter to knock

la chevillette little bolt
la bobinette latch
cherra = tombera

Il était une fois une petite fille de village, la plus jolie qu'on eût su° voir; sa mère en était folle, et sa mère-grand plus folle encore. Cette bonne femme lui fit faire un petit chaperon rouge, qui lui seyait° si bien, que partout on l'appelait le Petit Chaperon rouge.

Un jour sa mère, ayant cuit et fait des galettes,° lui dit: «Va voir comme se porte ta mère-grand, car on m'a dit qu'elle était malade; porte-lui une galette et ce petit pot de beurre.»

Le Petit Chaperon rouge partit aussitôt pour aller chez sa mère-grand, qui demeurait dans un autre village. En passant dans un bois elle rencontra compère le loup, qui eut bien envie de la manger, mais il n'osa, à cause de quelques bûcherons° qui étaient dans la forêt. Il lui demanda où elle allait; la pauvre enfant, qui ne savait pas qu'il est dangereux de s'arrêter à écouter un loup, lui dit: «Je vais voir ma mère-grand, et lui porter une galette avec un petit pot de beurre que ma mère lui envoie. —Demeure-t-elle bien loin? lui dit le Loup. —Oh! oui, dit le Petit Chaperon rouge, c'est par delà le moulin° que vous voyez tout là-bas, là-bas, à la première maison du village. —Eh bien!, dit le loup, je veux l'aller voir aussi; je m'en vais par ce chemin ici, et toi par ce chemin-là, et nous verrons qui plus tôt y sera.»

Le loup se mit à courir de toute sa force par le chemin qui était le plus court, et la petite fille s'en alla par le chemin le plus long, s'amusant à cueillir des noisettes,° à courir après des papillons, et à faire des bouquets des petites fleurs qu'elle rencontrait.

Le loup ne fut pas longtemps à arriver à la maison de la mère-grand; il heurte:° toc, toc. «Qui est là? —C'est votre fille le Petit Chaperon rouge, dit le loup, en contrefaisant sa voix, qui vous apporte une galette et un petit pot de beurre que ma mère vous envoie.» La bonne mère-grand, qui était dans son lit à cause qu'elle se trouvait un peu mal, lui cria: «Tire la chevillette,° la bobinette° cherra.°» Le loup tira la chevillette, et la porte s'ouvrit. Il se jeta sur la bonne femme, et la dévora en moins de rien; car il y avait plus de trois jours qu'il n'avait rien mangé. Ensuite il ferma la porte et s'alla coucher dans le lit de la mère-grand, en attendant le Petit Chaperon rouge, qui quelque temps après vint heurter à la porte. Toc, toc. «Qui est là?». Le Petit Chaperon rouge, qui entendit la grosse voix du loup, eut peur d'abord, mais croyant que sa mère-grand était enrhumée, répondit: «C'est votre fille le Petit Chaperon rouge, qui vous apporte une galette et un petit pot de beurre que ma mère vous envoie.» Le loup lui cria, en adoucissant un peu sa voix: «Tire la chevillette, la bobinette cherra.» Le Petit Chaperon rouge tira la chevillette, et la porte s'ouvrit.

Le loup, la voyant entrer, lui dit en se cachant dans le lit sous la couverture: «Mets la galette et le petit pot de beurre sur la huche, et viens te coucher avec moi.» Le Petit Chaperon rouge se déshabille, et va se mettre dans le lit, où elle fut étonnée de voir comment sa mère-grand était faite en son déshabillé. Elle lui dit: «Ma mère-grand que vous avez de grands bras! —C'est pour mieux t'embrasser ma fille. —Ma mère-grand que vous avez de grandes jambes! —C'est pour mieux courir mon enfant. —Ma mère-grand que vous avez de grandes oreilles! —C'est pour mieux écouter mon enfant. —Ma mère-grand que vous avez de grands yeux! —C'est pour mieux voir mon enfant. —Ma mère-grand que vous avez de grandes dents! —C'est pour te manger.» Et en disant ces mots, ce méchant loup se jeta sur le Petit Chaperon rouge, et la mangea.

SIXIÈME PARTIE

La Technique et le monde

Our world has been altered more radically in the last hundred years than in the previous thousand. The industrial revolution has touched us all more profoundly than most people can begin to imagine. The technological revolution promises to be more dramatic still. On an almost daily basis, advances such as those in computerization are transforming our everyday lives.

The following section touches upon a few salient aspects of our technological world. *Le Monde malade de l'acide* addresses one of its foremost hazards: acid rain. On a more positive note, Jean-Jacques Servan-Schreiber discusses the French government's initiative to popularize the already ubiquitous computer. The daily routine in a spacecraft circling the earth on a joint French-Soviet mission is the subject of a third article. To conclude, we present a chilling tale (with a humanistic message) from one of France's best writers of science fiction: *Le Monstre* by Gérard Klein.

27

Le Monde malade de l'acide

Industrialization has brought great benefits to mankind, but also, because of the waste it generates, a serious menace: pollution. The scourge of our industrial and technological society, pollution has many forms, some of which we are only beginning to discover. All hold a potential for disaster that has yet to be fully assessed.

Among the most insidious forms of pollution is acid rain. Innocent-looking clouds may carry sulfurous particles thousands of miles from where they were spewed into the air by the smokestacks of industry, and there they may come down upon the earth with the rain, acidify natural habitats and destroy flora and fauna alike. Already 20,000 of the 85,000 lakes of Scandinavia have become acidified. The great Black Forest of Germany is gradually dying; and everywhere, monuments and buildings are being slowly and inexorably eaten away. The following article details the menace of acid rain and the efforts of the Scandinavians to check it.

- VOCABULAIRE
  Lexique de mots-clés
  Enrichissez votre vocabulaire
  Étude de mots

- STRUCTURE
  Geographical Expressions
  Constructions with **avant** and **après**

- LECTURE: **Le Monde malade de l'acide**

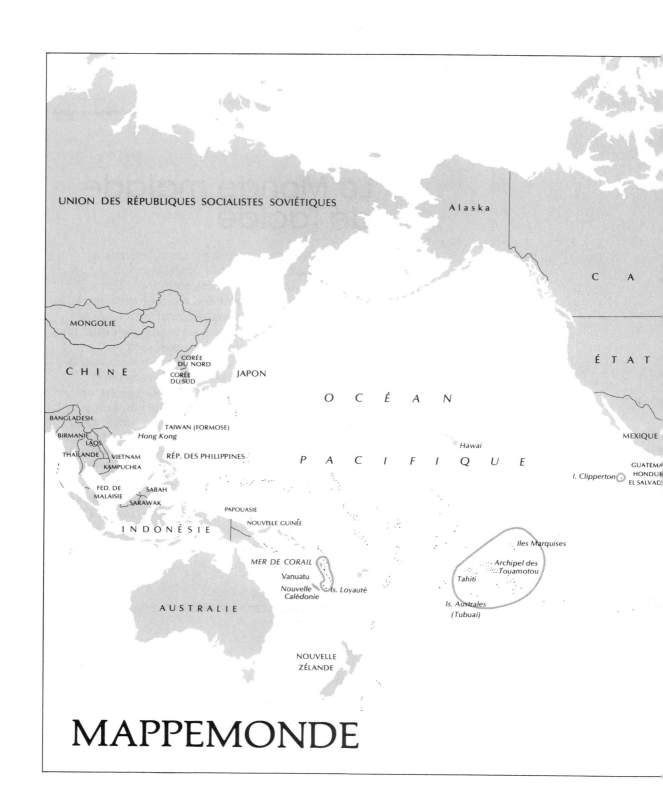

UNION DES RÉPUBLIQUES SOCIALISTES SOVIÉTIQUES

Alaska

C A

MONGOLIE

ÉTAT

CORÉE
DU NORD

CHINE   CORÉE   JAPON
               DU SUD

O C É A N

BANGLADESH   MEXIQUE

BIRMANIE   TAIWAN (FORMOSE)
LAOS   Hong Kong   Hawai
THAÏLANDE   GUATEMA
          VIETNAM   RÉP. DES PHILIPPINES   P A C I F I Q U E   HONDU
          KAMPUCHEA   I. Clipperton   EL SALVAD

FED. DE   SABAH
MALAISIE   SARAWAK

PAPOUASIE
NOUVELLE GUINÉE

INDONÉSIE   Iles Marquises

MER DE CORAIL   Archipel des
                                                 Touamotou
Vanuatu   Tahiti
Nouvelle   Is. Loyauté
Calédonie

AUSTRALIE   Is. Australes
                                             (Tubuai)

NOUVELLE
ZÉLANDE

MAPPEMONDE

Territoire de langue française

SANDERSON

VOCABULAIRE

Lexique de mots-clés

LES NOMS

le charbon	coal
les dégâts (*m.*)	damage
le fléau	scourge, plague
la lutte	struggle
le soufre	sulfur

LES VERBES

brûler	to burn
charger	to load
chargé de	loaded with
déverser	to discharge, pour out
étouffer	to smother, stifle
pêcher	to fish
le pêcheur	fisherman
la pêcherie	fishery
surveiller	to watch over, supervise

DIVERS

faute de	for lack of
grâce à	thanks to

EXERCICES

A. Complétez les phrases suivantes par la forme correcte d'un mot, tiré du Lexique de mots-clés, qui correspond à la définition indiquée.

1. catastrophe, désastre
   La pollution de l'air qui retombe en pluies acides est l'un des _____ des années 80.

2. combustible solide, noir, d'origine végétale / métalloïde solide, jaune
   Dans certaines usines, on brûle un mauvais _____ chargé de _____.

3. combat, opposition entre deux forces / destruction, ravages
   En Europe, ce sont surtout les pays scandinaves qui mènent _____ contre les pluies acides; ils ont mis en évidence _____ causés par ces pluies sur les lacs et les rivières.

B. Complétez les phrases suivantes par la forme correcte d'un verbe ou d'une expression tirés du Lexique de mots-clés.

1. _____ un réseau international, on a pu identifier les principales sources de la pollution.

2. Un Suédois, qui _____ une pêcherie, constate que le nombre de poissons a diminué de façon dramatique.
3. Des nuages, en apparence innocents, sont souvent _____ de produits toxiques.
4. Il n'est plus possible de _____ dans ce lac, car tous les poissons sont morts.
5. En Scandinavie, on a essayé de _____ de la chaux (lime) dans les rivières et dans les lacs pour compenser l'acidité des pluies.
6. L'acide tue les algues et les poissons meurent _____ nourriture.
7. Tant qu'on _____ du charbon, il y aura des pluies acides.
8. La pollution, qui sort des cheminées, _____ Ankara, capitale de la Turquie, car elle est située dans une plaine mal aérée.

Enrichissez votre vocabulaire

1. **la cheminée**   smokestack, chimney, fireplace
   Children say that smoke goes up the **chimney** and Santa Claus comes down.

2. **se dégrader**   to deteriorate
   Richard's corruption has **degraded** the office of president.

3. **le domaine**   property, real estate
   Louis claims to know nothing of gardening; he says that it is his wife's **domain.**

4. **à l'envers**   inside out, the other way around (**l'envers** wrong side)
   Charles' enthusiasm for the venture is in **inverse** proportion to the risk involved.

5. **prémonitoire**   forewarning
   Before the accident, some passengers had a **premonition** of disaster.

6. **le secours**   help
   In our need, you gave us **succor** and hope.

7. **surnommer**   to nickname
   In English, **surname** can mean family name or nickname.

8. **surveiller**   to watch over, supervise
   The topographical institute has conducted an aerial **survey.**

Étude de mots

A.   Les dimensions

avoir 17 mètres de diamètre	*to be 17 meters in diameter*
avoir (mesurer) 6 mètres de long (de longueur)	*to be 6 meters long*
de large (de largeur)	*wide*
de haut (de hauteur)	*high*
Je mesure 1 mètre 83.	*I am six feet tall.*
avoir une taille d'un mètre	*to be one meter tall*

B. Les distances

être **à** 25 kilomètres de Paris   *to be 25 kilometers from Paris*
une étoile **à** 50 années-lumière   *a star 50 light years away*
L'usine est **à** 20 minutes d'ici.   *The factory is 20 minutes from here.*

C. Les moyens de transport

On peut voyager...

à pied	à bicyclette
à cheval	à motocyclette

par le train (en chemin de fer)	en métro

en auto, en voiture	en avion
en auto-stop (*hitchhiking*)	en bateau
en autocar (*long distance bus*)	en taxi
en autobus (*city bus*)	

D. Le temps

Quel temps fait-il?

il fait beau	il fait nuit
il fait mauvais	il fait jour
il pleut	il fait du vent
il neige	il fait du soleil
il fait froid	il fait frais (*it is cool*)
il fait chaud	il fait un temps couvert (*it is cloudy*)

STRUCTURE

Geographical Expressions (*Les expressions géographiques*)

To express *to, in, at,* or *from* with geographical names, one must consider whether the name represents a city, a country, an island, etc., and whether it is feminine or masculine. In general, all geographical names ending in **e** are feminine (with the following exceptions: **le Mexique, le Zaïre** and **le Cambodge**). All others are masculine.

	to, in, at	from
VILLES	à à Paris, à Londres au Havre[1]	de de Paris, de Londres du Havre

---

[1] **À** and **de** contract with the definite article, **le,** if it is part of the name of a city: Le Havre (**au Havre**); Le Caire (**au Caire**).

	to, in, at	*from*
PAYS		
Féminins:	**en**	**de**
	en France, en Italie	de France, d'Italie
Masculins:	**à** + *article*	**de** + *article*
	au Portugal	du Portugal
	aux États-Unis	des États-Unis
EXCEPTIONS:		
Pays masculins		
singuliers avec		
voyelle initiale:	en Iran; en Israël	d'Iran; d'Israël
ÎLES		
Masculines:	**à**	**de**
	à Cuba	de Cuba
	à Madagascar	de Madagascar
	à Tahiti	de Tahiti
Féminines:	**à la**	**de la**
	à la Martinique	de la Martinique
	à la Guadeloupe	de la Guadeloupe
EXCEPTION:		
Grandes îles		
féminines:	**en**	**de**
	en Corse	de Corse
	en Sicile	de Sicile
CONTINENT	**en**	**de**
	en Europe, en Asie	d'Europe, d'Asie
	en Amérique du Sud	d'Amérique du Sud
PROVINCE	**en**	**de**
	en Normandie, en Bourgogne	de Normandie, de Bourgogne
ÉTAT		
Féminins ou		
voyelle initiale:	**en**	**de**
	en Virginie, en Floride	de Virginie
	en Oregon, en Idaho	d'Oregon
Masculins:	**dans** + *article*	**du**
	dans le Michigan	du Michigan
	dans le Massachusetts	du Massachusetts

Usage regarding the names of states is rather irregular. It is always correct, however, to use **dans l'état de…** and **de l'état de…**

REMARQUER:

If the geographical name is qualified, use **dans** and the definite article:

en France	BUT:	**dans la France moderne**
à Paris	BUT:	**dans le vieux Paris**
en Afrique	BUT:	**dans l'Afrique tropicale**

EXERCICES

A. Dans une phrase complète, donnez la réponse indiquée aux questions
suivantes.

MODÈLE: Où allez-vous?   Lyon
Je vais à Lyon.

1. D'où venez-vous?
   a. la Nouvelle-Orléans   b. Japon   c. Australie   d. Colorado
   e. Rome   f. Sénégal   g. Champagne   h. Italie   i. Floride
   j. Marseille   k. Brésil   l. Viêt-nam   m. Mexique
2. Où allez-vous?
   a. Autriche   b. Portugal   c. Vienne   d. Russie   e. Israël
   f. Guadeloupe   g. Pays-Bas   h. Amérique du Sud   i. Californie
   j. Bretagne   k. Canada   l. Espagne   m. Asie
3. Comment y allez-vous?
   a. train   b. taxi   c. autobus   d. avion   e. bateau   f. bicyclette
   g. pied   h. motocyclette   i. voiture   j. métro   k. auto-stop
   l. autocar

B. En vous référant à la mappemonde aux pages 438–439, répondez par une
phrase complète aux questions suivantes.

1. Qu'est-ce qui forme les frontières de la France (a) au nord? (b) au sud?
   (c) à l'est? (d) à l'ouest?
2. Dans quels pays européens parle-t-on français?
3. Dans quels pays africains le français est-il une langue officielle?
4. Connaissez-vous des pays ou des régions francophones en Amérique du
   Nord (y compris les Antilles[1])?
5. Parle-t-on français dans certains pays asiatiques?
6. Si vous pouviez faire un voyage n'importe où, dans quels pays iriez-
   vous?
7. Par quel moyen de transport préférez-vous voyager?
8. Comment se déplace-t-on en ville?
9. Où se trouve (a) le Colisée? (b) la cathédrale de Westminister? (c) le
   Grand Canyon? (d) la Grande Muraille?
10. Quels sont les pays scandinaves?
11. Quels sont les pays qui se trouvent sur la mer Adriatique?
12. Où se trouvent les villes suivantes: (a) Tokyo (b) Berlin (c) Amsterdam
    (d) Rio de Janeiro?
13. Dans quels pays du monde parle-t-on espagnol?
14. Décrivez en détail le climat de l'état où vous habitez.
15. De quel pays viennent vos ancêtres?

---

[1] **Les Antilles:** the West Indies

Constructions with «avant» and «après»

In English, *before* and *after* may introduce three different constructions, or they may be used independently as adverbs. To use the correct equivalent in French, one must distinguish between these four uses:

avant (*before*)	**après** (*after*)
avant + *noun*	**après** + *noun*
avant le déjeuner before lunch	**après le déjeuner** after lunch
avant de + *infinitive*	**après** + *perfect infinitive*
avant de parler before speaking	**après avoir parlé** after speaking **après être arrivé(e)(s)** after arriving **après s'être levé(e)(s)** after arising
avant que + (**ne**) + *subjunctive*	**après que** + *indicative*
avant qu'il ne finisse before he finishes present subj.	**après qu'il finit** after he finishes present ind.
avant qu'il n'ait parlé before he spoke past subj.	**après qu'il a parlé** after he spoke past ind.
avant, auparavant (*as adverb*)	**après** (*as adverb*)
deux jours avant ⎱ two days **deux jours auparavant** ⎰ before	**deux jours après** two days after

EXERCICE · Traduisez en français les mots en italique.

UN PEU D'HISTOIRE DE FRANCE

1. Napoléon Bonaparte est né à Ajaccio en Corse en 1769. (*After completing*[1]) une éducation militaire, il est devenu capitaine d'artillerie.
2. (*After*) le 9 Thermidor,[2] Napoléon est tombé en disgrâce, mais (*after quelling*[3]) une émeute, il a obtenu le commandement de l'armée d'Italie.
3. (*Before becoming*) premier consul, il s'est distingué par de nombreuses victoires militaires en Italie.
4. (*Before he became*) empereur en 1804, Napoléon a fait des réformes remarquables. Il a créé le Code civil et, entre autres, un nouveau système de finances et d'éducation.
5. Les «Alliés», ennemis de l'empereur, ont envahi la France (*after Napoleon lost*) des campagnes importantes en Russie et en Allemagne.
6. Napoléon fut obligé d'abdiquer. Il s'est retiré à l'île d'Elbe, mais (*after*) quelques mois seulement, il est revenu.
7. Louis XVIII avait quitté Paris (*before*) le retour de Napoléon.
8. Quelques mois (*after*), ce fut la bataille de Waterloo.
9. (*Before*) la bataille, l'empereur avait pressenti le désastre.
10. (*After*) sa défaite, Napoléon a été exilé à l'île de Sainte-Hélène. Il y a dicté ses mémoires (*before dying*).

---

[1] to complete = **terminer**   [2] Date du calendrier révolutionnaire   [3] to quell = **réprimer**

LECTURE   Le Monde malade de l'acide

Au Canada, en Suède, au Brésil, en Allemagne, et partout, on a peur: la pollution de l'air, qui retombe en pluies acides, menace les pays industrialisés d'un «holocauste écologique». Même les monuments sont touchés.

la colline hill

le domaine property, domaine
la truite trout
déménager to move, relocate

le saumon salmon

se flétrir to wither
une herbe grass
pousser to grow (of plants)

sidérurgique iron and steel
   making

le secours help

la cheminée smokestack

le nuage cloud
meurtrier, -ère deadly
au gré de at the whim of

Un paradis à quelques kilomètres de Montréal: des collines,° des arbres, un petit lac tranquille et une demi-douzaine de cabanes en bois au bord de l'eau. Le domaine° de Luc était connu des vrais pêcheurs de truite° de la région. Mais plus personne ne pêche, les cabanes sont vides et Luc songe à déménager.° Car son lac est mort. Les poissons ne peuvent plus y vivre, l'eau est devenue trop acide.

Près de Göteborg, en Suède, Bo Bengtsson, l'un des responsables régionaux des pêcheries, et Gosta Edelman, son prédécesseur, surveillent les petits saumons° qui survivent difficilement dans l'Atran, une rivière superbe et tumultueuse, autrefois renommée pour ses salmonidés.[1] On en comptait jusqu'à 10.000 par an. Il en reste à peine plus du dixième. Ici comme en Allemagne fédérale, l'acidité de l'eau a fait des ravages, sur la faune comme sur la flore.

À une heure de São Paulo, la capitale industrielle du Brésil, la zone de Cubatão a été surnommée «la vallée de la mort». Dans les quatre rivières qui la traversent, plus rien ne vit. Autour, les feuilles des arbres se flétrissent,° l'herbe° ne pousse° plus. On parle aussi de bébés malformés à la naissance, de maladies respiratoires mystérieuses, de troubles cardiaques inquiétants. Le responsable: encore la pollution acide. À Cubatão, vingt-deux complexes pétrochimiques et sidérurgiques° déversent chaque année dans l'atmosphère 875 tonnes de gaz toxiques.

Le gouvernement turc vient d'appeler les experts japonais à son secours.° Car Ankara, la capitale, étouffe au fond de sa plaine mal aérée. On sait maintenant que le responsable est cet acide sulfurique qui monte des cheminées° de la ville où l'on brûle un mauvais charbon chargé en soufre. C'était aussi le cas de Kawasaki, l'un des grands centres économiques japonais, avant qu'une campagne de dépollution vigoureuse y soit menée.

Canadiens, Suédois, Brésiliens et Turcs ne sont pas les seuls à s'inquiéter. La pollution de l'air qui retombe en pluies acides est devenue l'un des fléaux des années 80, un «holocauste écologique», disent les scientifiques. D'autant plus dangereux qu'il ne se voit pas. Ce sont des nuages° en apparence innocents qui transportent l'acide meurtrier,° parfois sur des milliers de kilomètres, au gré° des vents.

---

[1] **les salmonidés:** famille de poissons comprenant les truites et les saumons

se dissoudre to dissolve
le cours d'eau stream

se dérouler to unfold
une algue alga, seaweed
le phytoplancton plankton, vegetation
le roseau reed
la sphaigne moss
les crustacés (*m.*) shellfish

un escargot snail
la carapace protective shell
une écaille scale
la coquille shell
une écrevisse crayfish

le vairon minnow

le brochet pike

la rive riverbank

les dommages (*m.*) damage, injury

se dégrader to deteriorate

prémonitoire forewarning
la houille pitcoal

La pluie fait retomber sur le sol les acides sulfurique et nitrique, qui vont se dissoudre° dans les moindres cours d'eau.° Alors se met en route le processus de mort que les Canadiens et les Américains, les Scandinaves et les Allemands voient se dérouler° devant leurs yeux. D'abord, les algues° et les phytoplanctons° disparaissent, tout comme les roseaux.° Ils sont remplacés par les sphaignes,° qui prospèrent en milieux acides. Les insectes aquatiques et leurs larves, les crustacés° et les escargots° se révèlent incapables de fabriquer des carapaces,° des valves, des écailles° et des coquilles° résistantes. L'écrevisse° se trouve toujours parmi les premières victimes. C'est ensuite au tour des poissons de déserter les eaux. Vairons,° truites et saumons ne se reproduisent plus. Le brochet° et la perche résistent mieux. Enfin, faute de nourriture, les oiseaux se font de plus en plus rares. Un beau jour, les eaux sont claires, mais vides. Les rives° sont propres, mais silencieuses.

Les Suédois et les Norvégiens ont mis en évidence les dégâts causés par les pluies acides sur les lacs et les rivières. Les Allemands ont étudié leurs dommages° sur les forêts. Les Américains du Nord sont en train de mesurer l'effet de l'acidité sur les statues, les immeubles, les constructions métalliques. Tout se dégrade,° tout s'érode. Des statues du Parthénon, à Athènes, aux colonnes du Capitole, à Washington, il n'y a plus grand-chose, dans les pays industriels, qui résiste aux pluies chargées d'acides.

Car il s'agit bien d'un fléau né de la croissance industrielle. Le terme de «pluie acide» a fait son apparition il y a un peu plus d'un siècle, créé par un chimiste anglais, Robert Angus Smith, qui analysait l'air de Manchester. En 1872, il y consacre un chapitre entier d'un livre prémonitoire° sur «les débuts de la climatologie chimique». Il découvre le cycle infernal, depuis la combustion de la houille° jusqu'aux précipitations. Smith note l'anémie des plantes, la corrosion des surfaces métalliques, la présence de métaux toxiques associés aux acides dans les eaux de pluie. Mais ses travaux seront vite oubliés.

Les économistes au secours des écologistes

aborder to confront

infime infinitesimal

la piste track
ameuter to incite (a group)

un pédologue soil scientist
mettre au point to perfect
la teneur content

Dans les années 20, un biologiste norvégien, Knut Dahl, aborde° la même question, mais à l'envers. Il constate que des modifications, même infimes,° de l'acidité des eaux transforment la vie de la faune qui y réside et amènent la disparition des poissons. Voilà les Scandinaves sur la piste° qui les conduit aujourd'hui à ameuter° l'opinion internationale. Depuis un demi-siècle, ils accumulent les preuves qui font des fumées des usines les responsables de l'holocauste. Un pédologue° suédois, Hans Egner, met au point° la méthode qui permet de comparer le contenu des précipitations et la teneur° de l'air en produits toxiques. L'Institut international météorologique de Stockholm étendra ce système à toute l'Europe en rassemblant, depuis

une donnée datum
le réseau network
dresser *here*, to draw up
le coupable the guilty party

vingt-cinq ans, des données° sur la composition chimique des pluies européennes. Grâce à ce réseau,° Svante Oden, professeur à Uppsala, dresse° une carte des émissions et des précipitations. On découvre les coupables° et les victimes. D'un côté, les vieilles nations industrielles, la Grande-Bretagne, l'Allemagne, les Pays-Bas, la Tchécoslovaquie et la Pologne. De l'autre, l'extrême Nord de l'Europe, balayé par les vents venus du sud-ouest.

Fière d'avoir accumulé tant de chiffres et de faits, la Suède profite de la grande Conférence mondiale sur l'environnement de 1972, à Stockholm, pour présenter cette «guerre chimique de l'homme sur la nature». Elle demande aux pays coupables de réduire les émissions

l'azote (*m.*) nitrogen

de dioxyde de soufre et d'azote.° En vain. Mais, à côté des écologistes, il y avait à Stockholm des économistes. Ceux de l'O.c.d.e.[2]

le gaspillage waste

trouvent que la lutte contre les pluies acides n'est pas un problème secondaire. Ils y voient, au contraire, une source de gaspillages.° Dans un premier rapport, publié en 1977, l'O.c.d.e. confirme que le soufre contenu dans tous les combustibles fossiles est partiellement converti en acide sulfurique dans l'atmosphère; qu'il voyage sur de longues distances, posant des problèmes internationaux insolubles. Un deuxième rapport, terminé en 1981, prouve que les économies réalisées, si l'on éliminait les émissions sulfuriques, seraient égales ou même supérieures aux coûts des opérations de dépollution.

Entre-temps, une convention a été proposée aux 35 pays membres de la Commission économique pour l'Europe, qui regroupe Euro-

s'engager to make a commitment

péens de l'Est et de l'Ouest. Ceux-ci devraient s'engager° à réduire leurs émissions acides. Les plus réservés sont les Allemands, qui ne

décimé decimated, wiped out

voient pas encore leurs forêts décimées.° La convention — que neuf pays seulement ont ratifiée — ne prévoit qu'un échange d'informations. Échange que la Grande-Bretagne refuse, purement et simplement.

la chaux lime

De la chaux° dans les rivières

Une telle résistance exaspère les Scandinaves. L'an dernier, ils convoquent ministres et experts à Stockholm afin de célébrer le dixième anniversaire de la conférence qui a vu la création du Programme des Nations unies pour l'environnement. Là, ils assènent° vérité sur

assener to strike (blows)

vérité. Quelque 500.000 tonnes de substances sulfureuses retombent chaque année sur le territoire suédois. Vingt-cinq pour cent à peine proviennent des usines nationales. Sur 85.000 lacs, 20.000 sont acidifiés. Le quart de ceux-ci sont à peu près biologiquement morts. En Norvège, la situation est encore plus alarmante. Autre découverte des chercheurs: l'acidité des eaux libère d'autres réactions chimiques imprévues. Alors, les teneurs en aluminium augmentent, le cad-

---

[2] **O.c.d.e.:** Organisation pour la coopération et le développement économique

Les effets de la pluie acide sur un monument ancien.

mium, le zinc, le plomb, le manganèse et d'autres métaux lourds très toxiques sont solubilisés.

Pour mieux disperser les acides dans l'atmosphère, Anglais et Américains ont élevé des cheminées de plus en plus hautes. Dans l'Ontario, celle de la fonderie de nickel de Sudbury, responsable de 1% de l'acide sulfurique mondial, a 400 mètres de haut. En pure perte. On sait maintenant que le soufre et l'azote ne font que s'éparpiller° plus loin. On a pensé déverser de la chaux dans les rivières et les lacs, pour compenser l'acidité des pluies. Étudiants transportant

s'éparpiller to scatter

arroser to sprinkle

la crise cardiaque heart attack

des sacs sur leur dos, petits silos actionnés par des compteurs électroniques, hélicoptères arrosant° les lacs de la poudre magique, toute
la Scandinavie a été prise d'une coûteuse frénésie de chaulage. «C'est
comme donner une aspirine pour soigner une crise cardiaque»,°
affirme un responsable de l'environnement suédois.

Il faudra bien se résigner à désulfurer, solution coûteuse et complexe. Faute de quoi l'Europe deviendra un «désert humide».

COMPRÉHENSION

1. Citez des exemples des dégâts causés par la pluie acide a) au Canada b) en
   Suède c) au Brésil d) en Turquie.
2. Pourquoi les scientifiques appellent-ils la pluie acide un «holocauste écologique»?
3. Décrivez le processus de mort qui se déroule devant les yeux des Canadiens,
   des Américains et des Scandinaves.
4. «Tout se dégrade; tout s'érode.» Justifiez cette constatation.
5. Qui est-ce qui a inventé le terme de «pluie acide»? Résumez les travaux de ce
   scientifique.
6. Quelle a été la contribution de certains scientifiques suédois à la question de
   la pluie acide?
7. D'après cet article, qui sont les coupables et qui sont les victimes?
8. Qu'est-ce qui s'est passé à la grande Conférence mondiale sur l'environnement de 1972?
9. Quelles sont les observations économiques qui ont été confirmées par les
   deux rapports de l'O.c.d.e.?
10. La convention proposée aux trente-cinq pays membres de la Commission
    économique pour l'Europe réclame une réduction des émissions acides.
    Cette convention a-t-elle été bien reçue? Expliquez votre réponse.
11. Quel effet la pluie acide a-t-elle eu sur les lacs scandinaves?
12. Quelles mesures les Anglais et les Américains ont-ils prises pour mieux
    disperser les acides dans l'atmosphère? Ces mesures ont-elles été efficaces?
    Expliquez votre réponse.
13. Par quelle méthode a-t-on essayé de compenser l'acidité des rivières et des
    lacs en Scandinavie? En quoi les bienfaits de cette méthode sont-ils limités?
14. Quelle semble être la seule solution efficace?

DISCUSSION

1. Pensez-vous que l'on ait plutôt tendance à exagérer l'importance de la pollution? Quelles sont les prophéties cataclysmiques que vous avez entendues à
   cet égard? Sont-elles excessivement alarmistes, ou contiennent-elles une
   part de vérité?
2. Dans l'ordre des priorités, comment placez-vous les questions suivantes: les
   mesures contre la pollution, l'aide aux pays sous-développés, l'amélioration
   des conditions de vie aux États-Unis, la défense nationale, le programme
   aéronautique pour l'exploration de l'espace? Justifiez votre réponse.
3. Quels sont, à votre avis, les plus grands obstacles à surmonter dans la lutte
   contre la pollution?

4. Quelles autres formes de pollution existe-t-il? Lesquelles sont les plus importantes?

COMPOSITION
DIRIGÉE

En suivant les grandes lignes du plan suggéré, traitez par écrit le sujet suivant:

La Crise écologique

I. Introduction
   A. Résumez en quelques phrases le problème.
   B. Citez des exemples dans les domaines suivants:
      1. Le surpeuplement, l'inanition (*starvation*)
      2. La pollution des mers
      3. La pollution de l'air
      4. Les abus de la nature: les espèces menacées (*endangered species*)

II. Développement
   A. Essayez d'évaluer la gravité du problème.
   B. Qui sont les coupables: les individus? l'industrie? les gouvernements?
   C. Les conséquences probables de la crise écologique.

III. Conclusion
   A. Les solutions possibles.
   B. Les obstacles aux solutions.

28

L'Ordinateur décuple les possibilités de l'homme

The computer has made serious incursions into all aspects of our daily life. Many people feel threatened and even hostile towards this phenomenon, which they perceive as a depersonalization or robotization of modern society. The French government, recognizing the inexorable and fundamental role of computers in today's world, is taking steps to make them accessible and understandable to the public. It has created the *Centre mondial pour l'informatique et les ressources humaines,* with Jean-Jacques Servan-Schreiber, founder and longtime editor-in-chief of *L'Express* magazine, as president. In this interview, Servan-Schreiber explains his own attitude towards computers and the mission of the *Centre mondial.*

- ■ VOCABULAIRE
  Lexique de mots-clés
  Enrichissez votre vocabulaire
  Étude de mots

- ■ STRUCTURE
  The Forms and Use of **tout**
  Special Uses of the Definite Article
  Omission of the Indefinite Article

- ■ LECTURE: **L'Ordinateur décuple les possibilités de l'homme**

VOCABULAIRE

Lexique de mots-clés

LES NOMS

la banque de données	data bank
le clavier	keyboard
un écran	screen
un ordinateur	computer
l'o.p. (l'ordinateur personnel)	p.c. (personal computer)
le réseau	network
la science informatique (ou **l'informatique**)	computer science

LES VERBES

maîtriser	to master
trier	to sort out
vulgariser	to popularize

DIVERS

à outrance	to excess
à savoir	namely

EXERCICE Complétez les phrases suivantes par la forme correcte d'une expression tirée du Lexique de mots-clés.

1. Grâce au Centre mondial, beaucoup de gens auront accès aux ordinateurs. Son but est de _____ la science informatique afin de l'adapter aux facultés de chacun.
2. Ma mère vient d'acheter un «Apple», non pas le fruit, mais _____!
3. Cette machine a _____ avec les lettres et les chiffres et _____ pour lire les informations.
4. Pour avoir des renseignements particuliers, l'horaire des lignes aériennes par exemple, on peut consulter _____.
5. Quoique je n'aie jamais étudié _____, j'ai appris à utiliser de nombreux programmes et je suis capable de communiquer avec tout _____ d'autres ordinateurs personnels.
6. Mon petit frère a pu _____ un des langages de l'informatique et il a écrit lui-même un programme dont la fonction est de _____ toutes sortes de données.
7. Certains craignent que l'utilisation des ordinateurs _____ finira par créer un gros problème, _____, la robotisation de la société.

Enrichissez votre vocabulaire

1. **le clavier** keyboard
   The **clavichord** was one of the first keyboard instruments.

2. **le courrier**   mail (related to **courir** to run)
   Since this letter must be delivered immediately, we shall dispatch a **courier.**

3. **gratuit**   free
   Entrance at the exhibit turned out to be **gratis.**
   His insulting manner was completely **gratuitous;** she had done nothing to provoke him.

4. **le maniement**   manipulation (from **la main** hand)
   Once you learn to **manipulate** a personal computer, you will wonder how you ever lived without it.

5. **à outrance**   in excess
   George's boisterous behavior at the piano concert was considered an **outrage.**

6. **avoir du retard**   to be behind
   The child's parents did not want to send him to a special school for **retarded** children.

7. **trier**   to sort out
   The resident in charge of **triage** in the emergency room thought that the new patient did not require surgery.

8. **vulgariser**   to popularize
   The "**vulgar**" name of a plant is its common or popular name as opposed to its scientific one; however, a "**vulgar**" person is one who is coarse or crude.

Étude de mots

A. Voici quelques autres expressions d'informatique. Quoique très courantes, elles ne se trouvent peut-être pas dans votre dictionnaire.

le byte	byte
déboguer	to debug
le didactiel	educational software
la disquette	floppy disk
une imprimante	printer
le logiciel	software
une machine à traitement de texte	word processor
le périphérique	peripheral device
la puce	chip (*literally*, flea)
la quincaillerie	hardware

B. **Le Franglais**

En dépit de tous les efforts de l'Académie française pour le bannir, le «franglais», c'est-à-dire les termes anglais employés couramment en français, ne cesse de proliférer. Ces termes se rapportent surtout aux domaines de la science, de la mode, des sports, de la politique, des finances et du commerce. Voici une liste de mots anglais qui s'emploient couramment

Jean-Jacques Servan-Schreiber

dans la langue française telle qu'elle se parle en France aujourd'hui. Le français du Québec emprunte plus largement encore au vocabulaire anglais.

le barman
le basket-ball
le boycottage, boycotter (*boycot, to boycot*)
la caméra (*movie camera*)
le camping
le dancing (établissement public où l'on danse)
le drugstore (*café-restaurant that sells sundries*)
un flirt (*flirtation*)
le football (*soccer*)
le gangster
une interview
les jeans
le job
le knock-out

le leader
le living (*living room*)
le manager (il gère les intérêts d'un artiste ou d'un champion)
le match (*game*)
le parking (*parking lot*)
le pull-over
le record
le recordman (*record holder*)
le score
le self-service
le slow (*slow dance*)
la star de cinéma
la surprise-partie
le test
le T-shirt
le week-end

STRUCTURE

The Forms and Use of «tout» (*Les Formes et l'emploi de «tout»*)

«Tout» as Adjective

Study the following forms:

		Singular		
Masculine:	**tout**	**tout ordinateur**	any every } each	computer
	tout le (l') **tout un**	**tout l'ordinateur** **tout un quartier**	the whole computer a whole neighborhood	
Feminine:	**toute**	**toute famille**	any every } each	family
	toute la (l') **toute une**	**toute la famille** **toute une famille**	the whole family a whole family	
		Plural		
Masculine:	**tous les**	**tous les ordinateurs**	all (of the) **computers**	
Feminine:	**toutes les**	**toutes les familles**	all (of the) families	

REMARQUER:

1. ~~Touts~~ does not exist. The masculine plural is **tous**.
2. The plurals **tous** and **toutes** are usually followed by **les, ces,** or a plural possessive adjective (**mes, tes, ses, nos, vos, leurs**).[1]

      tous ces programmes   **toutes mes amies**

3. Note the useful **tout ce qui** and **tout ce que** (*anything / everything* [*that*]):

      Tout ce qui brille n'est pas or.   *All that glitters is not gold.*
      Je suis d'accord avec tout ce que vous dites.   *I agree with all that you say.*

«Tout» as Pronoun

Tout   everything, all (referring to things):

      Tout va bien   J'ai **tout** vu.

---

[1] There are, however, several idioms in which **tous** and **toutes** are followed directly by a noun:
      à toutes jambes   *at full speed*
      à tous égards   *in every respect*
      au-dessus de toutes choses   *above all*

Tout le monde   everyone (people):

> **Tout le monde** est concerné.
> Je connais **tout le monde.**

Tous and **toutes**   all (people or things):

> ils parlent **tous** la même langue.
> **Tous** sont ici.
> Mes sœurs, je les aime **toutes.**

REMARQUER:

The **"s"** of the pronoun **tous** is pronounced; but if **tous** is followed by a determiner, it is an adjective and the **s** is silent:

> Tou~~s~~ mes amis sont venus.
> Tou**s** sont venus.

«Tout» as Adverb

tout   all, quite

The adverb **tout** is invariable except before a feminine adjective beginning with a consonant or an aspirate **h.** In this case it will agree in gender and number:

> un **tout petit** enfant   ils sont **tout contents**
>
> BUT:
>
> une **toute petite** jeune fille   elles sont **toutes contentes**

«Tout» as Noun

le tout   the whole (only occurs in the masculine singular):

> **Le tout** n'est pas toujours égal à la somme de ses parties.
> Le premier chapitre m'a beaucoup plu, mais il faut lire **le tout** pour bien en juger.

Idioms of «Tout»

tout à fait   completely:

> Selon les savants, on ne pourra jamais reproduire **tout à fait** l'intelligence humaine.

tout à coup   all of a sudden:

> J'étais en train de ramasser (*pick up*) des papiers quand, **tout à coup,** j'ai ressenti une douleur au dos.

tout de suite   right away:

> Apportez-moi ces disquettes **tout de suite!**

tout à l'heure   in a little while; *also,* a moment ago:

> J'irai **tout à l'heure** à l'Institut.
> Ce qu'il m'a dit **tout à l'heure** est peu vraisemblable.

à toute allure / à toute vitesse   in all haste, at full speed:

> La réponse a été calculée **à toute allure (à toute vitesse).**

de toute façon / en tout cas   in any case:

> Vous faites beaucoup de progrès, mais **de toute façon (en tout cas),** il faut continuer à déboguer le programme.

tous / toutes les deux   both:

> Jean et Pierre sont **tous les deux** spécialistes en informatique.

tous les deux jours   every other day:

> Il faut prendre ce médicament **tous les deux jours.**

Also: **tous les quinze jours** (every other week), **tous les deux ans,** etc.

EXERCICES

A.   Complétez les phrases suivantes par **tout, tout le, toute, toute la, tous les** ou **toutes les.**

1. L'ordinateur a une influence profonde sur notre vie de _____ jours.
2. Dans _____ régions de France, on demande la création de centres gratuits comme celui de Paris.
3. Les Français redoutent-ils la robotisation excessive? _____ la question de la renaissance industrielle est là.
4. Avec son ordinateur, Monsieur Roussel peut communiquer avec _____ réseau d'ordinateurs de son bureau.
5. _____ discipline est touchée, car _____ discipline présente des applications pour l'ordinateur.
6. _____ université doit avoir suffisamment d'ordinateurs.
7. _____ langages de l'informatique ont une syntaxe particulière.
8. Jean-Jacques Servan-Schreiber veut que _____ enfant ait son ordinateur personnel.

B.   Traduisez les phrases suivantes.

1. Everything is possible.
2. The messages? I have read them all.
3. Sort these floppy disks immediately!
4. Raymond and Paul both have a personal computer.
5. Intelligence is not all that counts (*compter*).
6. We know everything that they do.
7. I don't have enough money to buy a word processor, but in any case, I have my old typewriter (*machine à écrire*).
8. In a little while, I'll go to the center.
9. He was very discouraged, then, all of a sudden, he understood.

10. I looked at the screen a moment ago and everything was fine.
11. He copied a part of the program, but not the whole.
12. This computer is quite little.

Special Uses of the Definite Article (*L'Emploi de l'article défini*)

A. The definite article is used before titles:

le président Mitterand   **le général de Gaulle**
l'abbé Chélan   **le docteur Lepic**

However, when addressing someone with a title, if the name is mentioned, omit the article:

Bonjour, docteur Lefebvre.   **Merci, professeur Leblanc.**

B. The definite article is used before proper nouns modified by an adjective:

le pauvre Jacques   **le grand Meaulnes**

C. The definite article is used with names of languages, except after the verb **parler** and the preposition **en:**

Le français est une belle langue. J'aime **le français.**

BUT:

Votre père **parle-t-il français?**
Voici une lettre écrite **en français.**

D. The definite article is used before names of countries:

Quand j'irai en Europe, je visiterai **la France, la Belgique** et **le Portugal.**

E. The definite article is used in preference to the possessive adjective with parts of the body:

Il a les mains sales. *His hands are dirty.*

When the possessor is the same as the subject, the verb may take a pronominal form:

Elle s'est cassé la jambe. *She broke her leg.*

If the possessor is different from the subject, the possessor is indicated by the appropriate indirect object pronoun:

Le médecin m'a tâté la jambe. *The doctor felt my leg.*
Sa mère lui a lavé les mains. *His mother washed his hands.*

F. When **le** is used with days of the week, it means *every:*

Je vais à la Maison des Jeunes le vendredi. *I go to the Youth Center every Friday (on Fridays).*

G. When the definite article is used with expressions of time of day, it means *in:*

Le matin il se sent faible. *In the morning he feels weak.*
J'ai regardé la télé le soir. *I looked at T.V. in the evening.*

REMARQUER:
The article is often omitted in enumerations:

Tout le monde est concerné: professeurs, étudiants, hommes, femmes, enfants et adultes.
Il a tout perdu: amour, amitié, argent.

Omission of the Indefinite Article (*L'Omission de l'article indéfini*)

A. The indefinite article is usually omitted before nouns in apposition:

la dépression, maladie dangereuse *depression, a dangerous illness*
l'informatique, science nouvelle *computer science, a new science*

B. The article is omitted before predicate nouns designating profession, nationality and religion, if they are not modified:

Mon père **est ingénieur.**
Jacques **est français.**
Rachel **est juive.**

BUT:

Mon père **est un bon ingénieur.**
Jacques **est un Français typique.**
Rachel **est une juive orthodoxe.**

C. The article is omitted with certain prepositional expressions:

sans chapeau *without a hat*
comme professeur *as a teacher*

EXERCICES

A. Traduisez en français. Faites attention à l'emploi de l'article défini.

1. I met Doctor Pasteur this morning.
2. I said to him, "Hello, doctor Pasteur, how are you?"
3. He was with his son, little Jacques.
4. His eyes are blue and his hair is blond.
5. Jacques answered, "I broke my leg last week."
6. On Thursdays he used to play with the other children in the park.
7. Now, he reads books in the afternoon because he can't play anymore.
8. Poor little Jacques!
9. I am studying French, but I don't know how to speak French.
10. France is an interesting country.

L'Ordinateur: instrument de robotisation ou de progrès humain?

B. Traduisez en français les phrases suivantes.

1. Doctor Monet, a Freudian psychologist, is well known.
2. The researchers (*chercheurs*), the psychiatrists, and the psychologists all agree.
3. He succeeded without any effort.
4. This gentleman is an engineer.
5. He is a distinguished engineer.

LECTURE L'Ordinateur décuple° les possibilités de l'homme

décupler to increase, multiply tenfold

PARIS MATCH: Les gens sont encore loin de mesurer l'influence du micro-ordinateur sur leur vie de tous les jours. Pouvez-vous nous expliquer ce qu'ils ont à y gagner?

SERVAN-SCHREIBER: La science informatique, depuis dix ans, s'est entièrement consacrée au développement des machines, à savoir des ordinateurs, des calculateurs puissants, des robots qui remplacent les hommes et les femmes à une vitesse imprévue. En dix ans,

se produire to occur
la main-d'œuvre manpower

il risque de se produire° ce qui est arrivé à l'agriculture en un siècle, c'est-à-dire que la main-d'œuvre° va être remplacée par des automatismes et des machines. Pour éviter que l'histoire ne se répète, le président Mitterrand a créé le Centre mondial qui ne se préoccupe pas de la construction des machines mais a pour but unique d'utiliser et de vulgariser cette science nouvelle, afin de l'adapter aux facultés de chacun. Tout le monde est concerné: hommes, femmes, jeunes, moins jeunes, étudiants, artisans, chômeurs.° La science informatique, ou l'utilisation des ordinateurs, ne demande pas beaucoup de connaissances. Très vite, n'importe qui découvre qu'il peut avoir besoin d'un ordinateur et surtout qu'il saura s'en servir. Au Centre mondial, nous avons mis à la disposition du public une soixantaine d'ordinateurs. Des moniteurs° apprennent à les maîtriser en quelques heures. Ainsi, chacun découvre très vite que l'ordinateur est un multiplicateur de l'intelligence humaine. Dans toutes les régions de France, on nous demande la création de centres gratuits comme celui-ci qui seront, dans un proche avenir, des satellites du Centre mondial. À Marseille, nous avons équipé tout un quartier: 20.000 personnes auront à leur disposition un ordinateur. Après une courte initiation, elles pourront consulter toutes les banques de données réunies à Paris, obtenir des milliers d'informations sur les sujets les plus divers.

PARIS MATCH: Ne croyez-vous pas que les Français redoutent une robotisation excessive?

SERVAN-SCHREIBER: Toute la question de la renaissance industrielle de la France est là. Si on laisse les robots arriver sans former les gens, si on met à leur disposition les moyens de l'informatique personnelle, sans explication, on arrivera à des drames.° Il faut former partout — à tous les niveaux, dans toutes les régions — les jeunes et les adultes au maniement° de l'ordinateur et surtout à la création des programmes, à l'intelligence de cette science que chacun peut maîtriser: les enfants de neuf ans le font facilement, les adultes peuvent le faire. Et quand les robots donneront à nos usines une meilleure productivité, hommes et femmes auront des emplois supérieurs. Voilà la mission résumée du Centre.

PARIS MATCH: Sur le plan pratique, comment faire pour mettre l'ordinateur à la portée° de tous?

SERVAN-SCHREIBER: Il faut un ordinateur personnel qui soit à la fois bon marché et performant. L'ordinateur Apple, américain, le plus connu, coûte 12.000 F. Il est beaucoup trop cher. I.b.m. vient de sortir un O.p. (ordinateur personnel) qui vaut 40.000 F. Trop cher. Nous avons sensibilisé° les constructeurs. Déjà, le Thomson coûte 3.000 F. Nous avons donc progressé, mais il faut que l'industrie française fournisse des centaines de milliers d'ordinateurs personnels coûtant environ 1.000 F. Ainsi, dans un proche avenir, chaque enfant aurait son ordinateur personnel sans que ce nouveau professeur électronique soit une trop lourde charge pour ses parents. Pour l'instant, notre principal souci reste l'initiation. C'est pourquoi, nous avons décidé avec le président François Mitterrand de réunir les 120 directeurs des plus grandes écoles de France pour

---

le chômeur unemployed person

le moniteur instructor

on arrivera...drames that will lead to dramatic problems

le maniement manipulation

à la portée within reach

sensibiliser to sensitize

mettre au point to perfect

dès as early as

la rentrée beginning of the school term

avoir du retard to be behind (in progress)

en permanence continually

un épanouissement blossoming

le chercheur researcher

le courrier mail

prendre à un piège to catch in a trap

se passer de to get along without

un maniaque fanatic

mettre au point° un programme permettant aux élèves de ces établissements de devenir à leur tour professeurs et former dès° la rentrée° des jeunes sans emploi, lesquels trouveront un métier nouveau après cet apprentissage.

PARIS MATCH: Dans cette course à l'instruction, la France a-t-elle du retard° par rapport aux U.S.A?

SERVAN-SCHREIBER: Oui, beaucoup. Par exemple, les universités américaines et, en particulier, celle de Pittsburgh. Il y a environ un ordinateur pour trois élèves. Les professeurs ont appris à s'en servir et tous reconnaissent que l'ordinateur est une remarquable encyclopédie qui multiplie peut-être par dix l'enseignement reçu par les étudiants. Un jour, nous arriverons aux mêmes résultats. Mais nous en sommes à la formation de ceux qui formeront plus tard.

PARIS MATCH: L'utilisation à outrance des ordinateurs ne risque-t-elle pas d'isoler les individus?

SERVAN-SCHREIBER: Au contraire, chaque possesseur d'un ordinateur personnel, s'il est relié à tous les réseaux peut être en permanence,° en communication avec des gens qui dialoguent, qui inventent avec lui, et qui parlent tous la même langue: le langage informatique. Ce n'est pas du tout l'isolement, c'est l'épanouissement° de l'esprit vers tous les continents du monde.

PARIS MATCH: À quoi servent les banques de données?

SERVAN-SCHREIBER: Elles abordent toutes les disciplines: il existe des banques de données médicales qui servent aux médecins pour interpréter plus rapidement un diagnostic; des banques de données légales pour les avocats; des banques de données scientifiques pour tous les chercheurs,° etc. On peut se joindre à d'autres chercheurs, chercher ensemble et avoir ainsi une activité permanente. Le courrier° électronique, par exemple, est un autre service. Le matin, on regarde sur son ordinateur pour savoir s'il y a du courrier. Il répond oui, fait sur l'écran la liste de tous les messages et il ne reste plus qu'à trier ce qui est intéressant. On répond quand on veut, à l'inverse du téléphone.

PARIS MATCH: L'ordinateur ne risque-t-il pas de nous prendre à son piège?° Et si l'on ne pouvait plus s'en passer?°

SERVAN-SCHREIBER: Je ne crois pas. Je ne suis pas un maniaque° du clavier et je ne suis pas devenu un robot. Néanmoins, j'admets qu'on est moins efficace sans ordinateur parce qu'il faut prendre un papier, un crayon, pour écrire des notes, tandis qu'avec l'ordinateur, vous notez ce à quoi vous avez réfléchi, ce que vous avez imaginé, inventé, que ce soit en voyage ou chez vous. Vous le mettez sur ordinateur et ça arrive où vous l'envoyez: aux administrations, à vos collègues, en province ou en Californie...et les autres répondent quand ils veulent. Cela permet des rapports multiples, beaucoup plus humanisés.

PARIS MATCH: Quelle est exactement la place de la France dans la révolution informatique mondiale?

la traite   installment payment

la course   race

SERVAN-SCHREIBER: Nous souhaitons équiper toutes les universités d'ordinateurs qui seront reliés avec toutes les banques de données qui existent déjà et avec les grandes universités mondiales. Les étudiants, à leur entrée à l'université recevront un ordinateur qu'ils paieront par petites traites° et qu'ils garderont quand ils auront fini leurs études. La priorité des priorités reste de vulgariser la pratique informatique et d'apprendre à tous les Français qu'ils l'ont à leur disposition. Il faut gagner cette course.°

COMPRÉHENSION

1. Selon Servan-Schreiber, qu'est-ce que la science informatique risque de faire en dix ans?
2. Quelle est la mission du Centre mondial que dirige Servan-Schreiber?
3. L'utilisation des ordinateurs demande-t-elle beaucoup de connaissances?
4. Qu'est-ce qui se passe au Centre mondial? Que s'est-il passé à Marseille sous les auspices du Centre mondial?
5. Que faut-il faire pour éviter une robotisation excessive?
6. Pour mettre l'ordinateur à la portée de tous, qu'est-ce qui est nécessaire sur le plan pratique?
7. Quel est le programme envisagé par le Centre mondial et les 120 directeurs des plus grandes écoles de France?
8. Quel exemple Servan-Schreiber cite-t-il pour illustrer que la France a du retard sur les U.S.A. en ce qui concerne l'emploi des ordinateurs à l'université? Que savez-vous sur l'utilisation des ordinateurs par les étudiants?
9. Servan-Schreiber redoute-t-il l'isolement de l'individu dans un monde dominé par l'ordinateur?
10. Donnez quelques exemples de divers types de banques de données.
11. Qu'est-ce que le courrier électronique?
12. Quelle est l'ambition de Servan-Schreiber quant à la place des ordinateurs dans la révolution informatique mondiale?

DISCUSSION

1. Avez-vous un o.p. chez vous? Si oui, est-ce que vous vous en servez souvent? Pour quelles tâches vous en servez-vous?
2. Si vous n'avez pas d'ordinateur, voudriez-vous en avoir un? Pourquoi ou pourquoi pas?
3. Trouvez-vous que l'on exagère l'importance des ordinateurs?
4. Croyez-vous que l'ordinateur finira par dépersonnaliser la société moderne?
5. Connaissez-vous personnellement quelqu'un qui «a peur» des ordinateurs ou qui ressent une certaine hostilité à leur égard? Comment expliquez-vous cette attitude?
6. Pourquoi, d'après vous, les enfants s'adaptent-ils facilement aux ordinateurs, tandis que les adultes ont plutôt tendance à y résister?

COMPOSITION DIRIGÉE

À partir des sujets indiqués, traitez par écrit la question suivante.

Le pour et le contre du progrès scientifique

Divers aspects du progrès scientifique:

  l'industrie et les produits matériels
  l'automobile et les autres moyens de transport
  les appareils ménagers
  la médecine
  l'alimentation[1]
  les communications
  les ordinateurs

Bienfaits et inconvénients:

  effets sur l'environnement
  influence sur les institutions sociales
  le bien-être de l'individu
  conséquences politiques
  conséquences économiques

Contraste: «la vie simple et naturelle»:

  qu'est-ce que cela veut dire?
  exemples

Bienfaits et inconvénients de «la vie simple et naturelle».

---

[1] **l'alimentation:** food production and supply

29

Le Quotidien de l'espace

Space, it is said, is the last frontier. Currently, several major countries have space programs underway, including France. The following interview with two French *spationautes* gives an interesting account of daily life aboard a spacecraft circling the Earth during a French-Soviet cooperative mission.

- ■ VOCABULAIRE
  Lexique de mots-clés
  Enrichissez votre vocabulaire
  Étude de mots

- ■ STRUCTURE
  Passive Voice
  Laisser + The Infinitive

- ■ LECTURE: **Le Quotidien de l'espace**

VOCABULAIRE

Lexique de mots-clés

LES NOMS

la boîte de conserves	can of food
un équipage	crew
une expérience	experiment
le hublot	porthole
une impesanteur	weightlessness
le sol	ground, earth
le spationaute	French astronaut
le vaisseau	vessel, ship

LES VERBES

appuyer sur	to press, lean upon
un appui	support
se dérouler	to unfold, transpire
lancer	to launch
le lancement	launching
se munir de	to equip, provide, supply oneself with
secouer	to shake

EXERCICE

Complétez les phrases suivantes par la forme correcte d'une expression tirée du Lexique de mots-clés.

1. Dans l'espace, il n'y a pas de force de gravité, ainsi, il faut s'habituer à ＿＿＿.
2. Comme on ne peut pas apporter des aliments frais, il faut se servir de ＿＿＿.
3. À bord du vaisseau, les spationautes utilisent un matériel scientifique pour faire des ＿＿＿.
4. Quand on regarde par ＿＿＿, on voit un ciel noir.
5. Gérard dit qu'il ne voudrait jamais être ＿＿＿, car il a peur même des voyages en avion.
6. Dans une des expériences, quand le rat ＿＿＿ sur le bouton, il reçoit de la nourriture.
7. On n'a pas pu ＿＿＿ la fusée (*rocket*) à cause du mauvais temps.
8. Avant de partir, il faut ＿＿＿ d'un matériel très varié pour faire face à toute éventualité.
9. Il faut que ＿＿＿ spatial prenne souvent contact avec ＿＿＿.
10. Le capitaine a donné des ordres à ＿＿＿.
11. Comme le spationaute ne se réveillait pas, son compagnon le ＿＿＿.
12. Le voyage était un succès; il ＿＿＿ sans incident.

Enrichissez votre vocabulaire

1. **durer**   to last
   We cannot **endure** this extreme weather.
   They have a large inventory of **durable** goods.

2. **embarquer**   to go, place aboard
   We **disembarked** at Cherbourg.
   The small **bark** was buffeted by the winds.

3. **lancer**   to launch
   The white knight hurled the **lance** with great accuracy.

4. **(se) munir de**   to supply, equip (oneself) (from Latin *munus* gift, service)
   If you do this for us, we shall **remunerate** you.

5. **orifice**   opening
   "Buccal **orifice**" is anatomical terminology for "mouth."

6. **le sachet**   little bag
   Roxanne always keeps a lavender **sachet** in her lingerie drawer.

7. **faire une séance**   to have a session (from **asseoir** to seat)
   During the **séance,** the medium had us join hands and close our eyes.

8. **les victuailles**   provisions, food, victuals (pronounced *vitt'ls*)
   When their **victuals** were exhausted, the cavalry raided the local farms.

Étude de mots

A. "Window"

la fenêtre	window (of a house)
la vitre	windowpane; car window
le hublot	porthole, window on a ship or a plane
la vitrine	shop window
faire les vitrines	to go window shopping
le guichet	small window or payment window of bank or office; theater ticket window

B. Le verbe **manquer:**

1. **manquer de quelque chose**   to be missing, lacking in something

   La civilisation moderne **manque de** réserves suffisantes de pétrole.
   Ce jeune homme **manque de** tact.

2. **il manque quelqu'un ou quelque chose (à quelqu'un)**   to be missing, short

   On ne peut pas commencer la réunion; **il manque** six personnes.
   Paul ne peut pas acheter cette voiture; **il lui manque** 5.000 francs.

3. **manquer à quelqu'un**   to miss, regret the absence of

   «Très cher Michel», écrit-elle, «**Tu me manques** beaucoup».

Notez l'inversion dans cet emploi du verbe:

Michel nous manque. *We miss Michel.*
Michel manque à Marie. *Marie misses Michel.*

On peut exprimer la même idée avec le verbe **regretter,** qui s'emploie de la même façon que le verbe *to miss* en anglais:

Je regrette Michel. *I miss Michel.*
Marie regrette Michel. *Marie misses Michel.*

4. **manquer quelque chose ou quelqu'un**   to miss out on

Nous sommes arrivés trop tard et **nous avons manqué** le train.
Il ne faut pas **manquer** la classe de français.

STRUCTURE

Passive Voice (*La Voix passive*)

A. Nature of the Passive Voice

Almost any verb that can take a direct object can be used passively. In the passive voice, the subject, rather than performing the action, is acted upon:

ACTIVE VOICE:

Mon frère a vu des soucoupes volantes. *My brother saw flying saucers.*

PASSIVE VOICE:

Des soucoupes volantes ont été vues par mon frère. *Flying saucers were seen by my brother.*

B. Formation of the Passive Voice

The passive voice, in French as in English, consists of the verb **être** + *the past participle.* The past participle then agrees with the subject. The tenses of the passive voice correspond to the tenses of the verb **être:**[1]

Des soucoupes volantes **seront vues.** (*Futur*)
Des soucoupes volantes **seraient vues.** (*Conditionnel*)
Des soucoupes volantes **ont été vues.** (*Passé Composé*)
Des soucoupes volantes **avaient été vues.** (*Plus-que-parfait*)

C. The Agent in the Passive Voice

Many sentences in the passive voice indicate an agent. The agent actually performs the action of the verb:

Des soucoupes volantes **ont été vues par mon frère.**   (**mon frère** is the agent)

Either the preposition **de** or **par** introduces the agent. Usually, **par** is used when the verb implies action, **de** if the situation described is rather static.

In many cases, either preposition is correct.

Cette théorie a été rejetée **par** les savants. (*action*)
La surface de la Lune est couverte **de** cratères. (*static situation*)
Cette étoile est accompagnée **par (d')** une planète. (*action or static situation*)

D.   Avoiding the Passive Voice

Generally, the passive voice is not used as widely in French as in English. It is best to avoid it when possible. There are three ways to do this:

1. If the agent is explicit, make the agent the subject:

OK: Des soucoupes volantes ont été vues par **mon frère.**
Better: **Mon frère** a vu des soucoupes volantes.

2. If there is no agent expressed, make an active sentence with **on** as subject:

OK: Des soucoupes volantes ont été vues.
Better: **On** a vu des soucoupes volantes.

3. If the sentence states a general truth, it is possible to use a pronominal construction of the verb. (Usually this construction occurs in the present tense, although it is possible with some verbs to use a past tense.)

OK: Des soucoupes volantes sont vues de temps en temps.
Better: Des soucoupes volantes **se voient** de temps en temps.

EXERCICE   Refaites les phrases suivantes en évitant la voix passive.

1. Jean-Loup Chrétien a été sélectionné pour participer à une mission spatiale de coopération entre le France et l'Union soviétique.
2. Deux équipages ont été choisis pour accomplir ce vol.
3. Chaque équipage est composé de deux soviétiques et un Français.
4. Les plats ont été préparés avant le vol spatial.
5. Des crèmes au chocolat ont été fournies par un grand chocolatier parisien.
6. La langouste à l'armoricaine n'a pas été embarquée.
7. Le jour, les étoiles ne se voient pas.
8. Le vaisseau sera lancé dans un mois.
9. Un congrès international d'astronautique sera organisé.
10. Seize étoiles au moins sont accompagnées par des planètes.
11. Le soleil et les planètes ont été formés à la même époque.
12. Cette théorie avait été avancée par les astronomes.
13. Ce phénomène aurait été répété partout.
14. Une cohérence dans les témoignages a été trouvée.

_____

[1] See Appendix for the complete conjugation of a verb in the passive voice.

Causative «faire» Construction (Faire *causatif*)

Study the following sentences:

Les effets de l'impesanteur

1. L'impesanteur **fait grandir** les spationautes.
   *Weightlessness **causes** astronauts **to grow taller**.*
2. L'impesanteur **fait remonter** le sang vers le thorax et la tête.
   *Weightlessness **causes** the blood **to rise** to the chest and head.*

A. The verb **faire** followed by an infinitive indicates that the subject causes or provokes the action of the infinitive. The noun that complements the infinitive either receives the action or performs the action. Compare:

Non-causative Construction	Causative Construction
Le professeur parle français. *The teacher speaks French.*	Il fait parler français. *He has French spoken.*
L'enfant étudie. *The child studies.*	La mère fait étudier l'enfant. *The mother makes the child study.*

B. If only one complement is expressed in the causative construction, it is treated as a direct object. When two complements are expressed, the one that performs the action is treated as an indirect object. Note that the two verbs, **faire** and the infinitive, are always together in this construction, and that pronoun complements precede **faire**.

Causative Construction	
One Complement	*Two Complements*

Il fait parler **français**
      d.o.
	Il fait étudier **le français à ses enfants.**
	                      d.o. i.o.

Il **le** fait parler.
    d.o.
	Il **le leur** fait étudier.
	    d.o. i.o.

La mère fait étudier **l'enfant.**
                    d.o.
	La mère fait étudier **l'anglais à l'enfant.**
	                        d.o. i.o.

La mère **le** fait étudier.
         d.o.
	La mère **le lui** fait étudier.
	        d.o. i.o.

C. The verb **faire** is used as a pronominal verb if the action of the infinitive is reflected back upon the subject:

Il se fait remarquer.   *He causes himself to be noticed.*
Elle s'est fait comprendre.   *She made herself understood.*

REMARQUER:
There is never an agreement with the past participle of **faire** in the causative construction.

D. In some causative **faire** constructions that are generalized remarks, the person who performs the action of the infinitive is sometimes not expressed, but must be supplied in translation:

> **Quand on parle du «retour à la nature», cela fait rire.** *When one speaks of returning to nature, that makes (people) laugh.*
> **Ces idées font penser.** *These ideas make (one) think.*

EXERCICES

A. Transformez les phrases suivantes selon le modèle.

MODÈLE: Je répare la voiture.
Je fais réparer la voiture.

1. L'équipage répare l'ordinateur.
2. Les avocats appellent leurs clients.
3. Le cosmonaute chauffe les boîtes de conserves.
4. Je nettoie mes vêtements.
5. Nous construisons une maison.

B. Transformez les phrases suivantes en employant le **faire** causatif et les mots entre parenthèses selon le modèles.

MODÈLE: Le chien sort. (Le petit Nicolas)
Le petit Nicolas fait sortir le chien.

1. Les enfants sourient. (Astérix)
2. Les écologistes frémissent. (Les conséquences de la pluie acide)
3. Nous partons. (Le manque de travail)
4. L'avion atterrit. (Le pilote)
5. Je traduis la phrase. (Le professeur)

C. Refaites les phrases suivantes en substituant un pronom aux noms en italique. (Attention à l'ordre des mots!)

1. Il fait peindre *sa chambre*. 2. Il fait peindre *les ouvriers*. 3. Il fait peindre *sa chambre aux ouvriers*. 4. Les parents font respecter *l'autorité aux enfants*. 5. La menace de la guerre nucléaire fait trembler *l'humanité*. 6. J'ai fait réparer *ma voiture au garagiste*. 7. Le professeur fait apprendre *cette construction aux étudiants*. 8. Il fait faire *les exercices à André*. 9. Dans le monde de la science-fiction, on fait faire *les tâches manuelles aux automates*. 10. Leur professeur de français fait écrire *les compositions à ses étudiants*.

D. Répondez aux questions suivantes en employant un pronom, quand c'est possible.

1. Allez-vous vous faire couper les cheveux? 2. Marie s'est-elle fait faire cette jolie robe? 3. Vous faites-vous comprendre en français? 4. Brigitte se fait-elle teindre les cheveux en blond? 5. Une femme doit-elle se faire avorter si elle ne veut pas d'enfant? 6. Ce garçon s'est-il fait opérer pour une appendicite? 7. Vous ferez-vous respecter quand vous serez président? 8. Si vous étiez malade, vous feriez-vous examiner?

E.   Traduisez les phrases suivantes.

1. This invention made (people) talk.
2. Here is a medicine that makes (one) forget.
3. These photographs make (one) cry.
4. This theory makes (you) reflect.
5. Certain things make (people) laugh.

«Laisser» + The Infinitive (**Laisser** + *Infinitif*)

The verb **laisser** (*to let, allow, permit*), when used with the infinitive, follows almost the same pattern as **faire** + *infinitive*. However, when there are two noun complements, the infinitive may be separated from **laisser:**

La mère **laisse** son enfant **manger** les bonbons.

The noun that performs the action of the infinitive may be replaced by either a direct or an indirect object pronoun:

La mère **le laisse manger** les bonbons.
La mère **lui laisse manger** les bonbons.

When both noun complements are replaced by pronouns, there will be a direct object and an indirect object, exactly as with the causative **faire** construction, and both will precede **laisser.**

La mère **les lui laisse** manger.
              d.o. i.o.

EXERCICE   Répondez aux questions suivantes (a) en employant les noms (b) en substituant des pronoms.

MODÈLE: Laisse-t-on les étudiants écrire la réponse?
             (a) **On laisse les étudiants écrire la réponse.**
             (b) **On la leur laisse écrire.**

1. Votre mère vous laisse-t-elle boire des apéritifs?
2. Le professeur nous laisse-t-il consulter le dictionnaire?
3. Les parents laissent-ils leurs enfants faire n'importe quoi?
4. Ce médecin laisse-t-il ses patients fumer des cigarettes?
5. Laisse-t-on entrer le chien quand il pleut?
6. Vos parents vous laissent-ils prendre la voiture?
7. Me laisseras-tu regarder ton examen?
8. Cette jeune fille laisse-t-elle son fiancé conduire sa Ferrari?

LECTURE   Le Quotidien de l'espace

Patrick Baudry et Jean-Loup Chrétien sont les deux Français à avoir été sélectionnés pour participer à une mission spatiale de coopéra-

Patrick Baudry et Jean-Loup Chrétien lors d'une mission spatiale de coopération entre la France et les Etats-Unis.

tion entre la France et l'Union Soviétique. Deux équipages, composés chacun de deux Soviétiques et d'un Français, avaient été préparés à accomplir ce vol, mais un seul des deux, auquel appartenait Jean-Loup Chrétien, a pris le départ pour l'instant. Cette mission s'est conclue le 24 juin 1982 par le lancement du vaisseau Soyouz T6 qui devait s'arrimer° le lendemain à la station soviétique Saliout 7 habitée depuis le 13 mai 1982 par les deux cosmonautes Valentin Lebedev et Anatoli Berezovoï. La mission a duré huit jours durant lesquels l'ensemble Soyouz T6–Saliout 7 a bouclé 127 orbites° autour de la Terre et parcouru 5,4 millions de kilomètre.

1982 restera l'année d'une «première» française, celle où Jean-Loup Chrétien est devenu le premier spationaute.

s'arrimer *here*, to link with

boucler une orbite to complete an orbit

Debout là-dedans!

— Pouvez-vous raconter une de vos journées à bord de la station Saliout 7?

J.-L. CHRÉTIEN: On se réveille entre 7 h et 8 h.

P. BAUDRY: Les cosmonautes ont un emploi du temps qui correspond tout à fait à l'horaire d'un travailleur sur Terre.

J.-L. CHRÉTIEN: On essaie de se lever à peu près tous ensemble avec une fréquence d'un toutes les deux ou trois minutes puisque les occupations commencent déjà à varier suivant les individus. L'un s'occupe de préparer le café, un autre de lire les messages qui sont arrivés dans la nuit… Donc, on a tous une petite fonction dès le réveil.

La toilette du matin

sommairement quickly, without formality
la serviette *here*, towel
une douche shower

se raser to shave

les ciseaux (*m.*) scissors

J.-L. CHRÉTIEN: On fait une petite toilette, on se lave sommairement° avec des serviettes° humides du genre de celles qu'il y a dans les avions. C'est acceptable pour huit jours mais ceux des vols longs ont droit, tous les quinze jours ou tous les mois, à une douche° installée à bord de la station.

On se rase° tous les jours. Il est rare de voir un cosmonaute qui n'est pas rasé!

On avait même un coiffeur à bord. C'est une chose qui peut faire sourire mais qui est à noter: l'un des membres de l'équipage courte durée, donc de notre équipage, était entraîné à couper les cheveux des deux autres qui étaient amenés à rester longtemps là-haut. Un matin avant le déjeuner, Djanibekov s'est muni de ciseaux° et a joué le rôle de coiffeur pour Lebedev et le lendemain pour Berezovoï.

Au travail!

répartir to distribute
la mise en œuvre setting up, implementation

J.-L. CHRÉTIEN: Le programme de travail scientifique commence vers 9 h. Les fonctions sont réparties° de la manière suivante: l'équipage vol court est chargé de la mise en œuvre° des expériences qui sont l'objet de ce vol, c'est-à-dire pour nous, toutes les expériences préparées par les Français. L'équipage vol long assiste les trois expérimentateurs dans leur tâche. Il les aide éventuellement à manipuler le matériel d'expériences ou, ce qui est le plus fréquent, assure la conduite de la station ou encore il maintient la station dans une position donnée pour les observations astronomiques.

La crème au chocolat: sublime!

les victuailles victuals, provisions
le tiroir drawer

J.-L. CHRÉTIEN: On s'arrête à midi.

L'équipage longue durée, c'est-à-dire l'équipage principal de la station, s'occupe d'aller chercher, suivant les desiderata des uns et des autres, les diverses victuailles° dans les tiroirs° où elles sont stockées, compose le menu et prépare le déjeuner. Ce qui prend une trentaine de minutes car il n'y a évidemment pas de cuisine à bord, les plats sont tout préparés, ils sont lyophilisés[1] ou en boîtes de conserve. L'un des préposés à la cuisine s'occupe de rassembler ces choses-là, l'autre les prépare, c'est-à-dire y introduit l'eau ou fait réchauffer les boîtes dans le four.°

Ce qui fait qu'à midi et demi, on se retrouve tous derrière la table pour prendre le repas.

—Vous ne mangiez pas la même chose que les Soviétiques?

J.-L. CHRÉTIEN: Il y a eu un petit tapage° publicitaire qui a été fait autour de la cuisine française. Mais on s'est vite aperçu qu'elle n'était pas du tout adaptée au vol spatial.

— J'ai lu aussi que l'on perdait le goût, que les aliments étaient fades.°

J.-L. CHRÉTIEN: Je n'en ai pas eu l'impression, mais les goûts se rétrécissent.° Chacun a des préférences. Il y a des plats que l'on peut manger souvent, pratiquement toute une vie sans problème, certains préfèrent la soupe aux choux,° d'autres les frites…ce qui fait que là-haut, on a tendance à se concentrer sur ses préférences et on redemande curieusement tous les jours le même menu. Lebedev mangeait toujours sa soupe au lait, une espèce de yaourt avec des noix;° on ne perd pas le goût, mais on a moins de fantaisies.°

— Et vous, qu'est-ce que vous préfériez?

J.-L. CHRÉTIEN: J'ai trouvé très bonnes les crèmes au chocolat. Je ne sais pas qui les avait faites. Les Soviétiques ne voulaient pas en entendre parler.° Là-haut, la crème au chocolat, j'ai trouvé ça sublime!

— Et la langouste à l'armoricaine,° dont la presse a parlé?

J.-L. CHRÉTIEN: Elle n'a pas été embarquée, et ça n'a manqué à personne!

P. BAUDRY: Des médecins sont étonnés que, pour l'alimentation, il n'y ait pas de surveillance particulière. On ne nous dit pas chaque jour, il faut que vous mangiez tant de grammes de produits lactés etc., il n'y a vraiment aucun souci diététique.

J.-L. CHRÉTIEN: On s'équilibre vite. Dans l'Espace, l'appétit est maintenu. Au début, l'estomac devient paresseux,° la digestion est lente, on a une petite perte de l'appétit pendant les 24 ou les 48 premières heures. Puis on s'habitue. Pour vous donner une idée des difficultés de déglutition° liées à l'impesanteur, c'est comme si vous deviez manger, couché, la tête en bas!

À la fin du repas, on prend un café.

— Comment le prépare-t-on?

J.-L. CHRÉTIEN: Les sachets° de café déshydraté, en matière plastique, sont munis de deux orifices.° Le premier par lequel on introduit l'eau bouillante, est une sorte de valve. Ensuite on secoue

---

[1] **lyophilisé:** séché à très basse température.

Glossary (margin):

le four oven

un tapage noise, uproar

fade tasteless, insipid

se rétrécir to narrow, contract

les choux (*m.*) cabbage

la noix walnut
la fantaisie whim

ne voulaient…parler didn't want to hear about it

la langouste à l'armoricaine lobster with a spicy tomato sauce

paresseux, -se lazy

la déglutition swallowing

le sachet little bag (like a tea-bag)
un orifice opening

aspirer to suck in

l'ensemble et on aspire° le liquide par l'autre extrémité qui est un tube en plastique.

On a droit au café, au thé ou à autre chose. Mais pas d'alcool, pas de pousse-café!° Puis on se remet au travail, exactement comme sur Terre. Le repas a duré une petite heure!

le pousse-café after-dinner liqueur

Une après-midi sportive

J.-L. CHRÉTIEN: En général, en fin de journée, que le travail scientifique soit terminé ou non, on se prépare aux opérations de la journée du lendemain au cours d'un briefing d'une heure environ, pendant lequel se déroule une communication avec le sol (télévision, radio).

Avant la fin des expériences, en attendant le briefing avec le sol, l'équipage principal fait une séance° de culture physique.

— Quel type d'entraînement physique fait-on à bord?

faire une séance to have a session

le tapis roulant treadmill
les bretelles (*f.*) *here*, straps

P. BAUDRY: Il y a de la course à pied sur un tapis roulant.° Vous êtes attachés sur ce tapis par un système de bretelles° pour simuler la pesanteur. Vous avez des appuis et vous travaillez réellement, ce qui entraîne non seulement les muscles, mais aussi le système cardiovasculaire. En effet, puisqu'il y a effort, il y a augmentation du rythme cardiaque. La pompe travaille. On fait aussi du vélo.° Vous pédalez comme sur Terre.

faire du vélo to do bicycling

— Mais il est plus facile d'appuyer sur les pédales, en impesanteur.

un frein brake

P. BAUDRY: Ah non, pas plus, il y a un frein!° L'effort est exactement le même que sur Terre. C'est un faux vélo, c'est un vélo ergométrique° comme ceux des salles de gym et de musculation.°

— Combien de temps consacre-t-on journellement aux exercices physiques?

ergométrique metered to show use of muscle groups
la musculation body-building

P. BAUDRY: Entre deux heures et trois heures. Dans un vol court, on fait l'impasse° de toutes les activités physiques au profit des activités purement scientifiques, c'est-à-dire purement rentables.° Par contre, dans un vol long, on ne peut pas se permettre de faire ce genre d'impasse; la survie° devient primordiale et il faut alors consacrer beaucoup de temps à l'entraînement physique.

faire l'impasse to evade
rentable profit-making, productive
la survie survival

Il y a moins d'efforts en impesanteur que sur Terre. À tel point que sur un vol long, s'il n'y avait aucun moyen pour combattre cette adaptation à l'Espace, au bout de deux ou trois mois, on n'arriverait plus à se réadapter à la vie terrestre.

Voilà la différence entre un vol court et un vol long du point de vue des activités et de l'emploi du temps.

une moisissure mold

L'Amazonie, une immense moisissure°

— Par le hublot, que voit-on?

J.-L. CHRÉTIEN: La beauté du spectacle captive tout le monde.

Ivantchenko, notre ingénieur, connaissait le globe terrestre par cœur, ce qui prouve bien qu'il avait dû le regarder souvent et longtemps.

— Qu'est-ce qui vous a le plus étonné?

J.-L. CHRÉTIEN: Il y a des choses qui sont étonnantes effectivement. Les couleurs sont assez frappantes, que ce soient les couleurs de transition entre la Terre, l'atmosphère et le ciel; le passage entre les zones de jour et les zones de nuit. Il y a une palette de couleurs qui est extrêmement riche; surtout quand on passe au-dessus des nuages, ça va du blanc bleuté, au violet, au rouge violacé, au rose, toutes les couleurs dans le bleu et le rouge pour arriver au noir.

De l'Espace, certaines régions du globe sont très spectaculaires: la Patagonie est quelque chose d'assez étrange, une sorte de grande chaîne de montagnes au bord du Pacifique. Les pôles qu'on devine sans trop les voir car on passe à 50° de latitude. L'Amazonie, un pays tout vert, une zone entièrement verte, vert foncé, on a l'impression d'une immense moisissure.

Du Cosmos, à cette altitude-là, tout revêt un caractère assez spécial et exceptionnel, que ce soit les villes, les montagnes...

— Vous regardiez plus volontiers la planète Terre ou l'Espace?

J.-L. CHRÉTIEN: Dans l'Espace, il n'y a pas grand chose à voir. Le ciel est pratiquement le même qu'au sol, la seule différence, c'est que la Terre est entourée d'un ciel absolument noir que ce soit de jour ou de nuit. Le jour, on ne voit pas les étoiles, ce que je pensais naïvement. Elles ne sont visibles qu'en nuit orbitale.

— Et la Lune?

un effet de loupe magnifying effect

J.-L. CHRÉTIEN: La Lune est grise, très grise et pas du tout jaune comme on la voit sur Terre. Elle paraît plus petite, contrairement à ce que l'on pourrait croire. La Lune, comme on la voit souvent avec des angles assez faibles, bénéficie d'un effet de loupe° par l'atmosphère terrestre. Le soir en particulier quand il y a un lever de pleine lune, elle paraît énorme. Effectivement dans l'Espace, elle se ramasse° un petit peu car cet effet de loupe n'existe pas.

se ramasser to compact

Farniente°

le farniente pleasant idleness
dessiner to sketch

P. BAUDRY: Sur les vols longs, les cosmonautes disposent de leur week-end. Ils peuvent alors faire ce qu'ils veulent, dessiner,° lire, écouter de la musique ou continuer à faire des expériences.

COMPRÉHENSION

1. Qui sont Patrick Baudry et Jean-Loup Chrétien?
2. Quand la mission de Jean-Loup Chrétien a-t-elle eu lieu et combien de temps a-t-elle duré?
3. Décrivez la mission à laquelle a participé l'astronaute français.
4. Décrivez le réveil à bord de la station Saliout 7.

5. Comment se lave-t-on dans l'espace? Que fait-on encore pour achever sa toilette?
6. Quel est le rôle de chacun des équipages dans le programme de travail?
7. Que mange-t-on dans l'espace et comment prépare-t-on les repas?
8. Qu'est-ce qui a étonné les médecins?
9. Décrivez les effets de l'impesanteur sur l'appétit et l'acte de manger.
10. Comment prépare-t-on le café dans l'espace?
11. Qu'est-ce qui se passe en fin de journée?
12. Quel type d'entraînement physique fait-on à bord du vaisseau?
13. Pourquoi, dans un vol long, est-il important de faire un sérieux entraînement physique?
14. Qu'est-ce qui a frappé Jean-Loup Chrétien quand il a regardé par le hublot?
15. Vue de l'espace, comment paraît la Lune?

DISCUSSION

1. Voudriez-vous faire un voyage dans l'espace? Expliquez votre réponse.
2. Croyez-vous que l'homme arrive un jour à coloniser l'espace? Justifiez votre réponse.
3. Devrait-on dépenser des sommes énormes pour subventionner la Nasa (National Space and Air Administration), ou devrait-on plutôt consacrer cet argent à des causes terrestres? Justifiez votre réponse.
4. Expliquez pourquoi vous croyez ou ne croyez pas aux extra-terrestres.

IMPROVISATION

1. Une femme très exaltée (*excited*) essaie de décrire à un gendarme incrédule la soucoupe volante qu'elle a vue.
2. Imaginez une conversation entre un terrien et «un petit homme vert» qui parle français. L'extra-terrestre pose beaucoup de questions sur la civilisation sur Terre. L'homme est lui aussi curieux du monde d'où vient son interlocuteur.

COMPOSITION DIRIGÉE

En suivant le plan suggéré, traitez l'un des sujets ci-dessous:

Un voyage dans l'espace

I. Introduction

Expliquez comment il est arrivé qu'on vous a sélectionné(e) pour accompagner les spationautes dans une mission spéciale.

II. Le voyage

A. Avec de l'imagination, décrivez la vie à bord du vaisseau et vos impressions de l'Espace.

B. Imaginez que vous atterrissez sur une autre planète — habitée; racontez vos aventures.

III. Le retour

Décrivez votre réception à votre retour sur terre.

Les soucoupes volantes existent-elles?

Plan de travail

I. Introduction

Posez la question et expliquez son importance.

II. Développement

A. Faites une révision des témoignages dont vous avez entendu parler.
B. Évaluez ces témoignages.

III. Conclusion

Expliquez et justifiez votre conclusion.

Que faire si vous voyez une soucoupe volante

Ne criez pas, cachez-vous, mettez des lunettes noires, attachez vos chiens et préparez votre rapport à la gendarmerie.

N'ayez pas peur

Avant toute chose, gardez votre sang-froid.[1] Ne criez pas: vous risqueriez d'effaroucher[2] les occupants (?) de l'engin. Dissimulez-vous[3] au mieux pour n'être pas remarqué. Les inconnus des autres mondes — beaucoup de témoignages concordent — aiment à observer la Terre et ses habitants, mais ont horreur d'être espionnés. Leurs engins apparaissent plus volontiers la nuit, dans une campagne déserte, à des automobilistes attardés ou à quelques paysans regagnant leur ferme à pied.

Souvent, ils accompagnent, un instant, l'automobile. Vous avez intérêt, alors, à ralentir, car les lumières des phares[4] faiblissent. Quelquefois le moteur cale.[5] (Les sceptiques n'y voient là aucune intervention diabolique, mais, le plus souvent, une manifestation de l'émotion ressentie par l'automobiliste ainsi survolé.) Tout redevient normal lorsque l'engin fonce brusquement vers le ciel. Le mieux, si vous vous trouvez dans ce cas, est de vous ranger au bord de la route, de couper le contact[6] et de rester en feux de position[7] pour admirer le phénomène.

Vous pouvez alors, avec un petit peu de chance, voir l'engin se poser et sortir d'étranges personnages de l'habitacle.[8] Peut-être comme ceux qu'a décrits un témoin, sur la Côte d'Azur: «Les personnages n'avaient pas d'yeux, simplement des trous dans les orbites, et, dans l'orbite gauche, un globe

---

Source: Paris Match, 5 janvier 1974
[1] **le sang-froid** calm, "cool"
[2] **effaroucher** to frighten
[3] **se dissimuler** to conceal oneself
[4] **le phare** headlight

[5] **caler** to stall
[6] **couper le contact** to turn off the ignition
[7] **feux de position** parking lights
[8] **un habitacle** cockpit

blanc, sans iris ni pupille. De cet œil gauche coulait une grosse larme d'un liquide épais et brun qui descendait jusqu'à la commissure des lèvres» ou plus classiquement sous la forme d'un «petit homme vert».

Attention à vos yeux

Observez la scène, dans la mesure du possible, avec des lunettes de soleil, car tous les récits concordent et parlent de luminosité éblouissante,[9] de source lumineuse froide: «la chose s'est illuminée progressivement, de blanche elle est devenue bleutée, puis d'un bleu éblouissant, insupportable, comme la lueur d'un arc électrique», a précisé un témoin.

Ne bougez surtout pas: n'essayez pas de courir après les passagers d'une soucoupe volante, car s'ils sont petits (de 0,90 m à 1,20 m), ils se déplacent vite. Tous les récits l'affirment: «Ils se déplaçaient rapidement. Ces jambes ne paraissaient pas toucher le sol», a raconté une fillette de quinze ans. «Leurs jambes paraissaient disproportionnées. Ils se déplaçaient rapidement, courant à la manière d'un homme le long de la crevasse, mais beaucoup plus vite qu'un homme normal n'aurait pu le faire sur un tel terrain. Ils se déplaçaient à grandes enjambées[10] souples, les pieds touchant au

---

[9] **éblouissant** dazzling

---

sol d'une manière très légère...», se souvient un autre témoin. Surtout, n'ayez pas de chiens avec vous. À travers les témoignages, il ressort que le petit homme vert a une peur bleue[11] des chiens:

Ne vous énervez pas[12]

Si vous voulez photographier ces engins de l'espace, ne perdez pas votre sang-froid. Les clichés pris jusqu'à maintenant sont rarement exploitables, car, dans la hâte et la précipitation, sous l'effet de la surexcitation (bien compréhensible), les photographes de telles scènes réussissent rarement leurs photos.

N'oubliez pas, une fois remis de votre émotion, d'avertir les gendarmes. Ne manifestez pas trop d'exaltation, pour n'être pas soupçonné de folie, d'ivrognerie,[13] ou ne pas être accusé d'outrage à agents de la force publique. Votre rapport doit être le plus précis possible. Notez la date, l'heure, le lieu, les conditions atmosphériques, les formes de l'engin, sa direction, ses couleurs. Il est difficile d'évaluer sa taille et son altitude, mais vous pouvez estimer son diamètre par rapport à celui de la pleine lune. Vous devez aussi calculer sa position dans le ciel en notant son angle avec l'horizon.

---

[10] **une enjambée** stride
[11] **avoir une peur bleue** to be terribly frightened
[12] **s'énerver** to get nervous
[13] **une ivrognerie** drunkenness

30

Le Monstre

GÉRARD KLEIN

It was France that gave the world Jules Verne. The elaborate, sometimes far-fetched visions of this pioneer of science fiction often invited the scoffs of the more rational minds of that era. And yet it was Jules Verne who, in 1865, wrote of the rocket that would carry the first men to the moon taking off from Florida with a crew of three. Today, science fiction in France is hardly taken more seriously than it was in Jules Verne's day. It is still considered a kind of marginal literature, in a class with detective novels, spy thrillers and adventure stories.

Nevertheless, some notable science fiction has recently come out of France. Gérard Klein's stories are among the finest in that genre. The "monster" of the following story is a creature from another world. This alien intruder and the reception he receives from humans set the backdrop for a gripping psychological drama.

■ LECTURE: Gérard Klein / **Le Monstre**

LECTURE   Le Monstre

1

un couvercle cover
déclencher to release, set off
une horlogerie clockwork
la vitrine shop window
la paupière eyelid
la serrure latch
grincer to grind
le pêne bolt
Une pluie de pas A shower of footsteps
un effroi fright, terror
bourdonner to hum
le cuivre copper
grésiller to crackle
le poste radio
le gazon frais tondu freshly mowed grass
la clôture fence

La nuit était prête à tomber, juste en équilibre sur le bord de l'horizon, prête à se refermer comme un couvercle° sur la ville et à déclencher° dans sa chute l'horlogerie° précise des lumières. Des rideaux métalliques[1] s'abaissaient sur les vitrines° comme des paupières.° Des clés s'engageaient dans des serrures° et faisaient grincer° des pênes.° La journée était finie. Une pluie de pas° battait l'asphalte poussiéreux des rues. C'est alors que la nouvelle courut à travers la ville, bondissant de bouche à oreille, se lisant dans la stupeur ou dans l'effroi° des yeux, bourdonnant° dans les câbles de cuivre° du téléphone ou grésillant° dans les lampes des postes.°

«Nous répétons qu'il n'y a aucun danger», disait le haut-parleur à Marion, assise dans sa cuisine, les mains posées sur les genoux, regardant par la fenêtre le gazon frais tondu,° la clôture° blanche du jardin et la route. «Nous prions seulement les habitants des quartiers entourant le parc de bien vouloir rester chez eux afin de ne gêner en rien l'action des spécialistes. La chose venue d'un autre monde n'est en aucune façon hostile aux humains. C'est une journée historique que celle-ci où nous pouvons accueillir un être d'une autre planète, et sans doute né, de l'avis de l'éminent professeur qui se trouve à côté de moi en ce moment même, sous la lumière d'un autre soleil.»

la falaise cliff
la pelouse lawn

une ombre shadow

glisser dans to slip into

Marion se leva et ouvrit la fenêtre. Elle aspira l'air chargé d'une odeur d'herbe, d'une poussière d'eau et de mille couteaux aigus de froid et fixa la rue à l'endroit obscur et lointain où elle se détachait des hautes falaises° des immeubles de la ville et s'étalait, s'élargissait entre des maisons de brique et des pelouses.° Sur la façade de chacune de ces maisons brillait une fenêtre solitaire, et derrière chacune de ces fenêtres, ou presque, Marion pouvait discerner une ombre° qui attendait. Et les ombres accoudées aux barres d'appui[2] disparaissaient une à une, tandis que des pas d'hommes résonnaient dans la rue, que des clés glissaient dans° des serrures huilées et que des portes claquaient, se refermant sur une journée passée et sur la nuit tombée.

— Il ne lui arrivera rien, se dit Marion, en pensant à Bernard qui

---

Source: «Les Monstres» extrait de *Les Perles du temps* Gérard Klein © Les Éditions Denoël.

[1] **rideau métallique:** *iron curtain;* la plupart des magasins en France ont un rideau métallique pour fermer la devanture.

[2] **la barre d'appui:** *cross bar;* les fenêtres en France descendent très bas et s'ouvrent vers l'intérieur, ce qui nécessite une barre d'appui ou, parfois, une grille de fer.

à l'accoutumée as usual

effleurer to brush lightly
la glace à la vanille vanilla ice-cream
fondant melting
un damier checkerboard

le phare headlight

un if yew tree
le peuplier poplar
un arceau short, arched wire fence
siffler to whistle

la pince claw
le buisson bush
se lover to curl up
un fossé ditch
la mèche d'un fouet crack of a whip
happer to snatch up

tenir au courant to keep posted

tapi crouched

un trou des fourrés a hole in the thicket
le halètement panting
le grondement rumbling

le prédicateur preacher

à force de by dint of

devait traverser le parc, s'il revenait comme à l'accoutumée° par le chemin le plus court et le plus paisible. Elle jeta un coup d'œil dans le miroir en effleurant° de la main ses cheveux noirs. Elle était petite et un peu ronde, et douce comme une glace à la vanille° fondante.°

— Il ne lui arrivera rien, se dit Marion regardant dans la direction du parc, entre les hauts damiers° éclairés des façades, discernant la masse compacte et sombre des arbres que n'égayait nulle autre lumière que celle, passante, des phares° des autos; «sans doute a-t-il pris une autre route», mais malgré elle, elle imaginait Bernard marchant dans les allées sablées à pas nonchalants, entre les ombres taillées des ifs° et les tremblements des peupliers,° sous la clarté diffuse de la lune, évitant les arceaux° qui bordent les pelouses comme des cils de fer, tenant un journal à la main et sifflant° peut-être, ou fumant une pipe à moitié éteinte et soufflant de courtes bouffées d'une fumée légère, les yeux à demi clos, l'allure légèrement insolente comme s'il avait eu le monde entier à affronter. Et une grande pince° noire s'agitait dans les buissons,° ou un long tentacule se lovait° dans un fossé,° prêt à claquer dans l'air comme la mèche d'un fouet° et à happer,° et elle les voyait, les yeux fermés, sur le point d'appeler et de crier de terreur et elle ne faisait rien, parce que ce n'était qu'une illusion emportée par les mots confiants du poste.

«Les précautions nécessaires ont été prises. Les entrées du parc sont surveillées. Les derniers promeneurs sont escortés individuellement jusqu'aux portes. Nous vous demandons seulement d'éviter tout bruit et de préférence toute lumière dans le voisinage du parc, de façon à ne pas effrayer notre hôte d'un autre monde. Le contact n'a pas encore été effectué avec l'être d'une autre planète. Personne ne peut dire quelle forme il a, ni quel est le nombre de ses yeux. Mais nous nous trouvons à l'entrée même du parc et nous vous tiendrons au courant.° À côté de moi se trouve le professeur Hermant de l'Institut de recherches spatiales qui vous donnera le résultat de ses premières observations. Professeur, je vous laisse le micro...»

Marion pensa à la chose venue de l'espace, à cet être solitaire et tapi° dans un coin du parc, tout contre la terre humide, frissonnant du froid de ce vent étranger, examinant le ciel par un trou des fourrés,° et ces étoiles neuves et inconnues, percevant dans la trépidation du sol les pas des hommes qui l'encerclaient, les halètements° des moteurs, et plus profondément, le grondement° souterrain de la ville. «Que ferais-je à sa place?» se demanda Marion, et elle sut que tout allait s'arranger car la voix du poste était grave et paisible, assurée comme celle d'un prédicateur° entendu le dimanche et dont les mots rompent à peine le silence. Elle sut que les hommes s'avanceraient vers cet être tremblant dans la lumière des phares, et qu'il attendrait, calme et confiant, qu'ils tendent les mains et qu'ils parlent, et qu'il viendrait vers eux, une pointe d'angoisse dans l'âme, puis saisissant soudain à force° d'écouter leurs voix incompréhensibles, comme une année plus tôt, elle avait écouté la voix de Bernard.

la nuée cloud

«Nos instruments ont à peine effleuré les immenses espaces qui nous entourent, disait la voix du professeur. Songez qu'à l'instant même où je vous parle, nous plongeons à travers les étendues cosmiques, entre les étoiles, entre les nuées° d'hydrogène…»

Il se tut un instant et reprit son souffle.

«…Tout peut donc nous attendre de l'autre côté de cette porte du mystère qu'est le vide. Et voici qu'elle a été poussée et franchie par un être venu d'un autre monde. Il y a une heure quarante-sept minutes, un navire spatial s'est posé silencieusement dans le parc de cette ville. Nos détecteurs l'avaient enregistré une heure et demie plus tôt, alors qu'il franchissait les couches supérieures de l'atmosphère. Il semble être de petite taille. Il est encore trop tôt pour émettre des suppositions quant à la source d'énergie qui le propulse. Mon distingué

mû p.p. of mouvoir

collègue, le professeur Li, estime que l'appareil pourrait être mû° par un effet d'asymétrie spatiale orientée, mais les recherches entreprises dans ce sens…

— Professeur, coupa la voix du commentateur, certaines personnes ont avancé l'hypothèse qu'il ne s'agit pas d'un navire, mais seulement d'un être capable de se déplacer entre les étoiles. Que pensez-vous de cette idée?

— Eh bien, il est encore trop tôt pour émettre une opinion définitive. Personne n'a encore vu l'objet et nous savons seulement qu'il a

ignorer not to know

semblé capable de diriger et de ralentir sa chute. Nous ignorons° même s'il contient réellement un être vivant. Il est possible qu'il ne s'agisse que d'une machine, d'une sorte de robot, si vous voulez. Mais il contient en tout cas un message du plus haut intérêt scientifique. Ceci est le plus grand événement scientifique depuis la découverte du feu par nos lointains ancêtres. Nous savons désormais que nous ne sommes plus seuls dans l'immensité étoilée. Pour répondre à votre question, franchement, je ne crois pas qu'un être vivant, au sens où nous l'entendons, puisse résister seul aux conditions de l'espace, à l'absence d'atmosphère, de chaleur, de pesanteur, aux rayonnements destructeurs.

— Professeur, pensez-vous qu'il y ait le moindre danger?

— Sincèrement non. Cette chose n'a manifesté aucune intention hostile. Elle s'est contentée de rester terrée° dans un coin du parc. Je

terré entrenched

suis émerveillé de la promptitude avec laquelle les précautions nécessaires ont été prises, mais je ne pense pas qu'elles serviront à quelque chose. Ma principale inquiétude viendrait plutôt des réactions que peuvent avoir les hommes en face d'un être irrémédiablement étranger. C'est pourquoi je demande à chacun de conserver son calme, quoi qu'il arrive. Les autorités scientifiques ont désormais la situation en main. Il ne saurait° rien arriver de fâcheux°…»

il ne saurait = il ne pourrait
fâcheux, -se regrettable, unfortunate

maladroitement clumsily

Marion prit une cigarette dans un tiroir et l'alluma maladroitement.° C'était un geste qu'elle n'avait pas fait depuis des années, depuis son quinzième anniversaire, peut-être. Elle aspira la fumée et

se gronder to scold oneself

la poêle frying pan
le placard cupboard
éteindre to extinguish, put out

une abeille bee
la ruche beehive
le ronronnement purring
se mordre to bite

invraisemblable unlikely

décrocher to unhook

chiffonner to wrinkle

le cauchemar nightmare

le bassin pond, pool

le carrelage tiled floor
net, -te clean
à grands pas with long strides
rôder to prowl about

le brouillard fog

moite damp

la taupe mole

toussa. Ses doigts tremblèrent. Elle épousseta un peu de cendre blanche tombée sur sa robe.

— Que mangeons-nous ce soir? se demanda-t-elle en se grondant° pour sa nervosité. Mais elle n'avait pas le courage de tirer une poêle° d'un placard,° ni même d'ouvrir le réfrigérateur. Elle éteignit° la lumière puis revint à la fenêtre, et tirant sur sa cigarette comme une petite fille, essaya d'entendre un bruit de pas sur la route. Mais il n'y avait rien que des voix dans des maisons calmes, qu'un air de musique étouffé comme un chant d'abeille° dans une ruche° et que le ronronnement° des mots dans le haut-parleur.

— Tiens-toi tranquille, dit-elle à voix haute, se mordant° les lèvres. Des milliers de gens sont passés dans le parc ce soir et il ne leur est rien arrivé. Et il ne lui arrivera rien. Les choses n'arrivent jamais aux gens qu'on connaît, mais toujours à des images lointaines qui passent sur l'écran des journaux et qui portent des noms invraisemblables.°

L'horloge sonna huit fois. «Peut-être pourrais-je téléphoner au bureau, pensa Marion. Peut-être sera-t-il retenu là-bas la moitié de la nuit». Mais parce qu'ils n'avaient pas le téléphone, il lui fallait mettre un manteau, pénétrer dans la nuit et courir dans le froid, entrer dans un café plein de visages curieux, décrocher° la petite bête noire, morte et bourdonnante de l'écouteur, et appeler d'une voix changée, métallique, en chiffonnant° un mouchoir dans sa poche. C'était ce qu'elle devait faire. C'était ce que ferait une femme indépendante et courageuse. Mais elle n'était, pensait-elle maintenant pleine de honte, ni indépendante, ni courageuse. Elle ne savait qu'attendre et regarder la ville scintillante avec des yeux pleins de cauchemars.°

«Je vous remercie, professeur, dit le poste de radio. Nous nous trouvons maintenant à quatre cents mètres au plus de l'endroit où la chose se tient cachée. Les hommes des brigades spéciales progressent lentement en étudiant chaque centimètre carré du terrain. Je ne distingue rien encore, ah si, une forme noire vaguement sphérique de l'autre côté du bassin,° un peu plus haute qu'un homme peut-être. Il fait vraiment très sombre et…Le parc est absolument désert. L'ambassadeur des étoiles est donc maintenant seul, mais ne craignez rien, vous aurez bientôt l'occasion de faire sa connaissance…»

Marion laissa tomber sa cigarette et la regarda se consumer sur le carrelage° net.° Bernard n'était pas dans le parc. Peut-être approchait-il à grands pas,° ou peut-être rôdait-il° encore auprès des grilles du parc, tâchant d'apercevoir le visiteur des étoiles. Dans un quart d'heure, il serait là, souriant, les cheveux scintillants des gouttelettes microscopiques du brouillard.°

Puis, la vieille angoisse surgit d'une caverne intérieure, pourpre et moite.° «Mais pourquoi n'avancent-ils pas plus vite, pensa-t-elle, songeant aux hommes qui travaillaient dans l'obscurité, mesurant, pesant, analysant, progressant sans bruit dans la nuit comme des taupes° de plein air, pourquoi n'avancent-ils pas plus vite s'il n'y a pas

se serrer to squeeze, grip

errer to wander, stray

épeler to spell
brouillé clouded over
usé worn out

coller to glue

le frôlement rustling

écraser to crush

niché nestling
le creux hollow

de danger?» Et il lui vint à l'esprit qu'on lui cachait quelque chose derrière l'écran calme du haut-parleur et des mots brodés de confiance. Elle pensa soudain qu'ils tremblaient peut-être en parlant, que leurs mains se serraient° peut-être convulsivement sur leur micro tandis qu'ils affectaient d'être sûrs d'eux, que leurs visages étaient peut-être horriblement pâles malgré la lueur rouge des lanternes sourdes. Elle se dit qu'ils ne savaient rien de plus qu'elle à propos de ce qui pouvait errer° au-delà de l'atmosphère de la Terre. Et elle songea qu'ils ne feraient rien pour Bernard, qu'elle seule pouvait faire un geste, bien qu'elle ne sût pas lequel, peut-être courir au-devant de lui, se jeter à son cou et se serrer contre lui, peut-être l'entraîner loin de cet abominable être des étoiles, ou peut-être simplement pleurer sur une chaise de cuisine en métal blanc, et attendre, immobile, comme une silhouette découpée dans du papier noir.

Elle était incapable de penser à autre chose. Elle ne voulait plus entendre la voix qui sortait du poste, mais elle n'osa pas l'éteindre de peur d'être plus seule encore. Elle prit un magazine et l'ouvrit au hasard, mais jamais elle n'avait vraiment aimé lire et maintenant, il lui eût fallu épeler° lettre après lettre, tant ses yeux étaient brouillés,° et de toute façon, les mots usés° n'avaient plus de sens pour elle en ce moment. Elle essaya de regarder les images, mais elle les voyait comme au travers d'une goutte d'eau, ou d'un prisme, en transparence, étrangement disloquées, et brisées selon des lignes impossibles.

Puis elle entendit un pas, elle se leva, et courut à la porte, l'ouvrit et se pencha vers la nuit, vers le gazon humide et crépusculaire, et écouta, mais le pas faiblit soudain, s'arrêta, s'éloigna et mourut tout à fait.

Elle rentra dans la cuisine et le son du poste lui parut insupportable. Elle diminua la puissance et colla° son oreille tout contre le haut-parleur, écoutant au travers de ses cheveux cette voix minuscule, ce frôlement° d'insecte sur une membrane vibrante.

«Attention, dit une voix à l'autre bout d'un long tube de verre frissonnant, il se produit quelque chose. Je crois que l'être est en train de bouger. Les spécialistes sont peut-être à deux cents mètres de lui, au plus. J'entends une sorte de cri. L'être d'un autre monde va peut-être parler...il appelle...sa voix semble presque humaine ...comme un long souffle...je vais vous la faire entendre.»

Marion écrasa° son oreille contre le poste, ses cheveux s'imprimèrent dans sa peau. Elle entendit une série de déclics, un long bourdonnement muet, un sifflement aigu, puis le silence, puis la voix naquit au fond du haut-parleur, à peine audible, profonde comme une lourde respiration de dormeur.

— MA-riON, disait la voix, nichée° au creux° du haut-parleur, tapie en un coin sombre du parc.

C'était la voix de Bernard.

COMPRÉHENSION

1. Décrivez l'ambiance qui règne au début de la nouvelle. Quelle heure est-il? Quels gestes l'auteur évoque-t-il? Comment développe-t-il cette atmosphère lourde de menace?
2. Qu'est-ce que la radio apprend à Marion?
3. À quoi Marion pense-t-elle? S'inquiète-t-elle en dépit du ton rassurant de la radio? Pourquoi?
4. Quelles assurances donne la voix entendue à la radio?
5. (a) Qu'est-ce que le professeur dit au sujet de l'être venu d'un autre monde?
   (b) Quelle est la principale inquiétude du professeur?
6. Marion est-elle rassurée par les propos du professeur? Que fait-elle pour se calmer?
7. Qu'est-ce que Marion aimerait avoir le courage de faire?
8. Décrivez les gestes et les pensées de Marion pendant qu'elle attend son mari en écoutant la radio.
9. À quoi le monstre ressemble-t-il?
10. Quel son émet-il?

2

basculer to tip
s'effondrer to collapse

béant gaping
longer to run along
le volet shutter

le réverbère street light
trébucher to trip
la flaque puddle

un aboiement barking

chantonner to hum

ivre drunk

cerner to encircle, surround
un sentier path

Elle se leva brusquement, la chaise bascula° derrière elle et s'effondra° dans un grand fracas.

— MA-riON, murmurait la voix étrangère et connue, imperceptible. Mais elle ne l'écoutait plus, elle courait sur la route, ayant laissé derrière elle la porte béante° et toute son angoisse morte. Elle longea° deux jardins en courant puis elle s'arrêta une seconde, essoufflée, tremblante de froid. C'était la nuit partout. Les volets° des maisons étaient clos et laissaient filtrer tout juste de minces rais de lumière. Les réverbères° étaient éteints. Elle se mit à marcher au milieu de la route, là où elle ne risquait pas de trébucher° sur une pierre ou de tomber dans une flaque.°

Il régnait dans les quartiers qu'elle traversa un silence inhabituel, de temps à autre ponctué par un aboiement° étouffé, ou par le tumulte métallique d'un train. Elle croisa un homme qui marchait en chantonnant,° aussi noir qu'une statue taillée dans un bloc d'anthracite. Elle voulut l'arrêter et lui demander de l'accompagner mais en s'approchant, elle vit qu'il était ivre° et elle fit un détour.

Elle avait l'impression d'être perdue dans une ville hostile quoiqu'elle connût chacune de ces maisons et qu'elle eût cent fois critiqué le jour, en se promenant avec Bernard, les rideaux de chacune de ces fenêtres. Elle courait entre les grands bâtiments comme entre les murs d'arbres qui cernent° un sentier° de forêt. Et elle était sûre qu'elle entendrait derrière elle la respiration d'un

la clairière clearing
la bâche tarpaulin cover
le trou d'épingle pinhole

la touche key (of a keyboard)

ténu slender, thin

le gouffre abyss
le trottoir sidewalk
la corde rope
raide tight
transi frozen
lâcher to let go

desserrer to unclench, loosen
les lèvres lips

le tic nervous spasm

écarquillé spread out
le pli fold

se dépêcher to hurry up

gonflé swollen
s'éparpiller to scatter

le filet net
la maille mesh

le ceinturon belt
le cuir leather
un étui case
ciré waxed

animal féroce, si elle s'arrêtait. Elle traversa une place déserte, une clairière° de ciment, que la nuit recouvrait d'une bâche° percée de trous d'épingles° aux endroits des étoiles. Elle atteignit les limites du parc et se mit à courir le long des grilles en comptant les barreaux.

Ses talons frappaient l'asphalte avec le tintement clair d'un marteau tombant sur les touches° d'un xylophone. La peur courait le long de sa peau comme une armée de fourmis. Elle retint son souffle. La lune projetait devant elle une ombre ténue,° impalpable.

Elle se retourna, faisant voler sa robe. Il n'y avait rien derrière elle que l'enfilade des murs nocturnes, sans relief ni nuances, tels· de grandes glaces de lave dévorant toute lumière et toute couleur, transformant la nuit en un gouffre° et le bord du trottoir° en une corde° raide° sur laquelle elle avait couru, légère et transie° d'angoisse et de froid. Elle était seule avec la nuit.

Une main se posa sur son bras et la fit pivoter. Elle cria. La main la lâcha° et elle recula jusqu'au mur du parc et pressa ses épaules contre les barreaux et lança ses mains en avant.

— Excusez-moi, m'dame, dit l'agent d'une voix lourde et trébuchante, mais étrangement rassurante. On a demandé à tout le monde de rester chez soi. Avez-vous la radio?

— Oui, souffla Marion, avec effort, sans bouger, sans respirer, sans même desserrer° vraiment les lèvres.°

— Voulez-vous que je vous raccompagne chez vous? Il n'y a pas beaucoup de danger, par ici, mais… il hésita. Sa face était pâle dans l'obscurité. Un tic° lui secouait périodiquement la joue… un homme a été attrapé, tout à l'heure, et il vaudrait mieux…

— Bernard, dit Marion, les doigts écarquillés° et pressés contre les plis° de sa robe.

— Ça n'a pas été joli, murmura l'agent. Il vaudrait mieux que vous veniez avec moi. Et maintenant la chose appelle. Dépêchez-vous,° m'dame. J'ai ma ronde à terminer. Vous n'habitez pas trop loin, j'espère. C'est une ronde tout à fait extraordinaire. Je n'ai pas l'habitude de marcher seul, vous savez. Mais on manquait d'hommes ce soir.

Du bout de sa chaussure, il écrasa une cigarette à demi brûlée et gonflée° d'eau, le papier se déchira et le tabac s'éparpilla.°

— Mon mari, dit Marion.

— Allons, venez. Il vous attend chez vous.

— Non, dit Marion, secouant la tête, et ses cheveux lui retombèrent sur le visage comme un filet° aux fines mailles° noires. Il est là dans le parc. Je l'ai entendu.

— Il n'y a personne dans le parc. Le tic réapparut et déforma sa joue. Marion vit que sa mâchoire tremblait légèrement. Sa main gauche caressait le ceinturon° de cuir° et sa main droite effleurait l'étui° ciré° de son revolver. Il avait plus peur qu'elle. Il craignait pour lui-même.

griffer to scratch
blême pale

Sans…garde Without her taking
    notice

luisant shining

l'ouïe (f.) hearing

le sanglot sob

le hoquet hiccup, convulsion
hacher to break up
brouiller to blur

les bas (m.) nylon stockings

la toile…cuivre the canvas of
    copper wires
tisser to weave
doré gilded, golden

— N'entendez-vous pas? cria-t-elle. Ne comprenez-vous pas? Elle se précipita vers lui et lui prit le bras. Elle avait envie de griffer° ce visage blême° et tremblotant, cette façade humaine aussi blanche qu'étaient sombres les façades de la ville.

— Mon mari est là-dedans qui m'appelle. J'ai entendu sa voix dans la radio. Pourquoi ne me laissez-vous pas tranquille?

Sans qu'elle y prît garde,° des larmes coulèrent le long de ses joues.

— Oh! laissez-moi aller, gémit-elle.

Il se balança un instant sur le bout carré de ses souliers noirs et luisants° de cire.

— Peut-être, dit-il, hésitant, peut-être. Je ne sais pas. Puis, plus doucement:

— Excusez-moi, m'dame. Venez avec moi.

Ils marchèrent le long des grilles. Elle courait devant lui sur la pointe des pieds et tous les quatre ou cinq pas s'arrêtait pour l'attendre.

— Dépêchez-vous, disait-elle, pour l'amour de Dieu, dépêchez-vous!

— Ne faites pas trop de bruit, m'dame, il n'est pas si loin et il paraît qu'il a l'ouïe° fine. On va bientôt l'entendre, maintenant.

— Je sais, dit-elle, c'est la voix de mon mari.

Il la regarda fixement, silencieux.

— Il l'a dévoré, dit-elle encore. Je sais. Je l'ai vu. Il a de grandes dents pointues et toutes d'acier. Je les ai entendues claquer. C'était affreux.

Elle recommença brusquement à pleurer. Ses épaules étaient agitées par les sanglots.°

— Calmez-vous. Il ne peut rien vous arriver.

— Non, admit-elle, non. Plus maintenant.

Mais les hoquets° hachaient° sa voix et les larmes brouillaient° sa vue tandis qu'elle courait. Elle glissa et l'une de ses chaussures vola en l'air et elle se défit de l'autre en un mouvement hâtif du pied et elle continua de courir sur ses bas.°

Elle entendit soudain la voix du monstre et elle vit se mouvoir les lèvres de Bernard. Ç'était un son prolongé et tranquille, nullement effrayant, mais si faible qu'elle eût voulu le serrer dans sa main pour le protéger du vent.

Elle vit les hommes vêtus de bleu sombre qui gardaient l'entrée du parc. Elle attendit, immobile, l'échange des questions et des réponses fusant sans force entre les lèvres serrées. Ella entra dans le parc. Elle vit la toile de fils de cuivre° qu'ils avaient tissée,° de fils dorés° enserrant la terre, entourant la chose étrangère qui parlait avec la voix de Bernard. Elle éprouva l'humidité de l'herbe sous ses pieds.

— Qui êtes-vous? souffla une voix.

— Je suis venue pour…commença-t-elle, mais elle écoutait la voix lointaine.

René Magritte, The Empire of
Light, II. (L'Empire de lumières,
II). 1950. Oil on canvas, 31 x 39″. Collec-
tion. The Museum of Modern Art, New York.
Gift of D. and J. de Menil.

le faisceau thin ray
étinceler to sparkle

le puits well
le four furnace
se faufiler to thread one's way
au…sol skimming the ground

— MA-riON. MA-riON.

— Ne l'entendez-vous pas? dit-elle.

— Voilà une heure que je l'entends, dit l'homme. Il promenait le faisceau° de sa lampe sur Marion. Les boutons de son uniforme et ses dents étincelaient.° Sa moustache mince donnait l'impression qu'il souriait toujours, mais ses yeux, maintenant, semblaient désespérés.

— Il prononce des sons d'ici, des mots de la Terre qu'il a trouvés dans ce pauvre type qu'il a attrapé, des mots sans suite, des mots sans raison. D'abord, nous avons cru que c'était un homme qui appelait. Puis nous avons compris que pas une bouche sur la terre n'avait cette voix-là.

— C'est la voix de Bernard, dit-elle. Bernard est mon mari. Je l'ai épousé il y aura un an dans un mois.

— Qui êtes-vous? Votre nom?

Elle se laissa tomber sur le gazon et entoura sa tête de ses bras pour ne plus entendre la voix.

— Marion, répétait la voix, insistante. Ce ne pouvait être une voix d'homme, car elle était trop pénétrante. Elle semblait venir d'un fond de puits,° ou du fond d'un four.° Elle se faufilait° au ras du sol° et paraissait sortir de terre, comme la voix des herbes, ou la voix des insectes, ou la voix d'un serpent glissant dans l'herbe mouillée.

— On croirait presque qu'il attend quelqu'un, dit l'homme. Il s'était assis auprès d'elle. «Dites-moi votre nom.»

la bulle bubble of sound
envolée...doigt flown away in
the instant of time it takes to slip
a ring on a finger

se fissurer to crack
receler to conceal, harbor

en un clin d'œil in a wink, in a
flash
enrober to engulf

luire to shine
carié rotten, decayed

une embûche ambush, trap

— C'est moi qu'il appelle, dit-elle, il faut que j'y aille.

— Ne bougez pas. Comment vous appelez-vous? Que faites-vous ici, dans cette robe, par cette nuit froide?

— Marion, chuchota-t-elle, Marion Laharpe. C'était mon nom.

Elle songea à son nom, cette bulle° tellement fragile, envolée le temps de passer un anneau au doigt,° soufflée, le temps de courir vers un parc envahi par la nuit.

— Mon mari a été... — elle hésita, puis se décida — ...dévoré par cette chose et il m'appelle et je dois y aller.

— Restez tranquille, dit l'homme. Sa moustache mince frémit. Personne n'a été dévoré. Et même si cela était, comment pourriez-vous être sûre qu'il s'agit de votre mari?

Mais la voix tremblait, se fissurait° comme un mur prêt à s'effondrer, elle recelait° une certaine qualité d'incertitude, de peur et de pitié mêlées et alourdies de colère.

— Ne mentez pas, dit Marion. Je reconnais sa voix et cet agent qui m'a accompagnée m'a dit qu'un homme avait été tué et il devait passer par le parc, et il n'est pas rentré, et j'ai entendu la voix dans le poste, tout à l'heure, et elle m'appelait. Un million de personnes ont entendu la voix. Vous ne pouvez pas dire le contraire.

— Non, dit-il, je vous crois. Sa voix s'éteignit tandis qu'il parlait et elle semblait morte, les syllabes dansant telles des cendres dans le souffle d'air venu de ses poumons.

— Nous n'avons rien pu faire. Nous avions fermé trop tard les portes. Nous l'avons vu sortir d'une allée et, en un clin d'œil,° la chose était sur lui, l'enrobait.° Cela s'est passé très vite. Je vous demande pardon. Si je puis vous aider...

Puis sa voix se durcit.

— Nous allons tuer cette chose. Je sais que votre mari ne reviendra pas pour autant, mais je tiens à vous le dire. Nous ne prendrons pas de risques supplémentaires. Regardez.

Les longs tubes des lance-flammes luisaient° comme des langues sur l'herbe, comme des dents intactes dans une bouche cariée.° Ils étaient posés sur la pelouse, de l'autre côté du réseau scintillant des fils électriques. Et à côté de chacune des lances, un homme paraissait dormir, mais un tressaillement parcourait parfois son dos et sa tête remuait tandis que son regard s'efforçait de s'infiltrer entre les hautes herbes et les feuilles des buissons et de tâter cette région hostile et pleine d'embûches° qui s'étendait devant lui.

COMPRÉHENSION

1. Que fait Marion quand elle reconnaît la voix de Bernard?
2. Relevez dans le texte les expressions qui expriment l'atmosphère des rues désertes.
3. Où va Marion? Décrivez ses sentiments et ses impressions pendant qu'elle court. Pourquoi s'arrête-t-elle?

4. Décrivez l'agent de police. Qu'est-ce qu'il explique à Marion?
5. Où l'agent de police mène-t-il la jeune femme, quand il comprend que c'est son mari qui a été attrapé par le monstre?
6. Décrivez le son émis par le monstre.
7. Caractérisez l'attitude de l'autre agent vis-à-vis de Marion. Considère-t-il Marion avec sympathie?
8. Que compte-t-on faire du monstre?
9. Par quel moyen les hommes se protègent-ils contre le monstre?

3

— Non, dit Marion, à voix haute. Ne le touchez pas. Je suis sûre que c'est Bernard.

L'homme secoua la tête.

— Il est mort, madame. Nous avons vu la chose se passer. Peut-être le monstre répète-t-il sans fin sa dernière parole, mécaniquement. Il est mort en pensant à vous, c'est sûr. Le professeur vous expliquerait cela mieux que moi.

— Le professeur, dit Marion. Je l'ai entendu. Il disait qu'il n'y avait aucun danger, qu'il fallait rester calme et qu'il savait ce qu'il faisait et que c'était un grand événement et...

— Il est comme nous. Rien de plus. Il a hurlé° lorsque la chose s'est attaquée à votre mari. Il a dit qu'il ne comprenait pas. Il a dit qu'il avait attendu toute sa vie l'ami descendu des étoiles. Il a dit qu'il aurait préféré être dévoré lui-même plutôt que de voir cela.

— Il s'est tu,° dit-elle amèrement. Il a dit que tout allait bien. Il a dit qu'il ne fallait pas s'affoler° et il savait que Bernard...

— Il a agi pour le mieux. Maintenant, il dit qu'il faut balayer° cette vermine de la surface de la Terre et la rendre à l'enfer.° Il est en train de fabriquer un gaz.

— Marion, appela doucement la voix sans lèvres, la voix sans dents d'ivoire, ni langue de chair, de l'autre côté des tubes rutilants° de cuivre.

— Je veux lui parler, dit-elle, le silence revenu. Je suis sûre que c'est Bernard et qu'il me comprendra.

— Soit.° Nous avons essayé cela aussi. Mais il ne répond rien.

Elle serrait le micro entre ses doigts comme une pierre curieusement polie par la mer.

— Bernard, souffla-t-elle. Bernard, je suis là.

Sa voix jaillissait° du haut-parleur comme de l'eau d'une source, étrangement altérée, distillée. Elle se répercutait contre les arbres et s'émiettait° entre les feuilles, coulait le long des tiges° comme une sève° de bruit, se faufilait entre les brindilles et les herbes dans les interstices de la terre. Elle inondait la pelouse, imprégnait les massifs, emplissait les allées, ébranlait la surface du bassin d'une onde° indécelable.°

hurler to scream

Il s'est tu (se taire) He became silent
s'affoler to panic
balayer to sweep away
un enfer hell

rutilant glowing red, gleaming

Soit. So be it.

jaillir to spring forth

s'émietter to break up, disperse
la tige stem
la sève sap
une onde wave
indécelable invisible, undetectable

la pelle shovel

la balançoire swing
le manège merry-go-round
la bascule seesaw
un anneau ring
pendus au portique dangling
  from the gym bars
le piège trap
Qu'est-ce…faire? What can that
  matter?

bouillonnant bubbling
écumant foaming
accolé coupled
crever to burst
flasque flaccid, flabby
une éponge sponge
le jais jet (black mineral)
déglutir to swallow
le crachat spit

la toile d'araignée spider web

un appât bait

mat dull

moissonné harvested
engrangé stored
broyé ground
creux, -se hollow
la demeure dwelling
des êtres…nom beings that are
  called

— Bernard. M'entends-tu? Je veux t'aider.
Et la voix répondit:
— Marion. Je t'attends. Je t'ai attendue si longtemps. Marion.
— Me voici, Bernard, dit-elle, et sa voix était légère et fraîche, elle survolait les tas de sable abandonnés dans la journée aux pelles° des enfants, elle se glissait entre les balançoires,° le manège,° les bascules,° entre les anneaux° et le trapèze pendus au portique.°
— Il m'appelle. Je dois y aller, dit-elle.
— C'est un piège,° dirent plusieurs voix derrière elle. Restez ici. Il n'y a rien d'humain là-bas.
— Qu'est-ce que cela peut faire?° C'est la voix de Bernard.
— Regardez, dit-on.
Un phare s'alluma comme s'ouvre un œil et transperça comme une barre tangible de lumière l'air noir. Et elle vit une masse d'obscurité, étincelante, bouillonnante,° écumante,° faite de grosses bulles accolées,° venant crever° à la surface d'une sphère de charbon visqueux et flasque.° C'était une vivante éponge° de jais,° aspirant et déglutissant.°
— Un crachat° de l'espace, dit la voix solennelle du professeur, derrière elle.
— Je viens, Bernard, dit Marion, et elle laissa tomber le micro et se lança en avant. Elle évita les mains qui essayaient de la retenir et elle se mit à courir dans l'allée sablée. Elle sauta par-dessus la toile d'araignée° aux mailles de cuivre et passa entre les langues rutilantes des lance-flammes.
— C'est un piège, cria une voix grave derrière elle. Revenez. L'être s'est assimilé certaines des connaissances de votre mari et il s'en sert comme d'un appât.° Revenez. Cela n'est pas humain. Cela n'a pas de visage.
Mais personne ne la poursuivit. Lorsqu'elle tourna la tête, elle vit les hommes se lever et saisir leurs lances et la regarder, horrifiés, leurs yeux et leurs dents brillant du même éclat métallique que les boutons de leurs uniformes.
Elle contourna le bassin. Ses pieds frappaient avec un bruit souple et mat° le sol de ciment, puis ils retrouvèrent le contact caressant et frais de l'herbe.
Elle se demanda tout en courant ce qui allait se passer, ce qu'elle allait devenir, mais elle se dit que Bernard le savait pour elle, qu'il l'avait toujours su et que c'était bien ainsi. Il l'attendait de l'autre côté de cette porte noire que sa voix franchissait avec tant de peine, et elle était sur le point de le rejoindre.
Un souvenir lui revint brusquement à l'esprit. Une phrase lue, une phrase entendue, une idée moissonnée° et engrangée° pour être maintenant broyée° et savourée. C'était quelque chose comme ceci. Les hommes ne sont que des enveloppes creuses,° parfois froides et désertes comme des demeures° abandonnées, et parfois habitées, hantées par des êtres qui ont nom° la vie, la jalousie, la joie, la crainte,

tiède warm

l'espoir, et tant d'autres. Alors finit la solitude. Et elle se prit à penser, tout en courant, et soufflant par la bouche une haleine tiède° qui se condensait en un lambeau fragile de vapeur, et tout en regardant les visages pâles et contractés, et diminuant à chaque pas, des soldats, que cet être avait franchi l'espace et cherché un nouveau monde parce qu'il se sentait désespérément creux et inutile sur le sien, parce qu'aucun de ces êtres insaisissables ne voulait le hanter, et qu'elle et Bernard vivraient peut-être au centre de son esprit comme vivent la confiance et l'angoisse, le silence et l'ennui, dans les cœurs et les esprits des hommes. Et elle espéra qu'ils lui apporteraient la paix, qu'ils seraient deux petites lumières paisibles, éclairant les profon-

alvéolaire honeycombed
frissonner to shudder

deurs alvéolaires° de son cerveau immense et inconnu.

Elle frissonna° et rit.

— Quel effet cela fait-il d'être mangée? se demanda-t-elle.

Elle essaya de se représenter une glace fondant entre ses lèvres, coulant fraîche dans sa gorge, reposant dans la petite chaleur obscure de son estomac.

— Bernard, cria-t-elle. Je suis venue.

Elle entendit les hommes hurler derrière elle.

mettre longtemps to take a long time

— Marion, dit le monstre avec la voix de Bernard, tu as mis si longtemps.°

s'effiler to fray away

Elle ferma les yeux et se jeta en avant. Elle sentit le froid glisser sur sa peau et la quitter comme un vêtement qu'on enlève. Elle sentit qu'elle se transformait. Son corps se dissolvait, ses doigts s'effilaient,° elle se dispersait dans cette grande sphère moite et tiède, confortable, et, elle le savait maintenant, belle et bonne.

— Bernard, dit-elle, ils nous cherchent pour nous tuer.

— Je sais, dit la voix toute proche maintenant et rassurante.

— Ne pouvons-nous rien faire, fuir?

— C'est à lui de décider, dit-il. J'apprends à peine à le connaître. Je lui ai dit de t'attendre. Je ne sais pas au juste ce qu'il va faire. Peut-être regagner° l'espace? Écoute.

regagner to go back to
blotti snuggled up

Et, blottis° l'un contre l'autre, à l'intérieur d'une caverne de peau, avec autour d'eux tous ces arbres, cette herbe étrangère et cette lumière hostile, fouillant° comme un scalpel cette pâte° palpitante de

fouillant probing
la pâte jelly, viscous matter
feutré muffled
crispé clenched

jais, ils entendirent approcher les pas précis, feutrés,° des tueurs humains qui, les doigts crispés° sur leurs lances de cuivre, le visage couvert d'un masque, prêts à exhaler un brouillard léthal et gris, les

le juron swearword
le déclic click (of a trigger)

cernaient, une branche brisée, un frôlement humide, un juron° étouffé, un déclic.°

COMPRÉHENSION

1. Pourquoi Marion ne veut-elle pas que l'on tue le monstre?
2. Par quel moyen va-t-on tuer le monstre?
3. Marion a-t-elle confiance dans le professeur? Pourquoi?
4. Comment le professeur avait-il réagi quand «son ami descendu des étoiles» a dévoré un être humain?

5. Décrivez ce que fait Marion.
6. Quand Marion parle au monstre, que lui répond-il?
7. À quoi le monstre ressemble-t-il sous la lumière du phare? Quelle comparaison le professeur fait-il?
8. Marion a-t-elle horreur du monstre? Expliquez.
9. Qu'est-ce que les autres lui disent au sujet du monstre?
10. Quelle pensée rassure la jeune femme?
11. En s'élançant vers le monstre, quelles réflexions fait-elle?
12. Quelles sensations Marion éprouve-t-elle en étant engloutie par le monstre?
13. Quels propos échange-t-elle avec Bernard à l'intérieur de cet être d'un autre monde?
14. Expliquez la fin de la nouvelle.

DISCUSSION

1. Quelles qualités la S.F. doit-elle posséder? Répondez en vous appuyant sur d'autres exemples de la S.F. que vous connaissez.
2. En quoi consiste l'art de Gérard Klein dans *Le Monstre*? Caractérisez son style et citez des exemples tirés du texte.
3. Y a-t-il dans cette nouvelle une attitude morale ou un commentaire implicite?
4. La psychologie de Marion vous paraît-elle vraisemblable?

COMPOSITION
DIRIGÉE

La Science Fiction

I. Formulez une définition de la S.F.

Quels en sont les traits principaux? Les qualités? Les défauts?

II. Donnez des exemples de la science fiction tirés de

A. la littérature
B. le cinéma
C. la télévision

III. Faut-il ou non prendre la S.F. au sérieux?

Appendix

REGULAR VERBS

1. Model *-er* verb   **(aimer)**
2. Model *-ir* verb   **(finir)**
3. Model *-re* verb   **(rendre)**

4. Model pronominal verb   **(se laver)**
5. Model verb in the passive voice
   (être aimé)

1. Model -er verb

aimer

Mode Indicatif		*Mode Conditionnel*

PRÉSENT	PASSÉ COMPOSÉ	PRÉSENT
j' aime	j' ai aimé	j' aimerais
tu aimes	tu as aimé	tu aimerais
il aime	il a aimé	il aimerait
nous aimons	nous avons aimé	nous aimerions
vous aimez	vous avez aimé	vous aimeriez
ils aiment	ils ont aimé	ils aimeraient

IMPARFAIT	PLUS-QUE-PARFAIT	PASSÉ
j' aimais	j' avais aimé	j' aurais aimé
tu aimais	tu avais aimé	tu aurais aimé
il aimait	il avait aimé	il aurait aimé
nous aimions	nous avions aimé	nous aurions aimé
vous aimiez	vous aviez aimé	vous auriez aimé
ils aimaient	ils avaient aimé	ils auraient aimé

PASSÉ SIMPLE	PASSÉ ANTÉRIEUR
j' aimai	j' eus aimé
tu aimas	tu eus aimé
il aima	il eut aimé
nous aimâmes	nous eûmes aimé
vous aimâtes	vous eûtes aimé
ils aimèrent	ils eurent aimé

FUTUR	FUTUR ANTÉRIEUR
j' aimerai	j' aurai aimé
tu aimeras	tu auras aimé
il aimera	il aura aimé
nous aimerons	nous aurons aimé
vous aimerez	vous aurez aimé
ils aimeront	ils auront aimé

Mode Impératif

aime
aimons
aimez

Mode Subjonctif

PRÉSENT	PASSÉ
que j' aime	que j' aie aimé
que tu aimes	que tu aies aimé
qu'il aime	qu'il ait aimé
que nous aimions	que nous ayons aimé
que vous aimiez	que vous ayez aimé
qu'ils aiment	qu'ils aient aimé

IMPARFAIT	PLUS-QUE-PARFAIT
que j' aimasse	que j' eusse aimé
que tu aimasses	que tu eusses aimé
qu'il aimât	qu'il eût aimé
que nous aimassions	que nous eussions aimé
que vous aimassiez	que vous eussiez aimé
qu'ils aimassent	qu'ils eussent aimé

Mode Infintif

PRÉSENT	PASSÉ
aimer	avoir aimé

Mode Participe

PRÉSENT	PASSÉ
aimant	aimé, ayant aimé

2. Model *-ir* verb

finir

Mode Indicatif		*Mode Conditionnel*

PRÉSENT	PASSÉ COMPOSÉ	PRÉSENT
je finis	j' ai fini	je finirais
tu finis	tu as fini	tu finirais
il finit	il a fini	il finirait
nous finissons	nous avons fini	nous finirions
vous finissez	vous avez fini	vous finiriez
ils finissent	ils ont fini	ils finiraient

IMPARFAIT	PLUS-QUE-PARFAIT	PASSÉ
je finissais	j' avais fini	j' aurais fini
tu finissais	tu avais fini	tu aurais fini
il finissait	il avait fini	il aurait fini
nous finissions	nous avions fini	nous aurions fini
vous finissiez	vous aviez fini	vous auriez fini
ils finissaient	ils avaient fini	ils auraient fini

PASSÉ SIMPLE	PASSÉ ANTÉRIEUR
je finis	j' eus fini
tu finis	tu eus fini
il finit	il eut fini
nous finîmes	nous eûmes fini
vous finîtes	vous eûtes fini
ils finirent	ils eurent fini

FUTUR	FUTUR ANTÉRIEUR
je finirai	j' aurai fini
tu finiras	tu auras fini
il finira	il aura fini
nous finirons	nous aurons fini
vous finirez	vous aurez fini
ils finiront	ils auront fini

Mode Impératif

finis
finissons
finissez

Mode Subjonctif

PRÉSENT	PASSÉ
que je finisse	que j' aie fini
que tu finisses	que tu aies fini
qu'il finisse	qu'il ait fini
que nous finissions	que nous ayons fini
que vous finissiez	que vous ayez fini
qu'ils finissent	qu'ils aient fini

IMPARFAIT	PLUS-QUE-PARFAIT
que je finisse	que j' eusse fini
que tu finisses	que tu eusses fini
qu'il finît	qu'il eût fini
que nous finissions	que nous eussions fini
que vous finissiez	que vous eussiez fini
qu'ils finissent	qu'ils eussent fini

Mode Infinitif

PRÉSENT	PASSÉ
finir	avoir fini

Mode Participe

PRÉSENT	PASSÉ
finissant	fini, ayant fini

3. Model -re verb

rendre

Mode Indicatif / Mode Conditionnel

PRÉSENT	PASSÉ COMPOSÉ	PRÉSENT
je rends	j' ai rendu	je rendrais
tu rends	tu as rendu	tu rendrais
il rend	il a rendu	il rendrait
nous rendons	nous avons rendu	nous rendrions
vous rendez	vous avez rendu	vous rendriez
ils rendent	ils ont rendu	ils rendraient

IMPARFAIT	PLUS-QUE-PARFAIT	PASSÉ
je rendais	j' avais rendu	j' aurais rendu
tu rendais	tu avais rendu	tu aurais rendu
il rendait	il avait rendu	il aurait rendu
nous rendions	nous avions rendu	nous aurions rendu
vous rendiez	vous aviez rendu	vous auriez rendu
ils rendaient	ils avaient rendu	ils auraient rendu

PASSÉ SIMPLE	PASSÉ ANTÉRIEUR
je rendis	j' eus rendu
tu rendis	tu eus rendu
il rendit	il eut rendu
nous rendîmes	nous eûmes rendu
vous rendîtes	vous eûtes rendu
ils rendirent	ils eurent rendu

FUTUR	FUTUR ANTÉRIEUR
je rendrai	j' aurai rendu
tu rendras	tu auras rendu
il rendra	il aura rendu
nous rendrons	nous aurons rendu
vous rendrez	vous aurez rendu
ils rendront	ils auront rendu

Mode Impératif

rends
rendons
rendez

Mode Subjonctif / Mode Infinitif

PRÉSENT	PASSÉ
que je rende	que j' aie rendu
que tu rendes	que tu aies rendu
qu'il rende	qu'il ait rendu
que nous rendions	que nous ayons rendu
que vous rendiez	que vous ayez rendu
qu'ils rendent	qu'ils aient rendu

IMPARFAIT	PLUS-QUE-PARFAIT
que je rendisse	que j' eusse rendu
que tu rendisses	que tu eusses rendu
qu'il rendît	qu'il eût rendu
que nous rendissions	que nous eussions rendu
que vous rendissiez	que vous eussiez rendu
qu'ils rendissent	qu'ils eussent rendu

Mode Infinitif

PRÉSENT	PASSÉ
rendre	avoir rendu

Mode Participe

PRÉSENT	PASSÉ
rendant	rendu, ayant rendu

4. Model pronominal verb

se laver

Mode Indicatif		Mode Conditionnel

PRÉSENT

je me lave
tu te laves
il se lave
nous nous lavons
vous vous lavez
ils se lavent

PASSÉ COMPOSÉ

je me suis lavé(e)
tu t'es lavé(e)
il s'est lavé
nous nous sommes lavé(e)s
vous vous êtes lavé(e)(s)
ils se sont lavés

PRÉSENT

je me laverais
tu te laverais
il se laverait
nous nous laverions
vous vous laveriez
ils se laveraient

IMPARFAIT

je me lavais
tu te lavais
il se lavait
nous nous lavions
vous vous laviez
ils se lavaient

PLUS-QUE-PARFAIT

je m'étais lavé(e)
tu t'étais lavé(e)
il s'était lavé
nous nous étions lavé(e)s
vous vous étiez lavé(e)(s)
ils s'étaient lavés

PASSÉ

je me serais lavé(e)
tu te serais lavé(e)
il se serait lavé
nous nous serions lavé(e)s
vous vous seriez lavé(e)(s)
ils se seraient lavés

PASSÉ SIMPLE

je me lavai
tu te lavas
il se lava
nous nous lavâmes
vous vous lavâtes
ils se lavèrent

PASSÉ ANTÉRIEUR

je me fus lavé(e)
tu te fus lavé(e)
il se fut lavé
nous nous fûmes lavé(e)s
vous vous fûtes lavé(e)(s)
ils se furent lavés

FUTUR

je me laverai
tu te laveras
il se lavera
nous nous laverons
vous vous laverez
ils se laveront

FUTUR ANTÉRIEUR

je me serai lavé(e)
tu te seras lavé(e)
il se sera lavé
nous nous serons lavé(e)s
vous vous serez lavé(e)(s)
ils se seront lavés

Mode Impératif

lave-toi
lavons-nous
lavez-vous

Mode Subjonctif

PRÉSENT

que je me lave
que tu te laves
qu'il se lave
que nous nous lavions
que vous vous laviez
qu'ils se lavent

PASSÉ

que je me sois lavé(e)
que tu te sois lavé(e)
qu'il se soit lavé
que nous nous soyons lavé(e)s
que vous vous soyez lavé(e)(s)
qu'ils se soient lavés

Mode Infinitif

PRÉSENT	PASSÉ
se laver	s'être lavé

Mode Participe

PRÉSENT	PASSÉ
se lavant	s'étant lavé(e)(s)

IMPARFAIT

que je me lavasse
que tu te lavasses
qu'il se lavât
que nous nous lavassions
que vous vous lavassiez
qu'ils se lavassent

PLUS-QUE-PARFAIT

que je me fusse lavé(e)
que tu te fusses lavé(e)
qu'il se fût lavé
que nous nous fussions lavé(e)s
que vous vous fussiez lavé(e)(s)
qu'ils se fussent lavés

5. Model verb in the passive voice

être aimé

Mode Indicatif

PRÉSENT	PASSÉ COMPOSÉ
je suis aimé(e)	j'ai été aimé(e)
tu es aimé(e)	tu as été aimé(e)
il est aimé	il a été aimé
nous sommes aimé(e)s	nous avons été aimé(e)s
vous êtes aimé(e)(s)	vous avez été aimé(e)(s)
ils sont aimés	ils ont été aimés

IMPARFAIT	PLUS-QUE-PARFAIT
j'étais aimé(e)	j'avais été aimé(e)
tu étais aimé(e)	tu avais été aimé(e)
il était aimé	il avait été aimé
nous étions aimé(e)s	nous avions été aimé(e)s
vous étiez aimé(e)(s)	vous aviez été aimé(e)(s)
ils étaient aimés	ils avaient été aimés

PASSÉ SIMPLE	PASSÉ ANTÉRIEUR
je fus aimé(e)	j'eus été aimé(e)
tu fus aimé(e)	tu eus été aimé(e)
il fut aimé	il eut été aimé
nous fûmes aimé(e)s	nous eûmes été aimé(e)s
vous fûtes aimé(e)(s)	vous eûtes été aimé(e)(s)
ils furent aimés	ils eurent été aimés

FUTUR	FUTUR ANTÉRIEUR
je serai aimé(e)	j'aurai été aimé(e)
tu seras aimé(e)	tu auras été aimé(e)
il sera aimé	il aura été aimé
nous serons aimé(e)s	nous aurons été aimé(e)s
vous serez aimé(e)(s)	vous aurez été aimé(e)(s)
ils seront aimés	ils auront été aimés

Mode Conditionnel

PRÉSENT
je serais aimé(e)
tu serais aimé(e)
il serait aimé
nous serions aimé(e)s
vous seriez aimé(e)(s)
ils seraient aimés

PASSÉ
j'aurais été aimé(e)
tu aurais été aimé(e)
il aurait été aimé
nous aurions été aimé(e)
vous auriez été aimé(e)(s)
ils auraient été aimés

Mode Impératif

sois aimé(e)
soyons aimé(e)s
soyez aimé(e)(s)

Mode Subjonctif

PRÉSENT	PASSÉ
que je sois aimé(e)	que j'aie été aimé(e)
que tu sois aimé(e)	que tu aies été aimé(e)
qu'il soit aimé	qu'il ait été aimé
que nous soyons aimé(e)s	que nous ayons été aimé(e)s
que vous soyez aimé(e)(s)	que vous ayez été aimé(e)(s)
qu'ils soient aimés	qu'ils aient été aimés

IMPARFAIT	PLUS-QUE-PARFAIT
que je fusse aimé(e)	que j'eusse été aimé(e)
que tu fusses aimé(e)	que tu eusses été aimé(e)
qu'il fût aimé	qu'il eût été aimé
que nous fussions aimé(e)s	que nous eussions été aimé(e)s
que vous fussiez aimé(e)(s)	que vous eussiez été aimé(e)(s)
qu'ils fussent aimés	qu'ils eussent été aimés

Mode Infinitif

PRÉSENT	PASSÉ
être aimé(e)(s)	avoir été aimé(e)(s)

Mode Participe

PRÉSENT	PASSÉ
étant aimé(e)(s)	ayant été aimé(e)(s)

STEM-CHANGING VERBS

1. Model verb in *-ger* (**manger**)
2. Model verb in *-cer* (**commencer**)
3. Model verb in *e* + *consonant* + *er* (**mener**)
4. Model verb in *é* + *consonant* + *er* (**espérer**)
5. Model verb in *-yer* (**employer**)
6. Model verb **appeler**
7. Model verb **jeter**

1. Model verb in *-ger*[1]

manger			
PRÉSENT	IMPARFAIT	PASSÉ SIMPLE	IMPÉRATIF
je mange	*je mangeais*	*je mangeai*	mange
tu manges	*tu mangeais*	*tu mangeas*	*mangeons*
il mange	*il mangeait*	*il mangea*	mangez
nous mangeons	nous mangions	*nous mangeâmes*	PARTICIPE
vous mangez	vous mangiez	*vous mangeâtes*	PRÉSENT
ils mangent	*ils mangeaient*	ils mangèrent	*mangeant*

Some other verbs like **manger: arranger,** to arrange; **changer,** to change; **diriger,** to direct; **encourager,** to encourage; **longer,** to go along (something); **mélanger,** to mix; **négliger,** to neglect; **obliger,** to oblige; **partager,** to share; **plonger,** to dive; **protéger,** to protect; **voyager,** to travel.

2. Model verb in *-cer*[1]

commencer			
PRÉSENT	IMPARFAIT	PASSÉ SIMPLE	IMPÉRATIF
je commence	*je commençais*	*je commençai*	commence
tu commences	*tu commençais*	*tu commenças*	*commençons*
il commence	*il commençait*	*il commença*	commencez
nous commençons	nous commencions	*nous commençâmes*	PARTICIPE
vous commencez	vous commenciez	*vous commençâtes*	PRÉSENT
ils commencent	*ils commençaient*	ils commencèrent	*commençant*

Some other verbs like **commencer: déplacer,** to move; **effacer,** to erase; **forcer,** to force; **lancer,** to throw; **menacer,** to threaten; **placer,** to place; **remplacer,** to replace; **renoncer,** to give up.

---

[1] General Principle: **g** becomes **ge** before **a, o, u; c** becomes **ç** before **a, o, u.** In all other cases these verbs are like **aimer.**

3. Model verb in -*e* + consonant + *er*[1]

mener

INDICATIF PRÉSENT	IMPÉRATIF	SUBJONCTIF PRÉSENT		FUTUR		CONDITIONNEL PRÉSENT
je mène		*que je* mène	*je*	*mènerai*	*je*	*mènerais*
tu mènes	mène	*que tu* mènes	*tu*	*mèneras*	*tu*	*mènerais*
il mène		*qu'il* mène	*il*	*mènera*	*il*	*mènerait*
nous menons	menons	que nous menions	*nous*	*mènerons*	*nous*	*mènerions*
vous menez	menez	que vous meniez	*vous*	*mènerez*	*vous*	*mèneriez*
ils mènent		*qu'ils* mènent	*ils*	*mèneront*	*ils*	*mèneraient*

Some other verbs like **mener: acheter,** to buy; **achever,** to complete; **amener,** to take to; **élever,** to raise; **emmener,** to take away; **lever,** to raise; **peser,** to weigh; **promener,** to walk.

4. Model verb in -*é* + consonant + *er*[2]

espérer

INDICATIF PRÉSENT	IMPÉRATIF	SUBJONCTIF PRÉSENT
j' espère		*que j'* espère
tu espères	espère	*que tu* espères
il espère		*qu'il* espère
nous espérons	espérons	que nous espérions
vous espérez	espérez	que vous espériez
ils espèrent		*qu'ils* espèrent

Some other verbs like **espérer: céder,** to yield; **compléter,** to complete; **exagérer,** to exaggerate; **gérer,** to manage; **interpréter,** to interpret; **libérer,** to liberate; **préférer,** to prefer; **répéter,** to repeat; **révéler,** to reveal; **suggérer,** to suggest.

---

[1] General Principle: **e** becomes **è** before a mute **e.**

[2] General Principle: **é** becomes **è** before a mute **e** (except in the future and conditional). In all other cases these verbs are like **aimer.**

5. Model verb in -yer[1]

employer

	INDICATIF PRÉSENT		SUBJONCTIF PRÉSENT		FUTUR		CONDITIONNEL PRÉSENT
j'	emploie	que j'	emploie	j'	emploierai	j'	emploierais
tu	emploies	que tu	emploies	tu	emploieras	tu	emploierais
il	emploie	qu'il	emploie	il	emploiera	il	emploierait
nous	employons	que nous	employions	nous	emploierons	nous	emploierions
vous	employez	que vous	employiez	vous	emploierez	vous	emploieriez
ils	emploient	qu'ils	emploient	ils	emploieront	ils	emploieraient

IMPÉRATIF: *emploie,* employons, employez

Some other verbs like **employer: envoyer,** to send (except future stem **enverr-**); **nettoyer,** to clean; **renvoyer,** to dismiss; **tutoyer,** to say "tu" to; **vouvoyer,** to say "vous" to; **appuyer,** to support; **ennuyer,** to annoy, bore; **essuyer,** to wipe, to undergo; **balayer,** to sweep[2]; **bégayer,** to stammer[2]; **essayer,** to try[2]; **payer,** to pay[2].

6. Model verb *appeler*[3]

appeler

	INDICATIF PRÉSENT		SUBJONCTIF PRÉSENT		FUTUR		CONDITIONNEL PRÉSENT
j'	appelle	que j'	appelle	j'	appellerai	j'	appellerais
tu	appelles	que tu	appelles	tu	appelleras	tu	appellerais
il	appelle	qu'il	appelle	il	appellera	il	appellerait
nous	appelons	que nous	appelions	nous	appellerons	nous	appellerions
vous	appelez	que vous	appeliez	vous	appellerez	vous	appelleriez
ils	appellent	qu'ils	appellent	ils	appelleront	ils	appelleraient

IMPÉRATIF: *appelle,* appelons, appelez

Some other verbs like **appeler: chanceler,** to stagger; **épeler,** to spell; **ficeler,** to tie up; **renouveler,** to renew; **ruisseler,** to stream.

---

[1] General Principle: **y** becomes **i** before a mute **e.**

[2] Verbs in **-ayer** need not be changed, but the changed form is preferred.

[3] General Principle: **l** becomes **ll** before a mute **e.**

7. Model verb *jeter*[1]

	jeter		
INDICATIF PRÉSENT	SUBJONCTIF PRÉSENT	FUTUR	CONDITIONNEL PRÉSENT
je jette	*que je jette*	*je jetterai*	*je jetterais*
tu jettes	*que tu jettes*	*tu jetteras*	*tu jetterais*
il jette	*qu'il jette*	*il jettera*	*il jetterait*
nous jetons	que nous jetions	*nous jetterons*	*nous jetterions*
vous jetez	que vous jetiez	*vous jetterez*	*vous jetteriez*
ils jettent	*qu'ils jettent*	*ils jetteront*	*ils jetteraient*

IMPÉRATIF: *jette,* jetons, jetez

Some other verbs like **jeter: feuilleter,** to leaf through; **rejeter,** to reject.

---

[1] General Principle: **t** becomes **tt** before a mute **e.**

IRREGULAR VERBS

1. Verbe *avoir*

avoir

Mode Indicatif		*Mode Conditionnel*

PRÉSENT

j'   ai
tu   as
il   a
nous avons
vous avez
ils   ont

PASSÉ COMPOSÉ

j'   ai eu
tu   as eu
il   a eu
nous avons eu
vous avez eu
ils   ont eu

PRÉSENT

j'   aurais
tu   aurais
il   aurait
nous aurions
vous auriez
ils   auraient

IMPARFAIT

j'   avais
tu   avais
il   avait
nous avions
vous aviez
ils   avaient

PLUS-QUE-PARFAIT

j'   avais eu
tu   avais eu
il   avait eu
nous avions eu
vous aviez eu
ils   avaient eu

PASSÉ

j'   aurais eu
tu   aurais eu
il   aurait eu
nous aurions eu
vous auriez eu
ils   auraient eu

PASSÉ SIMPLE

j'   eus
tu   eus
il   eut
nous eûmes
vous eûtes
ils   eurent

PASSÉ ANTÉRIEUR

j'   eus eu
tu   eus eu
il   eut eu
nous eûmes eu
vous eûtes eu
ils   eurent eu

FUTUR

j'   aurai
tu   auras
il   aura
nous aurons
vous aurez
ils   auront

FUTUR ANTÉRIEUR

j'   aurai eu
tu   auras eu
il   aura eu
nous aurons eu
vous aurez eu
ils   auront eu

Mode Impératif

aie
ayons
ayez

Mode Subjonctif		*Mode Infinitif*

PRÉSENT

que j'   aie
que tu   aies
qu'il   ait
que nous ayons
que vous ayez
qu'ils   aient

PASSÉ

que j'   aie eu
que tu   aies eu
qu'il   ait eu
que nous ayons eu
que vous ayez eu
qu'ils   aient eu

PRÉSENT **PASSÉ**

avoir   avoir eu

Mode Participe

PRÉSENT **PASSÉ**

ayant   eu, ayant eu

IMPARFAIT

que j'   eusse
que tu   eusses
qu'il   eût
que nous eussions
que vous eussiez
qu'ils   eussent

PLUS-QUE-PARFAIT

que j'   eusse eu
que tu   eusses eu
qu'il   eût eu
que nous eussions eu
que vous eussiez eu
qu'ils   eussent eu

2. Verbe *être*

être

Mode Indicatif

PRÉSENT	PASSÉ COMPOSÉ
je suis	j' ai été
tu es	tu as été
il est	il a été
nous sommes	nous avons été
vous êtes	vous avez été
ils sont	ils ont été

IMPARFAIT	PLUS-QUE-PARFAIT
j' étais	j' avais été
tu étais	tu avais été
il était	il avait été
nous étions	nous avions été
vous étiez	vous aviez été
ils étaient	ils avaient été

PASSÉ SIMPLE	PASSÉ ANTÉRIEUR
je fus	j' eus été
tu fus	tu eus été
il fut	il eut été
nous fûmes	nous eûmes été
vous fûtes	vous eûtes été
ils furent	ils eurent été

FUTUR	FUTUR ANTÉRIEUR
je serai	j' aurai été
tu seras	tu auras été
il sera	il aura été
nous serons	nous aurons été
vous serez	vous aurez été
ils seront	ils auront été

Mode Conditionnel

PRÉSENT
je serais
tu serais
il serait
nous serions
vous seriez
ils seraient

PASSÉ
j' aurais été
tu aurais été
il aurait été
nous aurions été
vous auriez été
ils auraient été

Mode Impératif

sois
soyons
soyez

Mode Subjonctif

PRÉSENT	PASSÉ
que je sois	que j' aie été
que tu sois	que tu aies été
qu'il soit	qu'il ait été
que nous soyons	que nous ayons été
que vous soyez	que vous ayez été
qu'ils soient	qu'ils aient été

IMPARFAIT	PLUS-QUE-PARFAIT
que je fusse	que j' eusse été
que tu fusses	que tu eusses été
qu'il fût	qu'il eût été
que nous fussions	que nous eussions été
que vous fussiez	que vous eussiez été
qu'ils fussent	qu'ils eussent été

Mode Infinitif

PRÉSENT	PASSÉ
être	avoir été

Mode Participe

PRÉSENT	PASSÉ
étant	été, ayant été

3. Index of irregular verbs

Note that verbs in parentheses are conjugated in the same manner.

accueillir to welcome **(cueillir)**
acquérir to acquire
admettre to admit **(mettre)**
aller to go
apercevoir(s') to perceive **(recevoir)**
apparaître to appear **(connaître)**
appartenir to belong **(venir)**
apprendre to learn **(prendre)**
s'asseoir
atteindre to attain **(craindre)**
avoir to have (*See page 509*)
battre to beat
boire to drink
combattre to combat **(battre)**
complaire to please, humor **(plaire)**
se complaire to take pleasure in **(plaire)**
comprendre to understand **(prendre)**
concevoir to conceive **(recevoir)**
concourir to compete **(courir)**
conduire to drive **(détruire)**
connaître to be acquainted with
conquérir to conquer **(acquérir)**
consentir to consent **(partir)**
construire to construct **(détruire)**
convaincre to convince **(vaincre)**
convenir to be appropriate, to agree **(venir)**
coudre to sew
courir to run
couvrir to cover **(ouvrir)**
craindre to fear
croire to believe
croître to grow
cueillir to gather
décevoir to disappoint **(recevoir)**
découvrir to discover **(ouvrir)**
décrire to describe **(écrire)**
détenir to hold, detain **(venir)**
détruire to destroy
devenir to become **(venir)**
devoir owe, ought, must

dire to say
disparaître to disappear **(connaître)**
dormir to sleep
écrire to write
élire to elect **(lire)**
émouvoir to move (emotionally) **(mouvoir)**
s'endormir to fall asleep **(dormir)**
enfreindre to transgress **(craindre)**
s'enfuir to run away **(fuir)**
entretenir to support **(venir)**
envoyer to send
éteindre to put out **(craindre)**
être to be (*See page 510*)
faire to do, make
falloir to be necessary
fuir to flee
haïr to hate
inscrire(s') to inscribe (enroll) **(écrire)**
instruire to instruct **(détruire)**
interdire to forbid **(dire)**
joindre to join **(craindre)**
lire to read
maintenir to maintain **(venir)**
mentir to lie **(partir)**
mettre to place, put
mourir to die
mouvoir (se) to displace (stir)
naître to be born
nuire to harm
obtenir to obtain **(venir)**
offrir to give **(ouvrir)**
omettre to omit **(mettre)**
ouvrir to open
paraître to appear **(connaître)**
partir to leave
peindre to paint **(craindre)**
permettre to permit **(mettre)**
plaindre (se) to complain **(craindre)**
plaire to be pleasing
pleuvoir to rain

pouvoir to be able
prendre to take
produire to produce **(détruire)**
se produire to occur **(détruire)**
promettre to promise **(mettre)**
promouvoir to promote
  (mouvoir)
recevoir to receive
reconnaître to recognize
  (connaître)
recouvrir to cover up **(couvrir)**
recueillir to gather **(cueillir)**
réduire to reduce **(détruire)**
se repentir to repent **(partir)**
résoudre to resolve
revenir to come back **(venir)**
revêtir to put on **(vêtir)**
revoir to see again **(voir)**
rire to laugh
satisfaire to satisfy **(faire)**
savoir to know
sentir to feel, to smell **(partir)**

servir to serve **(partir)**
sortir to go out **(partir)**
souffrir to suffer **(ouvrir)**
soumettre to submit **(mettre)**
sourire to smile **(rire)**
soutenir to sustain **(venir)**
se souvenir to remember **(venir)**
suffire to suffice
suivre to follow
surprendre to surprise **(prendre)**
survivre to survive **(vivre)**
taire (se) to silence (to be silent)
  (plaire)
tenir to hold **(venir)**
traduire to translate **(détruire)**
vaincre to win
valoir to be worth
venir to come
vêtir to dress
vivre to live
voir to see
vouloir to want

4. Irregular verbs

NOTE: Only basic forms are given in the table. All other forms may be derived from the verb tenses following. An asterisk after the infinitive indicates a verb conjugated with **être.**

Schematic Pattern of the Formation of Verb Tenses

Mode Indicatif

PRÉSENT	PASSÉ COMPOSÉ
irregular	present tense of auxiliary verb + past participle

IMPARFAIT		PLUS-QUE-PARFAIT
stem + **-ais** **-ions**		*imparfait* of auxiliary verb + past participle
-ais **-iez**		
-ait **-aient**		

PASSÉ SIMPLE			PASSÉ ANTÉRIEUR
stem + **-ai** or: **-is** or: **-us**			*passé composé* of auxiliary verb + past participle
-as **-is** **-us**			
-a **-it** **-ut**			
-âmes **-îmes** **-ûmes**			
-âtes **-îtes** **-ûtes**			
-èrent **-irent** **-urent**			

FUTUR	FUTUR ANTÉRIEUR
stem + **-ai** **ons**	*futur* of auxiliary verb + past participle
-as **-ez**	
-a **-ont**	

Mode Conditionnel

PRÉSENT	PASSÉ
stem of *futur* + endings of *imparfait*	*conditionnel présent* of auxiliary verb + past participle

Mode Subjonctif

PRÉSENT	PASSÉ
irregular	*subjonctif présent* of auxiliary verb + past participle

IMPARFAIT			PLUS-QUE-PARFAIT
stem of *passé simple* + endings			*subjonctif imparfait* of auxiliary verb + past participle
-asse or: **-isse** or: **-usse**			
-asses **-isses** **-usses**			
-ât **-ît** **-ût**			
-assions **-issions** **-ussions**			
-assiez **-issiez** **-ussiez**			
-assent **-issent** **-ussent**			

Mode Impératif	*Mode Participe*
irregular	irregular

1. **acquérir**

IND. PRÉS.	j'acquiers, tu acquiers, il acquiert, nous acquérons, vous acquérez, ils acquièrent
IMPARFAIT	j'acquérais
PASSÉ SIMPLE	j'acquis
FUTUR	j'aquerrai
SUBJ. PRÉS.	que j'acquière, tu acquières, il acquière, nous acquérions, vous acquériez, ils acquièrent
IMPÉRATIF	acquiers, acquérons, acquérez
PARTICIPES	acquérant, acquis

2. **aller***

IND. PRÉS.	je vais, tu vas, il va, nous allons, vous allez, ils vont
IMPARFAIT	j'allais
PASSÉ SIMPLE	j'allai
FUTUR	j'irai
SUBJ. PRÉS.	que j'aille, tu ailles, il aille, nous allions, vous alliez, ils aillent
IMPÉRATIF	va, allons, allez
PARTICIPES	allant, allé

3. **s'asseoir***

IND. PRÉS.	je m'assieds, tu t'assieds, il s'assied, nous nous asseyons, vous vous asseyez, ils s'asseyent
IMPARFAIT	je m'asseyais
PASSÉ SIMPLE	je m'assis
FUTUR	je m'assiérai
SUBJ. PRÉS.	je m'asseye
IMPÉRATIF	assieds-toi, asseyons-nous, asseyez-vous
PARTICIPES	s'asseyant, assis

4. **battre**

IND. PRÉS.	je bats, tu bats, il bat, nous battons, vous battez, ils battent
IMPARFAIT	je battais
PASSÉ SIMPLE	je battis
FUTUR	je battrai
SUBJ. PRÉS.	que je batte, tu battes, il batte, nous battions, vous battiez, ils battent
IMPÉRATIF	bats, battons, battez
PARTICIPES	battant, battu

5. **boire**

IND. PRÉS.	je bois, tu bois, il boit, nous buvons, vous buvez, ils boivent
IMPARFAIT	je buvais
PASSÉ SIMPLE	je bus
FUTUR	je boirai
SUBJ. PRÉS.	que je boive, tu boives, il boive, nous buvions, vous buviez, ils boivent
IMPÉRATIF	bois, buvons, buvez
PARTICIPES	buvant, bu

6. **connaître**

IND. PRÉS.	je connais, tu connais, il connaît, nous connaissons, vous connaissez, ils connaissent
IMPARFAIT	je connaissais
PASSÉ SIMPLE	je connus

FUTUR	je connaîtrai
SUBJ. PRÉS.	que je connaisse, tu connaisses, il connaisse, nous connaissions, vous connaissiez, ils connaissent
IMPÉRATIF	connais, connaissons, connaissez
PARTICIPES	connaissant, connu

7. coudre

IND. PRÉS.	je couds, tu couds, il coud, nous cousons, vous cousez, ils cousent
IMPARFAIT	je cousais
PASSÉ SIMPLE	je cousis
FUTUR	je coudrai
SUBJ. PRÉS.	que je couse, tu couses, il couse, nous cousions, vous cousiez, ils cousent
IMPÉRATIF	couds, cousons, cousez
PARTICIPES	cousant, cousu

8. courir

IND. PRÉS.	je cours, tu cours, il court, nous courons, vous courez, ils courent
IMPARFAIT	je courais
PASSÉ SIMPLE	je courus
FUTUR	je courrai
SUBJ. PRÉS.	que je coure, tu coures, il coure, nous courions, vous couriez, ils courent
IMPÉRATIF	cours, courons, courez
PARTICIPES	courant, couru

9. craindre

IND. PRÉS.	je crains, tu crains, il craint, nous craignons, vous craignez, ils craignent
IMPARFAIT	je craignais
PASSÉ SIMPLE	je craignis
FUTUR	je craindrai
SUBJ. PRÉS.	que je craigne, tu craignes, il craigne, nous craignions, vous craigniez, ils craignent
IMPÉRATIF	crains, craignons, craignez
PARTICIPES	craignant, craint

10. croire

IND. PRÉS.	je crois, tu crois, il croit, nous croyons, vous croyez, ils croient
IMPARFAIT	je croyais
PASSÉ SIMPLE	je crus
FUTUR	je croirai
SUBJ. PRÉS.	que je croie, tu croies, il croie, nous croyions, vous croyiez, ils croient
IMPÉRATIF	crois, croyons, croyez
PARTICIPES	croyant, cru

11. croître

IND. PRÉS.	je croîs, tu croîs, il croît, nous croissons, vous croissez, ils croissent
IMPARFAIT	je croissais
PASSÉ SIMPLE	je crûs
FUTUR	je croîtrai
SUBJ. PRÉS.	que je croisse, tu croisses, il croisse, nous croissions, vous croissiez, ils croissent
IMPÉRATIF	croîs, croissons, croissez
PARTICIPES	croissant, crû

12. cueillir

IND. PRÉS.	je cueille, tu cueilles, il cueille, nous cueillons, vous cueillez, ils cueillent
IMPARFAIT	je cueillais
PASSÉ SIMPLE	je cueillis
FUTUR	je cueillerai
SUBJ. PRÉS.	que je cueille, tu cueilles, il cueille, nous cueillions, vous cueilliez, ils cueillent
IMPÉRATIF	cueille, cueillons, cueillez
PARTICIPES	cueillant, cueilli

13. détruire

IND. PRÉS.	je détruis, tu détruis, il détruit, nous détruisons, vous détruisez, ils détruisent
IMPARFAIT	je détruisais
PASSÉ SIMPLE	je détruisis
FUTUR	je détruirai
SUBJ. PRÉS.	que je détruise, tu détruises, il détruise, nous détruisions, vous détruisiez, ils détruisent
IMPÉRATIF	détruis, détruisons, détruisez
PARTICIPES	détruisant, détruit

14. devoir

IND. PRÉS.	je dois, tu dois, il doit, nous devons, vous devez, ils doivent
IMPARFAIT	je devais
PASSÉ SIMPLE	je dus
FUTUR	je devrai
SUBJ. PRÉS.	que je doive, tu doives, il doive, nous devions, vous deviez, ils doivent
IMPÉRATIF	dois, devons, devez
PARTICIPES	devant, dû

15. dire

IND. PRÉS.	je dis, tu dis, il dit, nous disons, vous dites, ils disent
IMPARFAIT	je disais
PASSÉ SIMPLE	je dis
FUTUR	je dirai
SUBJ. PRÉS.	que je dise, tu dises, il dise, nous disions, vous disiez, ils disent
IMPÉRATIF	dis, disons, dites
PARTICIPES	disant, dit

16. dormir

IND. PRÉS.	je dors, tu dors, il dort, nous dormons, vous dormez, ils dorment
IMPARFAIT	je dormais
PASSÉ SIMPLE	je dormis
FUTUR	je dormirai
SUBJ. PRÉS.	que je dorme, tu dormes, il dorme, nous dormions, vous dormiez, ils dorment
IMPÉRATIF	dors, dormons, dormez
PARTICIPES	dormant, dormi

17. écrire

IND. PRÉS.	j'écris, tu écris, il écrit, nous écrivons, vous écrivez, ils écrivent
IMPARFAIT	j'écrivais
PASSÉ SIMPLE	j'écrivis

FUTUR	j'écrirai
SUBJ. PRÉS.	que j'écrive, tu écrives, il écrive, nous écrivions, vous écriviez, ils écrivent
IMPÉRATIF	écris, écrivons, écrivez
PARTICIPES	écrivant, écrit

18. envoyer

IND. PRÉS.	j'envoie, tu envoies, il envoie, nous envoyons, vous envoyez, ils envoient
IMPARFAIT	j'envoyais
PASSÉ SIMPLE	j'envoyai
FUTUR	j'enverrai
SUBJ. PRÉS.	que j'envoie, tu envoies, il envoie, nous envoyions, vous envoyiez, ils envoient
IMPÉRATIF	envoie, envoyons, envoyez
PARTICIPES	envoyant, envoyé

19. faire

IND. PRÉS.	je fais, tu fais, il fait, nous faisons, vous faites, ils font
IMPARFAIT	je faisais
PASSÉ SIMPLE	je fis
FUTUR	je ferai
SUBJ. PRÉS.	que je fasse, tu fasses, il fasse, nous fassions, vous fassiez, ils fassent
IMPÉRATIF	fais, faisons, faites
PARTICIPES	faisant, fait

20. falloir (Impersonal)

IND. PRÉS.	il faut
IMPARFAIT	il fallait
PASSÉ SIMPLE	il fallut
FUTUR	il faudra
SUBJ. PRÉS.	qu'il faille
PART. PASSÉ	fallu

21. fuir

IND. PRÉS.	je fuis, tu fuis, il fuit, nous fuyons, vous fuyez, ils fuient
IMPARFAIT	je fuyais
PASSÉ SIMPLE	je fuis
FUTUR	je fuirai
SUBJ. PRÉS.	que je fuie, tu fuies, il fuie, nous fuyions, vous fuyiez, ils fuient
IMPÉRATIF	fuis, fuyons, fuyez
PARTICIPES	fuyant, fui

22. haïr

IND. PRÉS.	je hais, tu hais, il hait, nous haïssons, vous haïssez, ils haïssent
IMPARFAIT	je haïssais
PASSÉ SIMPLE	je haïs
FUTUR	je haïrai
SUBJ. PRÉS.	que je haïsse, tu haïsses, il haïsse, nous haïssions, vous haïssiez, ils haïssent
IMPÉRATIF	hais, haïssons, haïssez
PARTICIPES	haïssant, haï

23. lire

IND. PRÉS.	je lis, tu lis, il lit, nous lisons, vous lisez, ils lisent
IMPARFAIT	je lisais
PASSÉ SIMPLE	je lus
FUTUR	je lirai
SUBJ. PRÉS.	que je lise, tu lises, il lise, nous lisions, vous lisiez, ils lisent
IMPÉRATIF	lis, lisons, lisez
PARTICIPES	lisant, lu

24. mettre

IND. PRÉS.	je mets, tu mets, il met, nous mettons, vous mettez, ils mettent
IMPARFAIT	je mettais
PASSÉ SIMPLE	je mis
FUTUR	je mettrai
SUBJ. PRÉS.	que je mette, tu mettes, il mette, nous mettions, vous mettiez, ils mettent
IMPÉRATIF	mets, mettons, mettez
PARTICIPES	mettant, mis

25. mourir*

IND. PRÉS.	je meurs, tu meurs, il meurt, nous mourons, vous mourez, ils meurent
IMPARFAIT	je mourais
PASSÉ SIMPLE	je mourus
FUTUR	je mourrai
SUBJ. PRÉS.	que je meure, tu meures, il meure, nous mourions, vous mouriez, ils meurent
IMPÉRATIF	meurs, mourons, mourez
PARTICIPES	mourant, mort

26. mouvoir

IND. PRÉS.	je meus, tu meus, il meut, nous mouvons, vous mouvez, ils meuvent
IMPARFAIT	je mouvais
PASSÉ SIMPLE	je mus
FUTUR	je mouvrai
SUBJ. PRÉS.	que je meuve, tu meuves, il meuve, nous mouvions, vous mouviez, ils meuvent
IMPÉRATIF	meus, mouvons, mouvez
PARTICIPES	mouvant, mû (*but* ému, promu)

27. naître*

IND. PRÉS.	je nais, tu nais, il naît, nous naissons, vous naissez, ils naissent
IMPARFAIT	je naissais
PASSÉ SIMPLE	je naquis
FUTUR	je naîtrai
SUBJ. PRÉS.	que je naisse, tu naisses, il naisse, nous naissions, vous naissiez, ils naissent
IMPÉRATIF	nais, naissons, naissez
PARTICIPES	naissant, né

28. nuire

IND. PRÉS.	je nuis, tu nuis, il nuit, nous nuisons, vous nuisez, ils nuisent
IMPARFAIT	je nuisais
PASSÉ SIMPLE	je nuisis

FUTUR	je nuirai
SUBJ. PRÉS.	que je nuise, tu nuises, il nuise, nous nuisions, vous nuisiez, ils nuisent
IMPÉRATIF	nuis, nuisons, nuisez
PARTICIPES	nuisant, nui

29. ouvrir

IND. PRÉS.	j'ouvre, tu ouvres, il ouvre, nous ouvrons, vous ouvrez, ils ouvrent
IMPARFAIT	j'ouvrais
PASSÉ SIMPLE	j'ouvris
FUTUR	j'ouvrirai
SUBJ. PRÉS.	que j'ouvre, tu ouvres, il ouvre, nous ouvrions, vous ouvriez, ils ouvrent
IMPÉRATIF	ouvre, ouvrons, ouvrez
PARTICIPES	ouvrant, ouvert

30. partir*

IND. PRÉS.	je pars, tu pars, il part, nous partons, vous partez, ils partent
IMPARFAIT	je partais
PASSÉ SIMPLE	je partis
FUTUR	je partirai
SUBJ. PRÉS.	que je parte, tu partes, il parte, nous partions, vous partiez, ils partent
IMPÉRATIF	pars, partons, partez
PARTICIPES	partant, parti

31. plaire

IND. PRÉS.	je plais, tu plais, il plaît, nous plaisons, vous plaisez, ils plaisent
IMPARFAIT	je plaisais
PASSÉ SIMPLE	je plus
FUTUR	je plairai
SUBJ. PRÉS.	que je plaise, tu plaises, il plaise, nous plaisions, vous plaisiez, ils plaisent
IMPÉRATIF	plais, plaisons, plaisez
PARTICIPES	plaisant, plu

32. pleuvoir (Impersonal)

IND. PRÉS.	il pleut
IMPARFAIT	il pleuvait
PASSÉ SIMPLE	il plut
FUTUR	il pleuvra
SUBJ. PRÉS.	qu'il pleuve
PARTICIPES	pleuvant, plu

33. pouvoir

IND. PRÉS.	je peux (je puis), tu peux, il peut, nous pouvons, vous pouvez, ils peuvent
IMPARFAIT	je pouvais
PASSÉ SIMPLE	je pus
FUTUR	je pourrai
SUBJ. PRÉS.	que je puisse, tu puisses, il puisse, nous puissions, vous pussiez, ils puissent
IMPÉRATIF	————
PARTICIPES	pouvant, pu

34. prendre

IND. PRÉS.	je prends, tu prends, il prend, nous prenons, vous prenez, ils prennent
IMPARFAIT	je prenais
PASSÉ SIMPLE	je pris
FUTUR	je prendrai
SUBJ. PRÉS.	que je prenne, tu prennes, il prenne, nous prenions, vous preniez, ils prennent
IMPÉRATIF	prends, prenons, prenez
PARTICIPES	prenant, pris

35. recevoir

IND. PRÉS.	je reçois, tu reçois, il reçoit, nous recevons, vous recevez, ils reçoivent
IMPARFAIT	je recevais
PASSÉ SIMPLE	je reçus
FUTUR	je recevrai
SUBJ. PRÉS.	que je reçoive, tu reçoives, il reçoive, nous recevions, vous receviez, ils reçoivent
IMPÉRATIF	reçois, recevons, recevez
PARTICIPES	recevant, reçu

36. résoudre

IND. PRÉS.	je résous, tu résous, il résout, nous résolvons, vous résolvez, ils résolvent
IMPARFAIT	je résolvais
PASSÉ SIMPLE	je résolus
FUTUR	je résoudrai
SUBJ. PRÉS.	que je résolve, tu résolves, il résolve, nous résolvions, vous résolviez, ils résolvent
IMPÉRATIF	résous, résolvons, résolvez
PARTICIPES	résolvant, résolu

37. rire

IND. PRÉS.	je ris, tu ris, il rit, nous rions, vous riez, ils rient
IMPARFAIT	je riais
PASSÉ SIMPLE	je ris
FUTUR	je rirai
SUBJ. PRÉS.	que je rie, tu ries, il rie, nous riions, vous riiez, ils rient
IMPÉRATIF	ris, rions, riez
PARTICIPES	riant, ri

38. savoir

IND. PRÉS.	je sais, tu sais, il sait, nous savons, vous savez, ils savent
IMPARFAIT	je savais
PASSÉ SIMPLE	je sus
FUTUR	je saurai
SUBJ. PRÉS.	que je sache, tu saches, il sache, nous sachions, vous sachiez, ils sachent
IMPÉRATIF	sache, sachons, sachez
PARTICIPES	sachant, su

39. suffire

IND. PRÉS.	je suffis, tu suffis, il suffit, nous suffisons, vous suffisez, ils suffisent
IMPARFAIT	je suffisais

PASSÉ SIMPLE	je suffis
FUTUR	je suffirai
SUBJ. PRÉS.	que je suffise, tu suffises, il suffise, nous suffisions, vous suffisiez, ils suffisent
IMPÉRATIF	suffis, suffisons, suffisez
PARTICIPES	suffisant, suffi

40. suivre

IND. PRÉS.	je suis, tu suis, il suit, nous suivons, vous suivez, ils suivent
IMPARFAIT	je suivais
PASSÉ SIMPLE	je suivis
FUTUR	je suivrai
SUBJ. PRÉS.	que je suive, tu suives, il suive, nous suivions, vous suiviez, ils suivent
IMPÉRATIF	suis, suivons, suivez
PARTICIPES	suivant, suivi

41. vaincre

IND. PRÉS.	je vaincs, tu vaincs, il vainc, nous vainquons, vous vainquez, ils vainquent
IMPARFAIT	je vainquais
PASSÉ SIMPLE	je vainquis
FUTUR	je vaincrai
SUBJ. PRÉS.	que je vainque, tu vainques, il vainque, nous vainquions, vous vainquiez, ils vainquent
IMPÉRATIF	vaincs, vainquons, vainquez
PARTICIPES	vainquant, vaincu

42. valoir

IND. PRÉS.	je vaux, tu vaux, il vaut, nous valons, vous valez, ils valent
IMPARFAIT	je valais
PASSÉ SIMPLE	je valus
FUTUR	je vaudrai
SUBJ. PRÉS.	que je vaille, tu vailles, il vaille, nous valions, vous valiez, ils vaillent
IMPÉRATIF	———
PARTICIPES	valant, valu

43. venir*

IND. PRÉS.	je viens, tu viens, il vient, nous venons, vous venez, ils viennent
IMPARFAIT	je venais
PASSÉ SIMPLE	je vins, tu vins, il vint, nous vînmes, vous vîntes, ils vinrent
FUTUR	je viendrai
SUBJ. PRÉS.	que je vienne, tu viennes, il vienne, nous venions, vous veniez, ils viennent
IMPÉRATIF	viens, venons, venez
PARTICIPES	venant, venu

44. vêtir

IND. PRÉS.	je vêts, tu vêts, il vêt, nous vêtons, vous vêtez, ils vêtent
IMPARFAIT	je vêtais
PASSÉ SIMPLE	je vêtis
FUTUR	je vêtirai
SUBJ. PRÉS.	que je vête, tu vêtes, il vête, nous vêtions, vous vêtiez, ils vêtent
IMPÉRATIF	vêts, vêtons, vêtez
PARTICIPES	vêtant, vêtu

45. vivre

IND. PRÉS.	je vis, tu vis, il vit, nous vivons, vous vivez, ils vivent
IMPARFAIT	je vivais
PASSÉ SIMPLE	je vécus
FUTUR	je vivrai
SUBJ. PRÉS.	que je vive, tu vives, il vive, nous vivions, vous viviez, ils vivent
IMPÉRATIF	vis, vivons, vivez
PARTICIPES	vivant, vécu

46. voir

IND. PRÉS.	je vois, tu vois, il voit, nous voyons, vous voyez, ils voient
IMPARFAIT	je voyais
PASSÉ SIMPLE	je vis
FUTUR	je verrai
SUBJ. PRÉS.	que je voie, tu voies, il voie, nous voyions, vous voyiez, ils voient
IMPÉRATIF	vois, voyons, voyez
PARTICIPES	voyant, vu

47. vouloir

IND. PRÉS.	je veux, tu veux, il veut, nous voulons, vous voulez, ils veulent
IMPARFAIT	je voulais
PASSÉ SIMPLE	je voulus
FUTUR	je voudrai
SUBJ. PRÉS.	que je veuille, tu veuilles, il veuille, nous voulions, vous vouliez, ils veuillent
IMPÉRATIF	veuille, veuillons, veuillez
PARTICIPES	voulant, voulu

VERBS FOLLOWED BY A COMPLEMENTARY INFINITIVE

Use or omission of a preposition + infinitif

accepter de   to accept (doing something)
Georges accepte de nous aider.
s'accoutumer à   to get used to
Il faut s'accoutumer à parler français.
achever de   to finish
Patrice a achevé d'écrire ses devoirs avant le dîner.
accuser de   to accuse of
Le gouvernement accuse certains étudiants d'être dangereux.
adorer   to adore
J'adore manger des frites.
aider à   to help to
Un passant m'a aidé à garer la voiture.
aimer   to like
Marie aime danser.

aimer à   to like (*literary*)
«Il y a des lieux où l'on aimerait à vivre». (La Bruyère)
aimer mieux   to prefer
J'aime mieux aller au cinéma que de regarder la télévision.
aller   to be going (to do something)
Paul va étudier ce soir.
s'amuser à   to have fun (doing something)
Nous nous sommes amusés à lire les magazines en attendant le médecin.
s'appliquer à   to apply oneself to
Pour maîtriser le français il faut s'appliquer à assimiler le vocabulaire.
apprendre à   to learn to, to teach to
Ton frère apprend à jouer au tennis.

arrêter de   to stop (from doing something)
  Cet enfant n'arrête pas de parler.
se borner à   to limit oneself to
  Pierre voulait battre cet homme grossier,
    mais il s'est borné à l'accabler d'injures.
cesser de   to stop (doing something)
  Autrefois je rêvais constamment;
    maintenant j'ai cessé de penser à ce qui
    n'est pas possible.
chercher à   to seek to
  Tout le monde cherche à influencer les
    autres.
choisir de   to choose to
  Henri aurait pu voyager avec ses parents,
    mais il a choisi de rester à la maison.
commander de   to order to
  Le président lui commande de se taire.
commencer à (de)   to begin
  Tu commençais à (de) parler, quand je t'ai
    interrompu.
compter   to expect
  Puisque je compte voir Louis ce soir, je lui
    communiquerai votre message.
condamner à   to condemn to
  Le juge m'a condamné à payer une amende.
conseiller de   to advise to
  Le professeur nous a conseillé de nous
    renseigner sur les programmes.
consentir à   to consent to
  Je ne consentirai jamais à épouser quelqu'un
    que je n'aime pas.
consister à   to consist in
  La vraie générosité consiste à aider les
    autres sans arrière-pensée.
se contenter de   to be content to
  Charles s'est contenté de protester.
continuer à (de)   to continue
  Gervaise est alcoolique; elle continuera à
    (de) boire.
convaincre de   to convince to
  Un ami m'a convaincu de me faire couper
    les cheveux.
courir   to run (to do something)
  Un jeune homme a couru aider l'enfant.
craindre de   to fear
  Les habitants de cette ville craignent de
    sortir la nuit à cause des crimes récents.

crier de   to shout (to do something)
  Le sergent crie aux soldats d'avancer.
croire   to believe (to be doing something)
  Tout en croyant résoudre le problème, les
    ministres ne faisaient que l'exacerber.
daigner   to condescend to
  Le directeur a daigné recevoir le
    représentant des employés.
décider à   to persuade to
  André m'a décidé à partir avec lui.
décider de   to decide to
  Paul a décidé de rester.
se décider à   to make up one's mind to
  Eric s'est décidé à prendre des vacances.
défendre de   to forbid
  Ce professeur nous défend de fumer en
    classe.
demander à   to ask to
  Le détenu demande à voir son avocat.
demander de   to request
  Ma sœur lui demande poliment de prêter sa
    bicyclette.
se dépêcher de   to hurry to
  Dépêchez-vous de finir; il se fait tard!
descendre   to go downstairs (to do
something)
  Vous êtes descendu ouvrir la porte au
    visiteur.
désirer   to desire
  Qu'est ce que vous désirez faire dans la vie?
déterminer à   to induce to
  La promesse d'un meilleur salaire l'a
    déterminé à accepter le poste.
se déterminer à   to resolve to
  Rodrigue s'est déterminé à venger son père.
détester   to detest
  Beaucoup de femmes détestent faire la
    cuisine.
devoir   to have to
  Vous devez étudier pour réussir.
se disposer à   to prepare to
  Je me disposais à partir quand un visiteur
    inattendu est arrivé.
écouter   to listen to
  J'écoute chanter les oiseaux.
s'efforcer de   to strive to
  Paul s'efforce d'apprendre le latin.

empêcher de   to hinder from
Sa paresse l'empêche de réussir.

s'empresser de   to hasten to
Chaque couple s'empresse d'établir des rites.

entendre   to hear
As-tu entendu tousser le malade?

envoyer   to send
Ils m'ont envoyé chercher un médecin.

espérer   to hope to
J'espère finir bientôt.

essayer de   to try to
Nous essayons de faire attention.

éviter de   to avoid
Il faut éviter de parler anglais dans la classe de français.

exciter à   to incite to
Cet ouvrier nous a excités à faire la grève.

s'excuser de   to apologize for
Je m'excuse d'être en retard.

s'exercer à   to practice
Tous les jours je m'exerce à taper à la machine.

faillir   to almost do something
J'ai failli avoir un accident.

faire   to cause to, to make
Le professeur nous fait écrire une dictée.

falloir   to be necessary
Il faut manger pour vivre.

féliciter de   to congratulate for
On me félicite de recevoir le prix.

finir de   to finish (doing something)
J'ai fini de travailler.

forcer à   to compel to
Les circonstances nous forcent à partir.

s'habituer à   to get used to
Peu à peu, il s'habitue à se lever de si bonne heure.

hésiter à   to hesitate to
J'hésite à révéler la vérité au public.

inciter à   to provoke to
Ces insultes nous incitent à nous battre.

interdire de   to forbid to
Il est interdit de stationner dans cette rue.

inviter à   to invite to
Paul m'a invité à danser.

jurer de   to swear to
Le témoin a juré de dire la vérité.

laisser   to allow
Laissez venir à moi les petits enfants.

manquer de   to fail to
Ne manquez pas de remercier vos bienfaiteurs.

menacer de   to threaten to
Les guerrillas ont menacé de tuer l'otage.

mériter de   to deserve to
Cette équipe ne mérite pas de gagner le match.

se mettre à   to begin to
Le conférencier s'est mis à parler.

négliger de   to neglect to
J'ai négligé de fermer la fenêtre en sortant.

obliger à   (de) to compel to
Ma maladie m'oblige à (de) garder le lit.

obtenir de   to procure permission
J'ai obtenu de voir le président.

s'occuper à   to busy oneself in (doing something)
Elle s'occupe à faire des tapisseries.

offrir de   to offer to
Jacques a offert de réparer ma voiture.

ordonner de   to command to
Le général ordonne d'attaquer.

oser   to dare to
Qui ose contredire le chef?

oublier de   to forget to
J'ai oublié d'acheter du lait.

paraître   to appear to
Il paraît comprendre la difficulté.

parler de   to speak about (doing something)
Ma famille parle de construire une nouvelle maison.

parvenir à   to succeed in
Après de longs efforts, les déménageurs sont parvenus à faire entrer le piano.

penser   to expect to, to intend to
Je pense téléphoner à mon père ce soir.

penser à   to think about
As-tu pensé à demander de l'argent à Yves?

permettre de   to permit to
Sa fortune lui permet de voyager toute l'année.

persister à   to persist in
Je persiste à croire que cet homme est innocent.

persuader de to induce to
Mes amis m'ont persuadé de sortir ce soir.

se plaire à to take pleasure in
Ils se plaisent à me tourmenter.

pouvoir to be able
Je peux leur envoyer un télégramme.

préférer to prefer
Je préfère partir tout de suite au lieu
d'attendre.

se préparer à to get ready to
Nous nous préparons à passer l'examen
final.

se presser de to be in a hurry to
Les spectateurs se pressent de quitter la
salle.

prétendre to claim
Ce monsieur prétend être un comte.

prier de to request to, beg to
On nous a priés de rester debout pendant
qu'on jouait l'hymne national.

promettre de to promise
Mon fiancé m'a promis d'être fidèle.

proposer de to propose
Le guide a proposé aux touristes de prendre
un verre au café du coin.

provoquer à to provoke
Ces insultes nous provoquent à nous battre.

recommencer à to begin again to
Après une interruption, les garçons
recommencent à jouer.

réduire à to reduce to
La grève générale nous a réduits à nous
coucher plus tôt.

refuser de to refuse to
Mes amis ont refusé de m'aider.

regarder to watch
Au parc, les mères regardent jouer leurs
enfants.

regretter de to regret to
Je regrette de dire qu'on demande votre
démission.

remercier de to thank for
Irène a remercié le professeur de lui avoir
expliqué la leçon.

renoncer à to give up
Le père a renoncé à corriger son fils.

rentrer to go home (to do something)
Elle est rentrée préparer le dîner.

reprocher de to reproach for
La mère de cet enfant lui reproche d'être
impoli.

se résigner à to resign oneself to
N'étant pas riche, je dois me résigner à
travailler toute ma vie.

se résoudre à to resolve to
On ne peut pas se résoudre à vivre sans
honneur.

retourner to return (to do something)
Après avoir quitté le cinéma, il y est retourné
chercher son parapluie.

réussir à to succeed in
Tous les étudiants ont réussi à terminer
l'examen en deux heures.

risquer de to risk
Si vous sortez ce soir au lieu d'étudier, vous
risquez d'échouer à l'examen.

savoir to know how (to do something)
Ce professeur sait lire dix langues
différentes.

sembler to seem
Le professor semble être malade
aujourd'hui.

sentir to feel (something happening)
Le malade sentait diminuer ses forces.

servir à to serve to, to be used for
Un beau discours servira à calmer la foule.

songer à to consider (doing something)
Avant de rencontrer Marianne, Gaston ne
songeait pas à se marier.

souhaiter to wish to
Antoine souhaite continuer ses études à
Paris.

soupçonner de to suspect of
La police le soupçonne d'avoir tué sa fiancée.

tâcher de to try to
Tâchez d'apprendre la vérité.

tarder à to delay in (doing something)
Je m'excuse d'avoir tardé à vous répondre.

tenir à to be anxious to
Je tiens à faire un long voyage l'année
prochaine.

tenter de to attempt to
Cet écrivain a tenté de se suicider.

travailler à to work to
Les ouvriers travaillent à terminer la maison
avant l'hiver.

valoir mieux   to be preferable
   Il vaut mieux partir tout de suite.
venir   to come (in order to do something)
   Paul est venu voir mon père hier soir.
venir de   to have just
   Le jeune ménage vient de déménager.

viser à   to aim to
   Il vise à augmenter ses connaissances.
voir   to see (something being done)
   Marc vous a vu quitter la scène du meurtre.
vouloir   to want
   Je veux m'acheter une belle voiture.

BASIC WORD ORDER

1. Declarative Sentences

Simple Tense

Subject	**ne**	Pronoun Objects			Verb	**pas**
		me				
		te	le	lui		
		se	la	leur	y en	
		nous	les			
		vous				
François					parle.	
François		me			parle.	
François		m'en			parle.	
François	ne	m'en			parle.	pas.

Compound Tense

Subject	**ne**	Pronoun Objects	Auxiliary Verb	**pas**	Past Participle
François			a		parlé.
François		en	a		parlé.
François		m'en	a		parlé.
François	ne	m'en	a	pas	parlé.

1. The verb is the heart of the sentence (the auxiliary verb in compound tenses).
2. Pronoun objects precede the verb (auxiliary verb). If there is more than one, observe the order above.
3. If the sentence is negative, the pronoun objects and the verb form an indivisible core which is sandwiched by **ne...pas**.

2. Interrogative Sentences

With **est-ce que**:

(Question Word)	**est-ce que**	Declarative Word Order
(Pourquoi)	est-ce que	François ne m'en a pas parlé?

With inversion:

SIMPLE TENSE:	*(Question Word)* (Pourquoi)	*(Noun Subject)* (François)	**ne** ne	*Pronoun Objects* m'en	*Verb–* parle-t-il	*Subject Pronoun*	**pas** pas?
COMPOUND TENSE:	*(Question Word)* (Pourquoi)	*(Noun Subject)* (François)	**ne** ne	*Pronoun Objects* m'en	*Auxiliary Verb* a-t-il	*Subject Pronoun*	**pas** pas	*Past Participle* parlé?

3. Affirmative Commands

Verb	*Direct Object*	*Indirect Object*	**y**	**en**
	Dites-le!	Parlez-moi!		
	Dites-le-lui!	Parlez-m'en!		

NOTE: Negative commands follow the order for declarative sentences, except, of course, that there is no subject.

4. Sentences with a Complementary Infinitive

Subject	Verb	Pronoun Objects	Complementary Infinitive
François	veut ne veut pas a voulu n'a pas voulu	m'en	parler.

In sentences with a complementary infinitive, pronoun objects precede the infinitive. However, if the verb is **faire, laisser,** or a verb of the senses (**voir, entendre, regarder,** etc.), the pronoun object precedes the conjugated verb (i.e., **faire, laisser, voir,** etc.) (cf. Lesson 29).

Answer Key   *Connaissez-Vous Paris?*

Photo	Monument	Description
1. la place de la Concorde	G	i
2. les Invalides	A	c
3. l'Arc de Triomphe et la place Charles-de-Gaulle	M	m
4. la place Vendôme	B	l
5. le musée du Louvre	H	e
6. le jardin du Luxembourg	C	a
7. la cathédrale de Notre-Dame	I	k
8. l'Opéra	D	j
9. la place du Trocadéro	J	g
10. Saint-Germain-des-Prés	L	d
11. le jardin du Palais-Royal	E	f
12. la basilique du Sacré-Cœur	K	b
13. la place des Vosges	F	h

	Answer Key *Qui Est-ce?*	
Photo	*Name and Date*	*Description*
1. Molière	G	r
2. Samuel Beckett	Q	j
3. Voltaire	S	c
4. Charles de Gaulle	J	b
5. Louis XIV	O	g
6. Jeanne d'Arc	I	q
7. Eugène Ionesco	B	d
8. Honoré de Balzac	L	p
9. Jules Verne	F	t
10. Jean-Paul Sartre	C	n
11. Napoléon	A	k
12. Le marquis de La Fayette	P	m
13. Louis Pasteur	K	i
14. Claude Lévi-Strauss	M	s
15. Edgar Degas	H	l
16. Auguste Renoir	R	o
17. Henri Matisse	T	h
18. Pablo Picasso	D	e
19. Victor Hugo	N	a
20. Marcel Proust	E	f

French-English Vocabulary

This vocabulary contains all the words that occur in the readings and exercises with the exception of: most high frequency words and expressions from *Le Français Fondamental, Ier degré;* structural words, such as articles, pronouns and common prepositions; conjugated verb forms; proper nouns; and obvious cognates. If the gender of a noun is not evident from the determiner, it is given in parentheses. A verb that is used pronominally without change of meaning is followed by (**se**). If the pronominal form of a verb has a different meaning, there is a separate entry. Only the meanings of words as they occur in this textbook are given.

The following abbreviations are used:

arg.	argot, slang peculiar to a particular milieu
fam.	familiar, said of colloquial words used in everyday speech, but which would be improper in formal speech or writing
f.	feminine
fig.	figurative
inf.	infinitive
m.	masculine
part.	participle
pej.	pejorative
pl.	plural

pop.   popular, said of slang words in wide usage, but which would be out of place in better society

subj.   subjunctive

vulg.   vulgar, said of words that are strongly offensive or distasteful

A

abattu, -e knocked down
une abeille bee
s'abîmer to be ruined, spoiled
aborder to approach, confront
un abri shelter
abriter to shelter, harbor; **s'abriter** to take shelter
accablant, -e overwhelming
accabler to overwhelm
accéder à to attain, reach
s'accorder to concur, harmonize
un accouchement childbirth
accoucher to give birth
s'accrocher à to cling to
accueillir to receive, welcome
un achat purchase; **faire des achats** to go shopping
s'acheminer to proceed
achever to complete
un acier steel
âcre pungent
actuel, -le current
une affectivité feeling
afficher to display
s'affoler to panic
affreux, -se frightful, awful
agacer to irritate
s'agenouiller to kneel
agir to act; **il s'agit de** it is a matter of, question of
agréable pleasant
à l'aide de with the help of, with assistance from
aigre bitter
aigu, -ë sharp
une aile wing
ailleurs elsewhere; **d'ailleurs** anyway, besides, furthermore
un(e) aîné(e) elder, eldest (brother or sister)
ainsi so, thus; **ainsi que** as well as; **ainsi de suite** so on and so forth
aisé, -e well to do; **à l'aise** at ease, comfortable

ajouter to add
un aléa risk, hazard
une alimentation food, nourishment
alimenter to feed, nurture
une allée walk, lane, path
alléger to lighten
s'allonger to grow longer
allumer to light (up)
une allure bearing, character, walk, gait, rate (of speed)
une ambiance atmosphere
améliorer (s') to improve
aménager to fix up
amener to bring (animal or person)
amer, -ère bitter
ameuter to incite (a group)
une ampoule blister
ancien, -ne former, ancient
un anneau ring
une annonce ad; **une petite annonce** classified ad
s'apercevoir de to notice
un aperçu glimpse, survey
un appareil device, apparatus
appartenir to belong
un appui support
appuyer (s') sur to press, lean upon
d'après according to
une araignée spider
une armoire wardrobe closet
une arrête fishbone
arrêter (s') to stop
arroser to sprinkle, water
un artichaut artichoke
un artisan craftsman
un ascenseur elevator
un asile nursing home
une asperge asparagus
aspirer to suck in
assener to strike (blows)
asservir to reduce to servitude
assidu, -e steady, assiduous
une assiette plate
assister à to attend

une assurance insurance
un atelier workshop, studio
l' (*m*) athlétisme track and field events
un atout trump card, hidden asset
atteindre to attain, reach
attendre to wait for; **s'attendre à** to expect
atterrir to land
une attirance attraction
attirer to attract
attraper to catch
attrayant, -e attractive
une aube dawn
au-delà beyond
au-dessous de below
au-dessus de above
augmenter to increase
auparavant before
une aurore daybreak
autant as much; **d'autant plus** all the more
une autogreffe organ transplant
une autonomie autonomy, independence
autrefois formerly
autrement otherwise
autrui other people
avaler to swallow
avantager to favor
un avant-bras forearm
un avenir future
une aventure interlude, love affair
aveugle blind
un avis opinion
un(e) avocat(e) lawyer
avoir to have; **avoir l'air perdu, -e, fatigué, -e, etc.** to look lost, tired, etc.; **avoir bonne (mauvaise) mine** to look well (ill); **avoir de la chance** to be lucky; **avoir le cœur net** to have it out, to clear the matter up; **avoir confiance en** to trust; **avoir une courbature** to stoop; **avoir de l'envergure** to have potential,

scope; **avoir envie de** to want to; **avoir faim** to be hungry; **avoir de la fièvre** to have a fever; **avoir lieu** to take place; **avoir mal à la tête, à l'estomac, etc.** to have a headache, stomachache, etc.; **avoir mal au cœur** to be nauseated; **en avoir marre** (*arg.*) to be fed up; **avoir une peur bleue** to be terribly frightened; **avoir raison** to be right; **avoir soif** to be thirsty; **avoir sommeil** to be sleepy; **avoir tort** to be wrong; **avoir trait à** to have to do with, to deal with
avouer to confess
un avortement abortion
l'azote (*m.*) nitrogen

B

le baccalauréat equivalent of a high school diploma, or one year of college, a degree conferred after passing a difficult national competitive exam
le badaud gaper, gawker
la baffe slap, clout
la bague ring
baigner to bathe, steep, suffuse
baisser to become lower, decrease
se balader to stroll
le balai broom
se balancer sway, rock
balayer to sweep (away)
le bananier banana tree
la banlieue suburbs
la banque de données data bank
le banquier banker
le barreau bar, rail
les bas (*m.*) women's hose
bas, -se low
le bassin ornamental pool, pan; pelvis
le bâtiment building
bavarder to chat
baver to slaver, dribble
béant, -e gaping
beau, belle fine, handsome, beautiful; **faire le beau** to beg (of dogs)
le berceau cradle

bercer to rock (a child)
la berge river bank
la bergère shepherdess
la bêtise foolish act, silliness; **faire des bêtises** to do silly things
le béton concrete
de biais crosswise
le biberon baby bottle
la, le bibliothécaire librarian
bien well, good; **être bien** to be comfortable (of people); **être bien dans sa peau** to be content, at peace with oneself; **bien que** although
le bien-être well-being
la blague joke; **faire des blagues** to play jokes
blanc, -he white
blanchir to whiten, bleach
le blé wheat
se blottir to snuggle up, hug
la boisson drink
la boîte box; (*pop.*) place of business; **boîte de conserves** can of food
bondir to start, jump, leap
le bonheur happiness
la bonne maid
à bord de aboard
borner to limit
la bouchée bite, mouthful
le bouchon cork
bouder to pout
bouger to move
le bouleversement upset
bouleverser to upset, topple over
bourdonner to hum, buzz
bourgeois, -se middle class
le bourreau executioner
la bourse scholarship, purse
le bout end, tip
brancher to plug in, "tune into"
brandir to brandish, hold up (a weapon)
le bras arm; **à bras le corps: saisir-** to seize from the middle, grasp; **à bras raccourcis: elle tomba sur lui-** she pummelled him
bref in a word
le brevet vocational school diploma
le bricolage do-it-yourself projects

bricoler to tinker, putter about the house
le brie kind of cheese
briser to break
brodé, -e embroidered, embellished
brûler to burn
bruyant, -e noisy
le bûcheron woodsman
le buffet sideboard
le buisson bush
le bureau office, desk

C

le cadre framework, executive
la caisse crate, box, cash register; **faire la caisse** to count receipts
la caméra vidéo video cassette camera
la cantine lunchroom
car for
carré -e square
le carrefour crossroads
cartésien, -ne related to the rationalist philosophy of René Descartes
la case hut
casser to break
le cauchemar nightmare
céder to yield
célibataire unwed, single
la cellule cell, segment
la cendre ash
le cendrier ashtray
au centuple a hundredfold
cependant however
le cercueil coffin
le cerveau brain
cesser to cease; **ne cesser de** to continue
le chagrin deep sorrow
la chaîne (hi-fi) (**de stéréo**) stereo system
la chair flesh
la chaleur heat
le champ field
la chance good luck; **avoir de la chance** to be lucky
le charbon charcoal
la charge responsibility

charger to load; **chargé de** loaded with

charnellement physically

la chasse hunting; **le pavillon de chasse** hunting lodge

chasser to hunt

le chauffage heating

chauffer to heat

chauve bald

la chaux lime

le chef leader, chief, head

le chef-d'œuvre masterpiece

le chemin road, way; **à mi-chemin** halfway; **faire du chemin** to make progress

la cheminée fireplace, chimney, smokestack

le chéquier checkbook

le chercheur researcher

le chiffre figure, numeral

la chirurgie surgery

le chômage unemployment

le chômeur unemployed person

choquer to shock

chouette (*pop.*) swell, nice

le chou (*m.*) cabbage

chuchoter to whisper

la chute fall

ci-dessous below

ci-dessus above

le cil eyelash

la circulation traffic

les ciseaux (*m.*) scissors

citadin, -e city-dwelling

la cité housing project

citer to quote

le citoyen citizen

le claquement slamming

le clavier keyboard

le cliché snapshot, worn phrase

le clocher belltower

le cobaye guinea pig

le code de la route traffic laws

se cogner à to bump into

se coiffer to arrange one's hair

le coiffeur hairdresser

le coin corner

la colère anger

collégial, -e collegial, characterized by equal sharing of authority

le collier collar

la colline hill

comblé, -e fulfilled

le comité committee

le (la) commerçant(e) merchant

le commerce business, trade; **le commerce de détail** retail trade

commode convenient, comfortable

la commode chest of drawers

le commis clerk, salesperson

la commodité comfort, convenience

la communauté community

la commune municipality

la compagne female companion

se complaire à to take pleasure (in doing something)

le comportement behavior

comporter to allow, admit of, include, entail

se comporter to behave

comprendre to include, understand; **y compris** including

le concubinage cohabitation out of wedlock

la concurrence competition

conduire to drive (a vehicle)

la confiture jam

le confrère colleague

le congé leave

le conjoint spouse (*legal terminology*)

se consacrer à to dedicate oneself to

le conseil advice

la consigne orders

la constatation finding, observation

constater to affirm, ascertain, state

le conte de fée fairy tale

le contenu content

contre against; **par contre** on the other hand

convenable proper, appropriate

convenir to be suitable; **convenir de** to agree upon

le copain, la copine pal, buddy

le coquillage sea shell

la coquille shell, eggshell

coquin, -e mischievous

la côte coast

le cou neck

les couches (*f.*) diapers

le coude elbow

couler to flow

le coup blow; **le coup du fauteuil** the armchair incident; **le coup de fil** phone call; **le coup de fouet** whiplash; **le coup d'œil** glance; **à coup sûr** for certain

le coupable guilty party

couper to cut

la cour courtyard, court; **la cour de récréation** playground, schoolyard

être au courant to be "in the know"

le courrier mail

le cours course; **au cours de** in the course of; **être en cours** taking place

la course race

court, -e short

le court-métrage short feature film

le coussin cushion

le couteau knife

la couture sewing

le couvercle cover, lid

le couvert à poisson special flatware for eating fish

le crachat sputum

cracher to spit

craindre to fear

le crapaud toad

le crayon à bille ball point pen

la crèche child care center

le crépuscule twilight, dusk

creux, creuse hollow

crever to burst

la crise crisis

croiser to cross, pass by, meet

la croissance growth

croître to increase

la croûte crust of bread

cueillir to gather

la cuiller spoon

le cuir leather

la cuisine kitchen, cooking

cumuler to combine, discharge (a plurality of functions)

D

la dalle slab, paving stone

davantage more

le dé die (*pl.* dice)

débarrasser to clear off; **se**

débarrasser de   to get rid of
débordé, -e   overloaded
se débrouiller   to manage, get along
le début   beginning
déceler   to disclose
la décennie   decade
décerner   to award, bestow
le décès   death (*legal terminology*)
décevoir   to disappoint, deceive
déchiffrer   to decipher
décimé, -e   decimated, wiped out
déclencher   to set off
les décombres (*m.*)   debris
déconseiller   to disadvise, dissuade
décrocher   to lift up (a phone)
déçu, -e (décevoir)   disappointed
décupler   to increase, multiply
le défaut   fault, defect
défendre   to forbid
dégagé, -e   relaxed
se dégager de   to stand out from
les dégâts (*m.*)   damage; **faire des dégâts**   to do damage
la déglutition   swallowing
se dégrader   to deteriorate
dégueulasse (*vulg.*)   disgusting
délaissé, -e   abandoned
demander   to ask; **se demander**   to wonder
la démarche   way of walking, measure to be taken
demeurer   to stay, remain
la démission   resignation, renunciation
le dénouement   the ending
dépasser   to exceed
se dépêcher de   to hurry
dépenser   to spend
le dépistage   detection
en dépit de   in spite of
se déplacer   to move about
déposer   to drop off
déprimant, -e   depressing
le dépucelage   loss of virginity
se dérouler   to take place, unfold
dès   as early (soon) as
désagréable   unpleasant
le désarroi   dismay
désormais   henceforth
dessiner   to sketch
au-dessous de   below

au-dessus de   above
détendu, -e   relaxed
détenir   to hold (a record)
la détente   relaxation
le détenu   prisoner
le deuil   mourning, loss of loved one
déverser   to discharge, pour out
deviner   to guess
devoir   to owe, ought, must, have to
le devoir   duty
les devoirs (*m.*)   homework; **faire ses devoirs**   to do one's homework
différer   to defer, put off
digne   worthy
diminuer   to decrease
le discours   speech
la disponibilité   possibility, availability
disposé, -e   arranged, laid out
disposer de   to have at hand
le doigt   finger; **le doigt de pied**   toe
le dolmen   dolmen, prehistoric monument of two or more upright stones supporting a horizontal slab
le domaine   property, real estate
les dommages (*m.*)   damages, injury
le don   gift
la donnée   datum
dont   of which, whose
dorloter   to pamper
le dos   back
la douceur   mildness, sweetness
la douche   shower
se doucher   to take a shower
doué, -e   talented
douer   to endow; **douer de**   to endow with
douter   to doubt; **se douter de**   to suspect
doux, douce   sweet
dresser   to draw up (a list); to train (an animal)
se dresser   to stand up, rise
droit, -e   straight
le droit   the right, law; **avoir droit à**   to be entitled to; **le droit de grâce**   the right to grant pardon
drôlement (*arg.*)   very
la durée   duration
durer   to last

E

ébahi, -e   dumbfounded
ébranler   to shake, unsettle
une écaille   scale, flake
écarter   to separate, spread
un échange   exchange, trade
un échantillon   sampling
un échec   failure
une échelle   ladder, scale
échouer   to fail
un éclair   flash
éclairé, -e   enlightened
éclairer   to illuminate
un éclat   splendor, brilliance
éclatant, -e   dazzling
éclater   to break out, explode
une école maternelle   kindergarten, nursery school
les économies (*f.*)   savings
économiser   to save (money)
un écran   screen
écraser   to crush
une écrevisse   crayfish
une écriture   handwriting
s'écrouler   to crumble, disintegrate
s'effectuer   to be accomplished
effleurer   to brush against
s'effondrer   to collapse
s'efforcer de   to strive to
effrayant, -e   frightening
effrayer   to frighten
un effroi   fright
égaler   to render equal
à l'égard de   with respect to
égarer   to mislay, lose; **s'égarer**   to get lost
égoïste   selfish
un égout   sewer
égratigner   to scratch
un élan   enthusiasm, impetus
s'élargir   to widen
un électrophone   record player
élevé, -e   high
élire (élu)   to elect
une élite   privileged group
un éloignement   distance
embarquer   to go abroad
une embauche   hiring; **la visite d'embauche**   job interview
embaucher   to hire
embêter (*fam.*)   to bother, annoy

une émission broadcast
s'émouvoir to be moved (emotionally)
s'emparer de to seize, grasp
empêcher de to keep from, hinder
un emplacement site
un emploi job
emporter to carry away
une épuration purification
emprunter to borrow
enceinte pregnant
une encre ink
un endroit spot, place, site
énervé, -e annoyed
un enfer hell
enfler to swell
s'enfoncer to go deeper
engager to hire
s'engager to make a commitment, become involved
engloutir to swallow up
s'enivrer to get drunk
enlever to take away
un ennui problem, boredom
ennuyer to bore; **s'ennuyer** to be bored
un enseignant teacher
un enseignement teaching, schooling
ensemble together
ensuite next, then, afterwards
entendre to expect, want; **s'entendre** to get along
une entente understanding
enterrer to bury
entourer to surround
entraîner to cause, bring about, entail, induce
entrelacer to intermingle
entreprendre to undertake
une entreprise company, firm
un entresol mezzanine floor
à l'envers inside out
une envie desire; **avoir envie de** to feel like, to want to
environ approximately, around
épais, -se thick
un épanouissement blossoming
une épargne thrift
épargner to save, economize
s'éparpiller to scatter

une épaule shoulder
éphémère ephemeral, fleeting
épinglé, -e pinned down
éplucher to peel
à l'époque at the time
épousseter to dust off
s'éprendre de to be taken with, fall in love with
éprouver to feel
s'épuiser to become exhausted
un équilibre balance
un équipage crew
une équipe team
une équipée escapade
un équipement mechanical or electrical device
une ère era, long period of time
un espace space
une espèce species, type
une espérance hope; **l'espérance de vie** life expectancy
un esprit spirit, wit, mind
une esquisse outline, sketch
essoufflé, -e out of breath
s'essouffler to become winded
estimer to be of the opinion, to consider
et...et... both... and...
un étage floor
une étape step, stage, stopping place
un état state, condition
éteindre extinguish, turn off
s'étendre to extend, stretch out
étinceler to sparkle, gleam
une étincelle spark
une étoile star
étonner to surprise; **s'étonner** to be surprised
étouffé, -e smothered, muffled
étouffer to smother, stifle
étranger, -ère foreign; **à l'étranger** abroad
être to be; **en être** to be up to, at the point of; **être bien dans sa peau** to be content, well adjusted
étroit, -e narrow, straight, tight
évanoui, -e expired, fainted away
s'éveiller to awaken
un événement event
un éventail fan, range, spread
un évêque bishop

éviter to avoid
exiger to demand
une expérience experiment
s'exprimer to express oneself

F

fabriquer to make, manufacture
fâcheux, -se annoying, troublesome
la façon fashion, manner, way
facultatif, -ive optional
fade tasteless, insipid
la faillite bankruptcy, failure
faire to do, make; **en faire autant** to do as much; **faire défaut** to be missing; **faire faillite** to go bankrupt; **faire horreur à** to horrify; **faire le marché** to go grocery shopping
le fait fact
la falaise cliff
la fantaisie whim
le fardeau burden
la faute fault, blame
faute de for lack of
fauve wild
le fauvisme a movement in modern painting characterized by use of vivid colors
la fécondité fertility
fendre to break, split
le fer iron; **le fer forgé** wrought iron
le feu fire
feuilleter to leaf through
le feuilleton story told in serial form
les fiançailles (*f.*) engagement
se ficher de (*fam.*) not to care about
fier, -ère proud
le fil wire; **coup de fil** phone call
le filet net
la fillette little girl
flâner to stroll
flatter to caress, pet (an animal)
la flaque puddle
le fléau scourge, plague
la flèche arrow, spire
le fleuve river
la foi faith
le foie liver
le foin hay, fibrous part of an artichoke

foisonner to proliferate, abound
la folie madness, folly
un(e) fonctionnaire civil service
employee
le fond bottom; **fond de pantalon**
seat of the trousers; **au fond de** in
the bottom (back) of
fondre to melt; **fondre sur** to
swoop down upon
le footing jogging; **faire du footing**
to go jogging
la force strength; **à force de** by
dint of
forcément necessarily
la forcenée madwoman
sous forme de in the form of
formidable (*fam.*) terrific
le fossé ditch
la foule crowd
le four oven
la fourchette fork
la fourmi ant
le foyer home, hearth
les frais (*m.*) expenses
franchir to cross over
frapper to strike
le frein brake
freiner to check, restrain, brake
frémir to shudder, tremble
la fresque fresco, painting executed
on fresh plaster
frisé, -e curly
le frisson shudder
frissonner to shiver, shudder
les frites (*f.*) French fries
le fromager large-leafed tropical
tree
la frontière border
frotter to rub
la fugacité fleetingness
fugueur, -se fickle
fuir to retreat, withdraw, flee
la fuite flight, escape
fumer to smoke
au fur et à mesure progressively,
gradually
la fusée rocket

G

gâcher to spoil
gagner to earn, win

la galette flat cake
galvaudé, -e besmirched
le gamin little boy, kid
le garagiste mechanic
garder to keep, guard
garer to park
le gaspillage waste
se gâter to be spoiled
gauche left, awkward
le gazon grass
geler to freeze
gémir to moan
le gendre son-in-law
gêné, -e bothered, embarrassed
gêner to bother, hinder, disturb
le généraliste general practitioner
le genou knee; **les genoux** lap
le genre type, kind
le geste gesture
la gestion management
le gibier game animals
gisant lying
glacé, -e cold, icy
le glissement slipping
glisser to slip, slide; **se glisser dans**
to slip into
gonflé, -e swollen
le goût taste
le goûter snack, afternoon tea
la goutte drop
grâce à thanks to
grand'chose (*with neg.*) much,
anything much
se gratter to scratch
gratuit, -e free
grave serious
la gravure engraving, etching
le grenier attic
la grenouille frog
la grève strike
la griffe claw
griffer to claw
gronder to scold
la grossesse pregnancy
guérir to cure; **se guérir** to be
cured
le guerrier warrior
guetter to lie in wait for, lurk
la gueule mouth of an animal, (*pop.*)
human mouth; **faire la gueule** to
look angry, sulk

gueuler (*pop.*) to holler, howl
la gymnastique gymnastics; **faire
de la gymnastique** to do exercises

H

*Words beginning with an aspirate **h** are
indicated by an asterisk.*

s'habiller to get dressed
s'habituer à to get used to
une haleine breath
la hantise* fear
le hasard* chance, coincidence; **à
tout hasard** at all odds; **par
hasard** by chance
la hâte* haste
hautain, -e haughty, aloof
hebdomadaire weekly
un héritage inheritance
le heurt* bump, shock, knock
heurter* to knock, run against
hiérarchique* hierarchical, in
formal ranks
honteux, -se* shameful
un horaire schedule, timetable
quelle horreur! horrors!
un hôtel particulier town house
un hôtel de ville city hall
une hôtesse de l'air stewardess
la houille* pitcoal
le hublot* porthole
hurler* to scream
un hydrocarbure hydrocarbon

I

ici here; **par ici** this way
ignorer to be unaware of
un immeuble (apartment) building
une impesanteur weightlessness
importer to matter; **n'importe
comment** any which way;
n'importe où no matter where;
n'importe quand any time at all;
n'importe quel... any...whatever;
n'importe qui no matter who;
n'importe quoi no matter what
un impôt tax
inattendu, -e unexpected
un incendie conflagration, fire

une incertitude uncertainty
un inconvénient disadvantage, drawback
un indice clue
indigne unworthy
une industrie de pointe high-tech industry
inédit, -e unpublished, novel, new
inéluctable inevitable
un infarctus heart attack
infime infinitesimal
une infirmière nurse
l'informatique (f) data processing, computer science
infructueux, -se fruitless
un ingénieur engineer
inonder to flood
inquiet, -ète worried
inquiéter to cause worry; **s'inquiéter de** to be worried
insister sur to emphasize
s'installer to move to, settle down
un instituteur, une inst) itutrice grade school teacher
interdire to prevent, forbid
interdit, -e forbidden
intéresser to interest; **s'intéresser à** to be interested in
un interstice fissure, crack
un intrus intruder
un(e) invité(e) guest
invraisemblable unlikely
ivre drunk
une ivresse intoxication
un ivrogne drunkard

J

jadis formerly, once, long ago
jaillir to jump up, spring forth
jamais ever, never; **à jamais** forever
jeter to throw
le jeu game
la joue cheek
jouer to play; **se jouer** to be played out
le jouet toy
la joute joust
jouir de to enjoy
jucher to hoist

jurer to swear/**le juron** curse
jusque up to, until; **jusqu'ici** until now
juste close, tight
justement exactly, just so

K

le kaolin china clay

L

lâcher to let go, to loosen
le lambeau shred, tatter
lancer to launch, hurl
la langouste lobster
la langue tongue, language
large wide, broad
largement broadly
se lasser de to grow tired, weary
le lave-vaisselle dishwasher
lécher to lick
légiférer to legislate
le légume vegetable
se lever to get up
la lèvre lip
la liaison link, love affair
la liane tropical vine
licencier to fire, dismiss
le lien link, tie
lier to link, bond, tie; **lier connaissance** to become acquainted
le lieu place; **au lieu de** instead of
la lieue league (about 2½ miles)
le linge linens, laundry
lisse smooth
livrer to deliver, reveal
le logement living quarters, lodging
se loger to find housing
le logiciel software
lointain, -e distant, vague
lorsque when
louer to rent
lourd, -e heavy
le loyer rent
la lueur gleam
luire to shine
la lune moon
le lustre chandelier
la lutte struggle
lutter to struggle

M

la mâchoire jaw
le magasin store; **le grand magasin** department store; **le magasin de couleurs** paint store
le magnétophone tape recorder
le magnétoscope video recorder (V.C.R.)
la maille mesh
la main-d'œuvre labor force
le maire mayor
la mairie city hall
maîtriser to master
le mal evil, illness; **avoir du mal à** to have difficulty (in doing something); **avoir mal à la tête (à l'estomac, etc.)** to have a headache (stomachache, etc.); **faire mal** to hurt, harm; **faire du mal** to do harm
maladroit, -e clumsy
le malaise uneasiness, discomfort
la malédiction curse
le malentendu misunderstanding
malgré in spite of
le malheur misfortune, unhappiness
malséant, -e unbecoming
la Manche the English Channel (*lit.* the "sleeve")
le maniement manipulation
le manœuvre unskilled worker
le manque lack
manquer to miss, be missing, lack
se maquiller to put on make-up
la marâtre stepmother
la marée tide
la marge margin
le marin sailor
la marmotte lit. "woodchuck," term of endearment
la marque brand, make
la marraine godmother
le marteau hammer
méchant, -e nasty, bad
le médicament medication
la méfiance mistrust
se méfier de to mistrust
le mélange mixture
mélanger to mix
même same; **tout de même** all the same

menacer to threaten
le ménage household, couple; **faire le ménage** to do housework
mener to lead, conduct
le menhir monolith
mensuel, -le monthly
menteur, -euse lying, deceptive
le mépris scorn
mépriser to scorn
le métro(politain) subway
mettre to put, place; **se mettre à** to begin; **mettre en avant** to advance, put forward; **mettre en cause** to question; **mettre de côté** to set aside; **mettre en œuvre** to put into operation; **mettre au point** to perfect; **mettre en relief** to emphasize
meubler to furnish, fill in
les meubles (*m.*) furniture
meurtri, -e bruised, wounded
mieux better; **de son mieux** to the best of one's ability; **tant mieux** so much the better
mignon, -ne cute
le milieu middle, surroundings
le millénaire millennium, period of one thousand years
mince thin
mirer to reflect; **se mirer** to be reflected
misogyne mistrusting of women
la mode fashion, manner
le mode mode, method
la moelle marrow
les mœurs (*f.*) mores, manners, customs
un moine monk
moins less; **à moins que** unless; **du moins** at least
la moisissure mold
moite moist, damp
la moitié half
le moniteur instructor
la monnaie small change, currency
mordre to bite; **mordre dans** to bite into
mou, molle soft
mouiller to wet
le moulin mill
la mousse foam

le mouton sheep
le moyen means, way
moyen, -ne average; **en moyenne** on the average
se munir de to equip, provide oneself with
la muraille large wall
mûrir to ripen, mature
musulman, -e moslem, mohammedan

N

nager to swim
naguère formerly
la naissance birth
la nappe tablecloth
la natalité birthrate
le naufrage shipwreck
néanmoins nevertheless
le nénuphar water-lily
net, -te clear
la niche doghouse
le nid nest
le niveau level
les noces (*f.*) wedding
nocif, nocive harmful
la noisette hazelnut
la noix walnut
la note bill, grade (in school)
nouer to tie
la nouille noodle
noyer to drown
le nuage cloud
la nuque nape of the neck

O

occupé, -e busy
s'occuper de to take care of
un œuf egg; **un œuf à la coque** soft-boiled egg
une ombre shadow
une onde wave
or now
l'or (*m.*) gold
orageux, -se stormy
un ordinateur computer; **le micro-ordinateur** microcomputer; **un o.p.** personal computer (p.c.)
l'orge (*f.*) barley
orgueilleux, -se proud
un orifice opening

orner to embellish
un os bone
ôter to take away
où where; **d'où** whence
un outil tool
à outrance in extreme
outre, en outre moreover, besides
outre-mer overseas
un ouvrage work
un ouvrier, une ouvrière worker

P

le pagne loincloth
le païen, la païenne pagan
palper to feel
le pamplemousse grapefruit
le panier (shopping) basket
la pantoufle slipper
le papier peint wallpaper
paré, -e bedecked
pareil, -le alike, similar
le parent parent, relative
parer to embellish
la paresse laziness
parmi among
la part share, portion, side; **d'une part... de l'autre...** on the one hand... on the other hand...
le partage sharing
partager to share
le parti political party
la partie part, portion; **faire partie de** to belong to
partir to leave; **c'est parti** it's off (to a start)
parvenir à to succeed in
le parvis open square in front of a church
passer to pass, spend (time); **se passer** to happen; **se passer de** to do without
la patrie fatherland
le patron, la patronne boss, owner
la patte paw
le paysage countryside, scenery
le paysan, la paysanne peasant
la peau skin
pêcher to fish
la pêcherie fishery
le pêcheur fisherman

se peigner to comb one's hair
la peine difficulty; **à peine** hardly; **faire de la peine** to grieve
pêle-mêle in confusion
le pèlerin pilgrim
la pelouse lawn
se pencher to lean
la pénurie shortage
perdre to lose
la perfidie treachery, perfidy
la perruche parakeet
la pesanteur weight
peser to weigh
le pétrole crude oil
le pétrolier tanker ship
peu à peu little by little
le phare headlight, beacon
le piège trap
la pierre stone
la pilule pill
la pince pincher
le pionnier pioneer
piquer to prick
tant pis never mind, so much the worse, too bad
la piste track
le placard cupboard
le plafond ceiling
plaider pour to plead the case of
se plaindre de to complain about
la plaisanterie joke
le plaisir pleasure; **faire plaisir (à quelqu'un)** to bring pleasure (to someone); **se faire plaisir** to satisfy oneself
le plan map, blueprint
la planche board, plank
planifier to plan by stages
le plat dish (to eat)
plein, -e full
plié, -e folded
la plume feather, pen, penpoint
plus more; **plus...plus...** the more...the more...; **de plus en plus** more and more
plutôt rather
le pneu tire
la poêle frying pan
le poids weight, burden
les pois (*m.*) peas
le poisson fish; **le poisson rouge** goldfish

la poitrine chest
la politique politics, policy
le pommelé dappled pony
le pont bridge
porter to bear, carry; **porter sur** to deal with
le poste radio set, receiver
le pouls pulse
le poumon lung
poursuivre to pursue, continue
pourtant however
poussé, -e extended
pousser to push, incite, induce, grow
la poussière dust
le poussin baby chick
précaire unstable
la précarité precariousness, instability
se précipiter to dash, rush headlong
prendre to take; **prendre au sérieux** to take seriously; **se prendre à** to begin to; **s'en prendre à** to attack
près near; **à peu près** almost
la pression pressure
le prêt-à-porter ready-to-wear clothing
prétendre to claim
le prêtre priest
la prime welfare subsidy
primer to excel, take precedence over
se produire to occur, happen
la proie prey, victim
le projet plan; **le projet de loi** bill, proposed law
le prolétaire working class
prolonger to prolong, extend
le propos statement, subject matter; **à propos** in this connection; **tenir des propos** to make statements
propre clean, own, characteristic
proprement dit properly speaking, actual
le (la) propriétaire property owner
protéger to protect
la puce flea, computer chip
la pudeur modesty
puiser to draw (water)
puisque since
la puissance power
le puits well

punir to punish

Q

quant à as for
le quart quarter
le quartier neighborhood
quasi almost
que...que... + *subjonctif* whether...or...
quel(le)(s) que + *subjonctif* whatever
quelconque whatever, ordinary
quêter pour to seek out
la queue tail, waiting line
quiconque who(m)ever
qui que ce soit who(m)ever
quitter to leave
quoi what; **quoi qu'il en soit** whatever the case may be
quoique although
le quolibet jibe
quotidien, -ne daily

R

le raccommodage mending
racheter to redeem
la racine root
la radiographie x-ray
le radis radish
la rage rabies
le ragot nasty piece of gossip
raide stiff, tight, steep
ralentir to slow down
ramasser to pick up, gather
se ramasser to compact
ramener to bring back (a person or animal)
la rancune bitterness
le rang rank, row
ranger to put away
par rapport à in comparison to
se raser to shave
le raseur (*fam.*) bore
rater to miss
rattraper to catch up with
le rayon shelf
receler to conceal
recensé, -e counted in a census
le recensement census
recevoir to entertain, receive (guests)

réchauffer to warm up
le récit narrative
réclamer to demand
la récompense reward
récompenser to reward
reconnaître acknowledge, recognize
recourir to have recourse to
le recueil collection
récurer to wipe clean
rédiger to draft
redouter to fear, dread
refouler repress
se refroidir to grow cold
regagner to reach
le regard look, gaze
regarder to look at, concern
la régie state-owned works
le régime special diet
la règle rule
les règles (*f.*) menstrual period
régner to reign
le rein kidney
les reins (*m.*) lower back
le rejeton (*fam.*) offspring
la relâche respite, relaxation; **sans relâche** unrelieved
relier to join
se remettre de to get over
remonter to go back
remplir to fill
le remue-ménage stir, "to-do"
remuer to wag (the tail), stir, shake
le rendez-vous appointment
rendre to give back, bring up; **se rendre** to surrender, go
renoncer à to give up
renseigner to inform
rentable profit-making, productive
la rentrée beginning of school term
renverser to spill
se répandre to spread
répartir to distribute, divide
le repas meal
le repassage ironing
la réplique reply
la reprise revival, round; **à deux reprises** twice
réprouver to disapprove of
répugner to revolt at, be reluctant
le réseau network
respirer to breathe

ressentir to feel
ressortir to stand out
le reste the remainder; **du reste** besides
le résultat result
la retraite retirement
se rétrécir to narrow, contract
la réunion meeting
se réunir to meet
la revendication claim, demand
le réverbère street light
revêtir to take on
la ride wrinkle
le rideau curtain
rigoler (*fam.*) to laugh
rigolo (*fam.*) amusing
la rive riverbank
le roman novel; **le romancier, la romancière** novelist
rompre to break
ronger to gnaw away
la rosée dew
la rougeole measles
le ruisseau stream
la rupture break

S

le sable sand; **le sable mouvant** quicksand
le sachet little bag
saillant, -e salient, outstanding
saisir to grasp
le salut salvation, greeting
salut! (*fam.*) hi!
le sang blood; **se faire du mauvais sang** to worry
le sanglot sob
la santé health
se saouler to become intoxicated
sauf except
sauter to jump, leap
sauvage wild, undeveloped
sauver to save, salvage
se sauver to escape, run off
le savant scientist
savoir to know; **j'ai su** I found out; **à savoir** namely; **le savoir-faire** know-how; **le savoir-vivre** knowledge of life
le schéma pattern, schematic diagram

la science informatique computer science
le scientifique scientist
la scolarité schooling
le scrutin ballot
la séance seating; **faire une séance** to have a session
sec, -che dry
secouer to shake
secourir to help
le secours help
séduisant, -e alluring, seductive
le seigneur lord
le sein breast
le séjour stay, visit
selon according to
semer to sow
le sens direction
sensé, -e sensible
sensible noticeable, sensitive
sensiblement appreciably, noticeably
le sentier path
sentir to smell, smell like
se sentir to feel
la sépulture tomb
la serre claw, talon (of bird of prey)
serré, -e tight
serrer to squeeze, grip
la serrure latch
la serviette briefcase, towel, napkin
servir to serve
servir à to be useful for; **servir de** to be used as
la sidérurgie metallurgy of iron and steel
le siège seat
siéger to be seated
le sifflement whistling
siffler to whistle
le slip brief, panties
soigner to care for
soit so be it; **soit...soit...** either...or...
le sol ground, earth, soil
la solde sale
sombre dark
sombrer to sink
le sondage opinion poll
songer to daydream, muse, consider
la sonnette doorbell
le sorcier, la sorcière witch, sorcerer

le sort fate

la sortie going out

sot, -te foolish, silly

le sou old unit of currency, fraction of a franc

le souci concern, worry

se soucier de to be concerned about

le souffle breath

souffler to blow, whisper, breathe

le soufre sulfur

souhaiter to wish

soûl, -e drunk

soulever to lift up, raise (a question)

le soupir sigh; **pousser un soupir** to heave a sigh

soupirer to sigh

la source spring

sourdre to spring, well up

le sourire smile

la souris mouse

soutenir to maintain

se souvenir de to remember

le spationaute astronaut

subir to undergo

la subvention government subsidy

subventionner to subsidize

sucer to suck

la sueur sweat

suffire to suffice

suffisant, -e satisfactory, sufficient

suivre to follow

la superficie surface area

supplier to beg

supporter to bear, withstand

supprimer to do away with

sûr, -e certain, sure; **bien sûr** naturally

sur-le-champ immediately

surgir to happen suddenly, arise

surnommer to nickname

surveiller to watch over, supervise

survenir to arise, occur

sympathique nice

le syndicalisme labor movement

le syndicat labor union

T

la tache stain

la tâche task

la taille size

tailler to cut out

taire to silence; **se taire** to be quiet

le talon heel

tandis que whereas, while

tant so much; **tant de** so many; **en tant que** as, in the capacity of

le tapage noise, uproar

taper to bang, knock; **taper à la machine** to type

tapi, -e cowering

taquiner to tease

tarder à to delay in

la tarte pie

le tas heap; **des tas de** (*pop.*) a lot of

le taureau bull

le taux rate; **le taux de natalité** birthrate

la technique technology

tel, -le like, such

un tel so and so

tel quel just as is, as such

le témoignage testimony, evidence

témoigner to bear witness

tendu, -e tense, stretched

la teneur content

tenez! (*interjection*) look here!

tenir to hold, occupy; **tenir à + *inf.*** to be anxious to; **tenir à + *noun*** to value; **si cela ne tenait qu'à moi** if it were only up to me; **tenir le coup** to hold on, sustain the blow

se tenir to remain, stay

la tentative attempt, effort

la tenue manners, conduct

terminer to end, finish up

terne dull, dim

le terrain land

terrible (*pop.*) terrific, great

le terroir soil

tiède lukewarm

tiens! (*interjection*) well!

tirer to draw

le tiroir drawer

le titre title; **au même titre que** by the same token as

tituber to stagger

la toile web, canvas

la toilette washing, dressing, dress; **faire sa toilette** to groom oneself, to dress

les toilettes (*f.*) restroom

le toit roof

le ton tone

le tort wrong; **avoir tort** to be wrong

toucher to receive (a salary), to be paid

la tour tower, high-rise building

le tour trip, tour, turn, trick; **faire des tours** to do tricks

tourner (un film) to make a film

tousser to cough

tout, -e all, everything; **tout à coup, tout d'un coup** suddenly; **tout à fait** quite, completely; **tout à l'heure** just now, a moment ago; **tout compte fait** all things considered; **tout-puissant** omnipotent

toutefois yet, still

la toux cough

traduire to translate, express; **se traduire par** to result in

traîner to trail, drag, lie about

le trait feature, stroke, mark

la traite installment payment

le trajet trip

la tranche slice

à travers through

traverser to cross

trébucher to trip

trempé, -e dipped, soaked

tressaillir to tremble

trier to sort out

tromper to deceive; **se tromper** to make a mistake

le trou hole

le truc (*pop.*) thing

le tuyau pipe

le type (*fam.*) fellow, guy

U

un usage custom, practice

user to wear out

une usine factory

V

vaciller to sway, vacillate

la vague wave, fad

le vaisseau vessel, ship
la vaisselle dishware; **faire la vaisselle** to do the dishes
valable valid
la valise suitcase
valoir to be worth, to earn; **il vaut mieux** it is better
se vanter de to boast of
le vautour vulture
la vedette star, celebrity
la veille night before, eve
veiller à to watch over, supervise
le vélo bike, cycle; **faire du vélo** to do bicycling
le vendeur, la vendeuse salesclerk
venir à + *inf.* to come to, to happen; **venir de** + *inf.* to have just (done something)
le ventre belly
vérifier to check
le vers line of poetry
verser to pour
la vessie bladder
le vestiaire locker room
le veuf widower

la veuve widow
vicieux, -se given to vice
les victuailles (*f.*) food supply, victuals, provisions
le vide void, vacuum
la vie life
la vieillesse old age
vieillir to grow old
en vigueur in force
la virgule comma
viser to aim at
le vitrail (les vitraux) stained-glass window(s)
la vitre glass, window pane
la vitrine display window
vivement keenly
vivre to live; **vivre de sa plume** to live by one's pen
la voie way, lane, path, route
voiler to block out
voir to see; **voir la vie en rose** to see the world through rose-colored glasses
le voisin, la voisine neighbor
le voisinage neighborhood

le vol flight
la volaille poultry
voler to steal, fly
le volet shutter
la volonté will, desire
volontiers freely, gladly
vouloir to wish, want; **vouloir bien** to be willing; **vouloir dire** to mean; **en vouloir à** to bear a grudge against
la vrille tailspin, tendril
vulgariser to popularize

W

les W.C. (*m.*) water-closet, toilet

Y

y compris including

Z

zut! (*fam.*) darn!

Grammatical Index